한국재벌과 지주회사체제:

34개 재벌의 현황과 자료

한국재벌과 지주회사체제:

34개 재벌의 현황과 자료

| 김동운 지음 |

지은이의 말

지주회사(持株會社, holding company)가 새로운 지배구조로 각광받고 있다.

지주회사는 다른 회사의 주식 보유가 주된 목적인 회사로서 자회사 · 손자회사 · 증손회사를 단계적으로 거느리면서 상하 · 주종 관계의 지배체제를 형성한다. 1999년 2월 설립이 허용된 이후 지주회사에 대한 관심이 해를 거듭할수록 고조되어 오고 있으며, 2000년대 중반 이후 보다 큰 흐름을 형성하고 있다. 특히 한국경제에서 절대적인 비중을 차지하고 있는 재벌들의 참여가 매우 적극적이다.

얼마나 많은 기업과 재벌들이 지주회사체제를 채택하고 있는가? 왜, 어떤 방식으로 채택하고 있는가? 채택한 이후 어떤 변화가 일어나고 있는가? 그 변화는 긍정적인가 부정적인가? 지주회사체제가 바람직한 대안적 지배구조로서 제대로 자리매김하고 있는가? 지금의 지주회사 설립 열기가 앞으로도 계속될 것인가?

이 책은 이러한 궁금증들에 대한 답을 찾기 위해 그리고 실마리를 얻기 위해 집필되었다. 『한국재벌과 지주회사체제: LG와 SK』(2011년), 『한국재벌과 지주회사체제: CJ와 두산』(2013년), 『한국재벌과 지주회사체제: GS와 LS』(2015년)에 이은 네 번째 저서이다. 1999년 지주회사제도가 도입된 이후 2015년까지 16년 동안 지주회사체제를 채택한 34개 재벌의 현황을 재벌별로 소개한 '안내서'이자 일종의 '사전(事典)'이다. 모두 6개의 장으로 구성되어 있다. 제1장에서는 한국재벌과 지주회사체제의 주요 추세 및 특징을 제시하고 책의 구성을 상세하게 밝혔으며, 제2장부터 제6장까지는 34개 재벌을 5개 부류로 나누어 각각 서술하였다. 부록에는 본문의 내용을 보완하는 재벌 및 지주회사 관련 자료를 정리하였다.

이 책의 주요 내용은 학술지에 게재되거나 학술대회에서 발표되었다. 애정 어린 질책을 아끼지 않으신 학술지 심사위원과 학술대회 토론자들께 감사드린다.

학술지 논문: (1) '대규모기업집단과 지주회사' (2011년 3월), <지역사회연구> 제19권 제1호; (2) '공정거래법상 지주회사의 주요 추세와 특징 - 신설·존속 지주회사, 계열회사, 지주비율, 자산총액을 중심으로' (2011년 6월), <기업경영연구> 제18권 제2호; (3) '한국재벌과 지주회사체제: 주요 추세 및 특징, 2001-2011년' (2013년 6월), <경영사학> 제28집 제2호.

학술대회 논문: (1) '한국에서의 지주회사 설립 동향, 2000-2010년' (2010년 11월), 한국기업경영학회, 2010년 추계학술대회, 수원대 (토론: 극동정보대 이재춘); (2) '한국재벌과 지주회사체제: 현황과 전망' (2011년 6월), 한국산업조직학회, 2011년 하계학술대회, 서울시립대 (토론: 한국경제연구원 김현종); (3) '한국재벌과 지주회사체제: 주요 추세 및 특징, 2001-2011년' (2013년 2월), 한국산업조직학회, 2013 경제학공동학술대회, 고려대 (토론: 숭실대 조성봉); (4) '공정거래법상 지주회사, 2000-2012년' (2013년 5월), 한국경영사학회, 2013년 한일 경영사학회 국제학술대회, 대한상공회의소 (토론: 강동대 이재춘); (5) '한국재벌에서의 지주회사체제 도입 현황' (2015년 2월), 한국경제연구학회, 2015 경제학공동학술대회, 연세대 (토론: 한국경제연구원 이병기); (6) '공정거래법상 지주회사 설립 동향, 1999-2014년' (2015년 2월), 한국질서경제학회, 2015 경제학공동학술대회, 연세대 (토론: 시장경제제도연구소 김이석); (7) 'The Holding Company System as New Corporate Governance: Major Trends in Korean Chaebols' (2015년 9월), 국제지역학회, 제1회 과학기술혁신과 개발 국제컨퍼런스, 쉐라톤 서울 디 큐브 시티 (토론: 단국대 김예환, 숙명여대 문형남); (8) '한국재벌과 지주회사체제: 최근의 동향' (2016년 2월), 한국질서경제학회, 2016 경제학공동학술대회, 서울대 (토론: 경기연구원 김은경); (9) '새로운 지배구조로서의 지주회사체제: 대규모집단에서의 도입 현황, 1999-2015년' (2016년 8월), 한국산업조직학회, 2016년 하계학술대회, 한국외국어대 (토론: 공정거래위원회 복홍석); (10) 'Holding Companies in Korean Business Groups' (2016년 11월), 한국경제통상학회, 2016 추계국제학술대회, 전북대 (토론: 영남대 박추환).

이 조그마한 결실을 아내 미경, 딸 명선 그리고 아들 한선에게 전하고 싶다. 특히 취업전선에서 악전고투 중인 한선에게 응원의 박수를 보낸다. 출판을 흔쾌히 허락해 주시고 원고를 정성스럽게 편집해 주신 출판사 여러분들께 진심으로 감사드린다.

2016년 12월 5일, 상대 401호 연구실에서

김 동 운

목 차

제4장 적극적인 지주회사체제를 채택한 19개 재벌, 2015년 현재: (3) '31위 이하' 10개 재벌 · 115

제5장 적극적인 지주회사체제를 채택한 7개 재벌, 2015년 이전 · 177

제6장 소극적인 지주회사체제를 채택한 8개 재벌 · 199

부록 · 229

표 목차

그림 목차

부록 표 목차

제1장

한국재벌과 지주회사체제

1. 머리말

1999년 2월 김대중 정부는 IMF외환위기 이후 진행된 기업구조조정의 일환으로 지주회사(持株會社, holding company)의 설립을 허용하였다. 이 '투명하고 단선 하향적인' 지배구조에 대한 관심은 시간이 지나면서 점점 고조되었으며, 특히 한국경제의 중심축을 담당한 재벌들의 참여가 적극적이었다. 2015년까지 16년 동안 모두 34개 재벌이 지주회사 중심의 새로운 지배구조를 채택하였다. 이 책에서는 공정거래위원회 자료를 바탕으로 34개 재벌의 지주회사체제가 어떤 모습으로 변해 왔는지 각 재벌별로 고찰한다. 2016년의 경우 연구의 막바지인 11월 초에 지주회사 관련 자료가 발표되어 분석 대상에 포함시키지 못하였다.

34개 재벌 중 26개는 적극적인 지주회사체제를 그리고 8개는 소극적인 지주회사체제를 채택하였다. 또 24개는 2015년 현재 지주회사체제를 채택하였고 10개는 2015년 이전에 지주회사체제를 채택한 적이 있었다. 34개 재벌을 '2015년 현재와 이전, 적극적 · 소극적 지주회사체제, 순위' 등 3가지를 기준으로 5개 부류로 나눈 뒤 5개장에 걸쳐 차례로 서술한다. 각각의 재벌에 대해서는 '성장 과정, 지주회사체제, 지주회사, 소유지분도' 등 4가지 사항을 일목요연하게 제시한다.

이 책에서 '재벌(財閥)'은 '동일인(同一人)이 자연인인 대규모기업집단'의 의미로 사용한다. 공정거래위원회가 지정하는 대규모기업집단 중에는 공기업집단과 사기업집단이 포함되어 있다. 공기업집단의 동일인 즉 대표 주주는 모두 법인이며, 사기업집단의 동일인은 일부는 법인이고 대다수는 자연인이다. 지주회사체제는 자연인인 동일인이 본인 또는 가족의 소유 · 경영권을 강화하기 위해 선호하는 지배구조이다. 다만 34개 재벌 중 1개(농협)는 동일인이 법인이며, 편의상 재벌로 부르기로 한다. 대규모사기업집단은 일반적으로 '그룹'으로 불리며, 따라서 '재벌'을 경우에 따라서는 '그룹'이라는 용어로도 사용한다.

한편, '적극적 · 소극적 지주회사체제'는 지주회사체제의 완성 또는 성숙 정도를 나타내기 위해 고안된 용어이다. 이를 위해 '지주회사체제 달성 비율'이라는 새로운 지표를 계산하였다. '재벌 전체 계열회사 중 지주회사체제에 편입된 계열회사의 비중'이다. 이 비율이 30% 이상이면 적극적 지주회사체제로 그리고 30%미만이면 소극적 지주회사체제로 분류하였다. '30% 기준'은 필자가 관련 연구를 하는 과정에서 적절한 것으로 판단한 일종의 '눈대중치'(rule of thumb)이며, 논의의 여지가 있는 것이 사실이다.

아래에서는 먼저 한국재벌과 지주회사체제의 전반적인 추세 및 주요 특징을 살펴본다(제2절). 공정거래법상 지주회사, 2015년까지 지주회사체제를 채택한 34개 재벌, 2015년 현재 지주회사체제를 채택한 24개 재벌 등이 주요 내용이다. 그다음으로 34개 재벌 각각을 어떻게 서술할 것인지 '분석틀'을 자세하게 소개한다 (제3절). 3가지 기준(2015년 현재와 이전, 적극적·소극적 지주회사체제, 순위)으로 나눈 5개 부류의 재벌 명단을 정리한 후, 각 재벌에 대해 제시할 4가지 측면(성장 과정, 지주회사체제, 지주회사, 소유지분도)과 관련된 사항들을 설명한다.

2. 한국재벌과 지주회사체제: 주요 추세 및 특징

2.1 공정거래법상 지주회사, 1999-2015년

공정거래위원회는 '지주비율이 50% 이상'이면서 '자산총액이 일정 금액 이상'인 회사를 지주회사로 지정해 오고 있다 (<표 1.1>).

지주비율(지주회사의 자산총액 중 자회사 주식가액이 차지하는 비중)은 1999년 이후 50% 이상으로 변함이 없으며, 자산총액은 100억 원 이상(1999-2000년), 300억 원 이상(2001년), 1,000억 원 이상(2002년 이후) 등 세 차례 변하였다. 또 자회사 주식 보유 기준(자회사 주식 중 지주회사가 보유해야 하는 비중)은 2006년까지는 50%·30%(상장·비상장 자회사)이었다가 2007년부터는 40%·20%이다.

1999년 첫 해에는 공정거래법상 지주회사가 없었다. 신설 지주회사는 2000년부터 2006년까지 매년 5-8개였으며, 2007년 15개로 늘어난 후 2008년에는 31개로 역대 최고치를 기록하였다. 이후 2009-2013년에는 20-27개, 2014년에는 16개 그리고 2015년에는 9월 현재까지 15개가 새로 생겼다. 그 결과 누적 신설 지주회사는 2009년(109개)에 100개를 그리고

2013년(203개)에 200개를 각각 넘어섰다. 1999년 2월 설립이 허용된 이후 2015년 9월까지 16년 7개월 동안 신설된 지주회사는 모두 234개이다. 이 중 대다수인 210개(90%)는 일반지주회사이고 나머지 24개(10%)는 금융지주회사이다.

한편, 신설 지주회사들 중 일부는 시간이 지남에 따라 '2가지 요건' 모두를 충족시키지 못해 공정거래법상 지주회사에서 제외되었다. 2015년 9월 현재, 신설된 234개 중 2/3정도인 140개(60%)가 존속하였다.

〈표 1.1〉 공정거래법상 지주회사, 1999-2015년 (개)

연도	1999	2000	2001	2002	2003	2004	2005	2006	2007	2008	2009	2010	2011	2012	2013	2014	2015	합
(1) 신설 지주회사: 연도별																		
일반 지주회사	0	5	5	4	5	4	4	8	14	28	18	18	22	26	20	14	15	210
금융 지주회사	0	1	2	1	2	1	1	0	1	3	2	2	4	1	1	2	0	24
합	0	6	7	5	7	5	5	8	15	31	20	20	26	27	21	16	15	234
(2) 신설 지주회사: 누계																		
일반 지주회사	0	5	10	14	19	23	27	35	49	77	95	113	135	161	181	195	210	
금융 지주회사	0	1	3	4	6	7	8	8	9	12	14	16	20	21	22	24	24	
합	0	6	13	18	25	30	35	43	58	89	109	129	155	182	203	219	234	
(3) 존속 지주회사																		
일반 지주회사	0	-	9	-	15	19	22	27	36	55	70	84	92	103	114	117	130	
금융 지주회사	0	-	2	-	4	5	3	4	4	5	9	12	13	12	13	15	10	
합	0	-	11	-	19	24	25	31	40	60	79	96	105	115	127	132	140	

주: 1) 신설 지주회사는 1999-2014년 12월, 2015년 9월 현재; 존속 지주회사는 2001-2003년 7월, 2004년 5월, 2005-2007년 8월, 2008-2015년 9월 현재; 2000, 2002년 자료 없음.

2) 지주회사: 주식의 소유를 통하여 국내회사의 사업내용을 지배하는 것을 주된 사업으로 하는 회사로서 자산총액이 대통령령이 정하는 금액 이상인 회사. ① 주된 사업: '회사가 소유하고 있는 자회사의 주식가액의 합계액'이 '해당 회사 자산총액'의 50% 이상인 경우 (* 지주비율: 1999년 이후 변동 없음). ② 자산총액: 100억 원 이상(1999-2000년) → 300억 원 이상(2001년) → 1,000억 원 이상 (2002년 이후).

3) ① 일반지주회사 - 금융지주회사 외의 지주회사; ② 금융지주회사 - 금융업 또는 보험업을 영위하는 자회사의 주식을 소유하는 지주회사.

4) ① 자회사 - 지주회사에 의하여 그 사업내용을 지배받는 국내회사; ② 손자회사 - 자회사에 의하여 사업내용을 지배받는 국내회사; ③ 증손회사 (2008년 이후) - 손자회사가 발행 주식 총수를 소유하는 국내회사.

5) ① 자회사 주식 보유 기준: 지주회사가 소유해야 하는 '자회사 발행 주식 총수 중에서의 비중'; 비상장/상장 자회사 - 50%/30% (1999-2006년) → 40%/20% (2007년 이후). ② 손자회사 주식 보유 기준: 자회사가 소유해야 하는 '손자회사 발행 주식 총수 중에서의 비중'; 비상장/상장 손자회사 - 50%/30% (1999-2006년) → 40%/20% (2007년 이후).

출처: 〈부록 3〉.

2.2 지주회사체제를 채택한 재벌, 1999-2015년

공정거래법상 일반지주회사를 보유한 재벌은 매년 2-24개 사이에서 증가하는 추세를 보였으며, 2015년 9월까지의 총 수는 34개이다 (<표 1.2>, <표 1.3>).

첫째, 지주회사체제를 채택한 재벌은 2001-2006년에는 매년 2-9개, 2007-2010년에는 11-17개, 그리고 2011-2014년에는 20-22개였다. 2015년에는 9월 현재까지 역대 최고치인 24개이며, 이는 50개의 공정거래법상 재벌 중 거의 절반(48%)에 해당하는 비중으로서 이 역시 역대 최고치이다.

〈표 1.2〉 지주회사체제를 채택한 재벌, 1999-2015년 (개, %)

(1) 지주회사체제를 채택한 재벌

연도	1999	2001	2003	2004	2005	2006	2007	2008	2009	2010	2011	2012	2013	2014	2015	총합
공정거래법상 재벌 (A, 개)	30	30	42	45	48	52	55	68	39	43	46	51	51	50	50	
지주회사체제 채택 재벌 (a, 개)	0	2	4	6	9	9	14	11	13	17	20	21	21	22	24	34
적극적 지주회사체제 (a1)	0	1	3	4	4	5	10	8	10	13	15	18	19	19	19	26
소극적 지주회사체제 (a2)	0	1	1	2	5	4	4	3	3	4	5	3	2	3	5	8
a/A (%)	0	7	10	13	19	17	25	16	33	40	43	41	41	44	48	
a1/A (%)	0	3	7	9	8	10	18	12	26	30	33	35	37	38	38	
(2) 재벌 소속 일반지주회사																
공정거래법상 지주회사 (B, 개)	0	9	15	19	22	27	36	55	70	84	92	103	114	117	130	
재벌 소속 지주회사 (b, 개)	0	2	4	6	10	10	15	13	16	22	26	28	30	30	29	51
적극적 지주회사체제 소속 (b1)	0	1	3	4	4	5	11	10	13	18	21	25	28	27	24	38
소극적 지주회사체제 소속 (b2)	0	1	1	2	6	5	4	3	3	4	5	3	2	3	5	13
b/B (%)	0	22	27	32	45	37	42	24	23	26	28	27	26	26	22	
b1/B (%)	0	11	20	21	18	19	31	18	19	21	23	24	25	23	18	

주: 1) 재벌(=대규모사기업집단)은 4월 현재; 지주회사는 2001-2003년 7월, 2004년 5월, 2005-2007년 8월, 2008-2015년 9월 현재, 2000, 2002년 자료 없음.
2) 1999년과 2001년에는 30대 집단만 지정, 2003-2015년 공기업집단 제외.
3) 3개 연도(2001, 2004, 2006년)의 공정거래위원회 '지주회사' 자료에는 집단 소속 지주회사 표시 없음. '집단' 자료 및 다른 연도의 '지주회사' 자료로 보완함.
4) 사기업집단 중 금융 관련 집단인 한국투자금융그룹(2009-2013년)과 미래에셋그룹(2010년)은 분석에서 제외함.
5) 금융지주회사 중 대규모기업집단 소속: 2003년 1개(동원그룹 동원금융지주), 2004년 2개(삼성그룹 삼성에버랜드; 동원그룹 동원금융지주), 2009년 2개(한국투자금융그룹 한국투자금융지주, 한국투자운용지주), 2010년 3개(한국투자금융그룹 한국투자금융지주, 한국투자운용지주; 미래에셋그룹 미래에셋컨설팅), 2011년 2개(한국투자금융지주, 한국투자운용지주), 2012년 2개(한국투자금융지주; 농협그룹 농협금융지주), 2013년 2개(한국투자금융지주, 농협금융지주), 2014년 1개(농협금융지주), 2015년 1개(농협금융지주).

출처: 〈표 1.1〉, 〈부록 1〉, 〈부록 2〉, 〈부록 3〉.

〈표 1.3〉 지주회사체제를 채택한 34개 재벌, 1999-2015년

(1) 적극적 · 소극적 지주회사체제

	2015년 현재 존속	2015년 이전 존속
적극적인 지주회사체제	(19개)	(7개)
	1-10위: SK, LG, GS, 농협, 한진	금호아시아나
	11-30위: CJ, LS, 부영, 현대백화점	두산, STX
	31위 이하: 코오롱, 한진중공업, 한라, 한국타이어 세아, 태영, 아모레퍼시픽, 대성 하이트진로, 한솔	동원, 웅진, 농심, 오리온
소극적인 지주회사체제	(5개)	(3개)
	1-10위: 삼성, 롯데	현대자동차
	11-30위: 한화, 대림	동부
	31위 이하: 태광	대한전선

(2) 지주회사체제 채택 시기

1999-2004년 시작	(4개)	(2개)
	1999: -	-
	2000: SK	-
	2001: LG	-
	2003: -	동원, 농심
	2004: 세아, [삼성]	-
2005-2009년 시작	(6개)	(7개)
	2005: GS, [한화]	STX
	2006: 현대백화점	-
	2007: CJ, 한진중공업	금호아시아나, 오리온, [현대자동차]
	2008: LS	[대한전선]
	2009: -	두산, 웅진
2010-2015년 시작	(14개)	(1개)
	2010: 한진, 코오롱, 하이트진로, 부영	-
	2011: 대성, [태광]	[동부]
	2012: 농협, 태영	-
	2013: 아모레퍼시픽	-
	2014: 한국타이어, 한라, [롯데]	-
	2015: 한솔, [대림]	-

주: 1) 시작 연도는 공정거래법상 대규모기업집단으로서 지주회사를 보유한 첫 연도임.
2) 아모레퍼시픽: 지주회사(태평양 → 아모레퍼시픽그룹)는 2007년 1월에 설립되어 존속하였으며, 그룹은 2007, 2013-2014년에 대규모기업집단으로 지정됨. 지주회사체제의 시작 연도를 2013년으로 함.
3) 롯데: 2005-2006년에 2개 지주회사(롯데물산, 롯데산업)가 있었으며, 2014년에 1개 지주회사(이지스일호)가 새로 설립됨. 지주회사체제 시작 연도를 2014년으로 함.

출처: 〈부록 1〉, 〈부록 2〉.

〈표 1.4〉 지주회사체제를 채택한 24개 재벌, 2015년 9월

(1) 적극적인 지주회사체제를 채택한 19개 재벌

그룹			지주회사체제				지주회사체제
이름	순위	계열회사 (A, 개)	지주회사 (a)	순위	계열회사 (b, 개)	a+b (B, 개)	달성 비율 (B/A, %)
SK	3	82	SK㈜	1	67	68	
			SK이노베이션	2	13	14	
			SK E&S	6	11	12 [68]	83
LG	4	63	㈜LG	3	55	56	89
GS	7	79	㈜GS	4	37	38	
			GS에너지	5	18	19 [38]	48
농협	9	39	농협경제지주	14	15	16	
			농협금융지주	2	18	19 [35]	90
한진	10	46	한진칼	16	18	19	41
CJ	15	65	CJ㈜	8	49	50	
			케이엑스홀딩스	42	12	13 [52]	80
LS	16	48	㈜LS	11	24	25	52
부영	20	15	부영	7	4	5	
			동광주택산업	51	1	2 [7]	47
현대백화점	23	32	현대HC&	52	11	12	38
코오롱	32	43	코오롱	21	34	35	81
한진중공업	33	9	한진중공업홀딩스	20	8	9	100
한라	34	23	한라홀딩스	19	15	16	70
한국타이어	35	16	한국타이어월드와이드	9	8	9	56
세아	41	21	세아홀딩스	22	15	16	76
태영	44	44	SBS미디어홀딩스	37	15	16	36
아모레퍼시픽	46	12	아모레퍼시픽그룹	15	10	11	92
대성	47	73	서울도시개발	70	23	24	33
하이트진로	48	12	하이트진로홀딩스	13	10	11	92
한솔	50	21	한솔홀딩스	39	10	11	52
(2) 소극적인 지주회사체제를 채택한 5개 재벌							
삼성	1	67	삼성종합화학	10	2	3	4
롯데	5	80	이지스일호	29	2	3	4
한화	11	52	한화도시개발	81	5	6	12
대림	19	24	대림에너지	85	4	5	21
태광	40	32	티브로드	47	6	7	22

주: 1) 그룹 순위는 2015년 4월 현재 공기업집단(11개)을 제외한 50개 대규모사기업집단 중에서의 순위; 지주회사 순위는 2015년 9월 현재 130개 일반지주회사 중에서의 순위, '농협금융지주' 순위는 10개 금융지주회사 중에서의 순위.
2) 그룹 계열회사는 2015년 4월 현재; 지주회사 계열회사는 2014년 12월 현재 (대림에너지와 한솔홀딩스는 2015년 1월, SK㈜는 2015년 8월 현재).
3) SK이노베이션과 SK E&S는 SK㈜의 자회사, GS에너지는 ㈜GS의 자회사, 케이엑스홀딩스는 CJ㈜의 자회사.
출처: 〈부록 1〉.

둘째, 재벌에 속하는 일반지주회사의 수는 매년 2-30개 사이에서 증가하는 추세를 보였으며, 총 수는 51개이다. 이 중 38개(75%)는 적극적인 지주회사체제를 채택한 재벌 소속이고, 나머지 13개(25%)는 소극적인 지주회사체제를 채택한 재벌 소속이다. 재벌 소속 일반지주회사가 전체 일반지주회사들 중에서 차지하는 비중은 2008년 이후 25% 내외이다.

셋째, 1999년 이후 2015년까지 16년 동안 지주회사체제를 채택한 재벌은 모두 34개이다. 이 중 대다수인 26개(76%)는 적극적인 지주회사체제를, 나머지 8개(24%)는 소극적인 지주회사체제를 채택하였다. 또 34개 재벌 중 24개(71%)는 2015년 현재 지주회사체제를 유지하였고, 나머지 10개(29%)는 2015년 이전에 지주회사체제를 채택한 적이 있었다.

34개 재벌 중 가장 먼저 지주회사체제를 채택한 재벌은 SK그룹(2000년)이고 그다음이 LG그룹(2001년)이다. 1999년을 제외하고 매년 1-5개씩의 재벌이 새롭게 지주회사체제를 채택하였다. 2007년 5개, 2010년 4개, 2005・2011・2014년 3개씩 등의 순서로 많았다.

2.3 지주회사체제를 채택한 재벌, 2015년

2015년 9월 현재 지주회사체제를 채택한 재벌은 24개이다. 19개는 적극적인 지주회사체제를, 5개는 소극적인 지주회사체제를 채택하였다 (<표 1.4>; <표 1.3> 참조).

24개 재벌 중 순위 '1-10위'가 7개, '11-30위'가 6개, 그리고 '31위 이하'가 11개이다. SK그룹은 3개의 지주회사를 그리고 다른 4개 재벌(GS, 농협, CJ, 부영)은 2개씩의 지주회사를 보유하였다. 대다수인 나머지 19개 재벌(79%)은 각각 1개씩의 지주회사를 가졌다. 농협그룹의 경우, 2개 지주회사 중 1개는 일반지주회사이고 1개는 금융지주회사이다.

지주회사체제 달성 비율은 100%에서 4%에 이르기까지 다양하다. 적극적인 지주회사체제를 채택한 19개 재벌의 비율은 100%(한진중공업)에서 33%(대성) 사이이며, 소극적인 지주회사체제를 채택한 5개 재벌의 비율은 22%(태광)에서 4%(삼성, 롯데) 사이이다.

3. 한국재벌과 지주회사체제: 34개 재벌의 현황과 자료

다음 다섯 개 장(제2장-제6장)에서는 1999년 이후 2015년까지 지주회사체제를 채택한 적이 있는 34개 재벌 각각의 현황을 살펴본다. 공정거래위원회가 발표하는 자료를 다양한 방식으로 가공·변형하고 해석하였다. 2016년의 경우, 지주회사 관련 자료가 연구 막바지인 11월 초에 발표되었으며, 분석 대상에 포함시키기에는 여러 가지 어려움이 있어 부득이 제외하였다. 34개 재벌을 '2015년 현재와 이전, 적극적·소극적 지주회사체제, 순위' 등 3가지를 기준으로 5개 부류로 나눈 뒤 차례로 서술한다 (<표 1.5>, <표 1.6>, <표 1.7>, <표 1.8>, <표 1.9>; <표 1.3>, <표 1.4> 참조).

(1) 2015년 현재 적극적인 지주회사체제를 채택한 19개 재벌: '1-10위' 5개 (*제2장)
- SK, LG, GS, 농협, 한진

(2) 2015년 현재 적극적인 지주회사체제를 채택한 19개 재벌: '11-30위' 4개 (*제3장)
- CJ, LS, 부영, 현대백화점

(3) 2015년 현재 적극적인 지주회사체제를 채택한 19개 재벌: '31위 이하' 10개 (*제4장)
- 코오롱, 한진중공업, 한라, 한국타이어, 세아
태영, 아모레퍼시픽, 대성, 하이트진로, 한솔

(4) 2015년 이전 적극적인 지주회사체제를 채택한 7개 재벌 (*제5장)
- '1-10위' 1개 : 금호아시아나
- '11-30위' 2개 : 두산, STX
- '31위 이하' 4개: 동원, 웅진, 농심, 오리온

(5) 소극적인 지주회사를 채택한 8개 재벌 (*제6장)
[2015년 현재 5개]
- '1-10위' 2개 : 삼성, 롯데
- '11-30위' 2개 : 한화, 대림
- '31위 이하' 1개: 태광
[2015년 이전 3개]
- '1-10위' 1개 : 현대자동차
- '11-30위' 1개 : 동부
- '31위 이하' 1개: 대한전선

각각의 재벌에 대해서는 (A) 그룹의 성장, (B) 지주회사체제, (C) 지주회사, (D) 그룹 소유지분도 등 4가지 사항을 살펴본다.

(A) 그룹의 성장

[그룹 순위, 계열회사 수, 자산총액] (4월 현재):

- 1987년 대규모기업집단지정제도가 도입된 이후 2016년까지의 30년 동안 해당 그룹이 지정된 연도 모두를 대상으로 함, 매년 4월 공정거래위원회가 발표한 자료 기준.

- 그룹 순위는 자산총액 기준이며, 2002-2016년의 경우 공기업집단을 제외한 사기업집단 중에서의 순위.

(B) 지주회사체제

① [지주회사체제 채택 연도]:

- 1999년 지주회사제도가 도입된 이후 공정거래위원회가 지주회사 관련 자료를 발표한 2001, 2003-2015년의 14년 동안, 해당 그룹이 대규모기업집단으로 지정되고 공정거래법상 일반지주회사를 보유한 연도를 대상으로 함.

- 대규모기업집단 자료의 기준 시점은 4월이며, 지주회사 자료의 기준 시점은 7월(2001, 2003년), 5월(2004년), 8월(2005-2007년) 또는 9월(2008-2015년)임.

② [그룹 순위, 계열회사 수] (4월 현재);

- 매년 4월 공정거래위원회가 발표한 대규모기업집단 자료 기준.

- 2002-2016년 순위는 공기업집단을 제외한 사기업집단 중에서의 순위.

③ [지주회사 이름] (5-9월 현재),

[지주회사 순위, 계열회사 수, 지주회사체제 편입 계열회사 수] (이전 연도 12월 또는 해당 연도 지주회사 설립·전환일 현재):

- 공정거래위원회가 발표한 7월(2001, 2003년), 5월(2004년), 8월(2005-2007년) 또는 9월(2008-2015년) 현재의 자료 기준, 재무 현황 및 계열회사는 이전 연도 12월 또는 해당 연도 지주회사 설립·전환일 현재임.

- 순위는 자산총액 기준이며, 공정거래위원회 발표 자료(지주회사 설립·전환일 기준)를 자산총액 순으로 재구성한 뒤 필자가 부여한 순위임 (<부록 3> 참조).

- 지주회사체제 편입 계열회사 수는 '지주회사 + 지주회사의 계열회사'임.

④ [지주회사체제 달성 비율]:

- 그룹 전체 계열회사 중 지주회사체제에 편입된 계열회사의 비중이며, '[(지주회사 + 지주회사의 계열회사) ÷ 그룹 계열회사] × 100 (%)'으로 계산함.

- 지주회사가 2개 이상인 경우 지주회사들 간의 독립성·종속성 여부를 고려하여 '(지주회사 + 지주회사의 계열회사)'를 계산하였으며, 공정거래위원회 자료 중 일부 잘못된

부분은 바로 잡음.

- 그룹 계열회사 시점(4월)과 지주회사 계열회사 시점(이전 연도 12월 또는 해당 연도 지주회사 설립・전환일)이 다름, 비율은 대체적인 것이며 100%를 넘는 경우가 있음.

- 비율이 '30% 이상'인 경우를 적극적인 지주회사체제, '30% 미만'인 경우를 소극적인 지주회사체제로 구분함.

(C) 지주회사

① [지주회사 이름] (5-9월 현재), [설립・전환 시기]:

- 공정거래위원회가 발표한 7월(2001, 2003년), 5월(2004년), 8월(2005-2007년) 또는 9월(2008-2015년) 현재의 지주회사 이름, 발표 자료에 있는 설립・전환일.

② [순위, 자산총액, 상장 여부, 부채비율] (이전 연도 12월 또는 해당 연도 지주회사 설립・전환일 현재):

- 순위는 자산총액 기준이며, 공정거래위원회 발표 자료(지주회사 설립・전환일 기준)를 자산총액 순으로 재구성한 뒤 필자가 부여한 순위임.

- 상장 여부는 공정거래위원회 자료 기준, 자본잠식인 경우는 부채비율 없음.

③ [지주비율, 계열회사 수] (이전 연도 12월 또는 해당 연도 지주회사 설립・전환일 현재):

- 지주비율은 '[(지주회사 보유의 자회사 주식가액) ÷ (지주회사 자산총액)] × 100 (%)'으로 계산되며 '50% 이상'이어야 지주회사로 지정됨, 공정거래위원회 자료 기준.

- 계열회사는 자회사, 손자회사 및 증손회사로 구성됨.

(D) 그룹 소유지분도

- 공정거래위원회가 소유지분도를 발표한 2012-2016년의 5년 중 해당 그룹이 지주회사체제를 도입한 연도를 대상으로 전부 또는 일부를 수록함, 기준 시점은 4월임.

- 지주회사 및 계열회사는 음영으로 표시되어 있음.

- '(B) 지주회사체제' 및 '(C) 지주회사'에서의 시점은 '4월'(그룹) 또는 '이전 연도 12월 또는 해당 연도 지주회사 설립・전환일'(지주회사)이므로, '(D) 그룹 소유지분도'(4월)에서의 상황과는 차이가 날 수 있음.

- 소유지분도는 그룹의 소유구조 및 지주회사체제의 전체적인 모습을 시각적으로 한눈에 파악할 수 있어 참고용으로 소개함, 소유지분도 자체에 대한 자세한 설명은 하지 않으며 '지주회사의 최대주주 및 보유 지분'과 관련된 내용만 살펴봄.

〈표 1.5〉 2015년 현재 적극적인 지주회사체제를 채택한 19개 재벌: '1-10위' 5개

(1) SK그룹, 2001-2015년

연도	그룹		지주회사체제				지주회사체제 달성 비율 (B/A, %)
	순위	계열회사 (A, 개)	지주회사 (a)	순위	계열회사 (b, 개)	a+b (B, 개)	
2001	4	54	SK엔론	2	(13)	(14)	(26)
2003	3	60	SK엔론	2	14	15	25
2004	4	59	SK엔론	3	13	14	24
2005	4	50	SK엔론	4	12	13	26
2006	3	56	SK E&S	4	12	13	23
2007	3	57	SK㈜	1	23	24	
			SK E&S	6	11	12 [34]	60
2008	3	64	SK㈜	1	35	36	
			SK E&S	10	11	12 [47]	73
2009	3	77	SK㈜	1	58	59	
			SK E&S	15	10	11 [59]	77
2010	3	75	SK㈜	1	62	63	
			SK E&S	16	9	10 [63]	84
2011	3	86	SK이노베이션	1	16	17	
			SK㈜	2	66	67	
			SK E&S	13	9	10 [67]	78
2012	3	94	SK이노베이션	1	17	18	
			SK㈜	2	66	67 [67]	71
2013	3	81	SK이노베이션	1	12	13	
			SK㈜	2	63	64 [64]	79
2014	3	80	SK이노베이션	1	13	14	
			SK㈜	2	62	63	
			SK E&S	9	13	14 [63]	79
2015	3	82	SK㈜	1	67	68	
			SK이노베이션	2	13	14	
			SK E&S	6	11	12 [68]	83

(2) LG그룹, 2001-2015년

연도	순위	계열회사 (A, 개)	지주회사 (a)	순위	계열회사 (b, 개)	a+b (B, 개)	지주회사체제 달성 비율 (B/A, %)
2001	3	43	㈜LGCI	1	(13)	(14)	(33)
2003	2	50	㈜LG	1	37	38	76
2004	2	46	㈜LG	1	37	38	83
2005	3	38	㈜LG	1	33	34	89
2006	4	30	㈜LG	1	28	29	97
2007	4	31	㈜LG	2	28	29	94
2008	4	36	㈜LG	2	29	30	83
2009	4	52	㈜LG	2	45	46	88
2010	4	53	㈜LG	2	45	46	87

2011	4	59	㈜LG	3	50	51	86
2012	4	63	㈜LG	3	51	52	83
2013	4	61	㈜LG	3	54	55	90
2014	4	61	㈜LG	3	54	55	90
2015	4	63	㈜LG	3	55	56	89
(3) GS그룹, 2005-2015년							
2005	9	50	GS홀딩스	2	12	13	26
2006	8	50	GS홀딩스	2	15	16	32
2007	8	48	GS홀딩스	4	14	15	31
2008	7	57	GS홀딩스	4	17	18	32
2009	8	64	㈜GS	3	24	25	39
2010	7	69	㈜GS	3	27	28	41
2011	8	76	㈜GS	4	31	32	42
2012	8	73	㈜GS	4	24	25	
			GS에너지	5	18	19 [25]	34
2013	8	79	㈜GS	4	30	31	
			GS에너지	5	17	18 [31]	39
2014	8	80	㈜GS	4	34	35	
			GS에너지	5	20	21 [35]	44
2015	7	79	㈜GS	4	37	38	
			GS에너지	5	18	19 [38]	48
(4) 농협그룹, 2012-2015년							
2012	34	41	농협경제지주	15	13	14	
			농협금융지주	5	13	14 [28]	68
2013	9	34	농협경제지주	16	13	14	
			농협금융지주	4	13	14 [28]	82
2014	9	32	농협경제지주	15	14	15	
			농협금융지주	2	11	12 [27]	84
2015	9	39	농협경제지주	14	15	16	
			농협금융지주	2	18	19 [35]	90
(5) 한진그룹, 2010-2015년							
2010	10	37	한진해운홀딩스	32	11	12	32
2011	9	40	한진해운홀딩스	17	13	14	35
2012	9	45	한진해운홀딩스	21	15	16	36
2013	10	45	한진칼	25	8	9	
			한진해운홀딩스	28	15	16 [25]	56
2014	10	48	한진해운홀딩스	23	15	16	
			한진칼	26	8	9 [25]	52
2015	10	46	한진칼	16	18	19	41

주: 제2장 참조; SK엔론 = SK E&S, ㈜LGCI = ㈜LG, GS홀딩스 = ㈜GS.

〈표 1.6〉 2015년 현재 적극적인 지주회사체제를 채택한 19개 재벌: '11-30위' 4개

(1) CJ그룹, 2007-2015년

연도	그룹		지주회사체제				지주회사체제
	순위	계열회사 (A, 개)	지주회사 (a)	순위	계열회사 (b, 개)	a+b (B, 개)	달성 비율 (B/A, %)
2007	19	64	CJ홈쇼핑	7	13	14	22
2008	17	66	CJ㈜	5	43	44	
			CJ홈쇼핑	12	13	14 [50]	76
2009	19	61	CJ㈜	5	50	51	
			CJ오쇼핑	12	13	14 [51]	84
2010	18	54	CJ㈜	5	46	47	
			CJ오쇼핑	13	5	6	
			오미디어홀딩스	27	10	11	
			온미디어	28	9	10 [58]	107
2011	16	65	CJ㈜	5	49	50	77
2012	14	84	CJ㈜	6	47	48	57
2013	15	82	CJ㈜	7	54	55	
			케이엑스홀딩스	29	15	16 [55]	67
2014	15	73	CJ㈜	7	47	48	
			케이엑스홀딩스	37	15	16 [50]	68
2015	15	65	CJ㈜	8	49	50	
			케이엑스홀딩스	42	12	13 [52]	80

(2) LS그룹, 2008-2015년

연도	순위	계열회사 (A, 개)	지주회사 (a)	순위	계열회사 (b, 개)	a+b (B, 개)	달성 비율 (B/A, %)
2008	18	24	㈜LS	6	14	15	63
2009	17	32	㈜LS	7	19	20	63
2010	15	44	㈜LS	7	24	25	57
2011	15	47	㈜LS	7	26	27	57
2012	15	50	㈜LS	10	27	28	56
2013	17	49	㈜LS	9	27	28	57
2014	16	51	㈜LS	11	26	27	53
2015	16	48	㈜LS	11	24	25	52

(3) 부영그룹, 2010-2015년

2010	24	15	부영	4	2	3	20
2011	23	16	부영	8	2	3	
			동광주택산업	39	1	2 [5]	31
2012	23	17	부영	8	3	4	
			동광주택산업	42	1	2 [6]	35
2013	23	16	부영	8	3	4	
			동광주택산업	42	1	2 [6]	38
2014	21	14	부영	8	3	4	
			동광주택산업	44	1	2 [6]	43
2015	20	15	부영	7	4	5	
			동광주택산업	51	1	2 [7]	47

(4) 현대백화점그룹, 2006-2015년

2006	31	23	㈜HC&	16	9	10	43
2007	27	24	㈜HC&	21	10	11	46
2008	31	25	㈜HC&	24	10	11	44
2009	33	22	㈜HC&	29	9	10	45
2010	34	29	㈜HC&	37	13	14	48
2011	30	26	현대HC&	29	11	12	46
2012	28	35	현대HC&	33	11	12	34
2013	26	35	현대HC&	43	12	13	37
2014	25	35	현대HC&	48	14	15	43
2015	23	32	현대HC&	52	11	12	38

주: 제3장 참조; CJ홈쇼핑 = CJ오쇼핑, ㈜HC& = 현대HC&.

〈표 1.7〉 2015년 현재 적극적인 지주회사체제를 채택한 19개 재벌: '31위 이하' 10개

(1) 코오롱그룹, 2010–2015년

연도	그룹		지주회사체제				지주회사체제
	순위	계열회사 (A, 개)	지주회사 (a)	순위	계열회사 (b, 개)	a+b (B, 개)	달성 비율 (B/A, %)
2010	36	37	코오롱	24	29	30	81
2011	33	39	코오롱	20	30	31	79
2012	30	40	코오롱	18	29	30	75
2013	32	38	코오롱	20	30	31	82
2014	31	37	코오롱	17	30	31	84
2015	32	43	코오롱	21	34	35	81

(2) 한진중공업그룹, 2007–2015년

연도	순위	계열회사 (A, 개)	지주회사 (a)	순위	계열회사 (b, 개)	a+b (B, 개)	달성 비율 (B/A, %)
2007	32	4	한진중공업홀딩스	11	4	5	125
2008	29	5	한진중공업홀딩스	11	4	5	100
2009	29	6	한진중공업홀딩스	10	5	6	100
2010	29	7	한진중공업홀딩스	14	6	7	100
2011	31	8	한진중공업홀딩스	18	7	8	100
2012	36	8	한진중공업홀딩스	16	7	8	100
2013	33	9	한진중공업홀딩스	17	8	9	100
2014	33	10	한진중공업홀딩스	20	9	10	100
2015	33	9	한진중공업홀딩스	20	8	9	100

(3) 한라그룹, 2014–2015년

연도	순위	계열회사 (A, 개)	지주회사 (a)	순위	계열회사 (b, 개)	a+b (B, 개)	달성 비율 (B/A, %)
2014	35	21	한라홀딩스	19	11	12	57
2015	34	23	한라홀딩스	19	15	16	70

(4) 한국타이어그룹, 2014–2015년

연도	순위	계열회사 (A, 개)	지주회사 (a)	순위	계열회사 (b, 개)	a+b (B, 개)	달성 비율 (B/A, %)
2014	38	16	한국타이어월드와이드	10	9	10	63
2015	35	16	한국타이어월드와이드	9	8	9	56

(5) 세아그룹, 2004–2015년

연도	순위	계열회사 (A, 개)	지주회사 (a)	순위	계열회사 (b, 개)	a+b (B, 개)	달성 비율 (B/A, %)
2004	33	28	세아홀딩스	5	14	15	54
2005	32	28	세아홀딩스	7	15	16	57
2006	36	23	세아홀딩스	7	14	15	65
2007	38	22	세아홀딩스	9	14	15	68
2009	38	23	세아홀딩스	14	15	16	70
2010	44	19	세아홀딩스	17	12	13	68
2011	44	21	세아홀딩스	16	14	15	71
2012	42	24	세아홀딩스	17	16	17	71
2013	42	23	세아홀딩스	19	17	18	78
2014	44	22	세아홀딩스	22	17	18	82
2015	41	21	세아홀딩스	22	15	16	76

(6) 태영그룹, 2012-2015년

2012	48	40	SBS미디어홀딩스	27	17	18	45
2013	48	40	SBS미디어홀딩스	34	18	19	48
2014	46	42	SBS미디어홀딩스	33	17	18	43
2015	44	44	SBS미디어홀딩스	37	15	16	36

(7) 아모레퍼시픽그룹, 2007, 2013-2015년

2007	48	7	태평양	5	4	5	71
2013	52	10	아모레퍼시픽그룹	12	9	10	100
2014	48	10	아모레퍼시픽그룹	13	9	10	100
2015	46	12	아모레퍼시픽그룹	15	10	11	92

(8) 대성그룹, 2011-2015년

2011	43	73	대성합동지주	27	18	19	
			대성홀딩스	40	9	10	
			서울도시개발	87	19	20 [49]	67
2012	41	85	대성합동지주	26	28	29	
			대성홀딩스	43	9	10	
			서울도시개발	74	20	21 [60]	71
2013	37	83	대성합동지주	32	30	31	
			서울도시개발	84	23	24 [55]	66
2014	40	76	대성합동지주	36	22	23	
			서울도시개발	69	22	23 [46]	61
2015	47	73	서울도시개발	70	23	24	33

(9) 하이트진로그룹, 2010-2015년

2010	38	16	하이트홀딩스	10	13	14	88
2011	42	15	하이트홀딩스	10	12	13	87
2012	44	15	하이트진로홀딩스	11	12	13	87
2013	47	14	하이트진로홀딩스	10	11	12	86
2014	47	12	하이트진로홀딩스	12	10	11	92
2015	48	12	하이트진로홀딩스	13	10	11	92

(10) 한솔그룹, 2015년

2015	50	21	한솔홀딩스	39	10	11	52

주: 제4장 참조; 태평양 = 아모레퍼시픽그룹, 하이트홀딩스 = 하이트진로홀딩스.

〈표 1.8〉 2015년 이전 적극적인 지주회사체제를 채택한 7개 재벌: ‘1–10위’ 1개, ‘11–30위’ 2개, ‘31위 이하’ 4개

[‘1–10위’ 1개 재벌]

(1) 금호아시아나그룹, 2007–2008년

연도	그룹		지주회사체제				지주회사체제 달성 비율
	순위	계열회사 (A, 개)	지주회사 (a)	순위	계열회사 (b, 개)	a+b (B, 개)	(B/A, %)
2007	9	38	금호산업	3	21	22	58
2008	10	52	금호산업	3	22	23	44

[‘11–30위’ 2개 재벌]

(2) 두산그룹, 2009–2014년

연도	그룹 순위	계열회사 (A, 개)	지주회사 (a)	순위	계열회사 (b, 개)	a+b (B, 개)	달성 비율 (B/A, %)
2009	12	26	두산	4	21	22	
			두산모트롤홀딩스	46	1	2 [22]	85
2010	12	29	두산	6	21	22	
			디아이피홀딩스	47	3	4 [22]	76
2011	12	25	두산	6	20	21	
			디아이피홀딩스	43	2	3 [21]	84
2012	12	24	두산	7	20	21	
			디아이피홀딩스	32	3	4 [21]	88
2013	13	25	두산	6	19	20	
			디아이피홀딩스	37	3	4 [20]	80
2014	13	22	두산	6	14	15	
			디아이피홀딩스	50	2	3 [15]	68

(3) STX그룹, 2005년

연도	그룹 순위	계열회사 (A, 개)	지주회사 (a)	순위	계열회사 (b, 개)	a+b (B, 개)	달성 비율 (B/A, %)
2005	28	14	㈜STX	9	8	9	64

[‘31위 이하’ 4개 재발]

(4) 동원그룹, 2003–2004년

연도	그룹 순위	계열회사 (A, 개)	지주회사 (a)	순위	계열회사 (b, 개)	a+b (B, 개)	달성 비율 (B/A, %)
2003	32	17	동원엔터프라이즈	12	9	10	59
2004	31	17	동원엔터프라이즈	14	9	10	59

(5) 웅진그룹, 2009–2013년

연도	그룹 순위	계열회사 (A, 개)	지주회사 (a)	순위	계열회사 (b, 개)	a+b (B, 개)	달성 비율 (B/A, %)
2009	34	29	웅진홀딩스	8	18	19	66
2010	33	24	웅진홀딩스	9	20	21	88
2011	32	31	웅진홀딩스	9	19	20	65
2012	31	29	웅진홀딩스	9	23	24	83
2013	49	25	웅진홀딩스	13	20	21	84

(6) 농심그룹, 2003-2007년

2003	42	10	농심홀딩스	9	4	5	50
2004	39	12	농심홀딩스	8	6	7	58
2005	43	12	농심홀딩스	8	6	7	58
2006	44	12	농심홀딩스	9	6	7	58
2007	46	15	농심홀딩스	13	6	7	47

(7) 오리온그룹, 2007년

2007	54	22	온미디어	15	9	10	45

주: 제5장 참조.

〈표 1.9〉 소극적인 지주회사체제를 채택한 8개 재벌: 2015년 현재 5개, 2015년 이전 3개

[2015년 현재 5개 재벌]

(1) 삼성그룹, 2004-2015년

연도	그룹		지주회사체제				지주회사체제 달성 비율
	순위	계열회사 (A, 개)	지주회사 (a)	순위	계열회사 (b, 개)	a+b (B, 개)	(B/A, %)
2004	1	63	삼성종합화학	2	1	2	3
2005	1	62	삼성종합화학	5	1	2	3
2006	1	59	삼성종합화학	5	1	2	3
2007	1	59	삼성종합화학	8	1	2	3
2008	1	59	삼성종합화학	13	1	2	3
2009	1	63	삼성종합화학	16	1	2	3
2010	1	67	삼성종합화학	15	1	2	3
2011	1	78	삼성종합화학	15	1	2	3
2012	1	81	삼성종합화학	14	1	2	2
2013	1	76	삼성종합화학	14	1	2	3
2014	1	74	삼성종합화학	14	1	2	3
2015	1	67	삼성종합화학	10	2	3	4

(2) 롯데그룹, 2005-2006, 2015년

2005	5	41	롯데물산	3	4	5	
			롯데산업	16	1	2 [7]	17
2006	5	43	롯데물산	3	4	5	
			롯데산업	13	1	2 [7]	16
2015	5	80	이지스일호	29	2	3	4

(3) 한화그룹, 2005-2015년

2005	10	30	한화도시개발㈜	22	1	2	7
2006	11	31	한화도시개발㈜	23	1	2	6
2007	12	34	드림파마	12	5	6	18
2008	12	40	드림파마	16	5	6	15
2009	13	44	드림파마	20	5	6	14
2010	13	48	㈜한화도시개발	33	8	9	19
2011	10	55	㈜한화도시개발	41	10	11	20
2012	10	53	㈜한화도시개발	45	9	10	19
2013	11	49	㈜한화도시개발	66	8	9	18
2014	11	51	㈜한화도시개발	72	6	7	14
2015	11	52	㈜한화도시개발	81	5	6	12

(4) 대림그룹, 2015년

2015	19	24	대림에너지	85	4	5	21

(5) 태광그룹, 2011-2015년

2011	46	50	티브로드홀딩스	25	10	11	22
2012	43	44	티브로드홀딩스	24	14	15	
			티브로드도봉강북방송	101	1	2 [15]	34
2013	43	44	티브로드홀딩스	26	12	13	
			티브로드전주방송	50	5	6	
			티브로드도봉강북방송	114	1	2 [15]	34
2014	39	34	티브로드홀딩스	46	7	8	24
2015	40	32	티브로드	47	6	7	22

[2015년 이전 3개 재벌]

(6) 현대자동차그룹, 2007년

2007	2	36	차산골프장지주회사	36	1	2	6

(7) 동부그룹, 2011-2012년

2011	20	38	동부인베스트먼트	42	1	2	5
2012	19	56	동부인베스트먼트	48	2	3	5

(8) 대한전선그룹, 2008-2011년

2008	30	20	티이씨앤코	48	3	4	20
2009	25	32	티이씨앤코	69	4	5	16
2010	31	26	티이씨앤코	76	4	5	19
2011	39	23	티이씨앤코	85	4	5	22

주: 제6장 참조; 티브로드홀딩스 = 티브로드.

제2장

적극적인 지주회사체제를 채택한 19개 재벌, 2015년 현재: (1) '1-10위' 5개 재벌

1. SK그룹

SK그룹은 재벌 중 최초로 2000년에 지주회사체제를 도입하였다. 계열회사 SK엔론(2006년 이후 SK E&S)이 2000년 1월 공정거래법상 지주회사 제1호로 지정되면서였다. 1987년 금지되었던 지주회사제도가 1999년 2월 다시 허용된 이후 거의 1년이 지난 뒤였다 (<표 2.1>, <그림 2.1>).

(1) SK그룹은 1987년 대규모기업집단지정제도가 도입된 이후 2016년까지 30년 동안 매년 지정되었다. 순위는 7위(1987-1989년)에서 3위(2002-2003, 2006-2016년) 사이, 계열회사는 16개(1987년)에서 94개(2012년) 사이, 그리고 자산총액은 2.5조 원(1987년)에서 160.8조 원(2016년) 사이였다. 2016년 4월 현재, 순위는 3위, 계열회사는 86개, 그리고 자산총액은 160.8조 원이다. 동일인은 2000년 이후 최태원이다.

(2) 2000년 이후 2006년까지는 지주회사 SK엔론 및 계열회사가 그룹 전체 계열회사의 1/4 정도(23-26%)를 차지하여 소극적인 지주회사체제가 유지되었으며, 2007년 주력회사인 SK㈜가 지주회사로 전환하면서 적극적인 지주회사체제를 구축하기 시작하였다. 지주회사체제 달성 비율은 2006년 23%이던 것이 2007년에는 60%로 2.6배 증가하였고 2008년 이후에는 80% 내외 수준(71-84%)이 유지되었다. 2015년 현재에는 83%(그룹 계열회사 82개 vs. 지주회사체제 편입 회사 68개)이다.

(3) 지주회사는 2006년까지는 1개(SK E&S), 2007-2010년 2개(SK㈜, SK E&S), 2011년 3개(SK㈜, SK E&S, SK이노베이션), 2012-2013년 2개(SK㈜, SK이노베이션), 2014-2015년 3개(SK㈜, SK E&S, SK이노베이션) 등으로 변하였다.

① SK E&S와 SK이노베이션은 SK㈜의 자회사이며, SK이노베이션(2011년)은 신설되고 다른 2개 회사(2000, 2007년)는 기존 회사가 지주회사로 전환하였다. SK E&S는 2012년 지주회사에서 제외되었다가 2014년 다시 지정되었으며, SK㈜는 2015년 해산된 후 신규 지

주회사로 지정되었다.

② SK㈜와 SK이노베이션은 자산 규모가 커서 공정거래법상 일반지주회사들 중에서의 순위가 1-2위였으며, SK E&S는 5위 이내(2006년까지) 또는 10위 내외(2007년 이후)였다.

③ SK㈜의 계열회사는 2010년 이후 62-67개이며, 대부분은 손자회사(41-48개)이고 10개 내외의 증손회사(9-13개)도 포함되었다. SK E&S와 SK이노베이션의 계열회사는 각각 10개 내외(9-14개), 15개 내외(12-17개)였다.

④ SK E&S는 2012-2013년 '지주비율 50% 이상' 요건을 충족시키지 못해 공정거래법상 지주회사에서 제외되었다가 2014년에 다시 지정되었는데, 지주비율은 2014-2015년에 50%대로 여전히 낮은 수준이다. SK이노베이션의 지주비율 역시 60%대로 낮은 편이다.

(4) 2012-2014년, SK㈜의 최대주주는 SK C&C(보유 지분 31.5%)였고 SK C&C의 최대주주는 그룹 동일인 최태원(38% → 32.9%)이었다. 즉 '최태원 → SK C&C → SK㈜'의 지배구조였다. 하지만, 2015년 8월 SK㈜가 SK C&C에 합병되고 SK C&C가 상호를 SK㈜로 변경한 뒤 공정거래법상 지주회사로 지정되었다. 이에 따라, SK C&C의 최대주주(2015년 4월 현재 지분 32.9%)인 최태원이 SK㈜의 최대주주(2016년 4월 현재 지분 23.2%)로서 지주회사체제를 직접 지배하게 되었다 (2015-2016년 그룹 소유지분도 참조).

〈표 2.1〉 SK그룹과 지주회사체제, 2001-2015년

(1) SK그룹의 성장, 1987-2016년: 순위(A, 위), 계열회사(B, 개), 자산총액(C, 10억 원)

연도	A	B	C	연도	A	B	C	연도	A	B	C
1987	7	16	2,499	1997	5	46	22,927	2007	3	57	60,376
1988	7	18	2,816	1998	5	45	29,267	2008	3	64	71,998
1989	7	22	3,442	1999	5	41	32,766	2009	3	77	85,889
1990	6	24	4,610	2000	4	39	40,147	2010	3	75	87,522
1991	5	27	6,504	2001	4	54	47,379	2011	3	86	97,042
1992	5	31	8,651	2002	3	62	46,754	2012	3	94	136,474
1993	5	32	9,965	2003	3	60	47,463	2013	3	81	140,621
1994	5	33	10,690	2004	4	59	47,180	2014	3	80	145,171
1995	5	32	12,806	2005	4	50	47,961	2015	3	82	152,388
1996	5	32	14,501	2006	3	56	54,808	2016	3	86	160,848

(2) 지주회사체제, 2001-2015년

연도	그룹 순위	그룹 계열회사 (A, 개)	지주회사체제 지주회사 (a)	순위	계열회사 (b, 개)	a+b (B, 개)	지주회사체제 달성 비율 (B/A, %)
2001	4	54	SK엔론	2	(13)	(14)	(26)
2003	3	60	SK엔론	2	14	15	25
2004	4	59	SK엔론	3	13	14	24
2005	4	50	SK엔론	4	12	13	26
2006	3	56	SK E&S	4	12	13	23
2007	3	57	SK㈜	1	23	24	
			SK E&S	6	11	12 [34]	60
2008	3	64	SK㈜	1	35	36	
			SK E&S	10	11	12 [47]	73
2009	3	77	SK㈜	1	58	59	
			SK E&S	15	10	11 [59]	77
2010	3	75	SK㈜	1	62	63	
			SK E&S	16	9	10 [63]	84
2011	3	86	SK이노베이션	1	16	17	
			SK㈜	2	66	67	
			SK E&S	13	9	10 [67]	78
2012	3	94	SK이노베이션	1	17	18	
			SK㈜	2	66	67 [67]	71
2013	3	81	SK이노베이션	1	12	13	
			SK㈜	2	63	64 [64]	79
2014	3	80	SK이노베이션	1	13	14	
			SK㈜	2	62	63	
			SK E&S	9	13	14 [63]	79
2015	3	82	SK㈜	1	67	68	
			SK이노베이션	2	13	14	
			SK E&S	6	11	12 [68]	83

(3) 지주회사

① SK E&S (2001-2005년 SK엔론), 2001-2011, 2014-2015년

연도	순위	설립·전환 시기 (연.월)	상장 여부	자산 총액 (억 원)	지주 비율 (%)	부채 비율 (%)	계열회사 (개)			
							합	자	손자	증손
2001	2	2000.1	-	5,733	96.1	-	13	11	2	-
2003	2	2000.1	-	7,016	92.9	6.1	14	11	3	-
2004	3	2000.1	-	7,685	92.7	6.1	13	11	2	-
2005	4	2000.1	X	8,068	94.6	1.8	12	11	1	-
2006	4	2000.1	-	8,996	93.0	11.0	12	11	1	-
2007	6	2000.1	-	9,530	94.5	14.8	11	10	1	-
2008	10	2000.1	X	9,989	94.8	17.7	11	10	1	-
2009	15	2000.1	X	9,095	89.0	13.7	10	9	1	-
2010	16	2000.1	X	9,612	88.8	56.5	9	9	-	-
2011	13	2000.1	X	12,235	79.8	87.1	9	9	-	-
2014	9	2000.1	X	28,094	51.0	83.3	13	12	1	-
2015	6	2000.1	X	33,190	55.1	92.5	11	10	1	-
② SK㈜, 2007-2015년										
2007	1	2007.7	-	64,788	88.3	86.3	23	7	16	-
2008	1	2007.7	O	95,056	92.7	42.8	35	7	28	-
2009	1	2007.7	O	96,197	96.6	41.7	58	8	42	8
2010	1	2007.7	O	102,405	96.4	43.5	62	9	44	9
2011	2	2007.7	O	109,766	96.1	45.6	66	8	48	10
2012	2	2007.7	O	112,409	96.1	45.4	66	8	46	12
2013	2	2007.7	O	114,966	94.5	43.2	63	9	41	13
2014	2	2007.7	O	113,463	91.7	41.2	62	9	43	10
2015	1	2015.8	O	180,095	74.3	47.1	67	12	45	10
③ SK이노베이션, 2011-2015년										
2011	1	2011.1	X	141,457	63.3	27.7	16	7	9	-
2012	1	2011.1	X	148,858	63.5	18.5	17	7	10	-
2013	1	2011.1	X	153,037	61.1	15.5	12	6	6	-
2014	1	2011.1	O	144,867	64.5	10.0	13	8	5	-
2015	2	2011.1	O	145,086	64.5	11.7	13	9	4	-

주: 1) SK E&S와 SK이노베이션은 SK㈜의 자회사.
2) SK E&S: 2001년 - 손자회사는 2000년 3월 현재; 2011년 12월 공정거래법상 지주회사에서 제외 (지주비율 50% 미만; 자산 증가); 2014년 1월 재지정 (자산 및 자회사 주식 비율 증가), 설립·전환 시기를 2000년 1월로 유지함.
3) SK㈜: 2015년 8월 공정거래법상 지주회사에서 제외 (해산; 모회사 SK C&C에 흡수합병); 2015년 8월 지정 (지주비율 증가; 합병), SK C&C가 상호를 SK㈜로 변경.

출처: 〈부록 1〉, 〈부록 2〉, 〈부록 3〉, 공정거래위원회 홈페이지 자료.

〈그림 2.1〉 SK그룹 소유지분도, 2012-2016년 4월

(* 음영 부분이 지주회사 및 계열회사)

〈그림 2.1〉① SK그룹 소유지분도, 2012년 4월

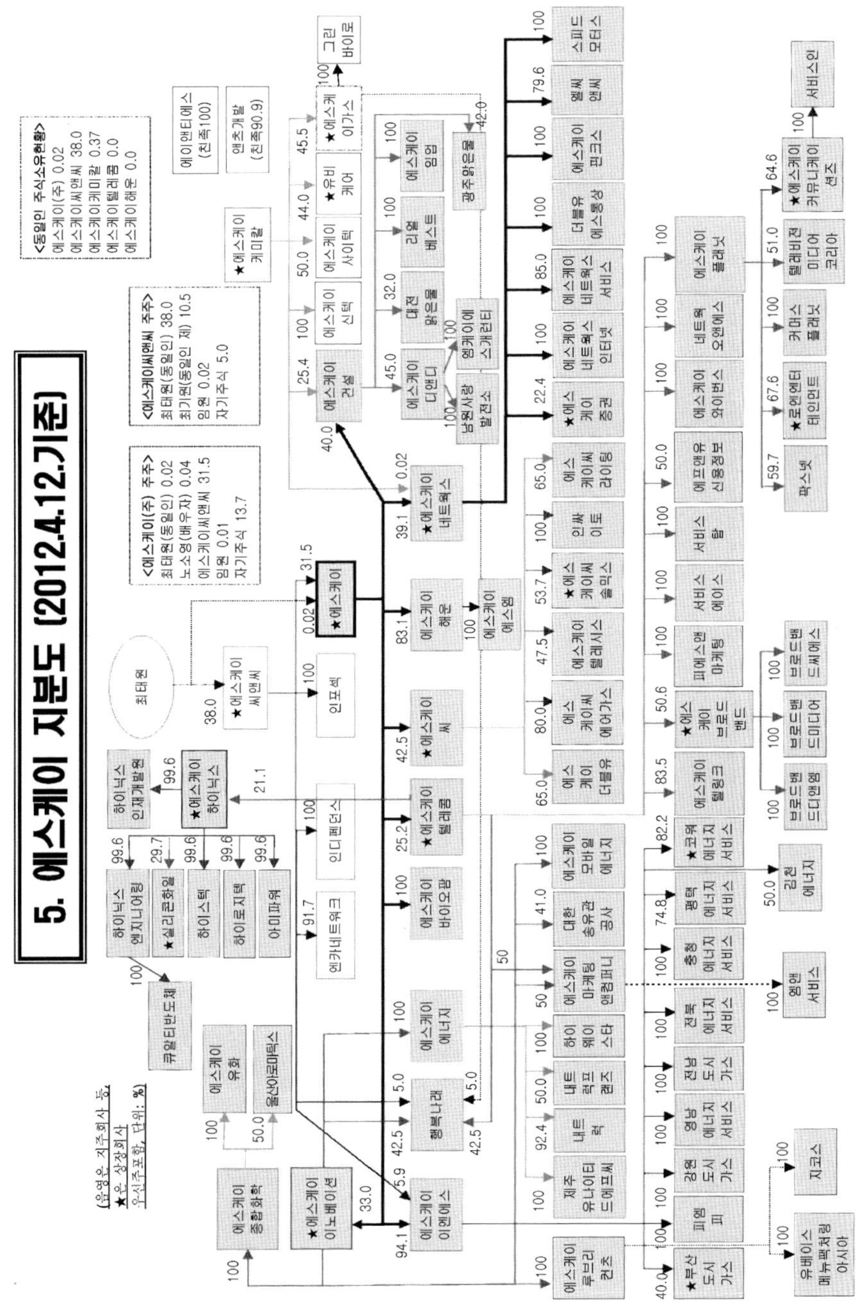

〈그림 2.1〉② SK그룹 소유지분도, 2013년 4월

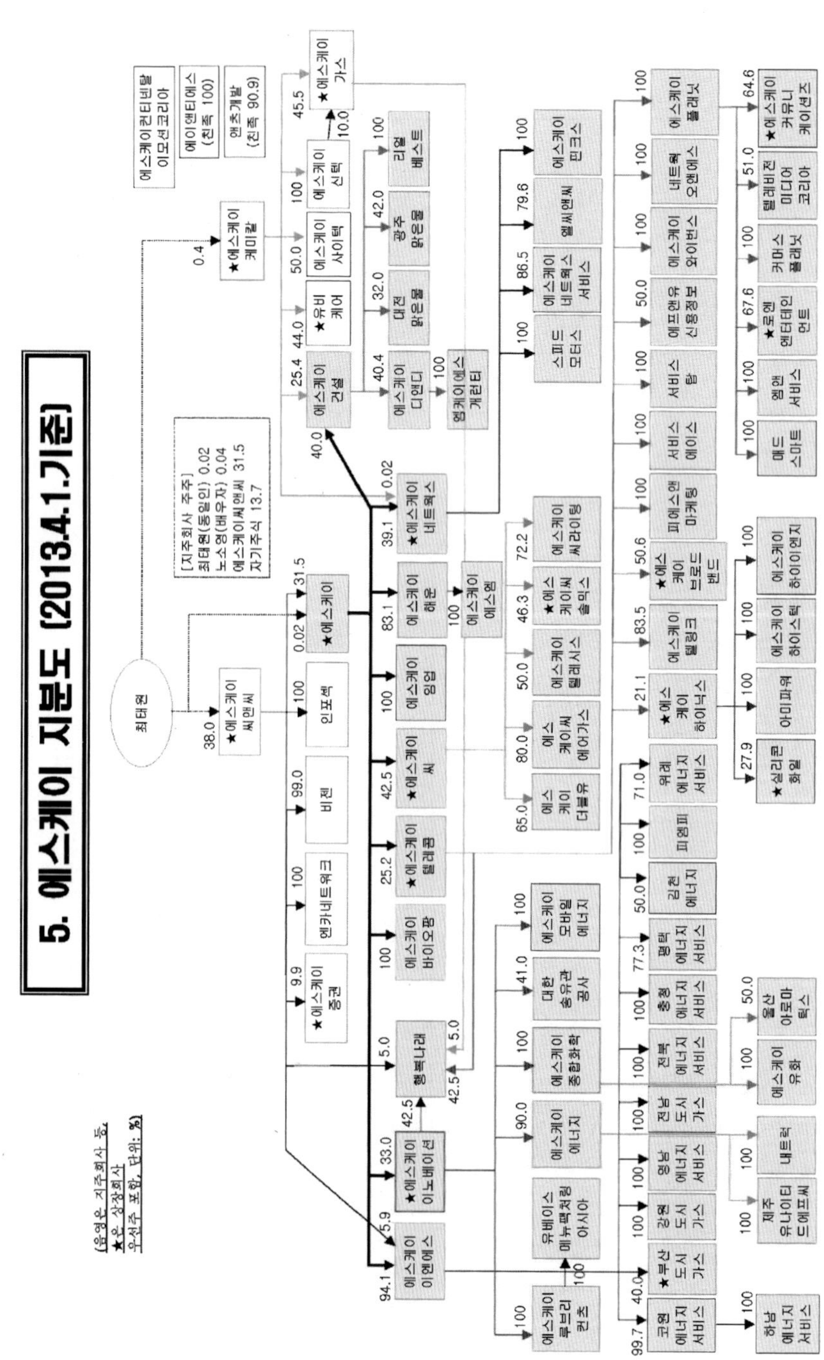

〈그림 2.1〉③ SK그룹 소유지분도, 2014년 4월

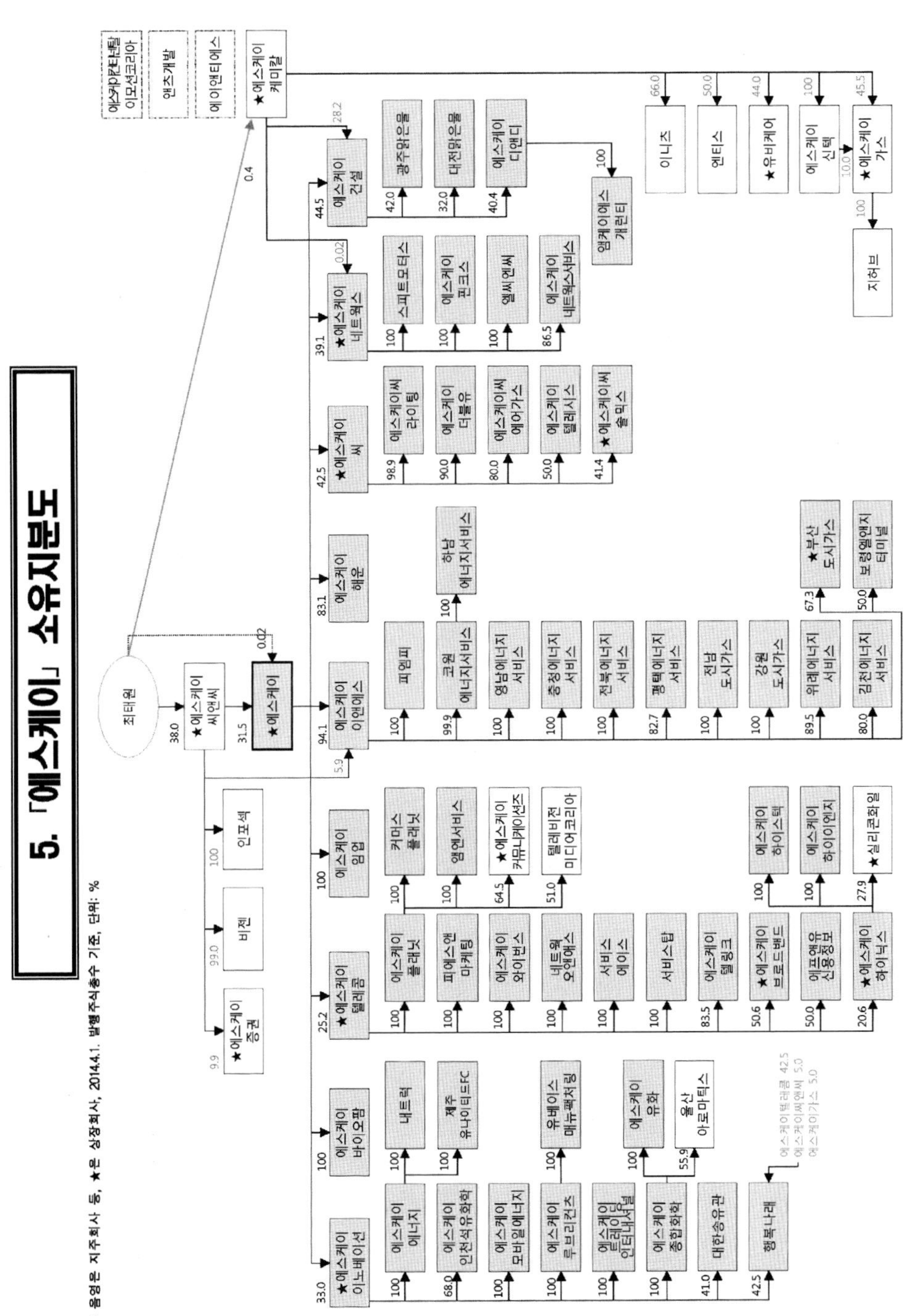

〈그림 2.1〉④ SK그룹 소유지분도, 2015년 4월

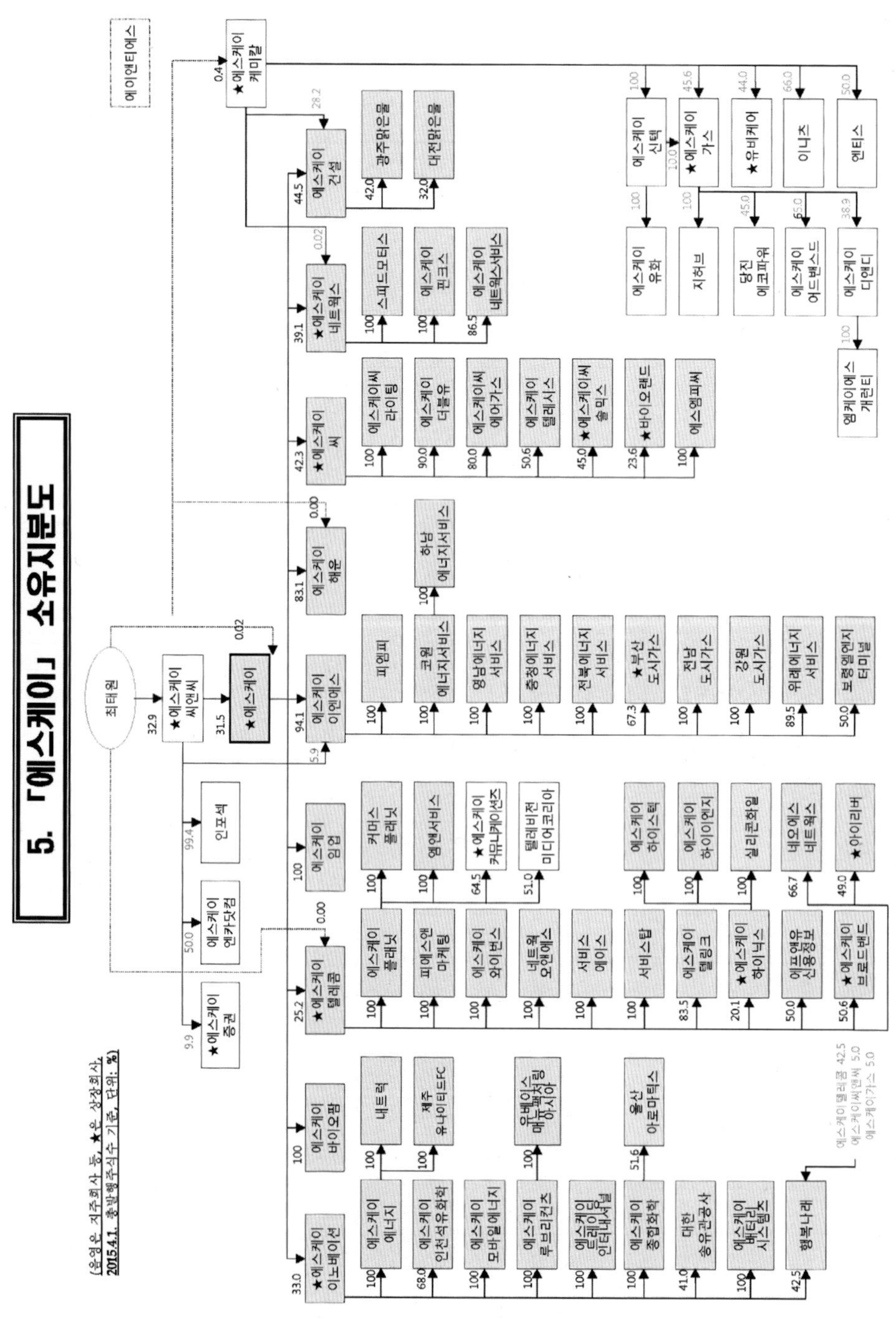

〈그림 2.1〉⑤ SK그룹 소유지분도, 2016년 4월

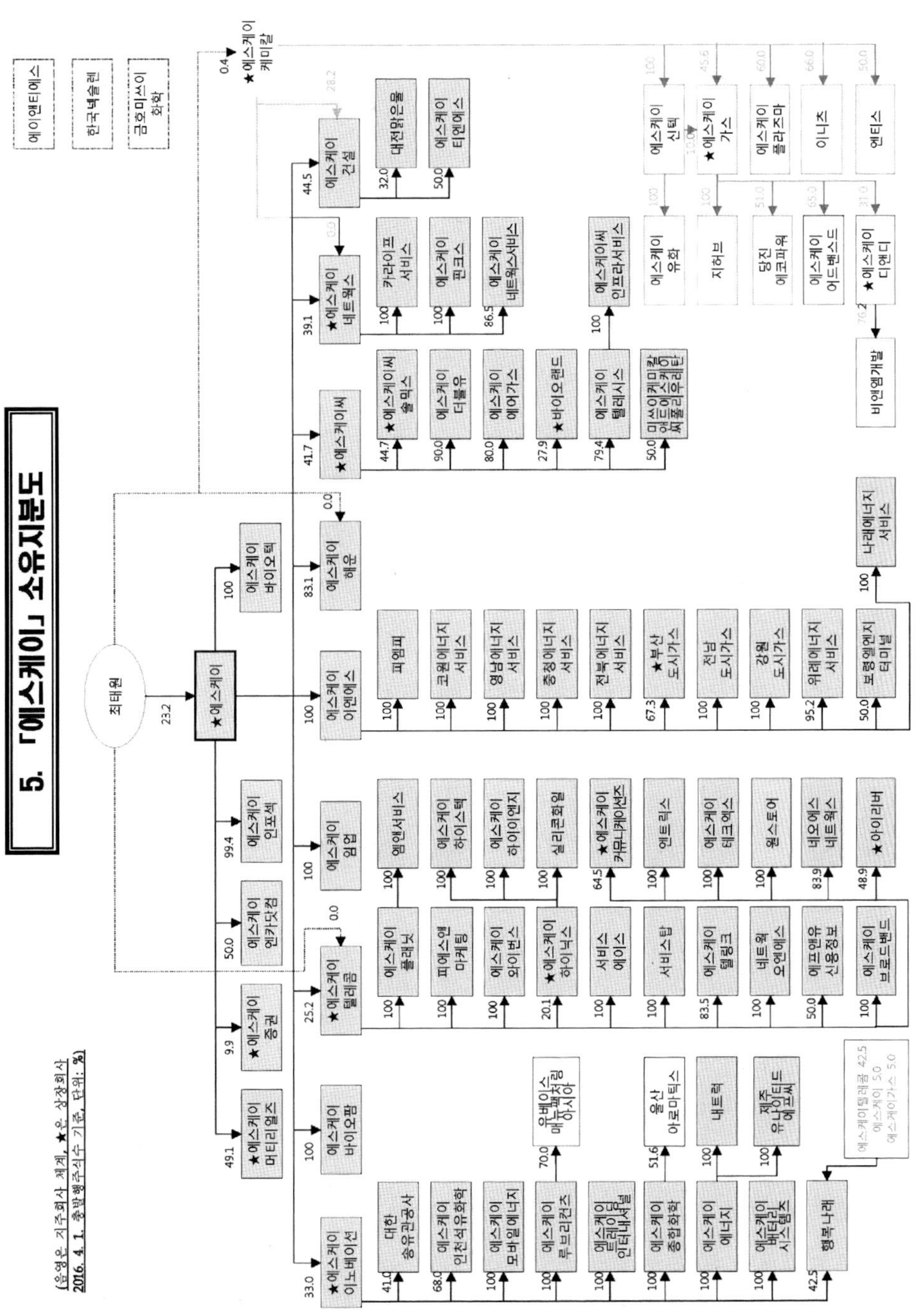

2. LG그룹

LG그룹은 재벌 중 SK그룹에 이어 두 번째로 2001년 지주회사체제를 도입하였다. 주력회사인 LG화학이 2001년 4월 지주회사 ㈜LGCI(2003년 이후 ㈜LG)로 전환되면서였다. SK엔론(이후 SK E&S)이 공정거래법상 지주회사 1호인 지정된 2000년 1월 이후 1년 3개월이 지난 뒤였다 (<표 2.2>, <그림 2.2>).

(1) LG그룹은 1987년 대규모기업집단지정제도가 도입된 이후 2016년까지 30년 동안 매년 지정되었다. 순위는 4위(1987, 1992-1995, 1998-1999, 2006-2016년)에서 2위(1991, 2002-2004년) 사이, 계열회사는 30개(2006년)에서 67개(2016년) 사이, 그리고 자산총액은 5.5조 원(1987년)에서 105.8조 원(2016년) 사이였다. 2016년 4월 현재, 순위는 4위, 계열회사는 67개, 그리고 자산총액은 105.8조 원이다. 동일인은 2000년 이후 구본무이다.

(2) LG그룹은 출발부터 적극적인 지주회사체제를 채택하였다. '적극적인 지주회사체제'를 기준으로 하면 LG그룹이 재벌 중 최초가 된다. SK그룹은 2000년 소극적인 지주회사체제로 출발한 이후 2007년에 적극적인 지주회사체제로 전환하였다.

LG그룹의 지주회사체제 달성 비율은 2003년 76%였으며, 2004년 이후에는 90% 내외 수준(83-97%)이 유지되었다. 2015년 현재에는 89%(그룹 계열회사 63개 vs. 지주회사체제 편입 회사 56개)이다.

(3) 지주회사는 2001년 이후 ㈜LG 1개이다.

① 2001년 LG화학이 화학부문 지주회사 ㈜LGCI로 전환하였고, 2003년 ㈜LGCI는 ㈜LG로 확대 개편되었다. 2002년에는 또 다른 주력회사인 LG전자가 전자부문 지주회사 ㈜LGEI로 전환하였는데, 2003년 ㈜LGEI는 ㈜LG에 합병되었다. 2002년에 공정거래위원회 자료가 발표되지 않아 ㈜LGEI 관련 정보는 없는 상황이다.

② ㈜LG은 자산 규모가 커서 공정거래법상 일반지주회사 들 중에서의 순위가 1위(2006년까지), 2위(2007-2010년) 또는 3위(2011년 이후)였다. 2007년 이후 순위 1·2위는 SK그룹의 ㈜SK와 SK이노베이션이었다.

③ ㈜LG의 계열회사는 2008년까지는 30개 내외(28-37개), 2009-2010년에는 45개, 그리고 2011년 이후에는 50개 이상(50-55개)이었으며, 손자회사(14-36개)의 비중이 가장 큰 가운데 2009년 이후에는 2-4개의 증손회사도 포함되었다.

④ 지주비율은 2개 연도(2001, 2012년)를 제외하고는 90% 내외의 높은 수준이 유지되었다.

(4) ㈜LG의 최대주주는 그룹 동일인 구본무이며, 2012년 이후 10% 남짓의 지분을 보유해 오고 있다. 2016년 4월 현재에는 구본무(10.8%), 친족(20.4%), 비영리법인(2.4%) 등 '최대주주 및 특수관계인 지분'이 33.6%이다 (그룹 소유지분도 참조).

〈표 2.2〉 LG그룹과 지주회사체제, 2001–2015년

(1) LG그룹의 성장, 1987–2016년: 순위(A, 위), 계열회사(B, 개), 자산총액(C, 10억 원)

연도	A	B	C	연도	A	B	C	연도	A	B	C
1987	4	57	5,508	1997	3	49	38,376	2007	4	31	52,371
1988	3	62	6,997	1998	4	52	52,773	2008	4	36	57,136
1989	3	59	8,645	1999	4	48	49,524	2009	4	52	68,289
1990	3	58	11,186	2000	3	43	47,612	2010	4	53	78,918
1991	2	63	14,889	2001	3	43	51,965	2011	4	59	90,592
1992	4	58	17,152	2002	2	51	54,484	2012	4	63	100,777
1993	4	54	19,105	2003	2	50	58,571	2013	4	61	102,360
1994	4	53	20,388	2004	2	46	61,648	2014	4	61	102,060
1995	4	50	24,351	2005	3	38	50,880	2015	4	63	105,519
1996	3	48	31,395	2006	4	30	54,432	2016	4	67	105,849

(2) 지주회사체제, 2001-2015년

연도	그룹 순위	그룹 계열회사 (A, 개)	지주회사체제 지주회사 (a)	순위	계열회사 (b, 개)	a+b (B, 개)	지주회사체제 달성 비율 (B/A, %)
2001	3	43	㈜LGCI	1	(13)	(14)	(33)
2003	2	50	㈜LG	1	37	38	76
2004	2	46	㈜LG	1	37	38	83
2005	3	38	㈜LG	1	33	34	89
2006	4	30	㈜LG	1	28	29	97
2007	4	31	㈜LG	2	28	29	94
2008	4	36	㈜LG	2	29	30	83
2009	4	52	㈜LG	2	45	46	88
2010	4	53	㈜LG	2	45	46	87
2011	4	59	㈜LG	3	50	51	86
2012	4	63	㈜LG	3	51	52	83
2013	4	61	㈜LG	3	54	55	90
2014	4	61	㈜LG	3	54	55	90
2015	4	63	㈜LG	3	55	56	89

(3) 지주회사: ㈜LG (2001년 ㈜LGCI), 2001-2015년

연도	순위	설립 · 전환 시기 (연.월)	상장 여부	자산 총액 (억 원)	지주 비율 (%)	부채 비율 (%)	계열회사 (개) 합	자	손자	증손
2001	1	2001.4	-	26,500	77.0	121.6	13	13	-	-
2003	1	2001.4	-	57,583	103.7	58.7	37	17	20	-
2004	1	2001.4	-	61,750	97.0	44.3	37	17	20	-
2005	1	2001.4	O	43,491	101.6	25.7	33	15	18	-
2006	1	2001.4	-	47,964	96.0	18.0	28	14	14	-
2007	2	2001.4	-	46,044	103.3	8.6	28	14	14	-
2008	2	2001.4	O	55,988	98.3	10.2	29	14	15	-
2009	2	2001.4	O	69,563	92.0	11.6	45	15	28	2
2010	2	2001.4	O	80,141	92.2	8.3	45	16	27	2
2011	3	2001.4	O	73,396	87.6	5.3	50	15	33	2
2012	3	2001.4	O	75,378	67.2	5.0	51	15	34	2
2013	3	2001.4	O	77,036	86.7	4.0	54	15	35	4
2014	3	2001.4	O	78,720	85.6	3.7	54	15	36	3
2015	3	2001.4	O	80,538	85.6	3.7	55	16	36	3

주: ㈜LGCI: 2001년 손자회사 정보 없음.
출처: 〈부록 1〉, 〈부록 2〉, 〈부록 3〉, 공정거래위원회 홈페이지 자료.

〈그림 2.2〉 LG그룹 소유지분도, 2012-2016년 4월
(* 음영 부분이 지주회사 및 계열회사)

〈그림 2.2〉① LG그룹 소유지분도, 2012년 4월

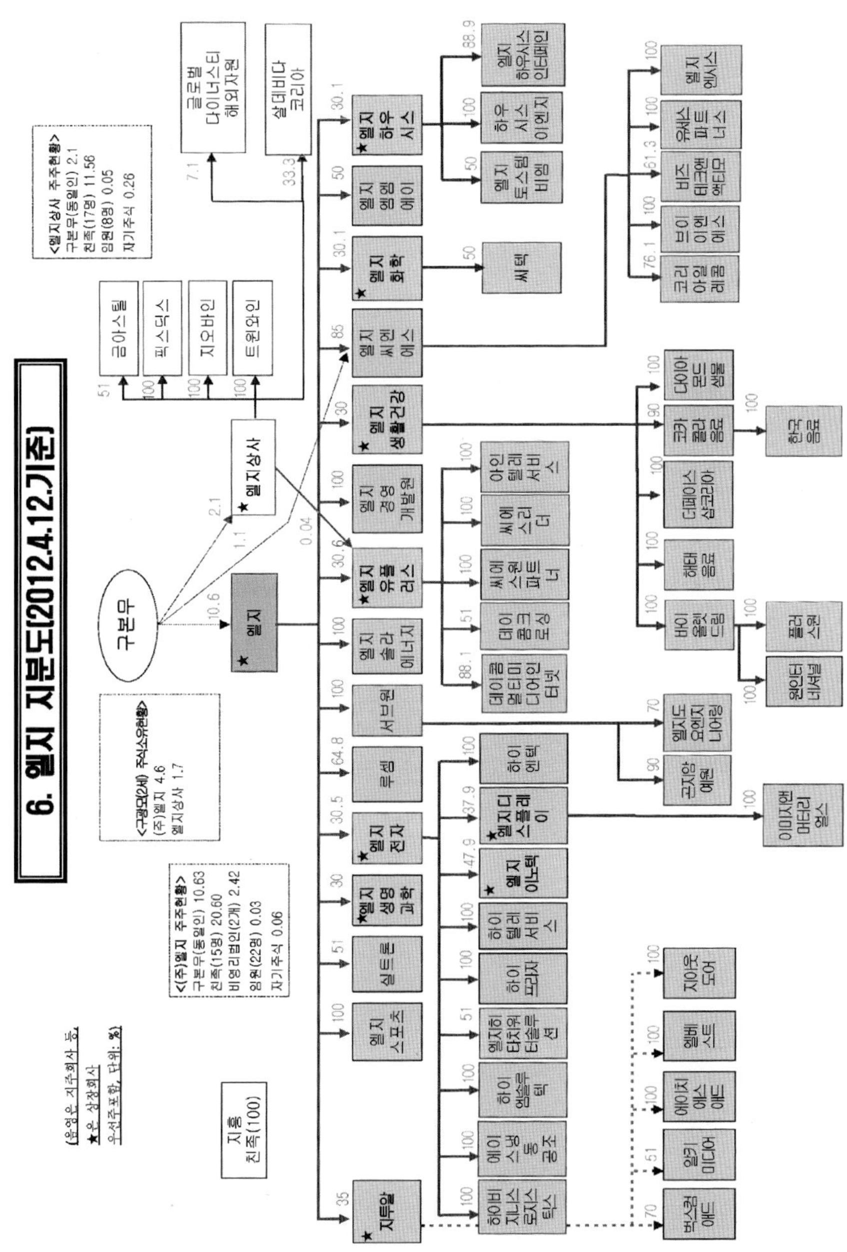

〈그림 2.2〉② LG그룹 소유지분도, 2013년 4월

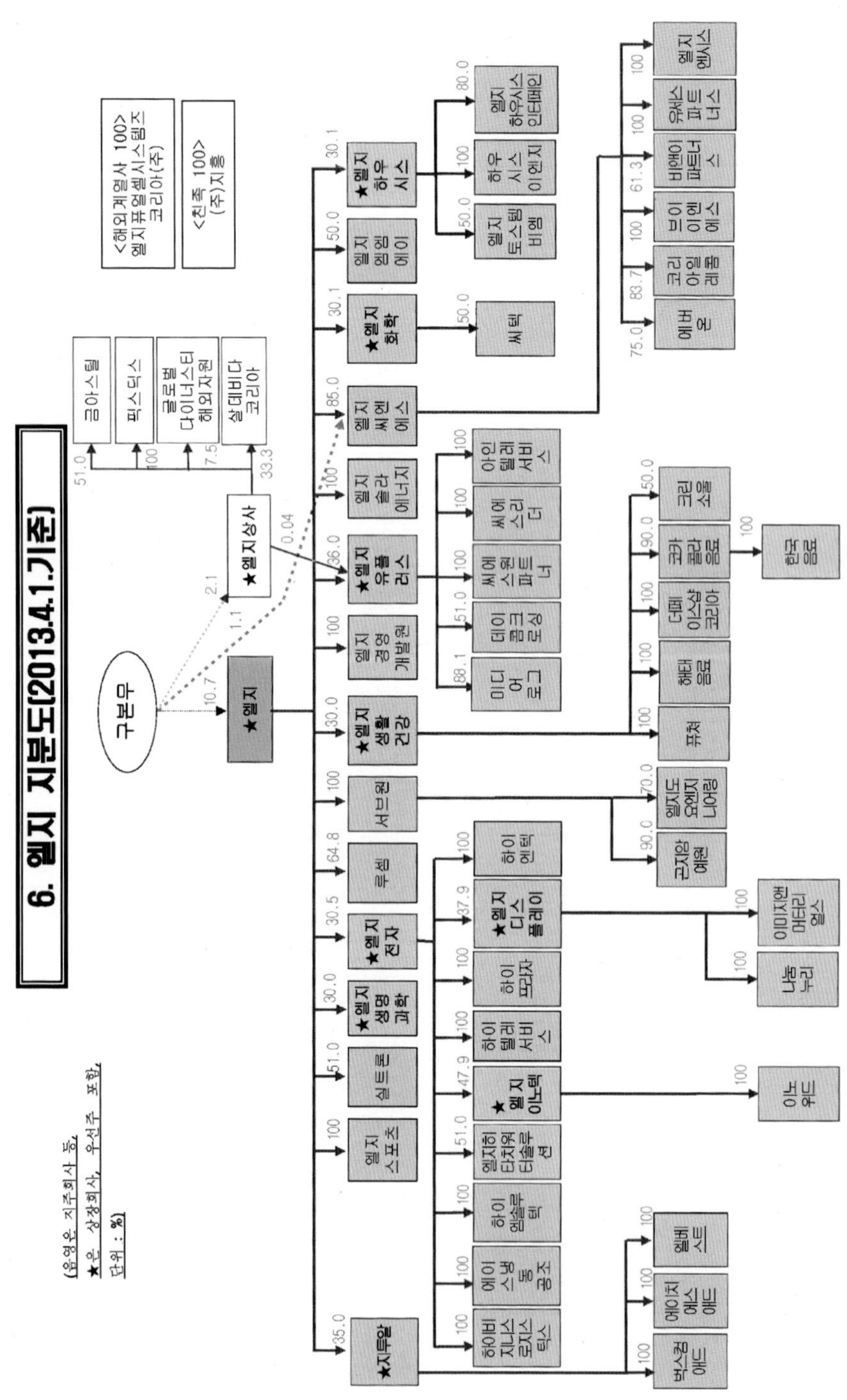

〈그림 2.2〉③ LG그룹 소유지분도, 2014년 4월

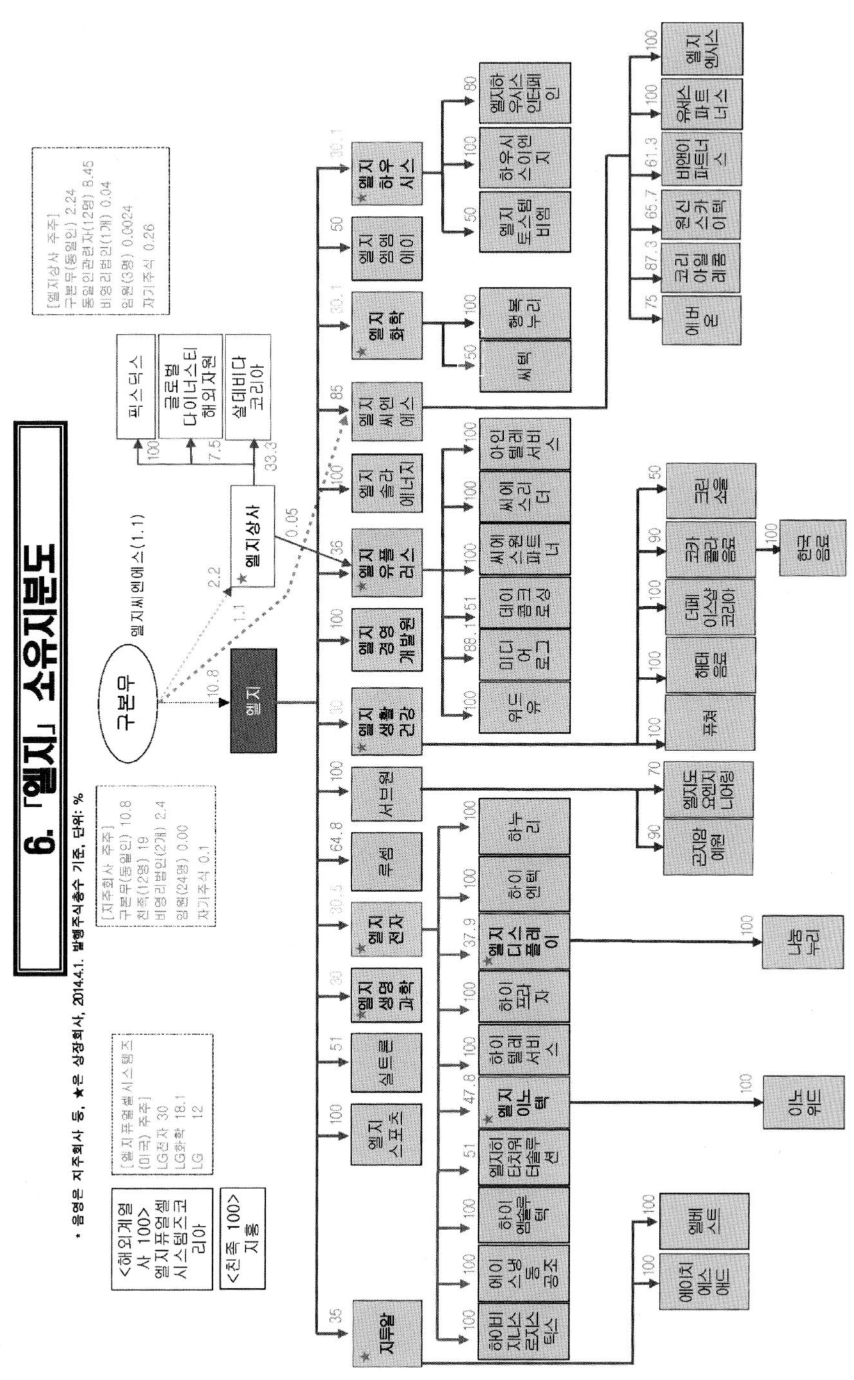

〈그림 2.2〉④ LG그룹 소유지분도, 2015년 4월

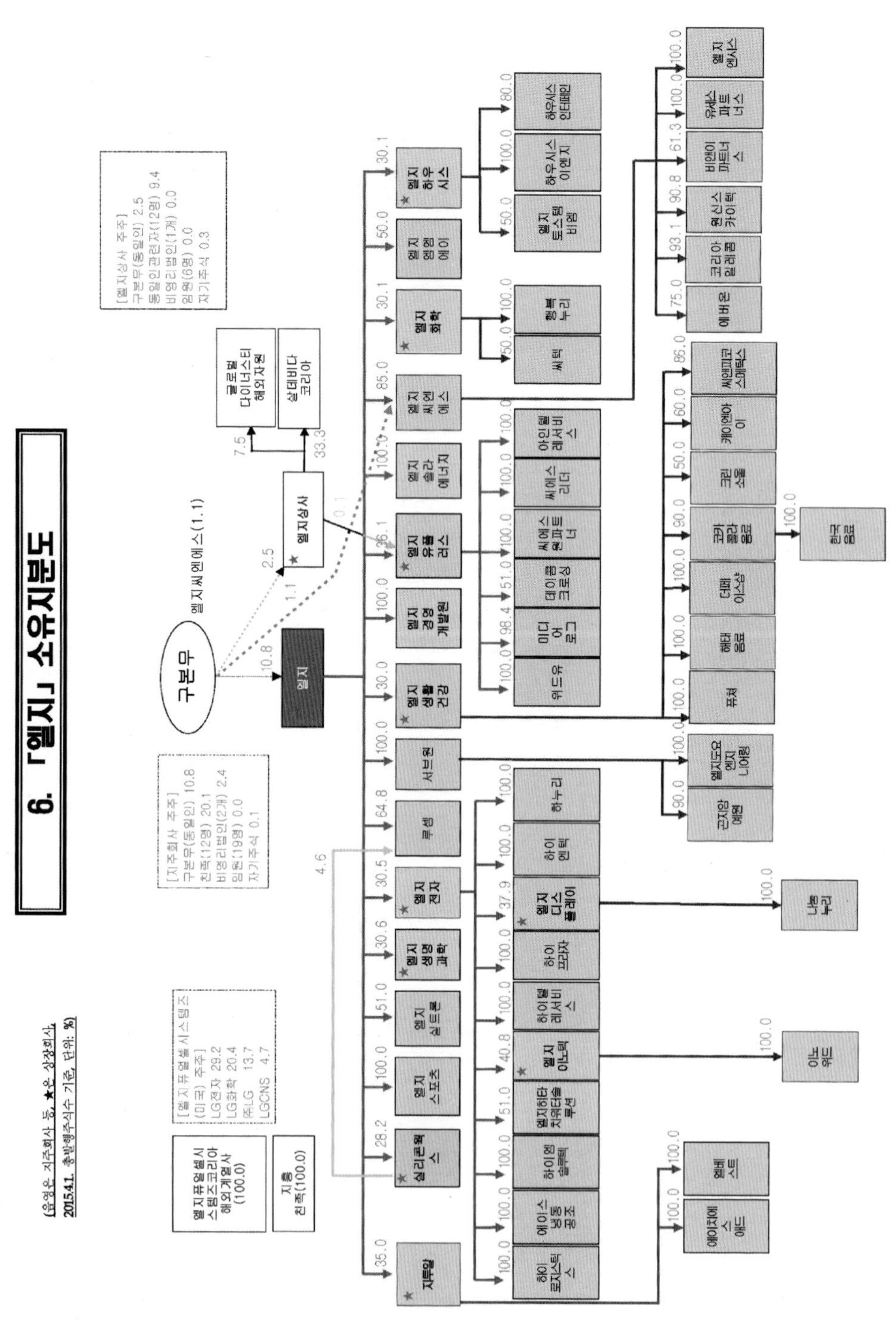

〈그림 2.2〉⑤ LG그룹 소유지분도, 2016년 4월

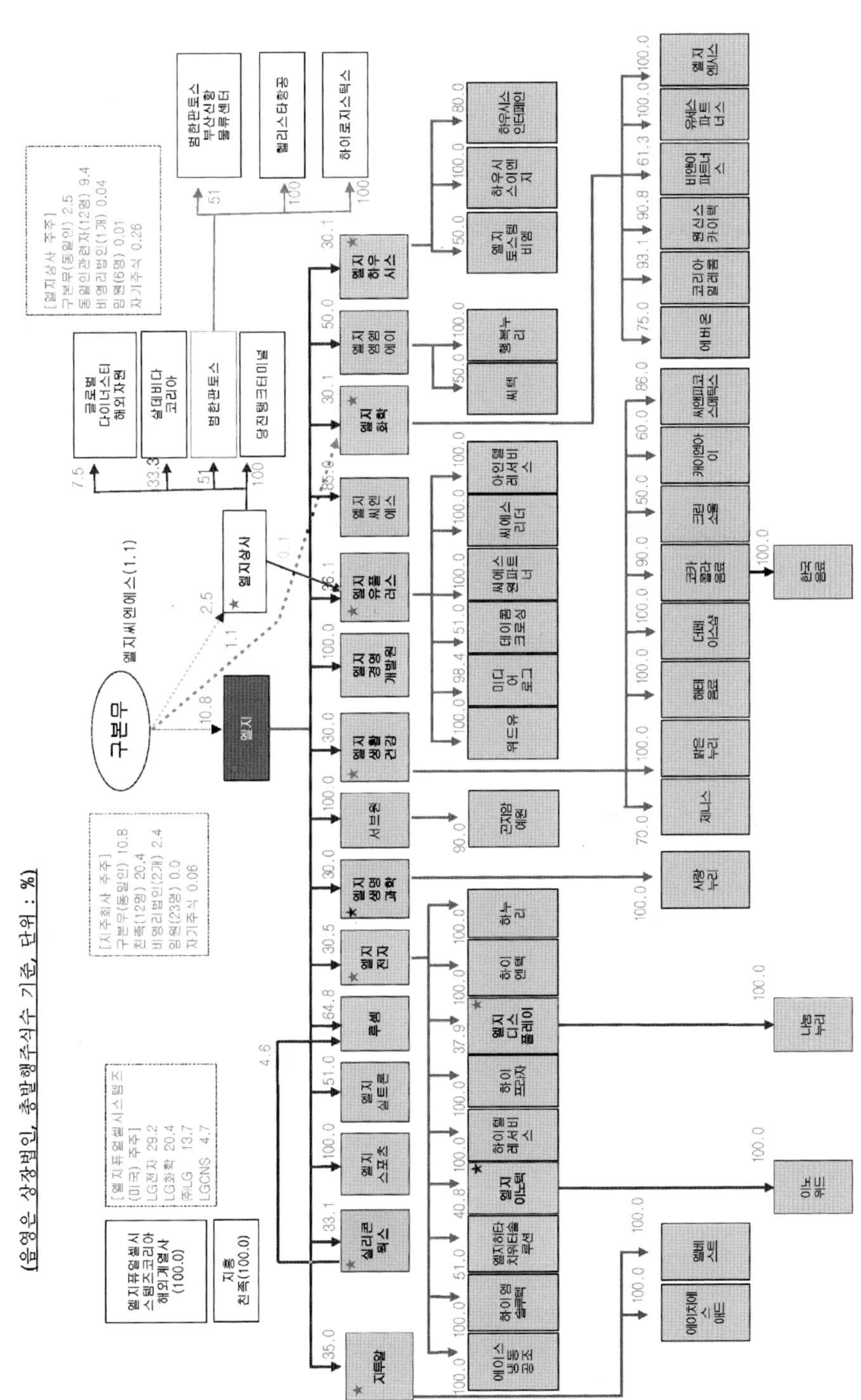

3. GS그룹

GS그룹은 2005년 4월 LG그룹에서 분리되어 새로 생겼으며, 그룹 출범 때부터 지주회사 체제였다. 출범 때부터 지주회사체제를 채택한 재벌은 GS그룹이 유일하다. 지주회사 ㈜GS(2008년 이전 GS홀딩스)는 2004년 7월에 설립되었다 (<표 2.3>, <그림 2.3>).

(1) GS그룹은 2005년부터 2016년까지 12년 동안 대규모기업집단으로 지정되었다. 순위는 9위(2005년)에서 7위(2008, 2010, 2015-2016년) 사이, 계열회사는 48개(2007년)에서 80개(2014년) 사이, 그리고 자산총액은 18.7조 원(2005년)에서 60.3조 원(2016년) 사이였다. 2016년 4월 현재, 순위는 7위, 계열회사는 69개, 그리고 자산총액은 60.3조 원이다. 동일인은 허창수이다.

(2) 그룹 출범 첫 해인 2005년에는 지주회사 GS홀딩스 및 계열회사가 그룹 전체 계열회사의 1/4 남짓(26%)으로 소극적인 지주회사체제였다. 2006년부터 지주회사체제 달성 비율이 30%를 넘어서면서 적극적인 지주회사체제의 모습을 갖추기 시작하였는데, 이후 비율은 40% 내외의 낮은 수준이 유지되었다. 2006-2009년 30%대(31-39%), 2010-2011년 40%대(41-42%), 2012-2013년 30%대(34-39%), 2014-2015년 40%대(44-48%) 등이었다. 2015년 현재에는 48%(그룹 계열회사 79개 vs. 지주회사체제 편입 회사 38개)로 역대 최고치이다.

(3) 지주회사는 2011년까지는 1개(㈜GS), 2012년부터는 2개(㈜GS, GS에너지)였다.

① GS에너지는 ㈜GS의 자회사이며, 두 회사(2004년, 2012년) 모두 신설되었다. 2004년 7월 LG그룹의 지주회사 ㈜LG가 2개 지주회사(㈜LG, GS홀딩스)로 분할되면서 ㈜GS가 신설되었는데, ㈜GS 관련 회사들은 LG그룹 창업주 구인회의 사돈인 허준구(허만정(구인회 장인 허만식의 6촌)의 8명 아들 중 3남) 일가의 몫으로서 2005년 1월 LG그룹에서 분리되었고 4월에 GS그룹으로 공식 출범하였다.

② ㈜GS와 GS에너지는 자산 규모가 커서 공정거래법상 일반지주회사들 중에서의 순위가 각각 2-4위, 5위였다. SK그룹의 SK㈜와 SK이노베이션, LG그룹의 ㈜LG 다음의 높은 순위들이다.

③ ㈜GS의 계열회사는 2009년 이후 30개 내외 수준(24-37개)이며, 이들의 대부분은 손자회사(10-25개)이고 2011년부터는 증손회사도 다수(1-8개) 포함되었다. GS에너지의 계열회사는 17-20개였다.

④ 지주비율은 두 회사 모두에서 90% 내외(82-98%)의 높은 수준이 유지되었다.

(4) ㈜GS의 최대주주는 그룹 동일인 허창수(허준구의 5명 아들 중 장남)이며, 보유 지분은 2012년 이후 4%대이다. 2016년 4월 현재에는 허창수(4.7%)와 친족(37.4%) 지분이 42.1%이다. 허창수는 지주회사체제에 편입되어 있지 않은 주력회사 GS건설의 최대주주이기도 하다. GS그룹에는 허준구 형제 일가 구성원들이 다수 소유에 참여하고 있고 일부는 그룹 내에서 독자성을 유지하고 있으며, 이런 이유로 지주회사체제 달성 비율이 낮은 상태가 계속되고 있다 (그룹 소유지분도 참조).

〈표 2.3〉 GS그룹과 지주회사체제, 2005-2015년

(1) GS그룹의 성장, 2005-2016년: 순위(A, 위), 계열회사(B, 개), 자산총액(C, 10억 원)

연도	A	B	C	연도	A	B	C	연도	A	B	C
2005	9	50	18,719	2009	8	64	39,044	2013	8	79	55,246
2006	8	50	21,827	2010	7	69	43,084	2014	8	80	58,087
2007	8	48	25,136	2011	8	76	46,720	2015	7	79	58,506
2008	7	57	31,051	2012	8	73	51,388	2016	7	69	60,294

(2) 지주회사체제, 2005-2015년

연도	그룹		지주회사체제				지주회사체제 달성 비율 (B/A, %)
	순위	계열회사 (A, 개)	지주회사 (a)	순위	계열회사 (b, 개)	a+b (B, 개)	
2005	9	50	GS홀딩스	2	12	13	26
2006	8	50	GS홀딩스	2	15	16	32
2007	8	48	GS홀딩스	4	14	15	31
2008	7	57	GS홀딩스	4	17	18	32
2009	8	64	㈜GS	3	24	25	39
2010	7	69	㈜GS	3	27	28	41
2011	8	76	㈜GS	4	31	32	42
2012	8	73	㈜GS	4	24	25	
			GS에너지	5	18	19 [25]	34
2013	8	79	㈜GS	4	30	31	
			GS에너지	5	17	18 [31]	39
2014	8	80	㈜GS	4	34	35	
			GS에너지	5	20	21 [35]	44
2015	7	79	㈜GS	4	37	38	
			GS에너지	5	18	19 [38]	48

(3) 지주회사

① ㈜GS (2005-2008년 GS홀딩스), 2005-2015년

연도	순위	설립 · 전환 시기 (연.월)	상장 여부	자산 총액 (억 원)	지주 비율 (%)	부채 비율 (%)	계열회사 (개)			
							합	자	손자	증손
2005	2	2004.7	O	26,646	93.8	37.6	12	4	8	-
2006	2	2004.7	-	29,871	96.0	29.0	15	5	10	-
2007	4	2004.7	-	32,729	95.0	24.7	14	5	9	-
2008	4	2004.7	O	35,587	94.5	26.5	17	5	12	-
2009	3	2004.7	O	44,557	89.9	25.6	24	5	19	-
2010	3	2004.7	O	51,718	90.4	26.7	27	6	21	-
2011	4	2004.7	O	59,309	90.4	22.0	31	6	24	1
2012	4	2004.7	O	53,917	87.9	15.9	24	6	10	8
2013	4	2004.7	O	53,429	88.7	15.7	30	6	18	6
2014	4	2004.7	O	53,803	88.1	13.3	34	6	22	6
2015	4	2004.7	O	58,962	90.0	23.3	37	7	25	5

② GS에너지, 2012-2015년

연도	순위	설립 · 전환 시기 (연.월)	상장 여부	자산 총액 (억 원)	지주 비율 (%)	부채 비율 (%)	합	자	손자	증손
2012	5	2012.1	X	35,598	98.3	1.7	18	1	17	-
2013	5	2012.1	X	50,453	86.1	36.4	17	11	6	-
2014	5	2012.1	X	53,143	83.3	42.9	20	14	6	-
2015	5	2012.1	X	53,629	82.9	50.6	18	13	5	-

출처: 〈부록 1〉, 〈부록 2〉, 〈부록 3〉, 공정거래위원회 홈페이지 자료.

〈그림 2.3〉 GS그룹 소유지분도, 2012-2016년 4월
(* 음영 부분이 지주회사 및 계열회사)

〈그림 2.3〉① GS그룹 소유지분도, 2012년 4월

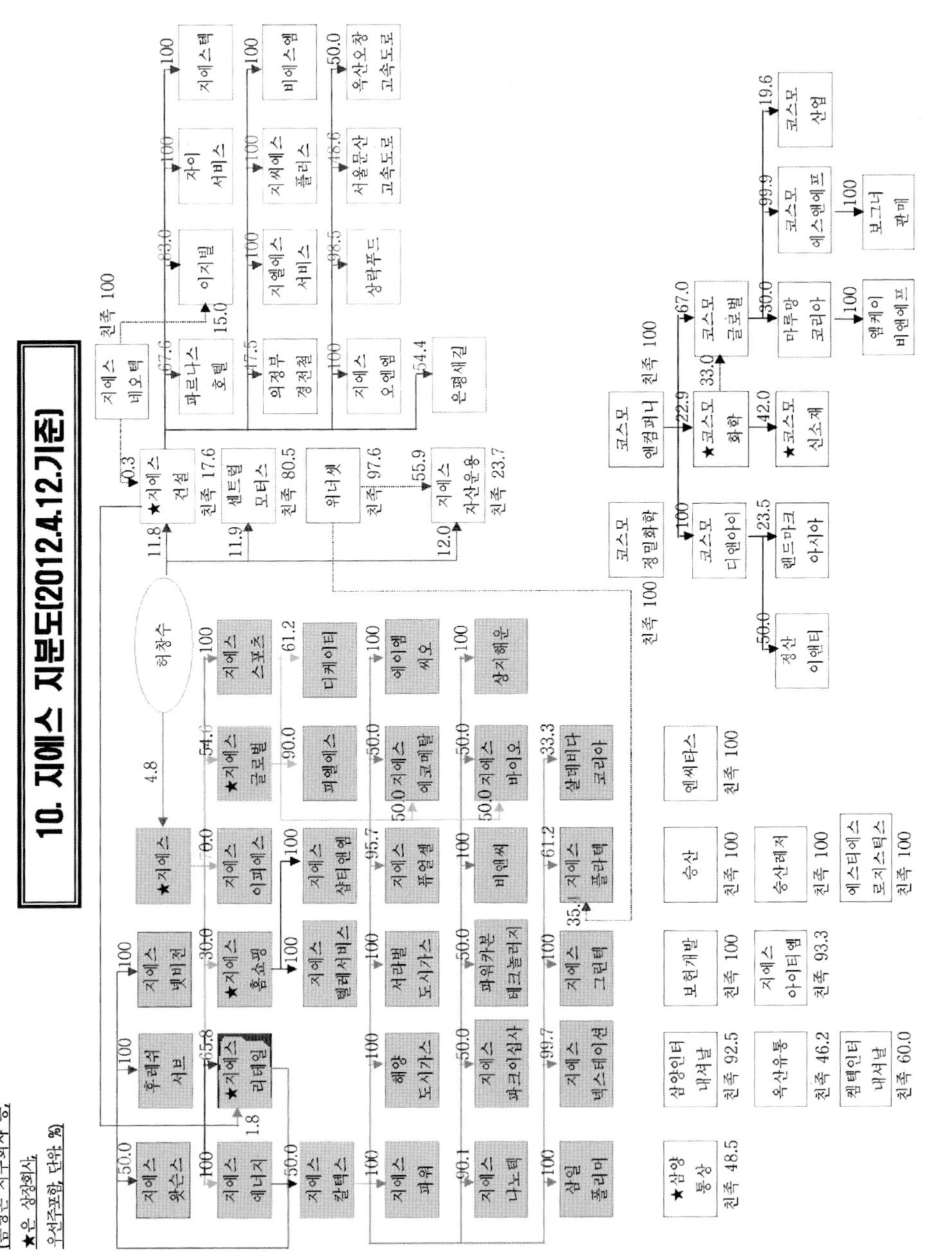

〈그림 2.3〉② GS그룹 소유지분도, 2013년 4월

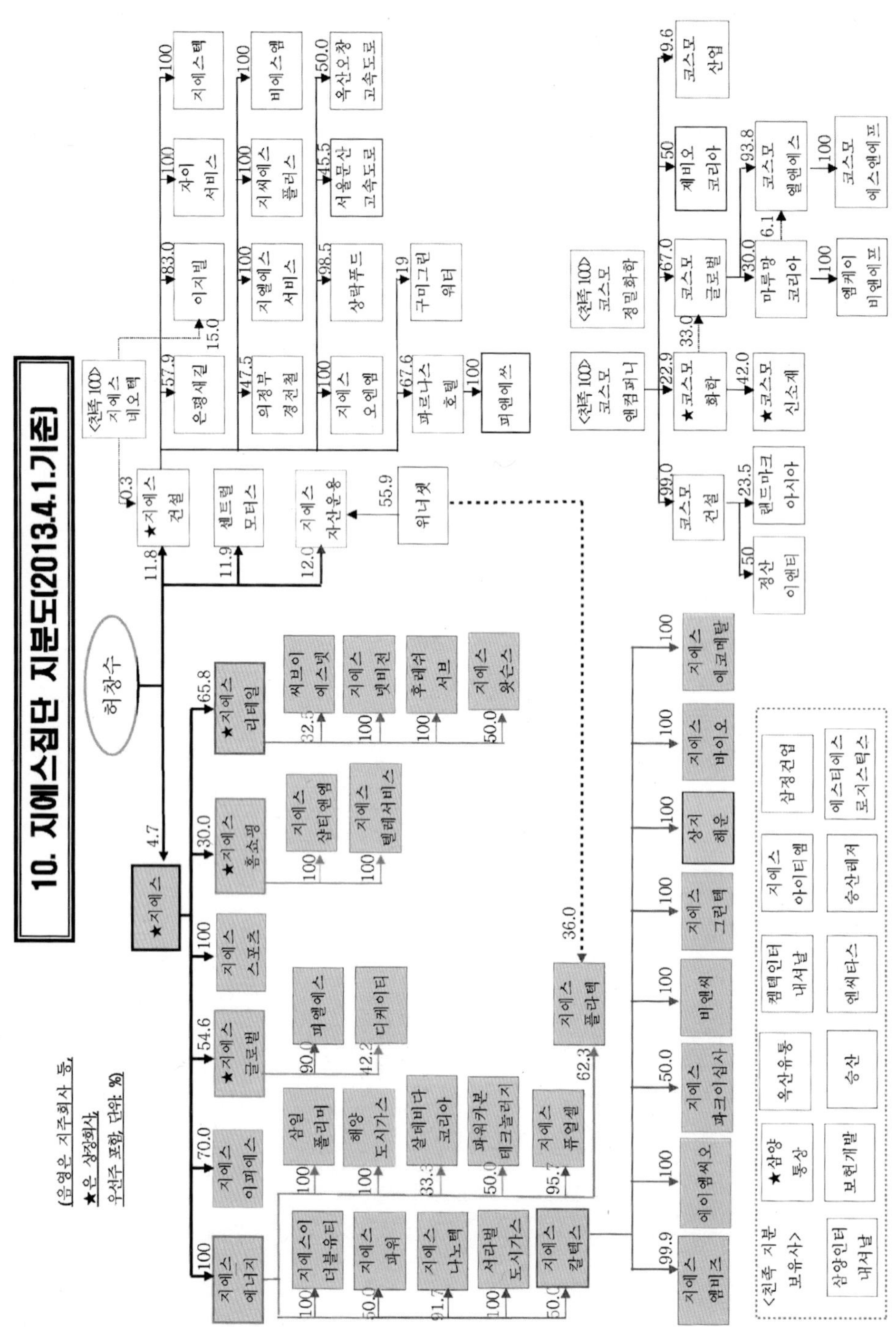

〈그림 2.3〉③ GS그룹 소유지분도, 2014년 4월

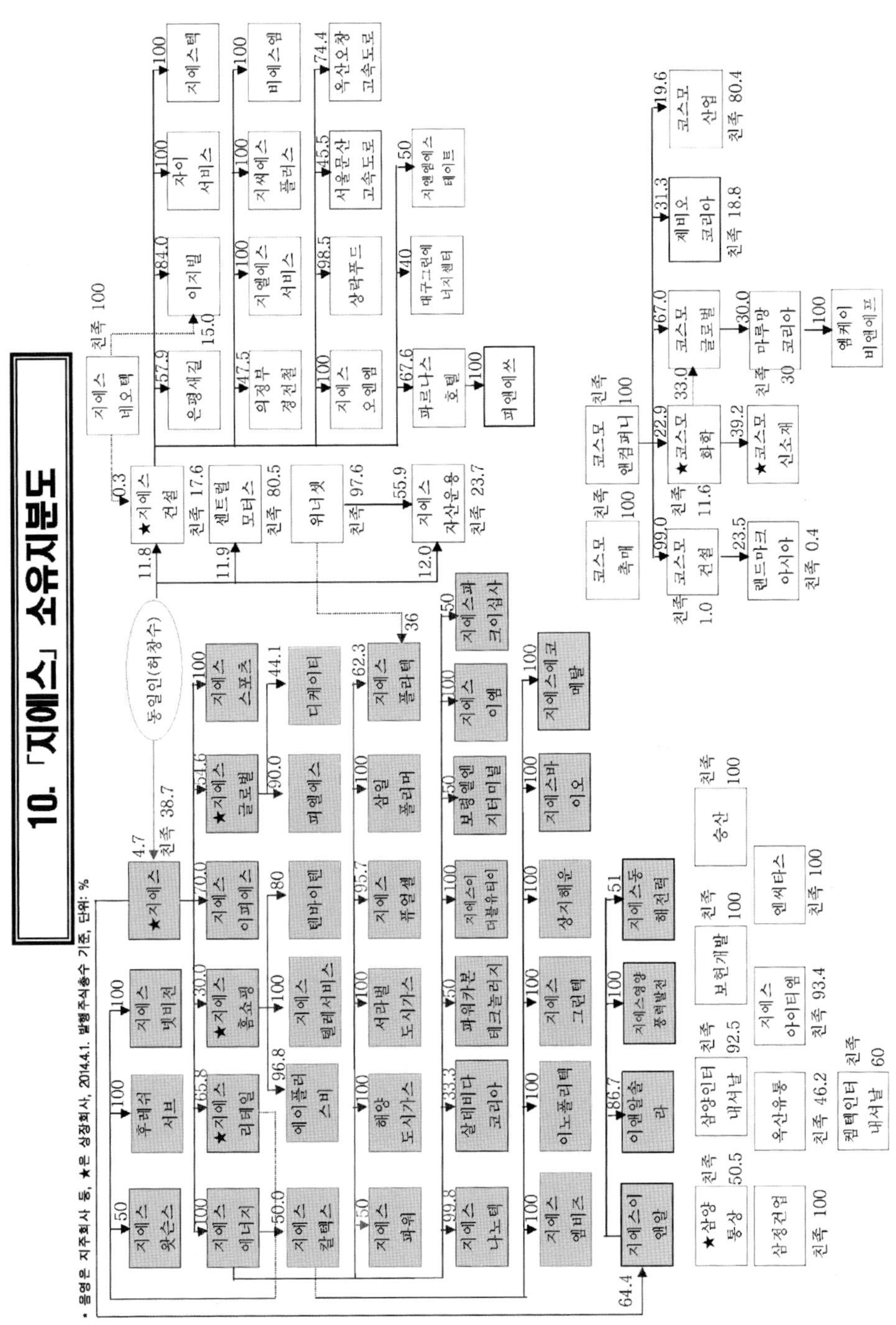

〈그림 2.3〉④ GS그룹 소유지분도, 2015년 4월

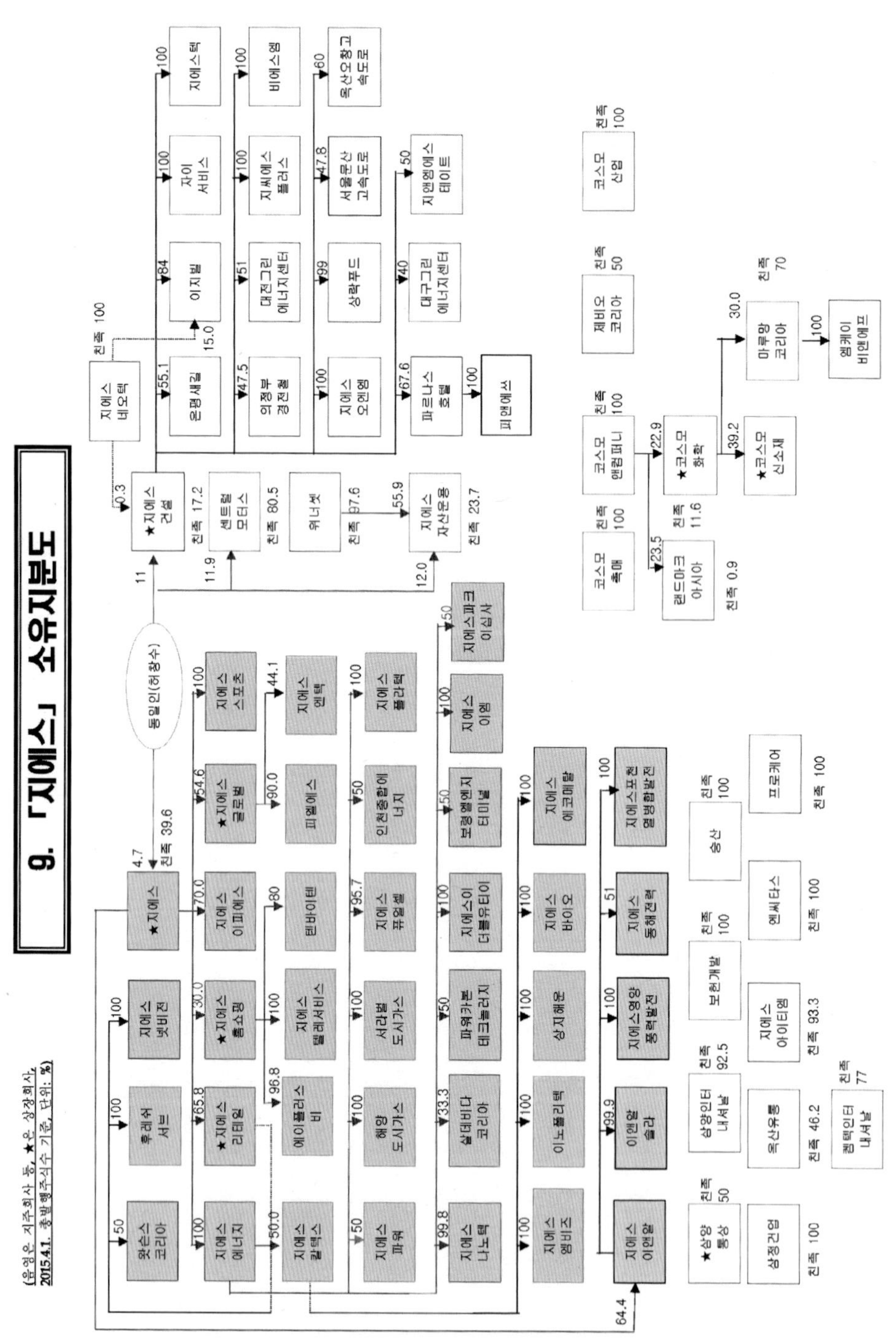

〈그림 2.3〉⑤ GS그룹 소유지분도, 2016년 4월

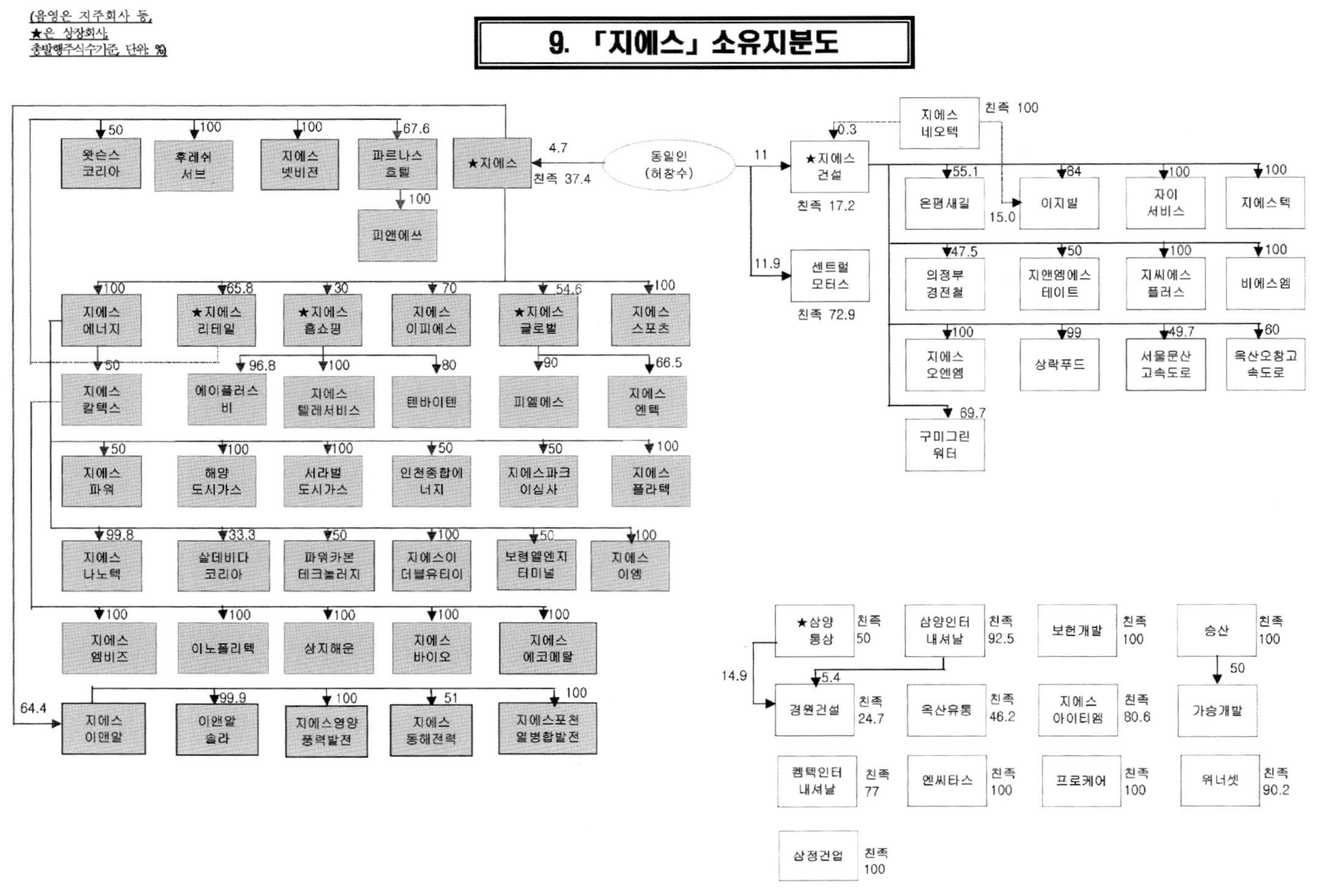

4. 농협그룹

농협그룹은 2012년 지주회사체제를 도입하였다. 농협경제지주와 농협금융지주가 2012년 3월 설립되면서였다 (<표 2.4>, <그림 2.4>).

(1) 농협그룹은 2008년과 2012-2016년의 6년 동안 대규모기업집단으로 지정되었다. 순위는 67위(2008년)에서 9위(2013-2015년) 사이, 계열회사는 26개(2008년)에서 45개(2016년) 사이, 그리고 자산총액은 2.1조 원(2008년)에서 50.1조 원(2016년) 사이였다. 2016년 4월 현재, 순위는 10위, 계열회사는 45개, 그리고 자산총액은 50.1조 원이다. 동일인은 농업협동조합중앙회이다.

(2) 농협그룹은 출발부터 적극적인 지주회사체제를 채택하였다. 첫 해인 2012년에는 지주회사체제 달성비율이 68%였으며, 이후 점진적으로 증가하여 2013-2014년에는 80%대(82-84%)가 되었고 2015년 현재에는 90%(그룹 계열회사 39개 vs. 지주회사체제 편입 회사 35개)로 역대 최고치이다.

(3) 지주회사는 2개(농협경제지주와 농협금융지주)이며, 각각 일반지주회사, 금융지주회사이다. 2개 이상의 지주회사를 가진 집단들 중 일반지주회사와 금융지주회사를 함께 가진 집단은 농협그룹이 유일하다.

① 두 지주회사는 2012년 3월 함께 설립되었으며, 서로 간에 지분 보유 없이 독립성을 유지하고 있다.

② 농협경제지주는 공정거래법상 일반지주회사들 중에서의 순위(자산총액 기준)가 14-16위로 높은 편이다. 농협금융지주는 농협경제지주보다 자산 규모가 10배 이상 커며, 공정거래법상 금융지주회사들 중에서의 순위는 5위(2012년), 4위(2013년), 2위(2014년 이후) 등으로 높아졌다.

③ 두 지주회사는 각각 비슷한 수의 계열회사를 거느렸다. 농협경제지주가 13-15개, 농협금융지주가 11-18개이다. 전자에서는 거의 대부분이 자회사였고, 후자에서는 자회사와 손자회사가 반반 정도였다.

④ 지주비율은 두 지주회사 모두에서 매우 높아, 농협경제지주가 79-83%, 농협금융지주가 98-99%였다.

(4) 농협경제지주와 농협금융지주의 최대주주는 그룹 동일인인 농업협동조합중앙회이며, 보유 지분은 각각 100%이다. 농협그룹은 지주회사체제를 채택한 집단들 중 동일인이 '자연

인'이 아니고 '법인'인 유일한 경우이며, '재벌'의 범주에 속하지는 않는다 (그룹 소유지분도 참조).

〈표 2.4〉 농협그룹과 지주회사체제, 2012-2015년

(1) 농협그룹의 성장, 2008-2016년: 순위(A, 위), 계열회사(B, 개), 자산총액(C, 10억 원)

연도	A	B	C	연도	A	B	C	연도	A	B	C
2008	67	26	2,099	2013	9	34	38,942	2015	9	39	45,463
2012	34	41	8,627	2014	9	32	40,767	2016	10	45	50,104

(2) 지주회사체제, 2012-2015년

연도	그룹		지주회사체제				지주회사체제 달성 비율 (B/A, %)
	순위	계열회사 (A, 개)	지주회사 (a)	순위	계열회사 (b, 개)	a+b (B, 개)	
2012	34	41	농협경제지주	15	13	14	
			농협금융지주	5	13	14 [28]	68
2013	9	34	농협경제지주	16	13	14	
			농협금융지주	4	13	14 [28]	82
2014	9	32	농협경제지주	15	14	15	
			농협금융지주	2	11	12 [27]	84
2015	9	39	농협경제지주	14	15	16	
			농협금융지주	2	18	19 [35]	90

(3) 지주회사

① 농협경제지주, 2012-2015년

연도	순위	설립 · 전환 시기 (연.월)	상장 여부	자산 총액 (억 원)	지주 비율 (%)	부채 비율 (%)	계열회사 (개)			
							합	자	손자	증손
2012	15	2012.3	X	12,215	80.5	0.0	13	13	-	-
2013	16	2012.3	X	12,941	79.8	1.6	13	13	-	-
2014	15	2012.3	X	14,240	81.5	0.6	14	13	1	-
2015	14	2012.3	X	17,666	83.6	0.7	15	14	1	-

② 농협금융지주, 2012-2015년

연도	순위	설립 · 전환 시기 (연.월)	상장 여부	자산 총액 (억 원)	지주 비율 (%)	부채 비율 (%)	합	자	손자	증손
2012	5	2012.3	X	171,155	99.9	0.0	13	7	6	-
2013	4	2012.3	X	179,304	98.9	4.9	13	7	6	-
2014	2	2012.3	X	192,131	98.5	10.3	11	7	4	-
2015	2	2012.3	X	203,455	98.9	18.4	18	9	9	-

주: 농협금융지주의 순위 - 금융지주회사 중에서의 순위.
출처: 〈부록 1〉, 〈부록 2〉, 〈부록 3〉, 공정거래위원회 홈페이지 자료.

〈그림 2.4〉 농협그룹 소유지분도, 2012-2016년 4월
(* 음영 부분이 지주회사 및 계열회사)

〈그림 2.4〉① 농협그룹 소유지분도, 2012년 4월

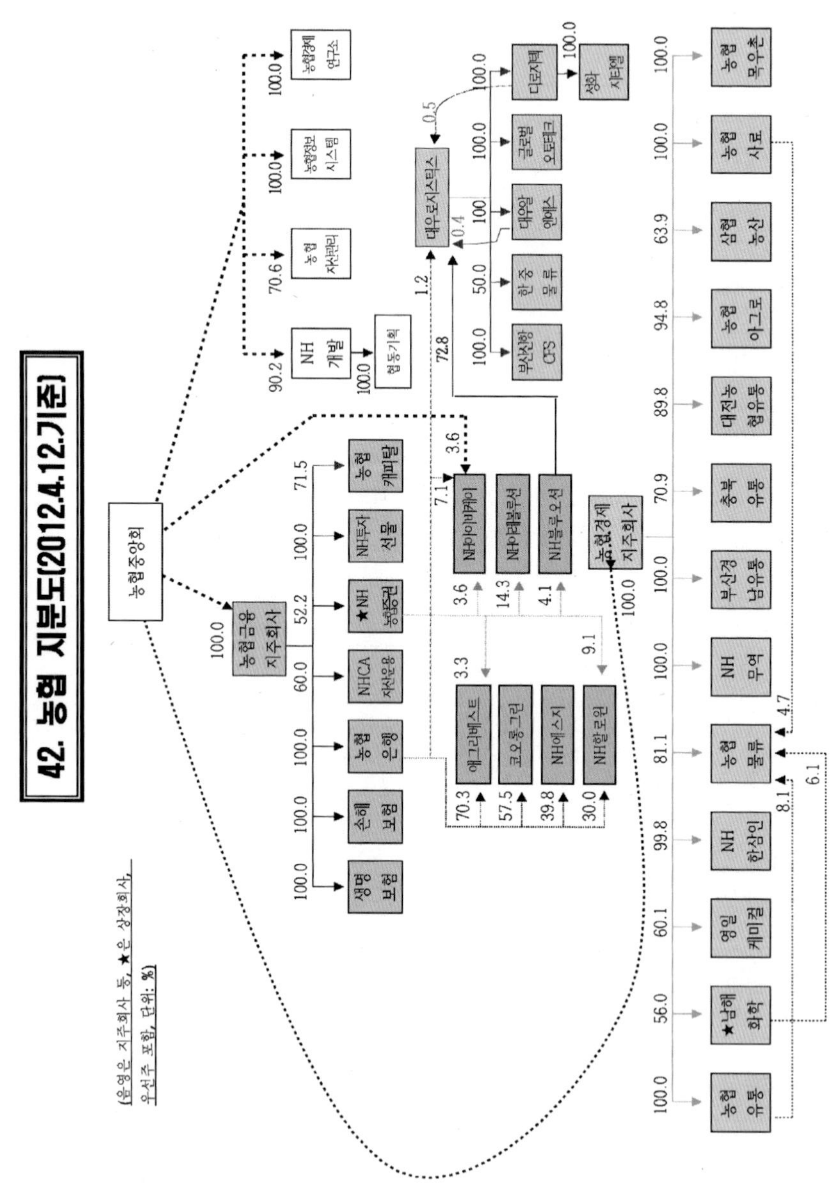

〈그림 2.4〉② 농협그룹 소유지분도, 2013년 4월

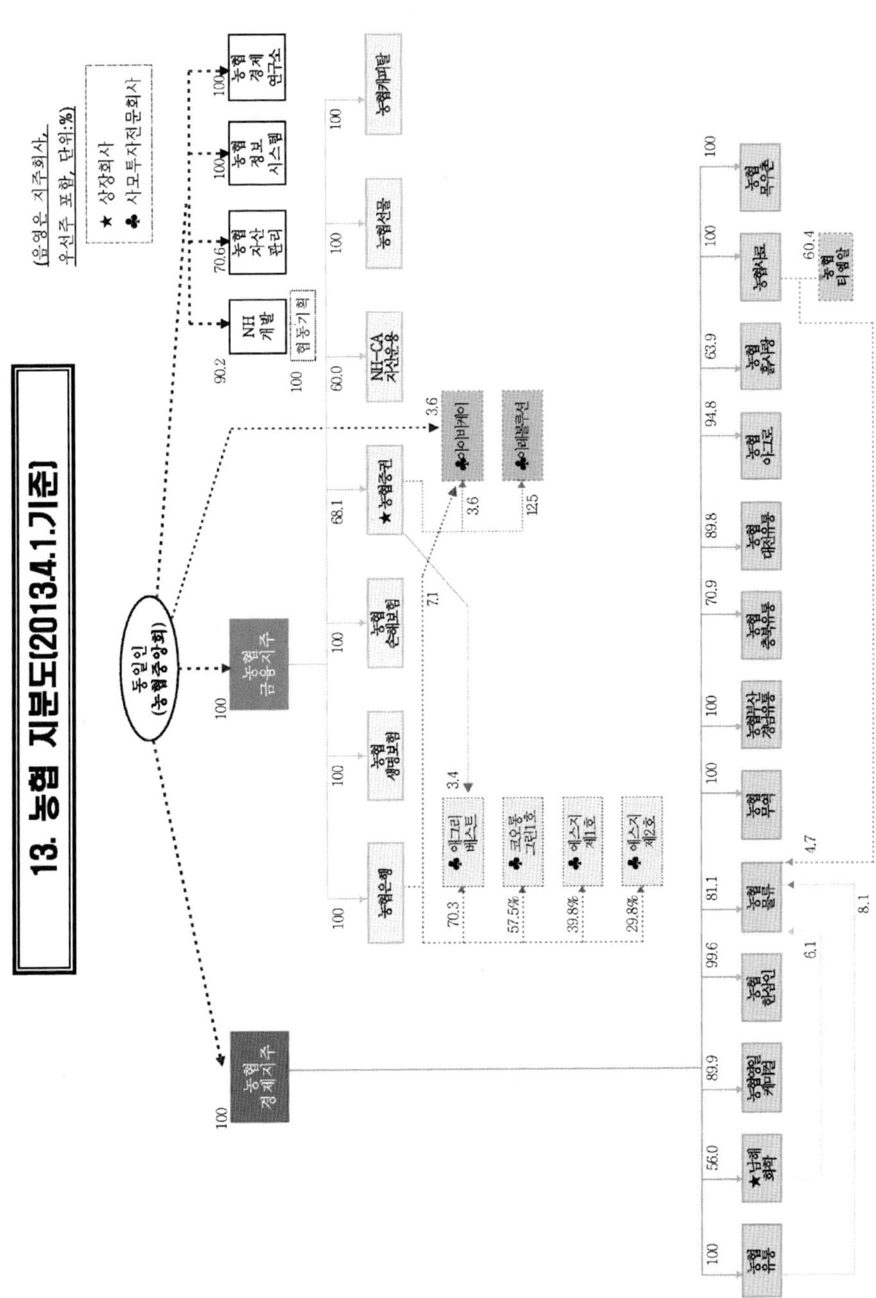

〈그림 2.4〉③ 농협그룹 소유지분도, 2014년 4월

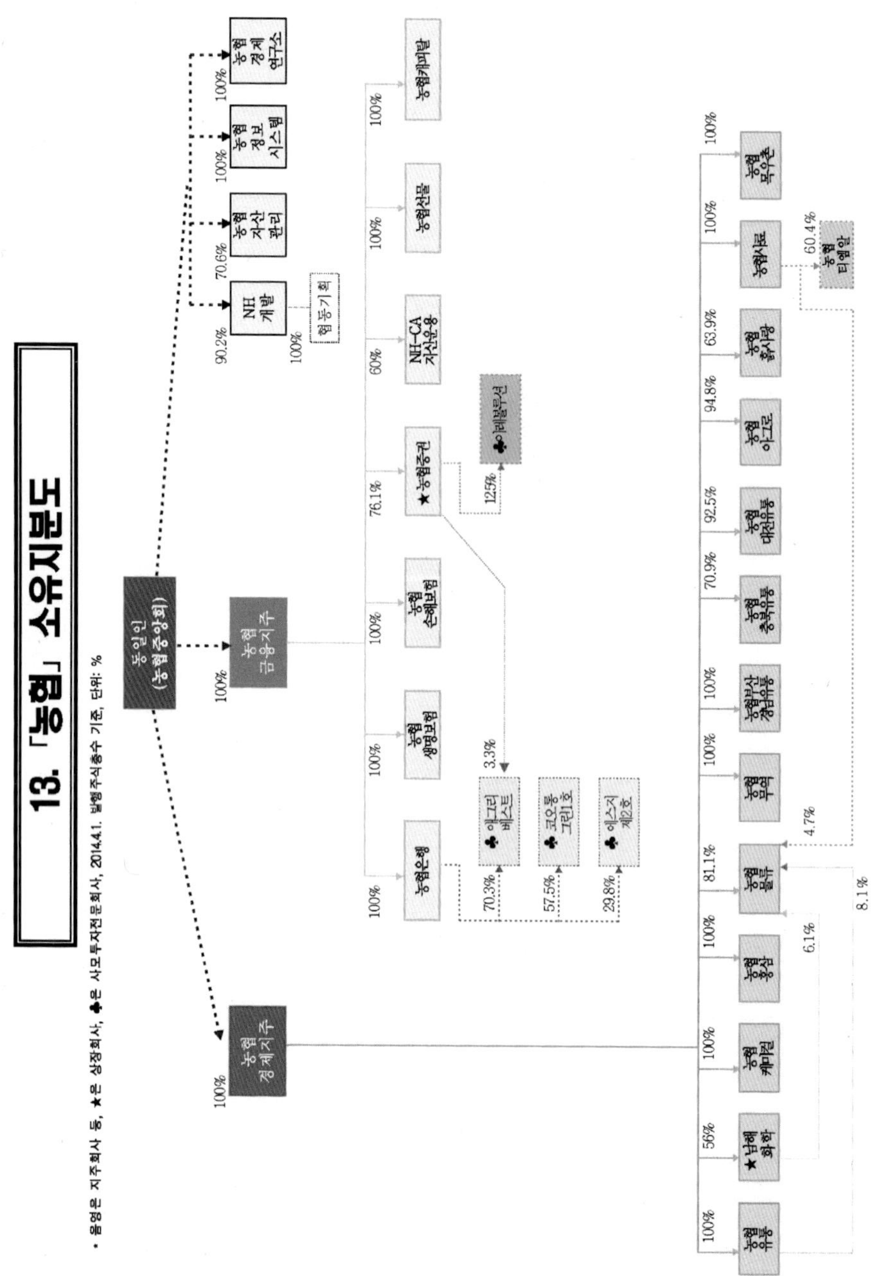

〈그림 2.4〉④ 농협그룹 소유지분도, 2015년 4월

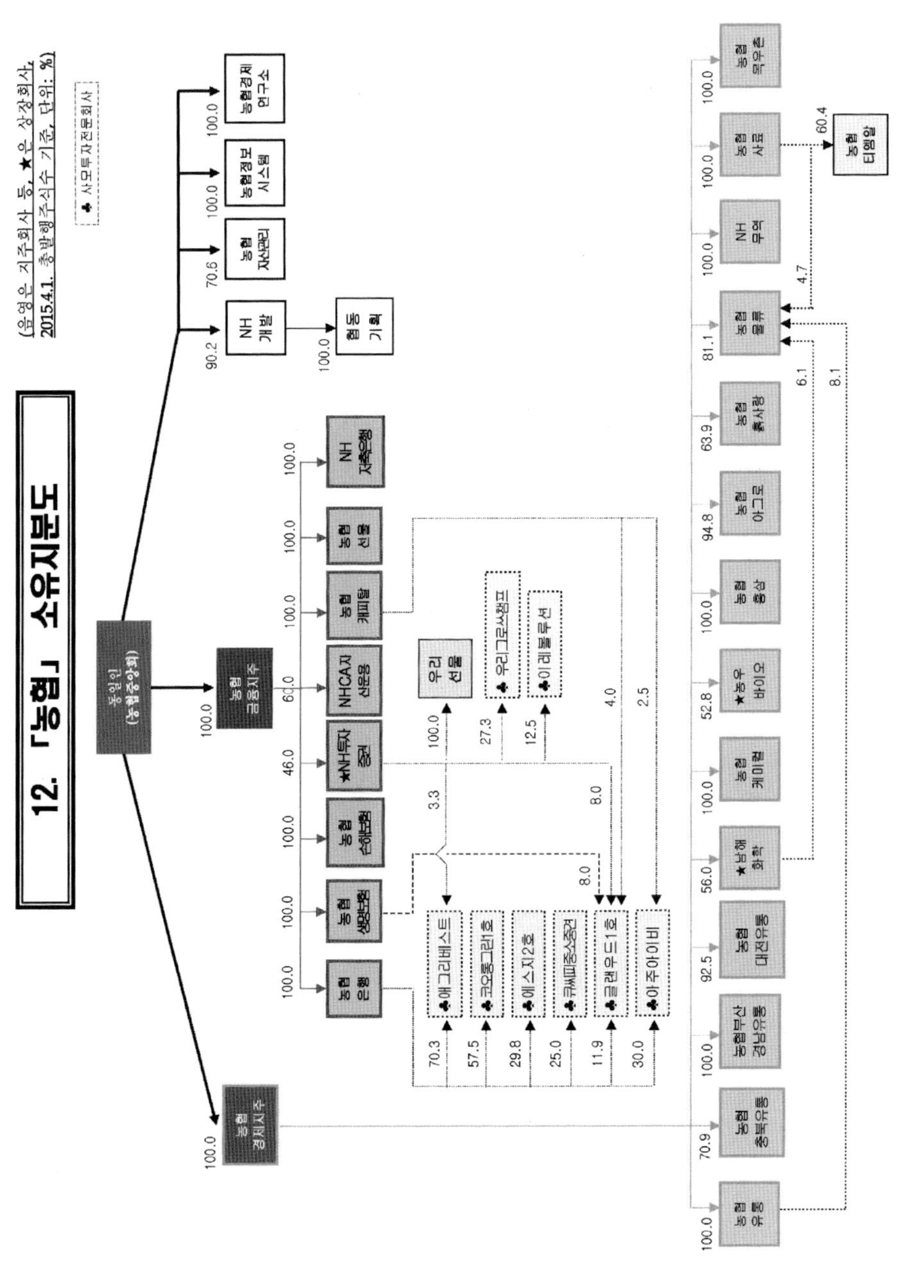

〈그림 2.4〉⑤ 농협그룹 소유지분도, 2016년 4월

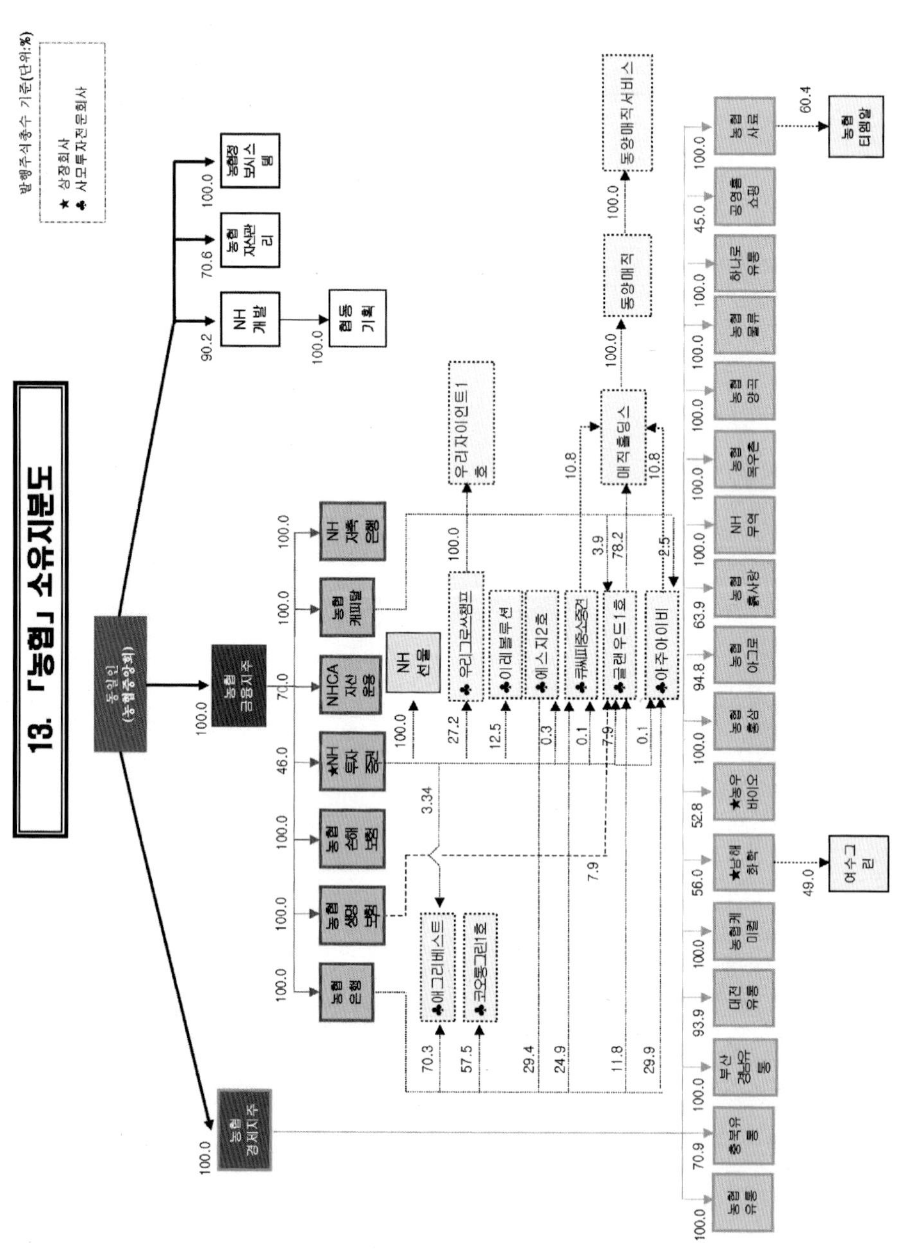

5. 한진그룹

한진그룹은 2009년 지주회사체제를 도입하였다. 계열회사 한진해운이 2009년 12월 지주회사 한진해운홀딩스로 전환되면서였다 (<표 2.5>, <그림 2.5>).

(1) 한진그룹은 1987년 대규모기업집단지정제도가 도입된 이후 2016년까지 30년 동안 매년 지정되었다. 순위는 11위(2008, 2016년)에서 5위(1988, 1990, 2000, 2002년) 사이, 계열회사는 13개(1987년)에서 48개(2014년) 사이, 그리고 자산총액은 2.6조 원(1987년)에서 39.5조 원(2014년) 사이였다. 2016년 4월 현재, 순위는 11위, 계열회사는 38개, 그리고 자산총액은 37조 원이다. 동일인은 2000-2002년에는 조중훈이었고 2003년 이후에는 조양호이다.

(2) 한진그룹은 처음부터 적극적인 지주회사체제를 채택하였다. 하지만 지주회사체제 달성 비율은 50%내외로 낮은 편이었다. 2010-2012년 30%대(32-36%)이던 것이 2013-2014년에는 50%대(52-56%)로 늘어났다가 2015년 현재에는 41%(그룹 계열회사 46개 vs. 지주회사체제 편입 회사 19개)이다.

(3) 지주회사는 2010-2012년 1개(한진해운홀딩스), 2013-2014년 2개(한진칼, 한진해운홀딩스), 2015년 1개(한진칼) 등으로 변하였다.

① 한진해운홀딩스(2009년)는 한진해운이 지주회사로 전환하였고, 한진칼(2013년)은 주력회사인 대한항공의 일부가 분리되어 신설되었다. 두 지주회사는 서로 간에 지분 보유 없이 독립성을 유지하였다. 한진해운홀딩스는 2014년 12월 지주회사에서 제외되었다.

② 한진칼은 공정거래법상 일반지주회사들 중에서의 순위(자산총액 기준)가 25-26위(2013-2014년)이다가 16위(2015년)로 높아졌으며, 한진해운홀딩스의 순위는 좀 더 낮아 2012-2014년에 25위 내외(21-28위)였다.

③ 2014년까지 한진해운홀딩스의 계열회사(11-15개)는 한진칼의 계열회사(8개)보다 많았으며, 2015년 한진칼의 계열회사는 2배 이상(18개) 늘어났다. 한진해운홀딩스 계열회사의 대부분은 손자회사(9-12개)였으며 2011년 이후에는 증손회사도 1개 포함되었다. 한진칼의 계열회사는 2013-2014년에는 대부분이 자회사(7개)였다가 2015년에는 손자회사(9개)가 더 많아졌고 증손회사도 2개 새로 생겼다.

④ 한진해운홀딩스는 2014년 12월 '지주비율 50% 이상' 요건을 충족시키지 못해 공정거래법상 지주회사에서 제외되었는데, 제외되기 직전의 지주비율은 57%였다. 한진칼의 지주비율은 60%대로 낮았다가 2015년에 84%로 증가하였다.

(4) 한진해운홀딩스의 최대주주는 대한항공(2012-2014년 지분 16.7%)이었다가 최은영으로 바뀌었다. '2015년 소유지분도'에는 유수홀딩스(한진해운홀딩스가 2014년 11월 상호 변경)의 최대주주가 표시되어 있지 않다. 유수홀딩스 및 계열회사는 2015년 5월 한진그룹에서 계열 분리되었다. 한편, 한진칼의 최대주주는 한진(2014년 지분 9.7%)이었다가 그룹 동일인인 조양호(2015-2016년 지분 15.5-17.7%)로 바뀌었다 (그룹 소유지분도 참조).

1990년대 이후 한진그룹의 소유·경영에는 조양호의 4명 형제(조양호, 조남호, 조수호, 조정호)가 참여해 왔는데, 2005년 조정호와 조남호가 각각 메리츠금융그룹과 한진중공업그룹으로 분리해 나갔고, 조수호(2006년 사망)와 부인 최은영은 한진그룹 내에서 한진해운(이후 한진해운홀딩스) 관련 회사들을 독자적으로 담당하였다. 2015년 최은영이 한진그룹을 떠나면서 조양호는 한진칼의 최대주주로서 지주회사체제를 독자적으로 지배하게 되었다.

〈표 2.5〉 한진그룹과 지주회사체제, 2010-2015년

(1) 한진그룹의 성장, 1987-2016년: 순위(A, 위), 계열회사(B, 개), 자산총액(C, 10억 원)

연도	A	B	C	연도	A	B	C	연도	A	B	C
1987	6	13	2,626	1997	7	24	14,309	2007	10	25	22,224
1988	5	16	3,903	1998	6	25	19,457	2008	11	27	26,299
1989	6	16	4,166	1999	6	21	18,548	2009	10	33	29,135
1990	5	17	4,721	2000	5	18	20,771	2010	10	37	30,387
1991	6	22	6,230	2001	6	19	21,307	2011	9	40	33,469
1992	6	23	7,579	2002	5	21	21,596	2012	9	45	37,494
1993	6	24	8,674	2003	6	23	21,041	2013	10	45	37,987
1994	6	21	9,398	2004	6	23	25,413	2014	10	48	39,522
1995	7	23	10,629	2005	8	23	24,523	2015	10	46	38,382
1996	7	24	12,246	2006	9	22	20,702	2016	11	38	37,025

(2) 지주회사체제, 2010-2015년

연도	그룹 순위	그룹 계열회사 (A, 개)	지주회사체제 지주회사 (a)	순위	계열회사 (b, 개)	a+b (B, 개)	지주회사체제 달성 비율 (B/A, %)
2010	10	37	한진해운홀딩스	32	11	12	32
2011	9	40	한진해운홀딩스	17	13	14	35
2012	9	45	한진해운홀딩스	21	15	16	36
2013	10	45	한진칼	25	8	9	
			한진해운홀딩스	28	15	16 [25]	56
2014	10	48	한진해운홀딩스	23	15	16	
			한진칼	26	8	9 [25]	52
2015	10	46	한진칼	16	18	19	41

(3) 지주회사

① 한진해운홀딩스, 2010-2014년

연도	순위	설립·전환 시기 (연.월)	상장 여부	자산 총액 (억 원)	지주 비율 (%)	부채 비율 (%)	계열회사 (개) 합	자	손자	증손
2010	32	2009.12	O	3,776	65.9	30.0	11	2	9	-
2011	17	2009.12	O	10,887	89.3	19.3	13	2	10	1
2012	21	2009.12	O	8,652	87.3	35.3	15	2	12	1
2013	28	2009.12	O	6,157	78.7	55.0	15	2	12	1
2014	23	2009.12	O	9,064	57.0	103.2	15	2	12	1
② 한진칼, 2013-2015년										
2013	25	2013.8	O	8,143	62.7	53.3	8	7	1	-
2014	26	2013.8	O	8,313	60.1	54.1	8	7	1	-
2015	16	2013.8	O	15,311	84.9	24.9	18	7	9	2

주: 한진해운홀딩스: 2014년 11월 유수홀딩스로 상호 변경, 2014년 12월 공정거래법상 지주회사에서 제외 (지주비율 50% 미만), 2015년 5월 한진그룹에서 계열 분리.
출처: 〈부록 1〉, 〈부록 2〉, 〈부록 3〉, 공정거래위원회 홈페이지 자료.

〈그림 2.5〉 한진그룹 소유지분도, 2012-2016년 4월
(* 음영 부분이 지주회사 및 계열회사)

〈그림 2.5〉① 한진그룹 소유지분도, 2012년 4월

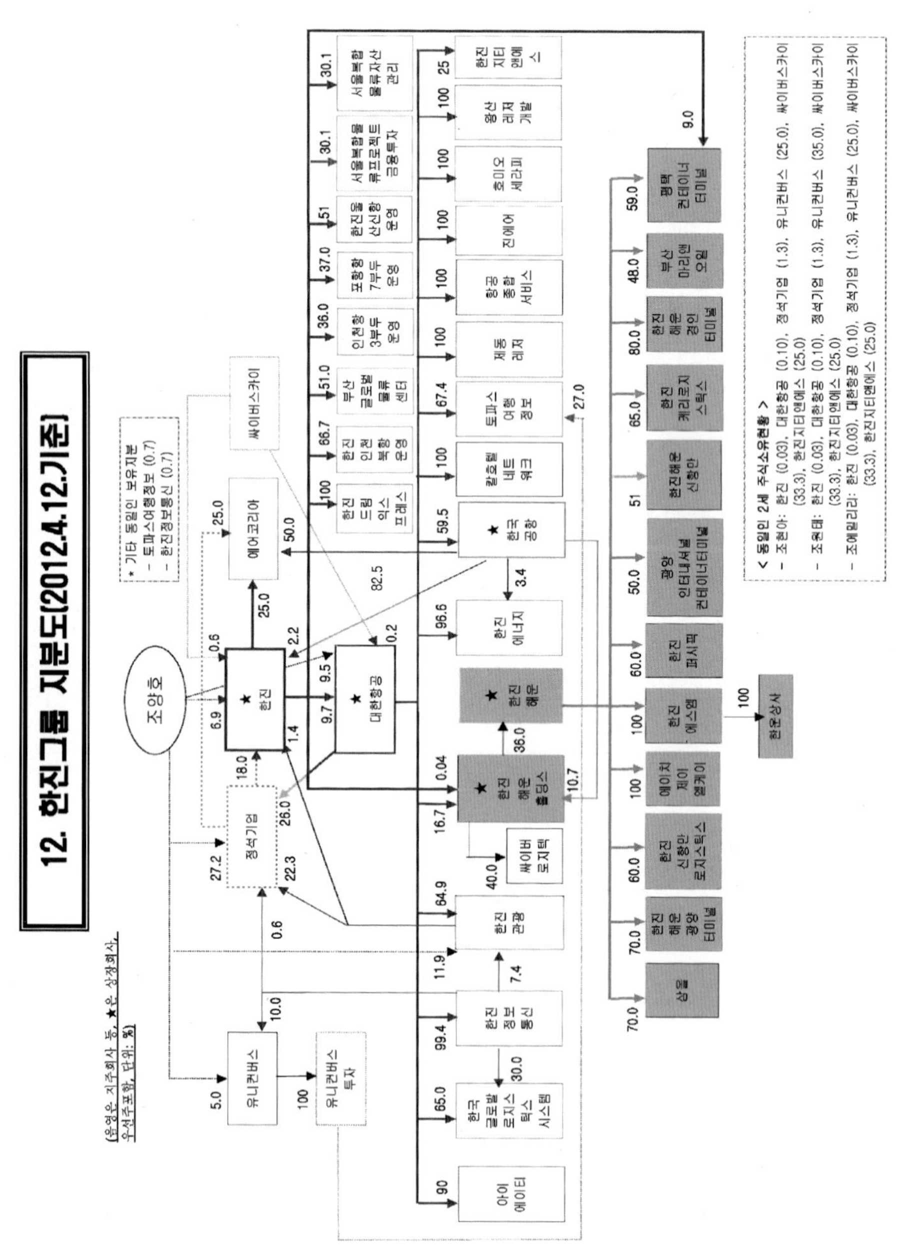

〈그림 2.5〉② 한진그룹 소유지분도, 2013년 4월

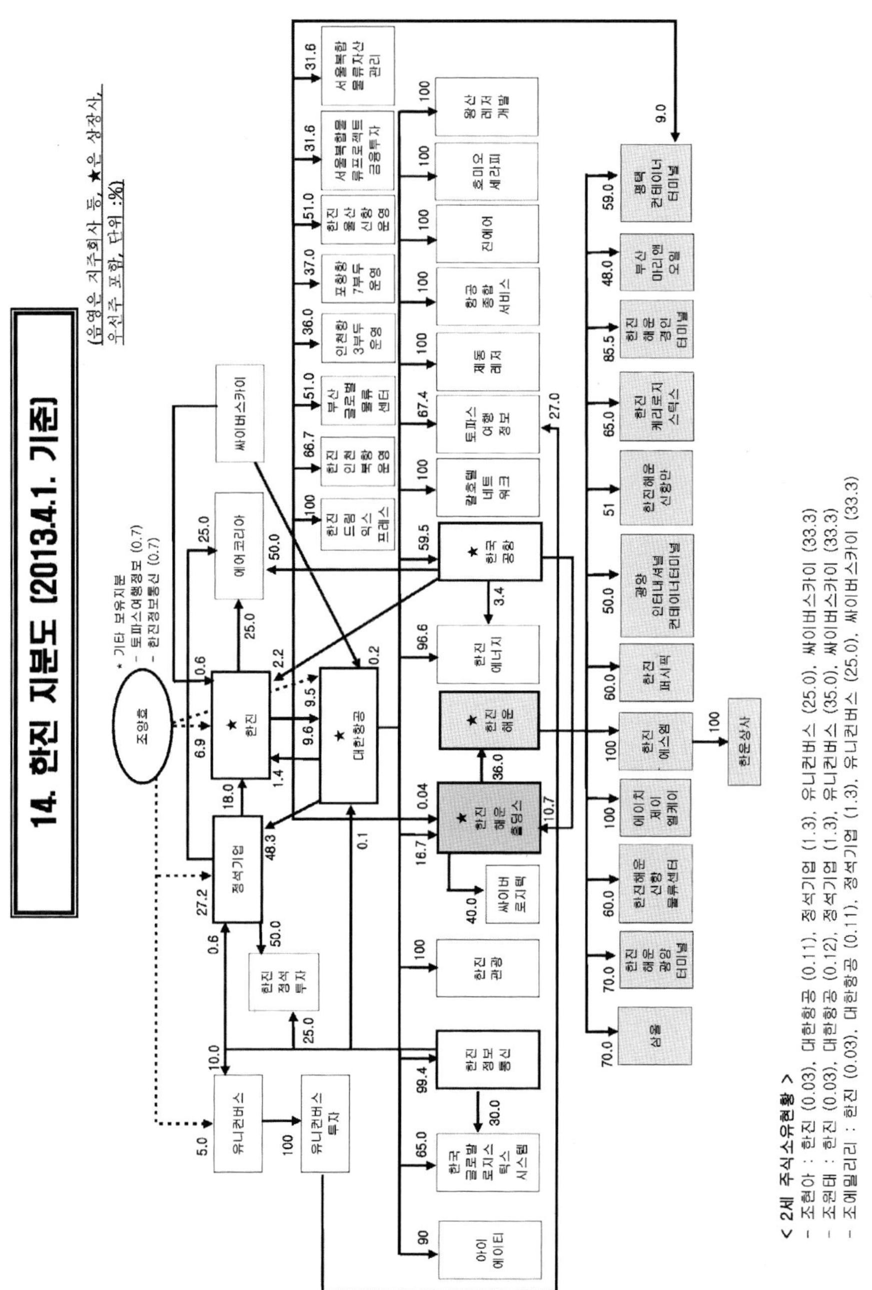

〈그림 2.5〉③ 한진그룹 소유지분도, 2014년 4월

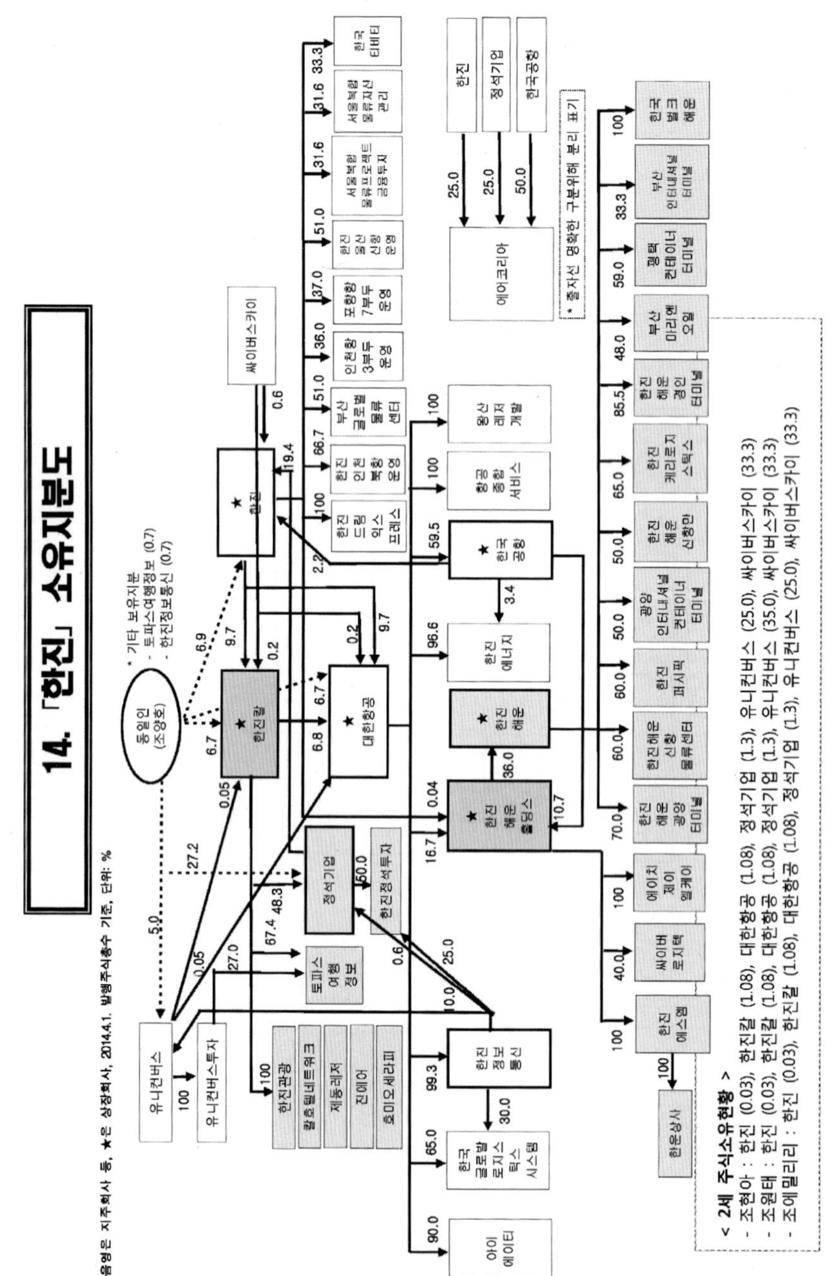

〈그림 2.5〉④ 한진그룹 소유지분도, 2015년 4월

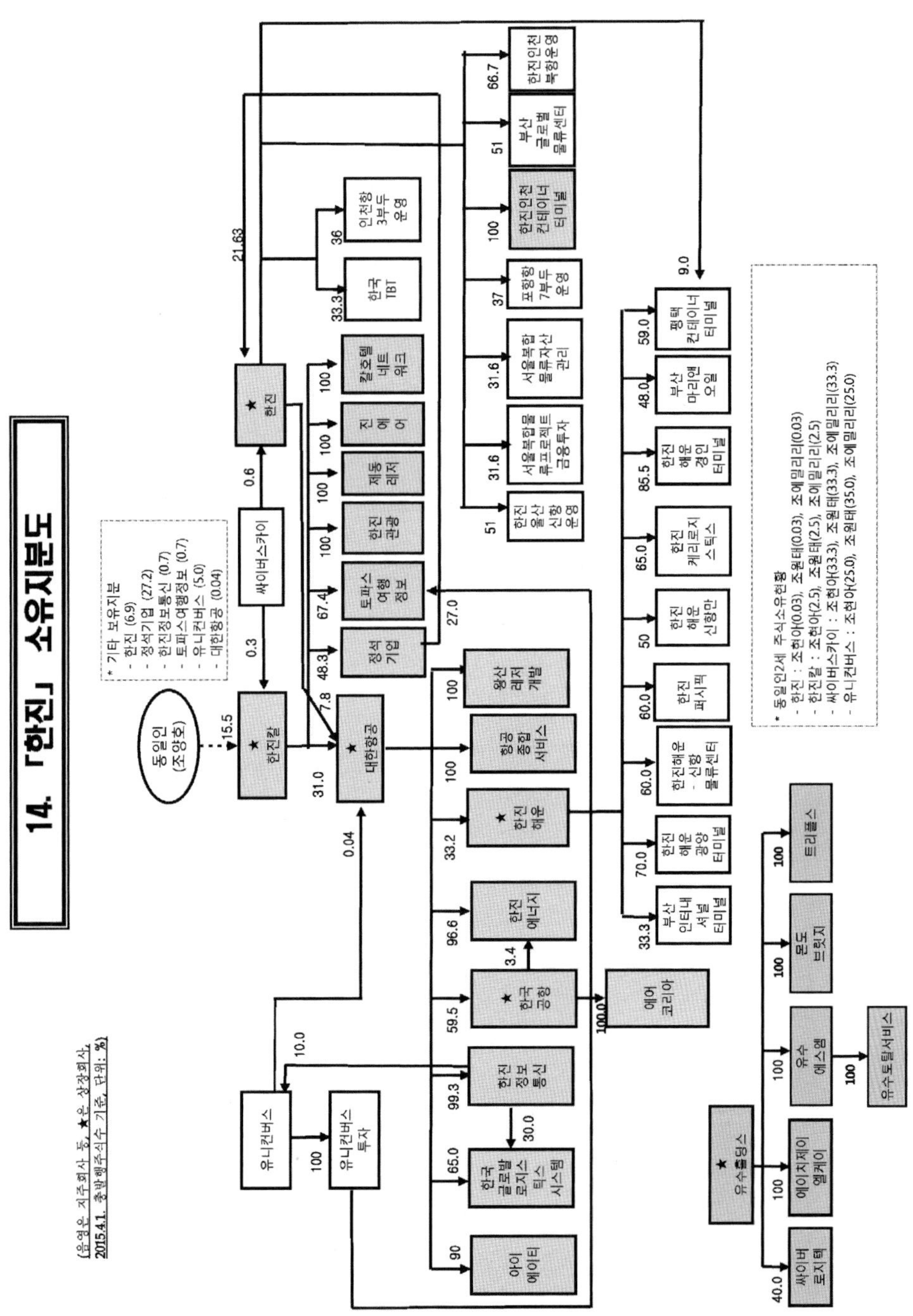

〈그림 2.5〉⑤ 한진그룹 소유지분도, 2016년 4월

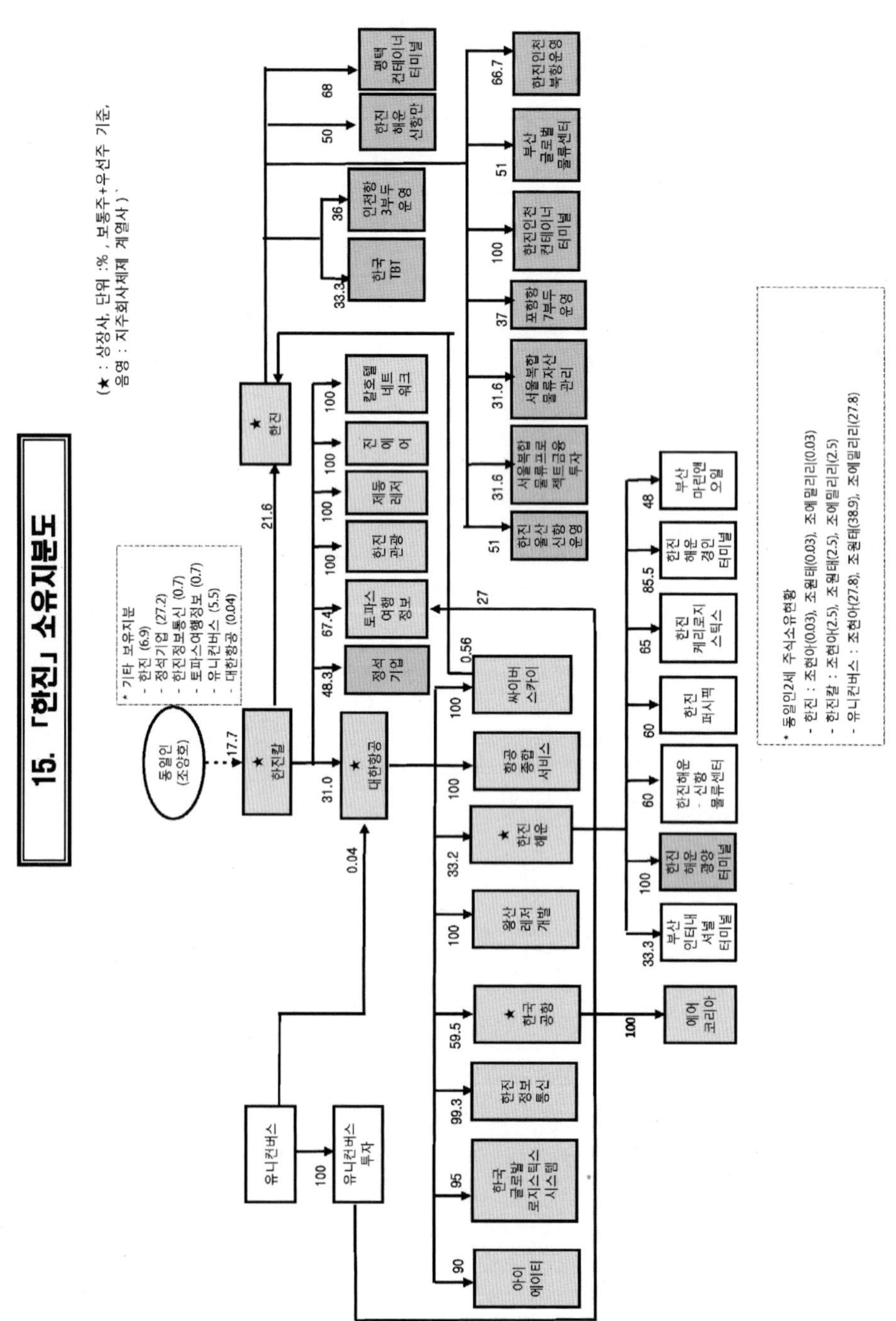

제3장

적극적인 지주회사체제를 채택한 19개 재벌, 2015년 현재: (2) '11-30위' 4개 재벌

1. CJ그룹

CJ그룹은 2007년 지주회사체제를 도입하였다. 계열회사 CJ홈쇼핑(2009년 이후 CJ오쇼핑)이 2007년 1월 공정거래법상 지주회사로 지정되면서였다 (<표 3.1>, <그림 3.1>).

(1) CJ그룹은 1999년부터 2016년까지 18년 동안 대규모기업집단으로 지정되었다. 순위는 28위(1999년)에서 14위(2012년) 사이, 계열회사는 15개(1999년)에서 84개(2012년) 사이, 그리고 자산총액은 2.7조 원(1999년)에서 24.8조 원(2016년) 사이였다. 2016년 4월 현재, 순위는 15위, 계열회사는 62개, 그리고 자산총액은 24.8조 원이다. 동일인은 2000년 이후 이재현이다.

(2) 지주회사체제 도입 첫 해인 2007년에는 CJ홈쇼핑 및 계열회사가 그룹 전체 계열회사의 1/4 미만(22%)을 차지하여 소극적인 지주회사체제였으며, 2007년 9월 주력회사인 CJ㈜가 지주회사로 전환하면서 적극적인 지주회사체제를 구축하기 시작하였다. 지주회사체제 달성 비율은 2007년 22%이던 것이 2008년에는 76%로 3.5배 증가하였고, 2009년에는 84% 그리고 2010년에는 107%였다. 비율이 100%를 초과한 것은 공정거래위원회 자료 중 그룹 계열회사의 시점(4월 현재)과 지주회사 계열회사의 시점(이전 연도 12월)이 다르기 때문이다. 2011년 이후 비율은 다소 줄어들어 70% 내외 수준(57-80%)이 유지되어 오고 있으며, 2015년 현재에는 80%(그룹 계열회사 65개 vs. 지주회사체제 편입 회사 52개)이다.

(3) 지주회사는 2007년 1개(CJ오쇼핑), 2008-2009년 2개(CJ㈜, CJ오쇼핑), 2010년 4개(CJ㈜, CJ오쇼핑, 오디미어홀딩스, 온미디어), 2011-2012년 1개(CJ㈜), 2013-2015년 2개(CJ㈜, 케이엑스홀딩스) 등으로 변하였다. 지주회사 총 수는 5개이며, 이는 지주회사체제를 도입한 재벌 중에서는 가장 많은 수이다.

① CJ오쇼핑과 케이엑스홀딩스는 CJ㈜의 자회사이고 온미디어는 오미디어홀딩스의 자회사이다. 온미디어(2000년), CJ오쇼핑(2007년), CJ㈜(2007년) 등 3개는 기존의 회사가 지주

회사로 전환하였고, 오미디어홀딩스(2010년)와 케이엑스홀딩스(2013년)는 신설되었다. 온미디어는 2007년에는 오리온그룹 소속이었으며 2010년에 CJ그룹 계열회사로 편입되었다. 오미디어홀딩스는 CJ오쇼핑이 분할되어 신설된 후 CJ㈜의 자회사로 편입되었는데, 공정거래위원회 자료에는 CJ㈜와 오미디어홀딩스가 서로 간에 지분 보유 없이 독립적인 것으로 되어 있다. CJ오쇼핑, 오미디오홀딩스, 온미디어 등 3개는 2011년 지주회사에서 제외되었다.

② 5개 지주회사 중 자산 규모는 CJ㈜가 가장 커서 공정거래법상 일반지주회사들 중에서의 순위가 5-8위로 높았다. CJ오쇼핑의 순위는 7-13위, 그리고 나머지 3개 지주회사의 순위는 27-42위였다.

③ 계열회사 역시 CJ㈜가 50개 내외(43-54개)로 가장 많았다. 손자회사(27-33개)의 비중이 가장 컸고 10개 이하의 증손회사(1-10개)도 매년 포함되었다. 케이엑스홀딩스(12-15개), CJ오쇼핑(5-13개), 오미디어홀딩스(10개), 온미디어(9개) 등 4개는 각각 10개 내외의 계열회사를 거느렸으며, CJ오쇼핑 계열회사에는 증손회사도 1개 포함되었다.

④ CJ오쇼핑과 오미디어홀딩스는 2011년 6월과 3월에 '지주비율 50% 이상' 요건을 충족시키지 못해 공정거래법상 지주회사에서 제외되었는데, 제외되기 직전의 비율은 각각 50%, 92.1%였다. 온미디어 역시 2011년 3월 지주회사에서 제외되었는데, 이유는 '오미디어홀딩스에 의한 흡수합병'이었다. CJ㈜의 지주비율은 2009-2011년에는 60%대였다가 2013년 이후 80%대를 유지하고 있다. 케이엑스홀딩스의 지주비율은 90%이상이다.

(4) 온미디어의 최대주주는 오미디오홀딩스, CJ오쇼핑・케이엑스홀딩스・오미디어홀딩스의 최대주주는 CJ㈜, 그리고 CJ㈜의 최대주주는 그룹 동일인 이재현이다. 이재현의 지분은 2012년 이후 39%대이며 2016년 4월 현재에는 39.1%이다 (그룹 소유지분도 참조).

〈표 3.1〉 CJ그룹과 지주회사체제, 2007-2015년

(1) CJ그룹의 성장, 1999-2016년: 순위(A, 위), 계열회사(B, 개), 자산총액(C, 10억 원)

연도	A	B	C	연도	A	B	C	연도	A	B	C
1999	28	15	2,728	2005	18	48	5,905	2011	16	65	16,323
2000	23	18	3,538	2006	18	56	6,797	2012	14	84	22,922
2001	19	30	4,763	2007	19	64	8,423	2013	15	82	24,143
2002	18	28	4,316	2008	17	66	10,257	2014	15	73	24,121
2003	18	33	4,538	2009	19	61	12,324	2015	15	65	24,608
2004	18	41	4,935	2010	18	54	13,023	2016	15	62	24,763

(2) 지주회사체제, 2007-2015년

연도	그룹		지주회사체제				지주회사체제
	순위	계열회사 (A, 개)	지주회사 (a)	순위	계열회사 (b, 개)	a+b (B, 개)	달성 비율 (B/A, %)
2007	19	64	CJ홈쇼핑	7	13	14	22
2008	17	66	CJ㈜	5	43	44	
			CJ홈쇼핑	12	13	14 [50]	76
2009	19	61	CJ㈜	5	50	51	
			CJ오쇼핑	12	13	14 [51]	84
2010	18	54	CJ㈜	5	46	47	
			CJ오쇼핑	13	5	6	
			오미디어홀딩스	27	10	11	
			온미디어	28	9	10 [58]	107
2011	16	65	CJ㈜	5	49	50	77
2012	14	84	CJ㈜	6	47	48	57
2013	15	82	CJ㈜	7	54	55	
			케이엑스홀딩스	29	15	16 [55]	67
2014	15	73	CJ㈜	7	47	48	
			케이엑스홀딩스	37	15	16 [50]	68
2015	15	65	CJ㈜	8	49	50	
			케이엑스홀딩스	42	12	13 [52]	80

(3) 지주회사

① CJ오쇼핑 (2007-2008년 CJ홈쇼핑), 2007-2010년

연도	순위	설립·전환 시기 (연.월)	상장 여부	자산 총액 (억 원)	지주 비율 (%)	부채 비율 (%)	계열회사 (개)			
							합	자	손자	증손
2007	7	2007.1	-	8,562	71.0	86.4	13	5	8	-
2008	12	2007.1	O	8,886	68.4	85.9	13	5	7	1
2009	12	2007.1	O	9,699	57.8	94.1	13	5	7	1
2010	13	2007.1	O	11,321	50.0	104.6	5	3	2	-
② CJ㈜, 2008-2015년										
2008	5	2007.9	O	21,594	84.8	25.8	43	15	27	1
2009	5	2007.9	O	27,811	62.8	40.4	50	14	33	3
2010	5	2007.9	O	27,914	68.8	35.8	46	16	27	3
2011	5	2007.9	O	38,228	60.6	31.7	49	18	28	3
2012	6	2007.9	O	34,280	76.9	33.5	47	12	32	3
2013	7	2007.9	O	30,241	86.2	17.7	54	11	33	10
2014	7	2007.9	O	30,047	88.2	14.2	47	10	27	10
2015	8	2007.9	O	29,788	89.8	12.5	49	9	32	8
③ 오미디어홀딩스, 2010년										
2010	27	2010.9	X	4,749	92.1	58.1	10	1	9	-
④ 온미디어, 2010년										
2010	28	2000.6	O	4,493	67.0	2.6	9	9	-	-
⑤ 케이엑스홀딩스, 2013-2015년										
2013	29	2013.3	X	5,989	100	0.0	15	1	14	-
2014	37	2013.3	X	4,922	93.0	0.0	15	2	13	-
2015	42	2013.3	X	4,928	92.9	0.0	12	2	10	-

주: 1) CJ오쇼핑과 케이엑스홀딩스는 CJ㈜의 자회사, 온미디어는 오미디오홀딩스의 자회사; 온미디어 - 2001-2010년 존속, 2007년 오리온그룹 소속 ('오리온그룹' 참조).

2) CJ오쇼핑 - 2011년 6월 공정거래법상 지주회사에서 제외 (지주비율 50% 미만; 자산 재평가로 인한 비율 감소); 오미디어홀딩스 - 2011년 3월 지주회사에서 제외 (지주비율 50% 미만; 온미디어 등과의 합병으로 인한 비율 감소); 온미디어 - 2011년 3월 지주회사에서 제외 (해산; 오미디어홀딩스에 합병).

출처: 〈부록 1〉, 〈부록 2〉, 〈부록 3〉, 공정거래위원회 홈페이지 자료.

〈그림 3.1〉 CJ그룹 소유지분도, 2012-2016년 4월
(* 음영 부분이 지주회사 및 계열회사)

〈그림 3.1〉① CJ그룹 소유지분도, 2012년 4월

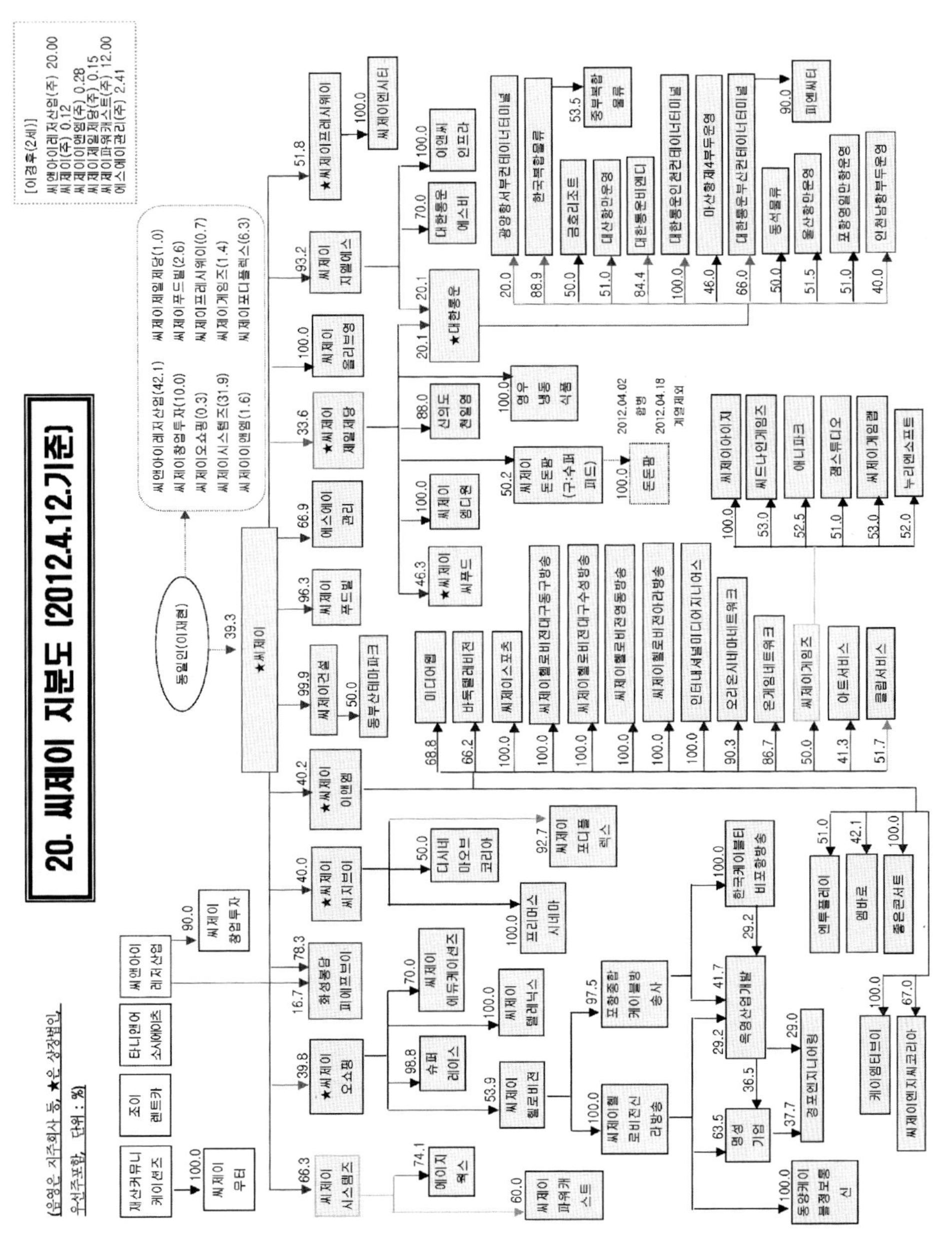

〈그림 3.1〉② CJ그룹 소유지분도, 2013년 4월

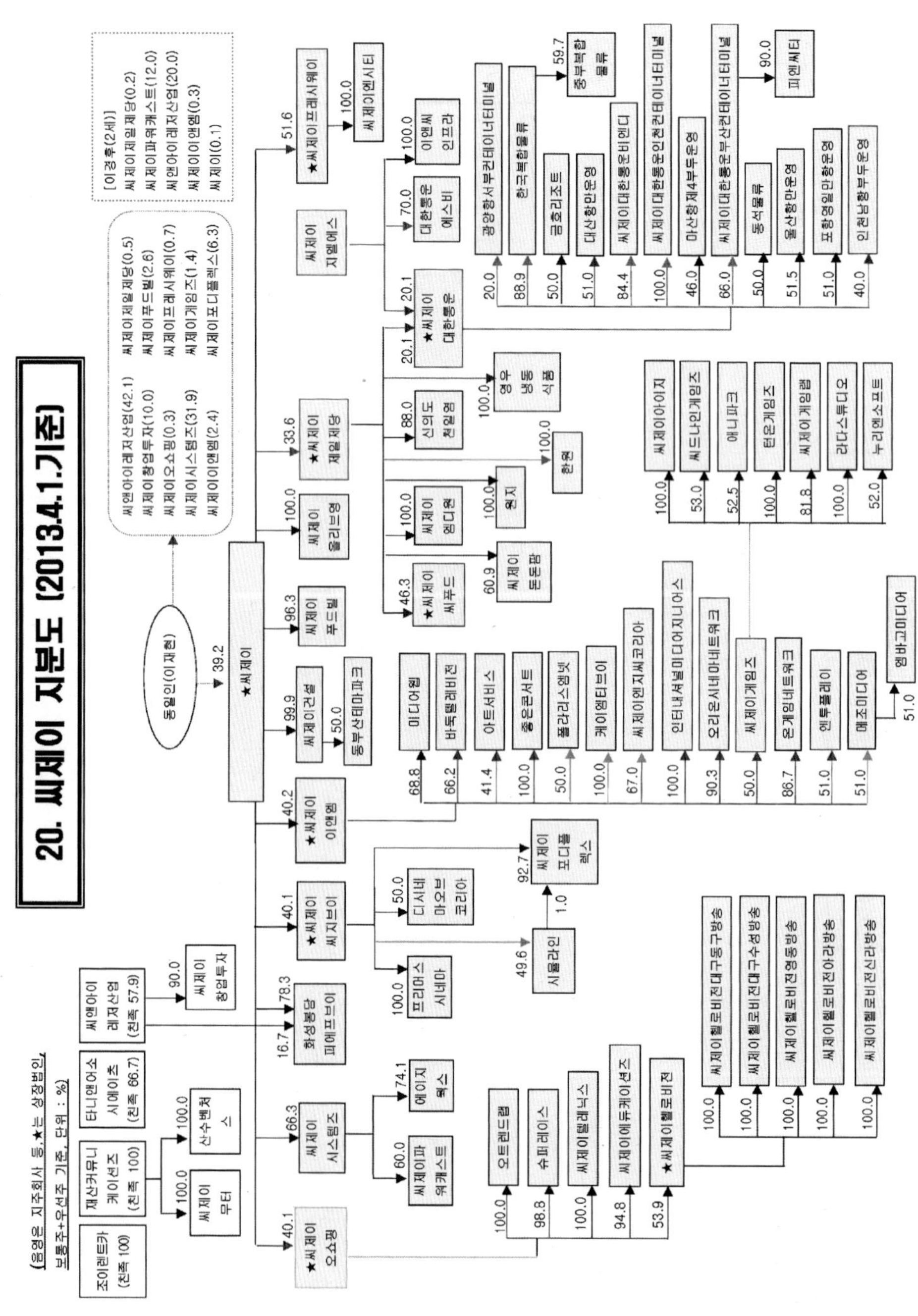

〈그림 3.1〉③ CJ그룹 소유지분도, 2014년 4월

20. 「씨제이」 소유지분도

• 음영은 지주회사 등, ★은 상장회사, 2014.4.1. 발행주식총수 기준, 단위: %

조이렌트카 | 재산커뮤니케이션즈 | 타니앤어소시에이츠 | 씨앤아이레저산업

재산커뮤니케이션즈 → 100.0 산수벤처스

씨앤아이레저산업 → 90.0 타임와이즈인베스트먼트

동일인(이재현) → 39.2 ★씨제이

동일인(이재현) → 씨앤아이레저산업(42.1) 씨제이이앤엠(2.4) 씨제이시스템즈(31.9) 씨제이게임즈(1.4) 타임와이즈인베스트먼트(10.0) 씨제이프레시웨이(0.6) 씨제이포디플렉스(6.3) 씨제이제일제당(0.5) 씨제이오쇼핑(2.6)

[이경후(2세)] 씨제이제일제당(0.2) 씨제이파워캐스트(12.0) 씨앤아이레저산업(20.0) 씨제이이앤엠(0.3) 씨제이(0.1)

★씨제이 → 40.1 ★씨제이오쇼핑, 100.0 씨제이올리브영, 66.3 씨제이시스템즈, 39.4 ★씨제이이앤엠, 39.0 ★씨제이씨지브이, 51.5 ★씨제이프레시웨이, 33.5 ★씨제이제일제당, 96.0 씨제이푸드빌, 100.0 케이엑스홀딩스, 99.9 씨제이건설

★씨제이오쇼핑 → 100.0 오트렌드랩, 100.0 씨제이텔레닉스, 98.8 슈퍼레이스, 94.8 씨제이에듀케이션즈, 53.9 ★씨제이헬로비전

★씨제이헬로비전 → 100.0 씨제이헬로비전신라방송, 100.0 씨제이헬로비전영동방송, 100.0 씨제이헬로비전대구수성방송, 100.0 씨제이헬로비전대구동구방송, 100.0 씨제이헬로비전아라방송, 100.0 횡성유선방송, 66.4 씨제이헬로비전영서방송, 99.2 씨제이헬로비전호남방송, 100.0 씨제이헬로비전전북방송

횡성유선방송 → 31.6 씨제이헬로비전영서방송

씨제이시스템즈 → 60.0 씨제이파워캐스트, 0.0 에이지웍스

★씨제이이앤엠 → 41.3 아트서비스, 68.8 미디어웹, 51.0 엠투플레이, 50.0 몰라리스엠넷, 51.0 메조미디어, 67.0 씨제이엔지씨코리아, 50.0 씨제이게임즈, 70.0 제이에스픽쳐스, 100.0 엠엠오엔터테인먼트

메조미디어 → 51.0 엠바고미디어

씨제이게임즈 → 100.0 씨제이아이지, 52.5 애니파크, 56.1 씨드나인게임즈, 91.9 리본게임즈, 91.4 누리엔소프트, 100.0 턴온게임즈

★씨제이씨지브이 → 50.0 디시네마오브코리아, 64.9 시뮬라인, 93.0 씨제이포디플렉스

시뮬라인 → 0.6 씨제이포디플렉스

★씨제이제일제당 → 100.0 원지, 60.9 씨제이돈돈팜, 88.0 신의도천일염, 20.1 ★씨제이대한통운, 100.0 씨제이엠디원, 100.0 영우냉동식품, 46.3 ★씨제이씨푸드

케이엑스홀딩스 → 20.1 ★씨제이대한통운, 50.0 동석물류

★씨제이대한통운 → 100.0 이엔씨인프라, 86.4 한국복합물류, 84.4 씨제이대한통운비엔디, 40.0 인천남항부두운영, 46.0 마산항제4부두운영, 20.0 광양항서부컨테이너터미널, 100.0 씨제이대한통운인천컨테이너터미널, 66.9 씨제이대한통운부산컨테이너터미널, 51.5 울산항만운영, 70.0 대한통운에스비

씨제이대한통운부산컨테이너터미널 → 90.0 피엔씨티

씨제이건설 → 50.0 동부산테마파크

〈그림 3.1〉④ CJ그룹 소유지분도, 2015년 4월

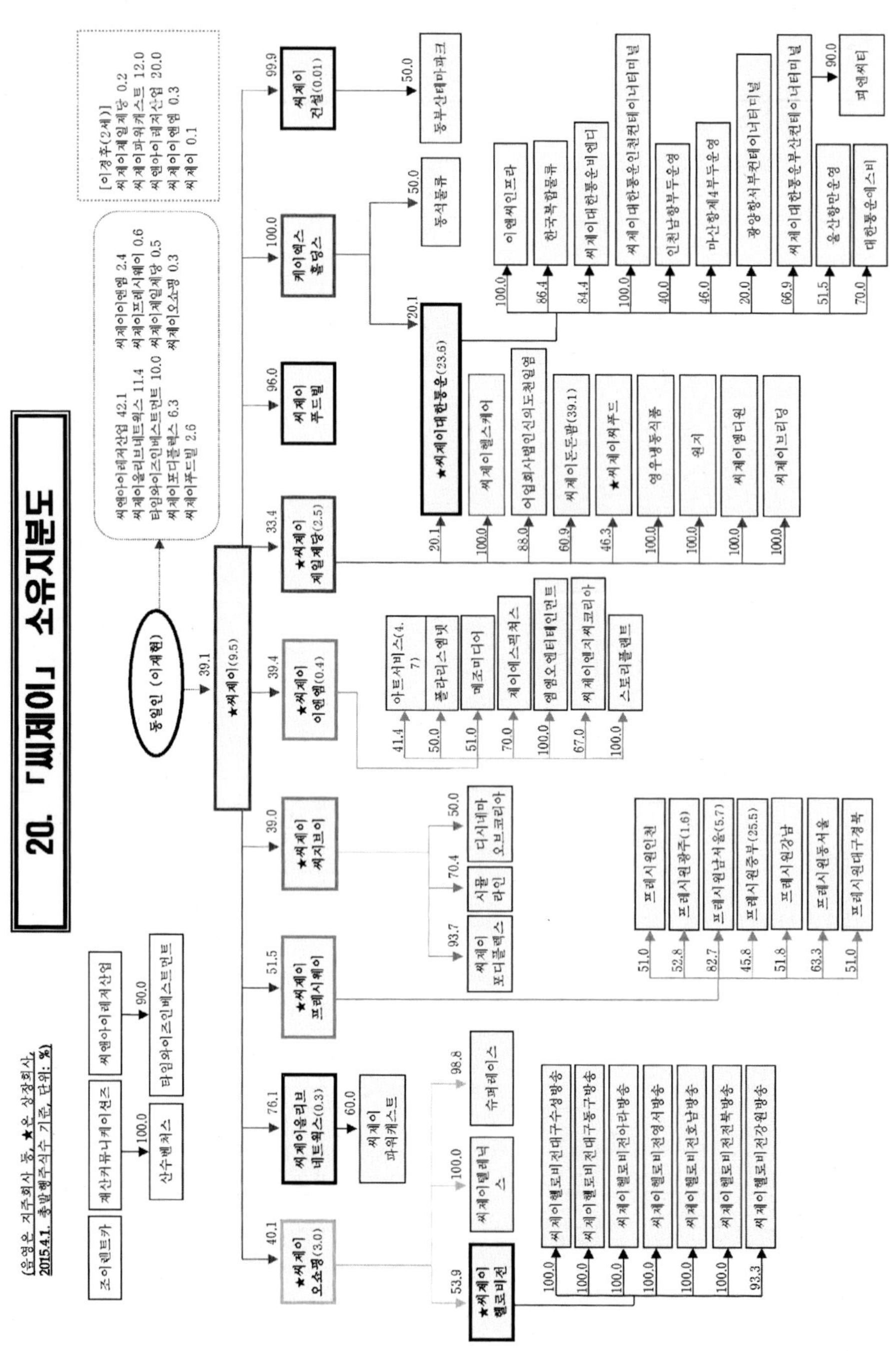

〈그림 3.1〉⑤ CJ그룹 소유지분도, 2016년 4월

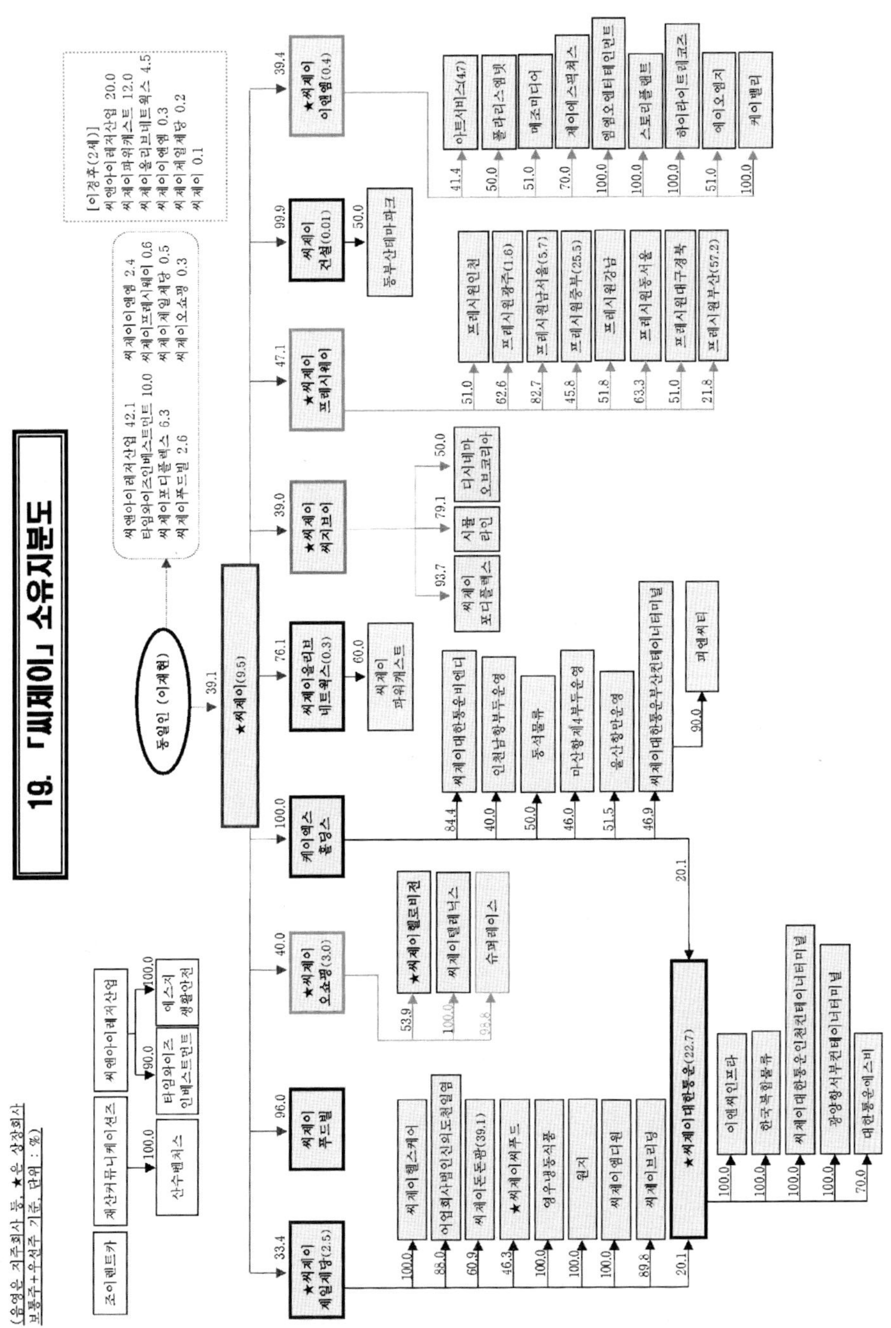

2. LS그룹

LS그룹은 2008년 지주회사체제를 도입하였다. 주력회사인 LS전선이 2008년 7월 지주회사 ㈜LS로 전환되면서였다 (<표 3.2>, <그림 3.2>).

(1) LS그룹은 2004년부터 2016년까지 13년 동안 대규모기업집단으로 지정되었다. 순위는 19위(2005-2006년)에서 15위(2010-2012년) 사이, 계열회사는 12개(2004년)에서 51개(2014년) 사이, 그리고 자산총액은 5.1조 원(2004년)에서 21조 원(2015년) 사이였다. 2016년 4월 현재, 순위는 17위, 계열회사는 45개, 그리고 자산총액은 20.2조 원이다. 동일인은 구태회이다.

(2) LS그룹은 처음부터 적극적인 지주회사체제를 채택하였다. 하지만 지주회사체제 달성 비율은 55% 내외(52-63%)로 높지는 않았다. 2008-2009년에는 비율이 63%였는데, 2010년부터는 60% 이하로 줄어들었고 더구나 매년 조금씩 감소하여 2015년 현재에는 52%(그룹 계열회사 48개 vs. 지주회사체제 편입 회사 25개)로 역대 최저치이다.

(3) 지주회사는 ㈜LS 1개이다.

① ㈜LS는 주력회사인 LS전선(2005년 3월 이전 LG전선)이 2008년 7월 지주회사로 전환하면서 새롭게 붙여진 상호이다. LG전선 관련 회사들은 LG그룹 창업주 구인회의 4명 남동생들 중 3명(구태회, 구평회, 구두회) 일가의 몫으로서, 2003년 11월 LG그룹에서 분리되었고 2004년 4월 LG전선그룹(2005년 3월 이후 LS그룹)으로 공식 출범하였다. 1년 뒤인 2015년 4월에는 GS그룹이 LG그룹으로부터 분리되었다.

② ㈜LS는 공정거래법상 일반지주회사들 중에서의 순위(자산총액 기준)가 10위 내외(6-11위)로 비교적 높은 편이다.

③ ㈜LS의 계열회사는 2008-2009년 20개미만(14-19개)이다가 2010년 이후에는 25개 내외(24-27개) 수준이 유지되고 있다. 손자회사(10-21개)가 절대다수를 차지하였고 2009년부터는 증손회사도 1개 포함되었다.

④ ㈜LS의 지주비율은 90% 내외로 높다.

(4) ㈜LS의 최대주주는 구자열(구평회의 장남)이다. 보유 지분은 2012년 이후 2-3%대로 적으며 2016년 4월 현재에는 2.5%이다. '2012년 소유지분도'에는 구자홍(구태회의 장남)의 지분(2.83%)만 표시되어 있는데, 구자열은 최대주주로서 3.27%를 보유하고 있었다. 그룹 동일인 구태회의 지분은 2012년 이후 0.5%로 미미하다. LS그룹에는 구태회 · 구평회 · 구두회

3형제 일가 구성원들이 다수 소유에 참여하고 있고 일부는 그룹 내에서 독자성을 유지하고 있으며, 이런 이유로 최대주주의 보유 지분이 적고 지주회사체제 달성 비율 또한 낮은 상태가 계속되고 있다. 이와 유사한 사정은 GS그룹에서도 찾아볼 수 있다 (그룹 소유지분도 참조).

〈표 3.2〉 LS그룹과 지주회사체제, 2008-2015년

(1) LS그룹의 성장, 2004-2016년: 순위(A, 위), 계열회사(B, 개), 자산총액(C, 10억 원)

연도	A	B	C	연도	A	B	C	연도	A	B	C
2004	17	12	5,056	2009	17	32	12,845	2014	16	51	20,367
2005	19	17	5,877	2010	15	44	16,179	2015	16	48	20,975
2006	19	19	6,591	2011	15	47	18,043	2016	17	45	20,230
2007	16	20	9,852	2012	15	50	19,316				
2008	18	24	9,562	2013	17	49	20,075				

(2) 지주회사체제, 2008-2015년

연도	그룹		지주회사체제				지주회사체제 달성 비율 (B/A, %)
	순위	계열회사 (A, 개)	지주회사 (a)	순위	계열회사 (b, 개)	a+b (B, 개)	
2008	18	24	㈜LS	6	14	15	63
2009	17	32	㈜LS	7	19	20	63
2010	15	44	㈜LS	7	24	25	57
2011	15	47	㈜LS	7	26	27	57
2012	15	50	㈜LS	10	27	28	56
2013	17	49	㈜LS	9	27	28	57
2014	16	51	㈜LS	11	26	27	53
2015	16	48	㈜LS	11	24	25	52

(3) 지주회사: ㈜LS, 2008-2015년

연도	순위	설립·전환 시기 (연.월)	상장 여부	자산 총액 (억 원)	지주 비율 (%)	부채 비율 (%)	계열회사 (개)			
							합	자	손자	증손
2008	6	2008.7	O	17,364	89.7	16.1	14	4	10	-
2009	7	2008.7	O	16,180	91.4	11.3	19	4	14	1
2010	7	2008.7	O	17,971	89.6	12.6	24	4	19	1
2011	7	2008.7	O	20,711	91.1	10.4	26	4	21	1
2012	10	2008.7	O	18,303	89.1	10.1	27	5	21	1
2013	9	2008.7	O	18,283	89.2	7.7	27	5	21	1
2014	11	2008.7	O	18,149	89.9	5.2	26	6	19	1
2015	11	2008.7	O	21,508	82.8	23.4	24	6	17	1

출처: 〈부록 1〉, 〈부록 2〉, 〈부록 3〉, 공정거래위원회 홈페이지 자료.

<u>〈그림 3.2〉 LS그룹 소유지분도, 2012-2016년 4월</u>
(* 음영 부분이 지주회사 및 계열회사)

〈그림 3.2〉① LS그룹 소유지분도, 2012년 4월

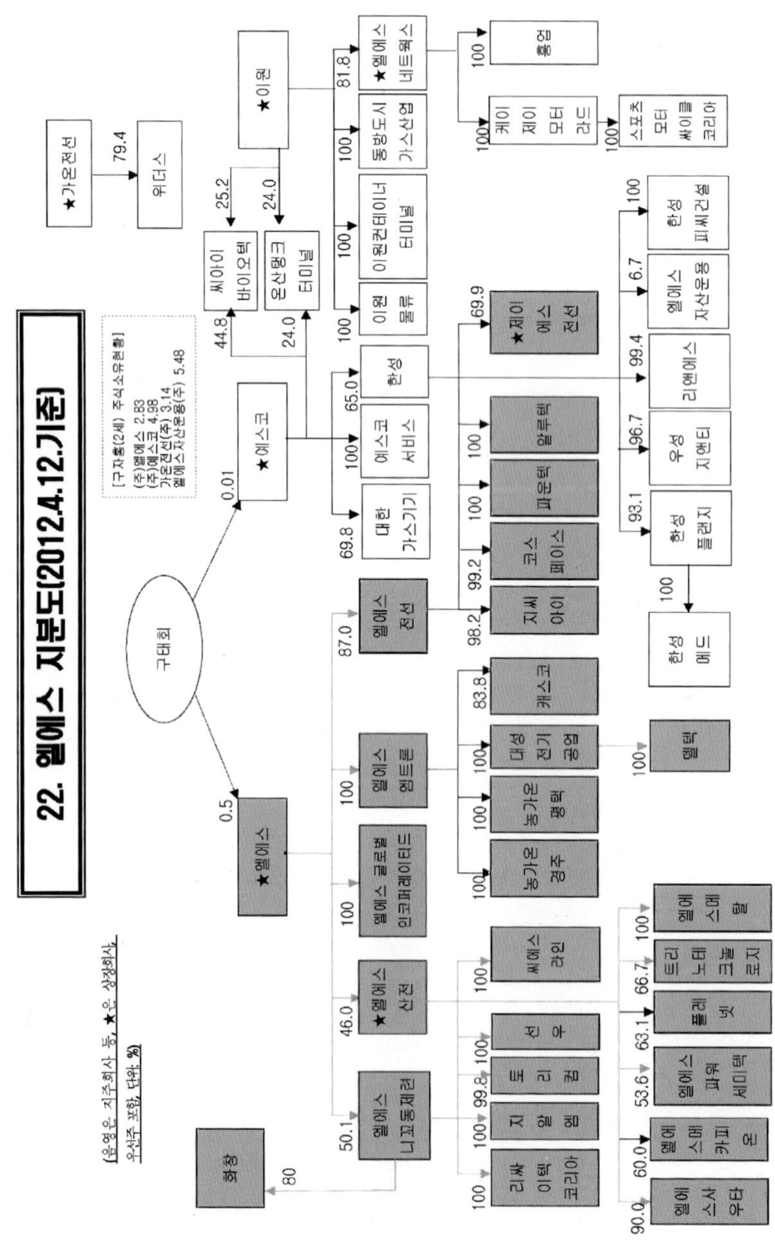

〈그림 3.2〉② LS그룹 소유지분도, 2013년 4월

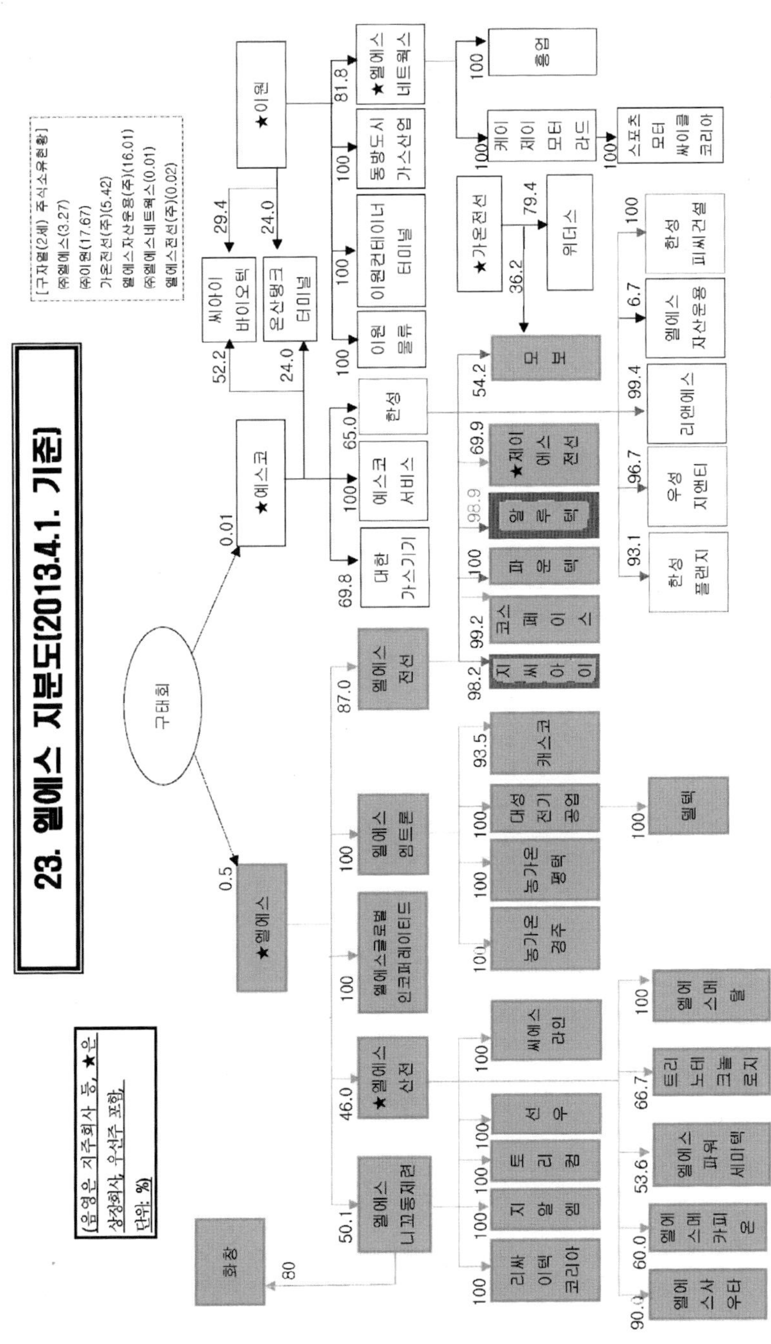

〈그림 3.2〉③ LS그룹 소유지분도, 2014년 4월

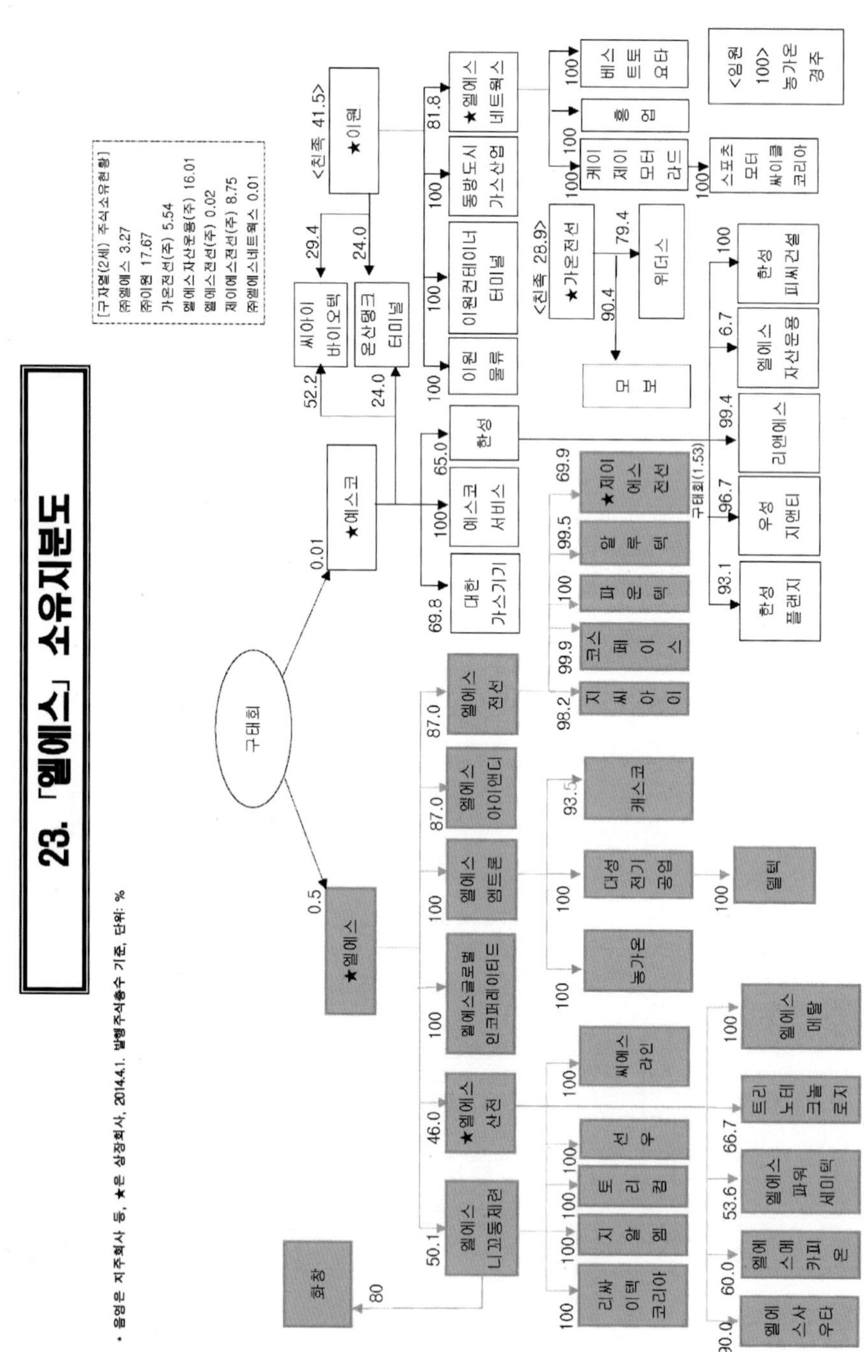

〈그림 3.2〉④ LS그룹 소유지분도, 2015년 4월

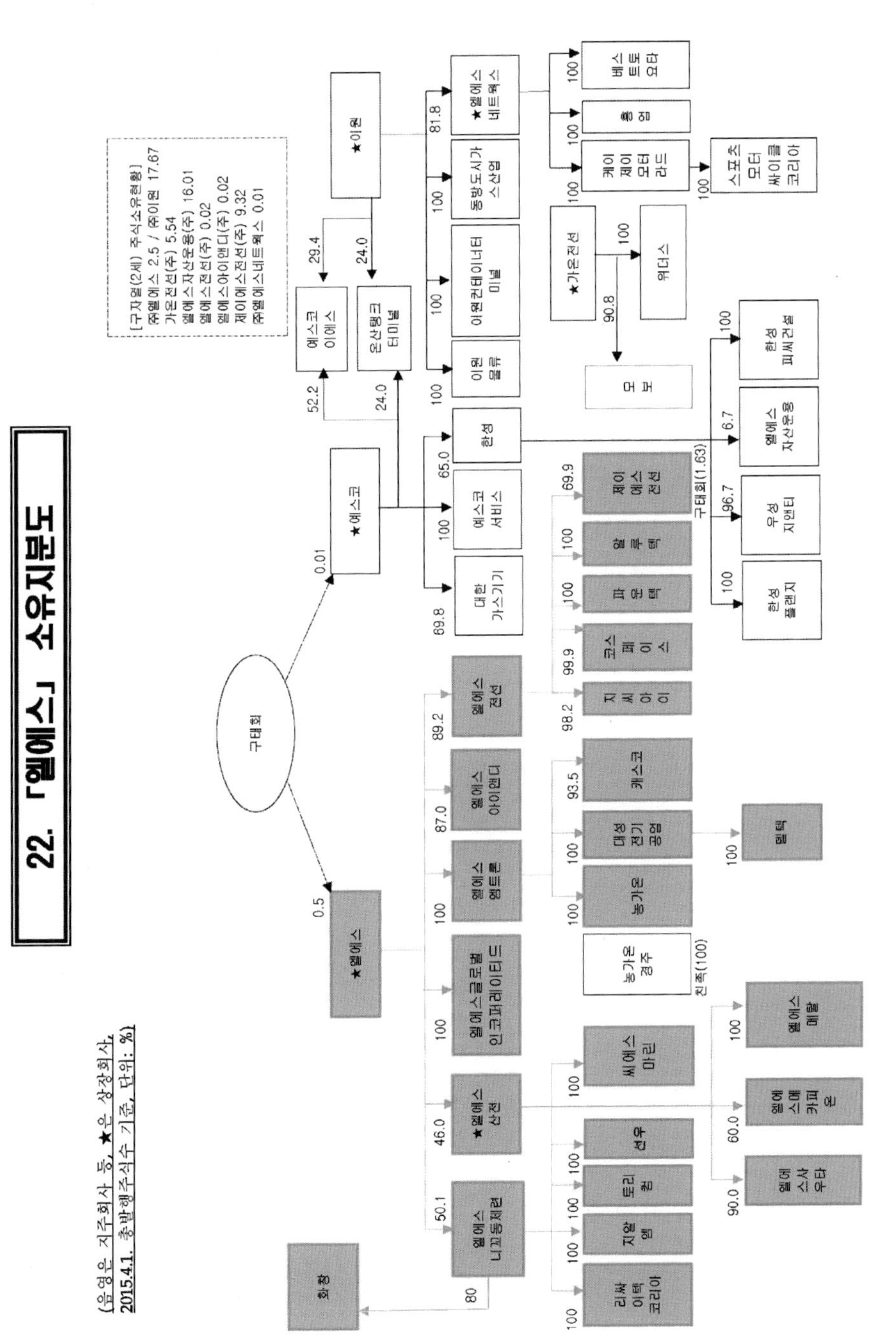

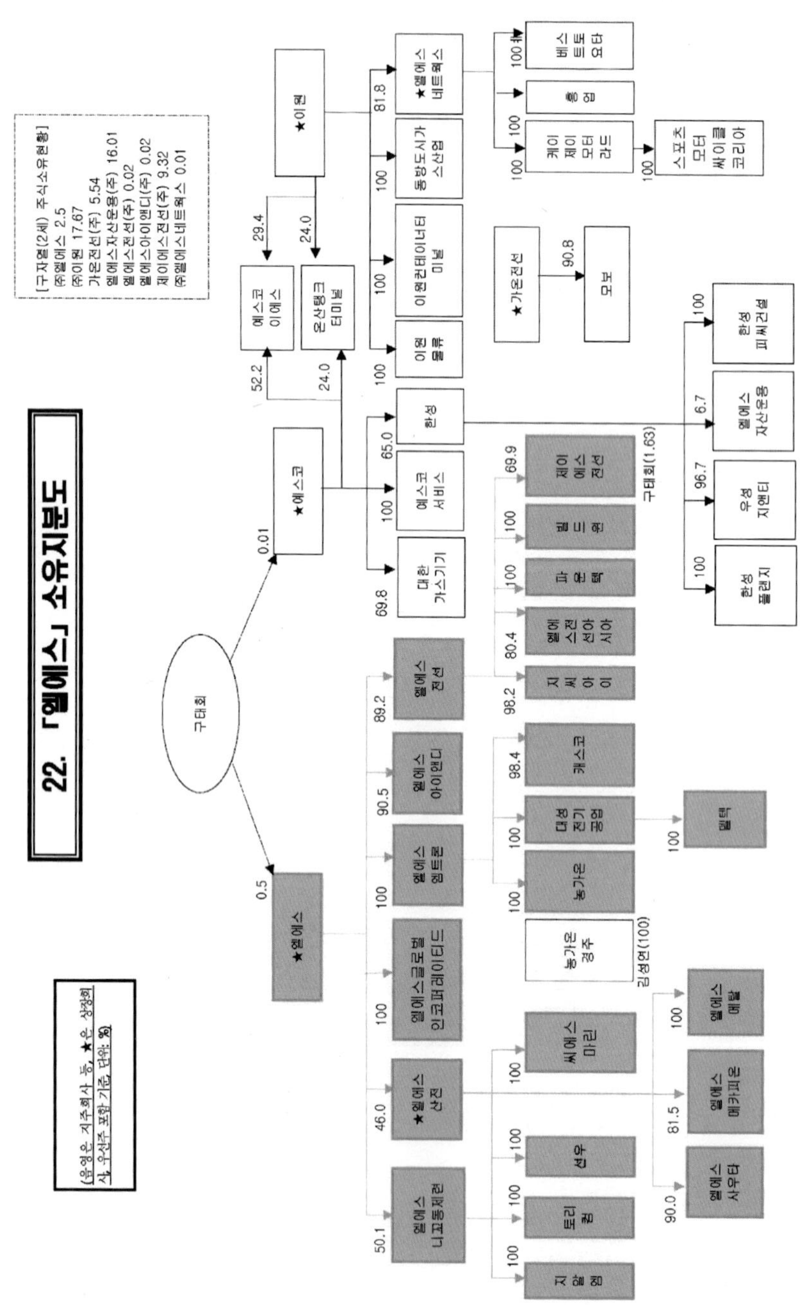

〈그림 3.2〉⑤ LS그룹 소유지분도, 2016년 4월

3. 부영그룹

부영그룹은 2009년 지주회사체제를 도입하였다. 주력회사인 ㈜부영이 2009년 12월 지주회사로 전환되면서였다 (<표 3.3>, <그림 3.3>).

(1) 부영그룹은 2002-2008년 그리고 2010-2016년의 14년 동안 대규모기업집단으로 지정되었다. 순위는 39위(2006-2007년)에서 16위(2016년) 사이, 계열회사는 4개(2002, 2004년)에서 18개(2016년) 사이, 그리고 자산총액은 2.1조 원(2002년)에서 20.4조 원(2016년) 사이였다. 2016년 4월 현재, 순위는 16위, 계열회사는 18개, 그리고 자산총액은 20.4조 원이다. 동일인은 2002-2007년에는 이남형이었고 2008년 이후에는 이중근이다.

(2) 첫 해인 2010년에는 ㈜부영 및 계열회사가 그룹 전체 계열회사에서 차지하는 비중이 1/5(20%)로서 소극적인 지주회사체제였으며, 2011년부터 적극적인 지주회사체제로 전환하였다. 하지만 지주회사체제 달성 비율은 점차 증가하는 중에서도 40%내외(31-47%)의 낮은 수준이 계속되었다. 2010년 20%, 2011-2013년 30%대(31-38%), 그리고 2014-2015년 40%대(43-47%)였다. 2015년 현재에는 47%(그룹 계열회사 15개 vs. 지주회사체제 편입 회사 7개)로 역대 최고치이다.

(3) 지주회사는 2010년 1개(㈜부영), 2011년 이후 2개(㈜부영, 동광주택산업)이다.

① 두 지주회사는 2009년 12월 30일 기존의 회사가 지주회사로 전환하였는데, 공정거래법상 지주회사로 지정된 시기는 ㈜부영이 2009년 12월, 동광주택산업이 2011년 1월이었다. 두 회사는 서로 간에 지분 보유 없이 독립성을 유지하고 있다.

② ㈜부영은 자산 규모가 커서 공정거래법상 일반지주회사들 중에서의 순위가 5위 내외(4-8위)로 높았고, 동광주택산업의 순위는 39-51위였다.

③ ㈜부영의 계열회사는 2-4개 그리고 동광주택산업의 계열회사는 1개였다.

④ 두 지주회사의 지주비율은 95% 이상으로 매우 높다.

(4) ㈜부영과 동광주택산업의 최대주주는 그룹 동일인 이중근이다. 2012년 이후 각각 70-90%대, 90%대의 높은 지분을 보유하고 있으며, 2016년 4월 현재의 지분은 각각 93.8%, 91.5%이다 (그룹 소유지분도 참조).

〈표 3.3〉 부영그룹과 지주회사체제, 2010-2015년

(1) 부영그룹의 성장, 2002-2016년: 순위(A, 위), 계열회사(B, 개), 자산총액(C, 10억 원)

연도	A	B	C	연도	A	B	C	연도	A	B	C
2002	34	4	2,102	2007	39	6	3,807	2013	23	16	14,131
2003	33	11	2,360	2008	38	6	4,755	2014	21	14	15,665
2004	38	4	2,449	2010	24	15	9,161	2015	20	15	16,805
2005	36	6	3,053	2011	23	16	11,428	2016	16	18	20,434
2006	39	6	3,462	2012	23	17	12,533				

(2) 지주회사체제, 2010-2015년

연도	그룹		지주회사체제				지주회사체제
	순위	계열회사 (A, 개)	지주회사 (a)	순위	계열회사 (b, 개)	a+b (B, 개)	달성 비율 (B/A, %)
2010	24	15	부영	4	2	3	20
2011	23	16	부영	8	2	3	
			동광주택산업	39	1	2 [5]	31
2012	23	17	부영	8	3	4	
			동광주택산업	42	1	2 [6]	35
2013	23	16	부영	8	3	4	
			동광주택산업	42	1	2 [6]	38
2014	21	14	부영	8	3	4	
			동광주택산업	44	1	2 [6]	43
2015	20	15	부영	7	4	5	
			동광주택산업	51	1	2 [7]	47

(3) 지주회사

① 부영, 2010-2015년

연도	순위	설립·전환 시기 (연.월)	상장 여부	자산 총액 (억 원)	지주 비율 (%)	부채 비율 (%)	계열회사 (개)			
							합	자	손자	증손
2010	4	2009.12	X	39,396	96.9	0.5	2	2	-	-
2011	8	2009.12	X	19,249	94.7	27.9	2	2	-	-
2012	8	2009.12	X	22,133	95.5	28.8	3	1	2	-
2013	8	2009.12	X	25,951	96.1	30.3	3	1	2	-
2014	8	2009.12	X	28,198	96.4	30.3	3	1	2	-
2015	7	2009.12	X	29,916	96.7	30.3	4	1	3	-

② 동광주택산업, 2011-2015년

연도	순위	설립·전환 시기 (연.월)	상장 여부	자산 총액 (억 원)	지주 비율 (%)	부채 비율 (%)	합	자	손자	증손
2011	39	2011.1	X	3,425	97.8	23.6	1	1	-	-
2012	42	2011.1	X	3,721	99.0	27.1	1	1	-	-
2013	42	2011.1	X	4,075	99.9	24.4	1	1	-	-
2014	44	2011.1	X	4,406	100.0	23.1	1	1	-	-
2015	51	2011.1	X	4,341	98.7	27.3	1	1	-	-

출처: 〈부록 1〉, 〈부록 2〉, 〈부록 3〉, 공정거래위원회 홈페이지 자료.

〈그림 3.3〉 부영그룹 소유지분도, 2012-2016년 4월
(* 음영 부분이 지주회사 및 계열회사)

〈그림 3.3〉① 부영그룹 소유지분도, 2012년 4월

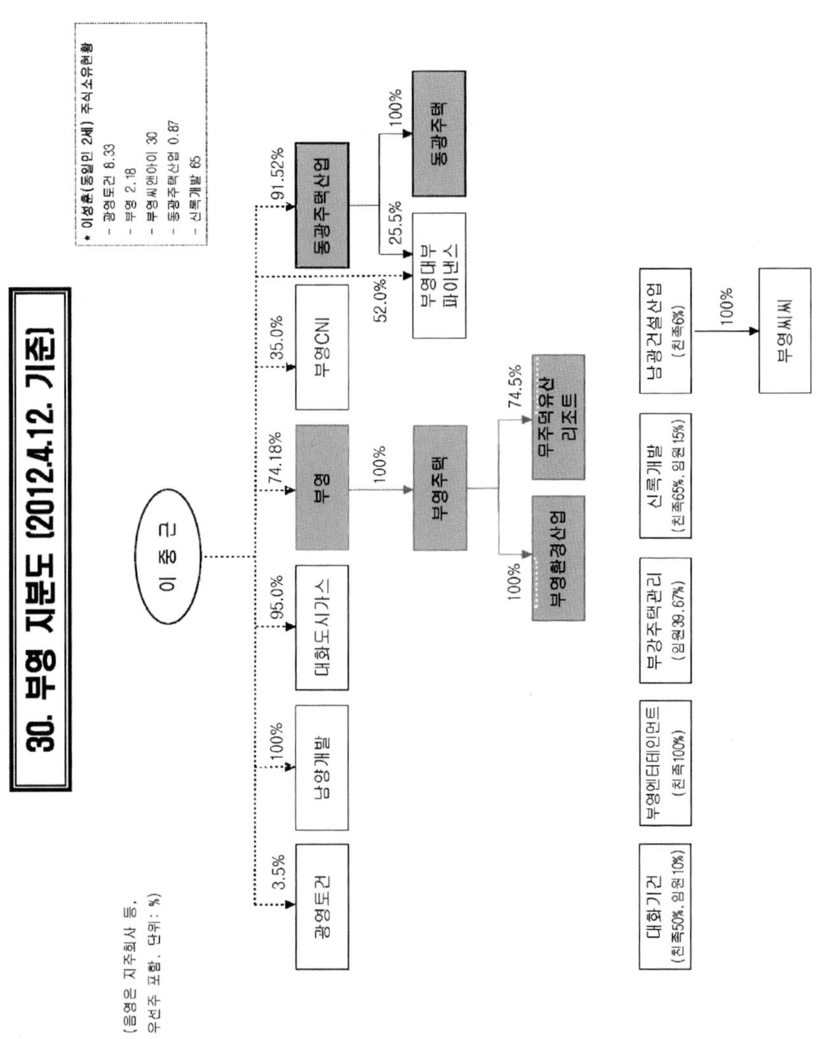

〈그림 3.3〉② 부영그룹 소유지분도, 2013년 4월

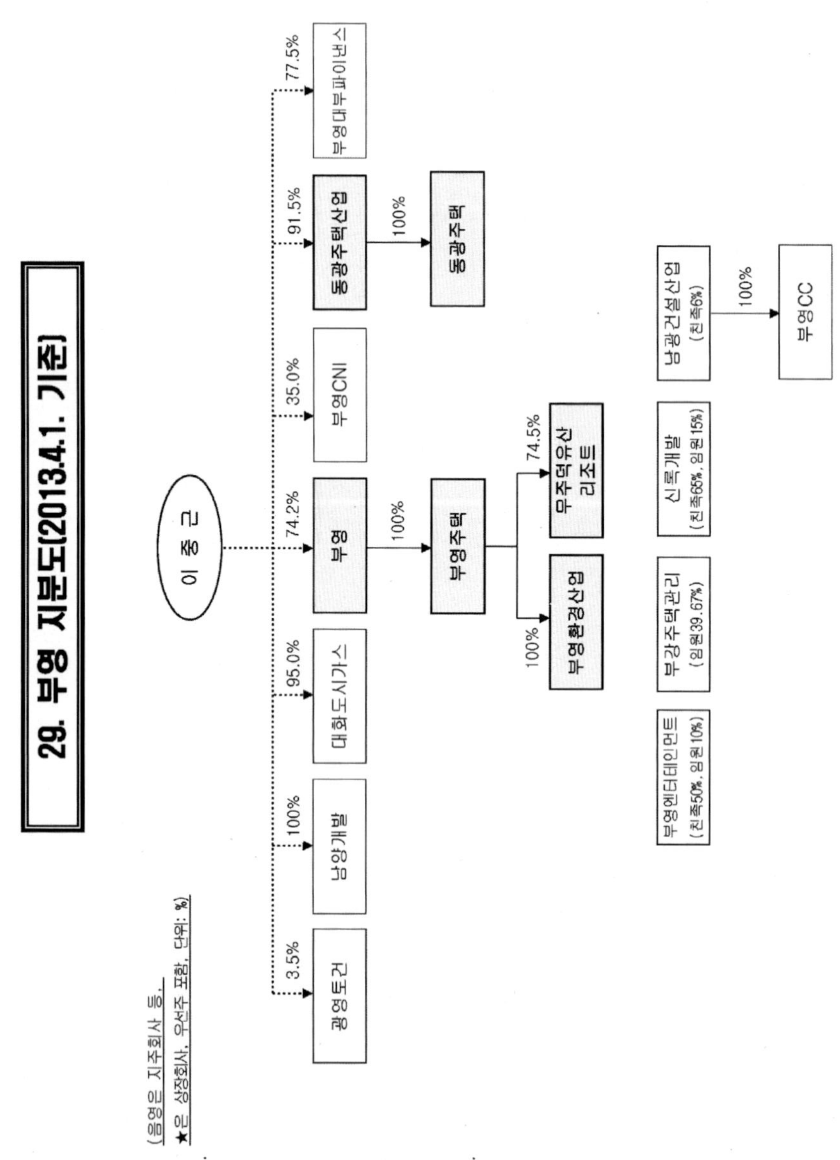

〈그림 3.3〉③ 부영그룹 소유지분도, 2014년 4월

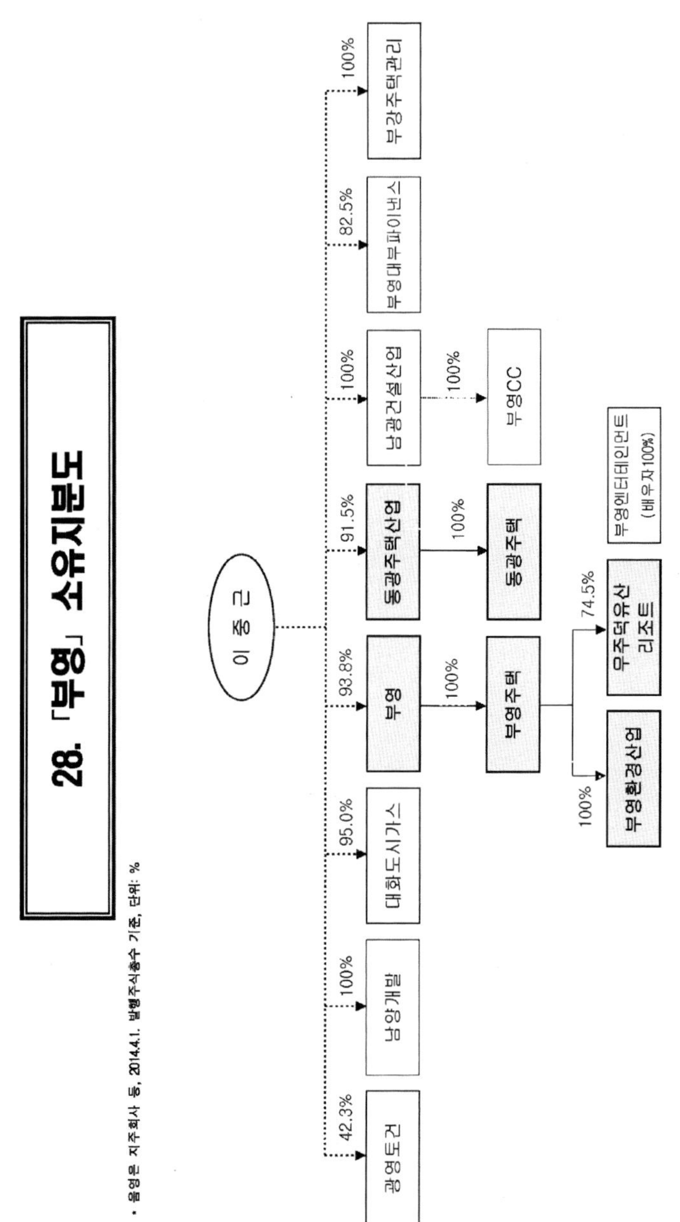

〈그림 3.3〉④ 부영그룹 소유지분도, 2015년 4월

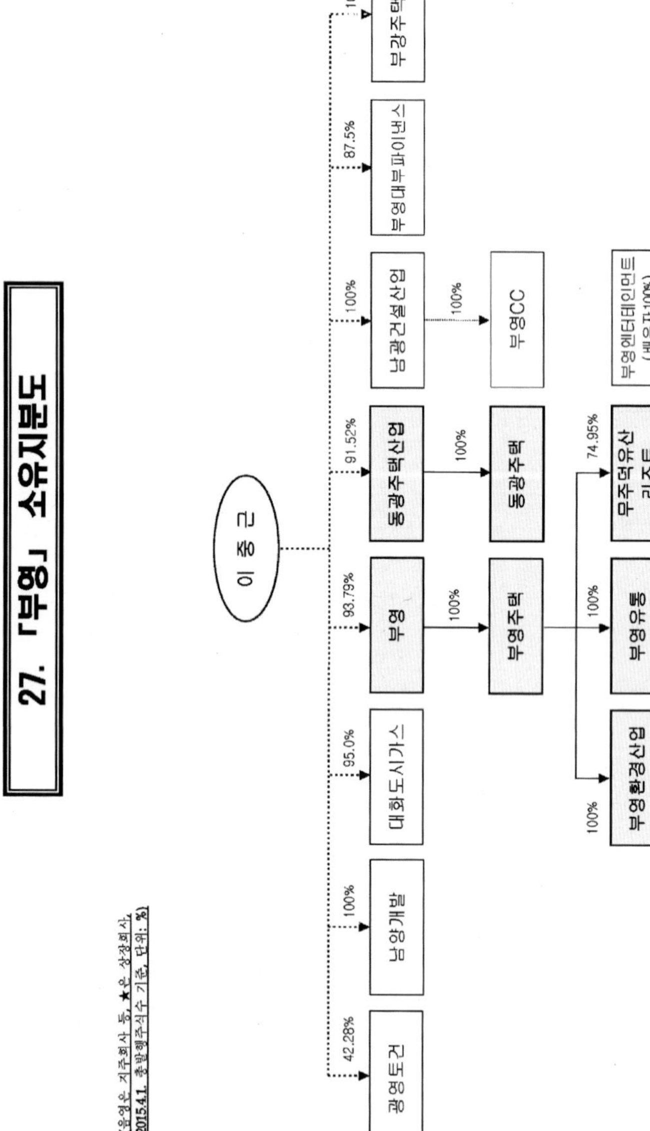

〈그림 3.3〉⑤ 부영그룹 소유지분도, 2016년 4월

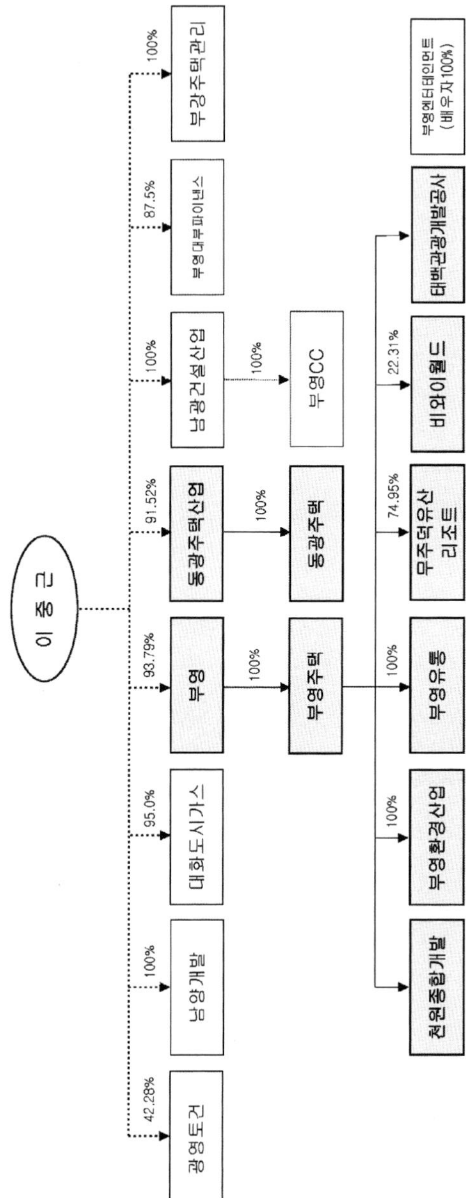

4. 현대백화점그룹

현대백화점그룹은 2006년 지주회사체제를 도입하였다. 계열회사 ㈜HC&(2010년 8월 이후 현대HC&)이 2006년 1월 지주회사로 전환되면서였다 (<표 3.4>, <그림 3.4>).

(1) 현대백화점그룹은 2001년부터 2016년까지 16년 동안 대규모기업집단으로 지정되었다. 순위는 34위(2010년)에서 21위(2016년) 사이, 계열회사는 10개(2002년)에서 35개(2012-2014, 2016년) 사이, 그리고 자산총액은 2.9조 원(2001년)에서 12.8조 원(2016년) 사이였다. 2016년 4월 현재, 순위는 21위, 계열회사는 35개, 그리고 자산총액은 12.8조 원이다. 동일인은 2002-2006년에는 정몽근이었고 2007년 이후에는 정지선이다.

(2) 현대백화점그룹은 처음부터 적극적인 지주회사체제를 채택하였다. 하지만 지주회사체제 달성 비율은 40%내외(34-48%)의 낮은 수준이 계속되었다. 2006-2011년에는 40%대(43-48%)이다가 2012년 이후에는 30-40%대(34-43%)로 낮아졌다. 2015년 현재에는 38%(그룹 계열회사 32개 vs. 지주회사체제 편입 회사 12개)이다.

(3) 지주회사는 현대HC& 1개이다.

① 기존의 계열회사 ㈜HC&은 2006년 1월 지주회사로 전환하였고, 2010년 8월 현대HC&으로 상호를 변경하였다.

② 현대HC&의 자산 규모는 크게 증가하지 않았으며, 이에 따라 공정거래법상 일반지주회사들 중에서의 순위가 점점 하락하였다. 2006년 16위이던 것이 2015년 현재에는 52위이다.

③ 현대 HC&의 계열회사는 10개 내외(9-14개)였으며, 대부분은 자회사(8-12개)였다.

④ 현대HC&의 지주비율은 2개 연도를 제외하고는 80-90%대의 높은 수준이 유지되었다.

(4) 현대HC&의 최대주주는 계열회사 현대홈쇼핑이며, 2012년 이후 19.7%를 보유하고 있다. 또 현대홈쇼핑의 최대주주는 계열회사 현대백화점이며, 2012년 이후 15.8%를 보유하고 있다. 그리고 현대백화점의 최대주주는 그룹 동일인 정지선이다. 2013년 이후 17.1%를 보유하고 있다. 따라서 '정지선 → 현대백화점 → 현대홈쇼핑 → 현대HC&'의 지배구조이다 (그룹 소유지분도 참조).

〈표 3.4〉 현대백화점그룹과 지주회사체제, 2006-2015년

(1) 현대백화점그룹의 성장, 2001-2016년: 순위(A, 위), 계열회사(B, 개), 자산총액(C, 10억 원)

연도	A	B	C	연도	A	B	C	연도	A	B	C
2001	26	15	2,858	2007	27	24	4,939	2013	26	35	11,517
2002	24	10	3,262	2008	31	25	5,582	2014	25	35	11,960
2003	24	18	3,847	2009	33	22	5,868	2015	23	32	12,151
2004	27	17	3,647	2010	34	29	6,857	2016	21	35	12,777
2005	29	20	3,781	2011	30	26	8,399				
2006	31	23	4,404	2012	28	35	10,457				

(2) 지주회사체제, 2006-2015년

연도	그룹		지주회사체제				지주회사체제 달성 비율 (B/A, %)
	순위	계열회사 (A, 개)	지주회사 (a)	순위	계열회사 (b, 개)	a+b (B, 개)	
2006	31	23	㈜HC&	16	9	10	43
2007	27	24	㈜HC&	21	10	11	46
2008	31	25	㈜HC&	24	10	11	44
2009	33	22	㈜HC&	29	9	10	45
2010	34	29	㈜HC&	37	13	14	48
2011	30	26	현대HC&	29	11	12	46
2012	28	35	현대HC&	33	11	12	34
2013	26	35	현대HC&	43	12	13	37
2014	25	35	현대HC&	48	14	15	43
2015	23	32	현대HC&	52	11	12	38

(3) 지주회사: 현대HC& (2006-2010년 ㈜HC&), 2006-2015년

연도	순위	설립·전환 시기 (연.월)	상장 여부	자산 총액 (억 원)	지주 비율 (%)	부채 비율 (%)	계열회사 (개)			
							합	자	손자	증손
2006	16	2006.1	-	2,506	87.7	91.4	9	9	-	-
2007	21	2006.1	-	2,797	87.1	0.9	10	9	1	-
2008	24	2006.1	X	3,018	93.2	19.1	10	9	1	-
2009	29	2006.1	X	3,530	84.9	37.4	9	9	-	-
2010	37	2006.1	X	3,482	90.3	40.9	13	8	5	-
2011	29	2006.1	O	4,314	73.5	28.8	11	8	3	-
2012	33	2006.1	O	4,227	75.0	20.6	11	8	3	-
2013	43	2006.1	O	3,923	81.5	4.5	12	9	3	-
2014	48	2006.1	O	4,100	90.3	3.5	14	12	2	-
2015	52	2006.1	O	4,159	89.9	2.7	11	9	2	-

출처: 〈부록 1〉, 〈부록 2〉, 〈부록 3〉, 공정거래위원회 홈페이지 자료.

〈그림 3.4〉 현대백화점그룹 소유지분도, 2012-2016년 4월
(* 음영 부분이 지주회사 및 계열회사)

〈그림 3.4〉① 현대백화점그룹 소유지분도, 2012년 4월

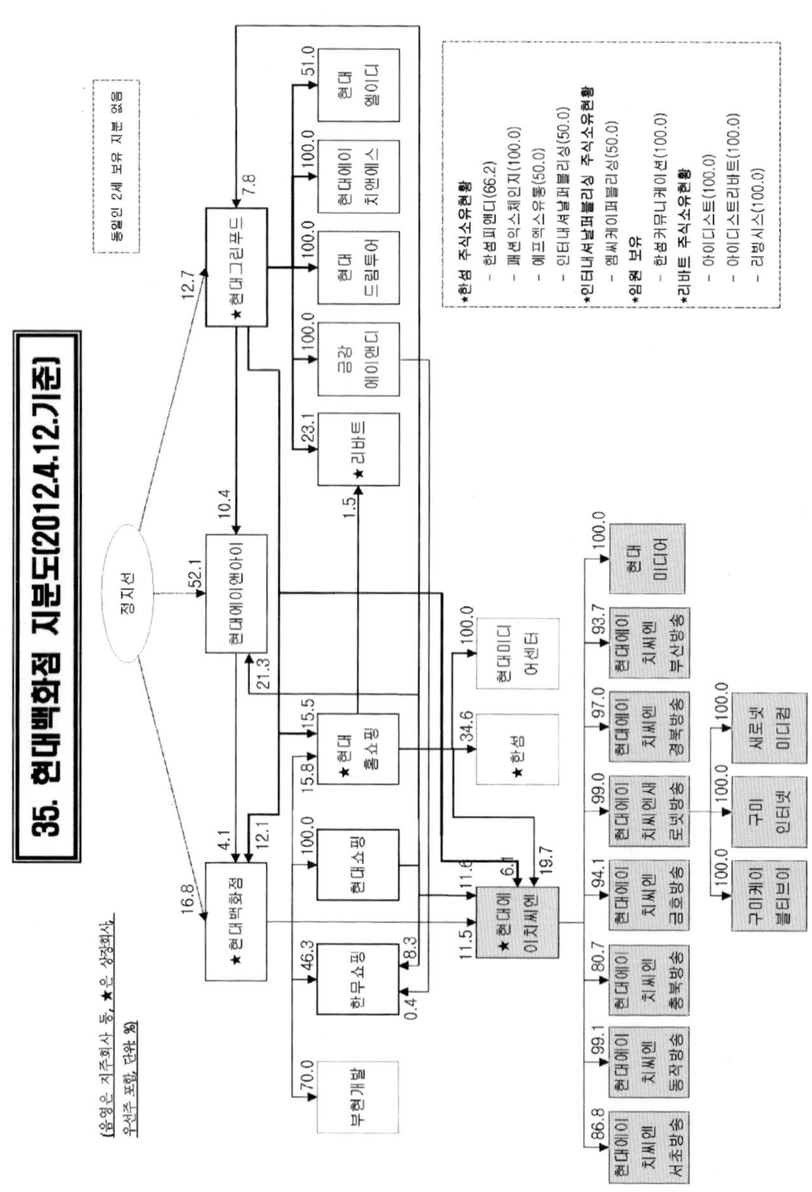

〈그림 3.4〉② 현대백화점그룹 소유지분도, 2013년 4월

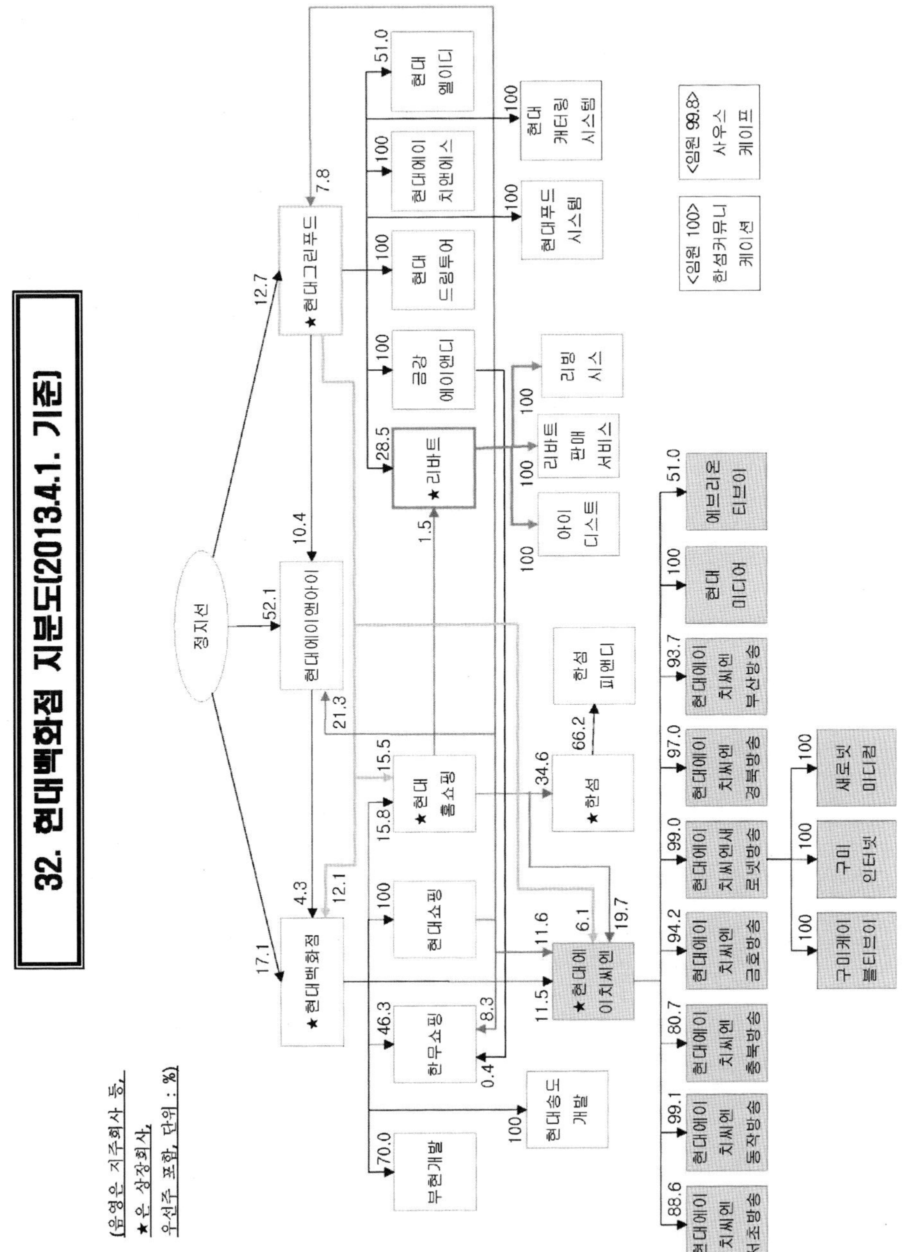

〈그림 3.4〉③ 현대백화점그룹 소유지분도, 2014년 4월

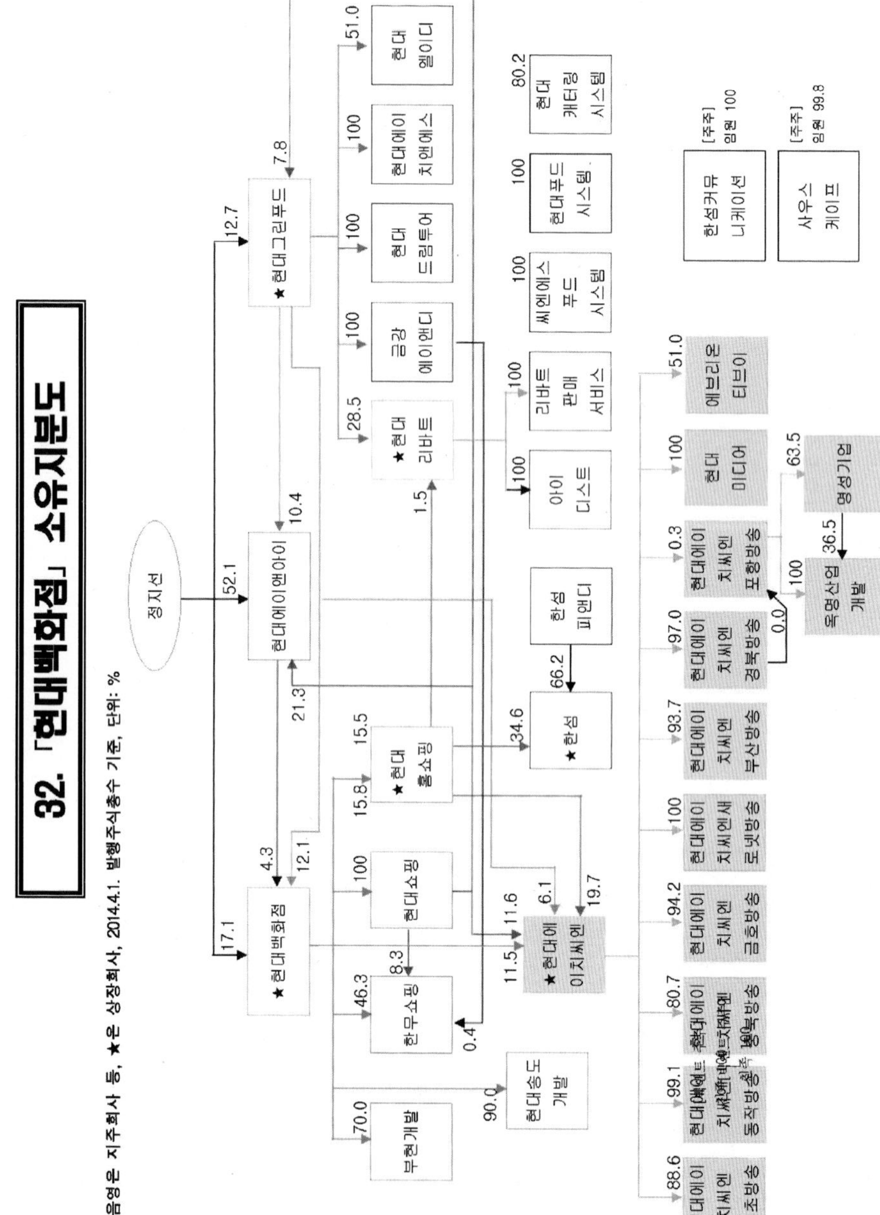

〈그림 3.4〉④ 현대백화점그룹 소유지분도, 2015년 4월

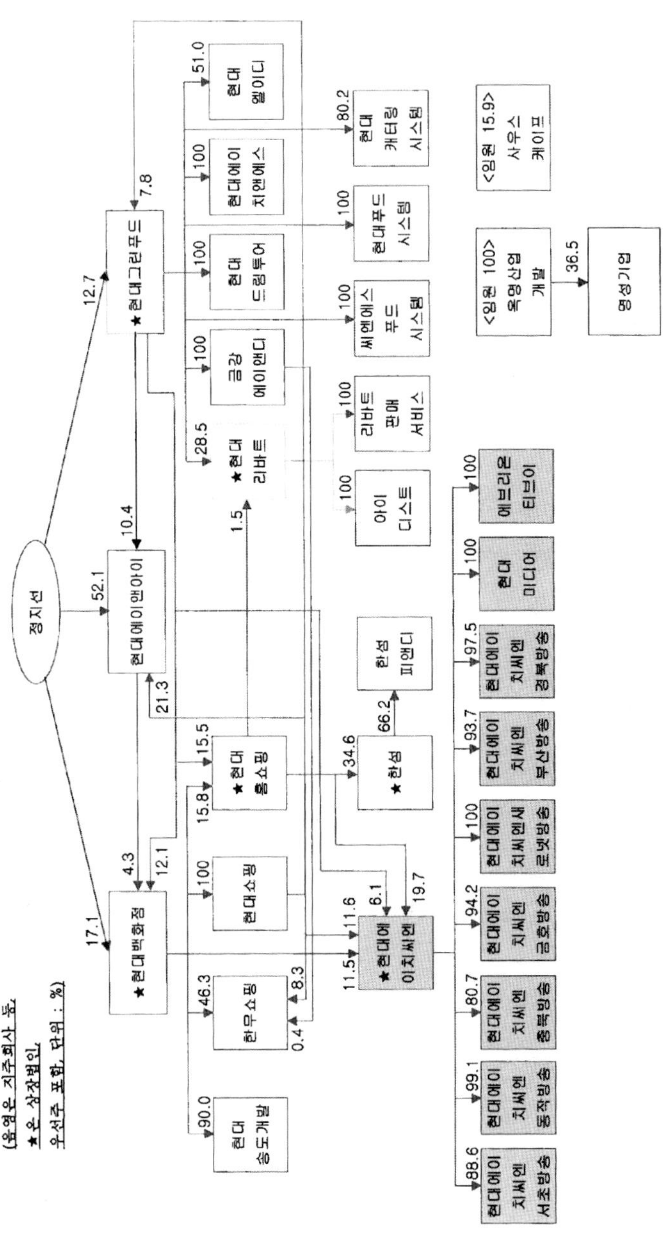

〈그림 3.4〉⑤ 현대백화점그룹 소유지분도, 2016년 4월

29. 「현대백화점」 소유지분도

(음영은 지주회사 등, ★은 상장법인, 2016. 4. 1. 기준 발행주식총수 기준, 단위 : %)

정지선
17.1
52.1
12.7
현대 디에프
50.0
★현대백화점
4.3
현대에이앤아이
10.4
★현대그린푸드
7.8
20.0
12.1
21.3
90.0
46.3
100
15.8
15.5
1.5
28.5
100
100
100
51.0
현대 송도개발
한무쇼핑
현대쇼핑
★현대 홈쇼핑
100
현대 렌탈케어
★현대 리바트
금강 에이앤디
현대 드림투어
현대에이치 앤에스
현대 엘이디
0.4
8.3
11.5
11.6
34.6
51.0
100
100
100
100
80.2
45.2
★현대에이치씨엔
6.1
19.7
★한섬
매그 놀리아 코리아
아이 디스트
리바트 판매 서비스
씨엔에스푸드 시스템
현대푸드 시스템
현대 캐터링 시스템
★에버 다임
88.6
99.1
80.7
94.2
100
93.7
97.5
100
100
100
100
100
현대에이치 씨엔 서초방송
현대에이치 씨엔 동작방송
현대에이치 씨엔 충북방송
현대에이치 씨엔 금호방송
현대에이치 씨엔새로넷 방송
현대에이치 씨엔 부산방송
현대에이치 씨엔 경북방송
현대 미디어
에브리온 티브이
한국타워 크레인
타이포스
에버다임 락툴

제4장

적극적인 지주회사체제를 채택한 19개 재벌, 2015년 현재: (3) '31위 이하' 10개 재벌

1. 코오롱그룹

코오롱그룹은 2010년에 지주회사체제를 도입하였다. 주력회사인 ㈜코오롱이 2010년 1월 지주회사로 전환되면서였다 (<표 4.1>, <그림 4.1>).

(1) 코오롱그룹은 1987년 대규모기업집단지정제도가 도입된 이후 2016년까지 30년 동안 매년 지정되었다. 순위는 36위(2010년)에서 17위(2002년) 사이, 계열회사는 16개(1989년)에서 43개(2015-2016년) 사이, 그리고 자산총액은 0.7조 원(1987년)에서 9.6조 원(2013년) 사이였다. 2016년 4월 현재, 순위는 33위, 계열회사는 43개, 그리고 자산총액은 9.1조 원이다. 동일인은 2000-2006년에는 이동찬이었고 2007년 이후에는 이웅열이다.

(2) 코오롱그룹은 처음부터 적극적인 지주회사체제를 채택하였다. 지주회사체제 달성 비율은 80% 내외의 높은 수준이 유지되었다. 2010년 81%, 2011-2012년 75-79%, 2013-2015년 81-84% 등이었으며, 2015년 현재에는 81%(그룹 계열회사 43개 vs. 지주회사체제 편입회사 35개)이다.

(3) 지주회사는 ㈜코오롱 1개이다.

① 기존의 계열회사인 ㈜코오롱이 2010년 1월 지주회사로 전환하였다.

② ㈜코오롱은 공정거래법상 일반지주회사들 중에서의 순위가 20위 내외로 높은 편이다. 2010년 24위, 2011-2014년 17-20위, 그리고 2015년 21위이다.

③ ㈜코오롱의 계열회사는 30개 내외(29-34개)였으며, 대부분은 손자회사(19-23개)이고 증손회사도 매년 1-3개씩이 포함되었다.

④ ㈜코오롱의 지주비율은 첫 해인 2010년에는 50%대로 낮았으며, 2011년부터는 80% 내외(77-81%)의 높은 수준이 유지되었다.

(4) ㈜코오롱의 최대주주는 그룹 동일인 이웅열이다. 보유 지분은 2012년 이후 40%대이며, 2016년 4월 현재에는 43.5%이다 (그룹 소유지분도 참조).

〈표 4.1〉 코오롱그룹과 지주회사체제, 2010-2015년

(1) 코오롱그룹의 성장, 1987-2016년: 순위(A, 위), 계열회사(B, 개), 자산총액(C, 10억 원)

연도	A	B	C	연도	A	B	C	연도	A	B	C
1987	21	17	713	1997	20	24	3,910	2007	28	33	4,927
1988	19	18	908	1998	18	25	4,894	2008	34	34	5,159
1989	20	16	1,015	1999	20	19	4,941	2009	32	38	5,881
1990	20	19	1,269	2000	20	17	4,616	2010	36	37	6,829
1991	22	21	1,460	2001	20	25	4,640	2011	33	39	8,050
1992	20	21	1,727	2002	17	29	4,589	2012	30	40	9,378
1993	22	21	1,919	2003	20	32	4,380	2013	32	38	9,620
1994	21	19	2,104	2004	24	31	4,605	2014	31	37	9,400
1995	21	20	2,535	2005	26	28	4,426	2015	32	43	9,032
1996	20	19	3,129	2006	32	23	4,380	2016	33	43	9,126

(2) 지주회사체제, 2010-2015년

연도	그룹		지주회사체제				지주회사체제 달성 비율
	순위	계열회사 (A, 개)	지주회사 (a)	순위	계열회사 (b, 개)	a+b (B, 개)	(B/A, %)
2010	36	37	코오롱	24	29	30	81
2011	33	39	코오롱	20	30	31	79
2012	30	40	코오롱	18	29	30	75
2013	32	38	코오롱	20	30	31	82
2014	31	37	코오롱	17	30	31	84
2015	32	43	코오롱	21	34	35	81

(3) 지주회사: 코오롱, 2010-2015년

연도	순위	설립·전환 시기 (연.월)	상장 여부	자산 총액 (억 원)	지주 비율 (%)	부채 비율 (%)	계열회사 (개)			
							합	자	손자	증손
2010	24	2010.1	O	5,388	54.3	35.5	29	5	23	1
2011	20	2010.1	O	8,600	77.2	36.6	30	7	22	1
2012	18	2010.1	O	9,984	79.5	63.4	29	8	20	1
2013	20	2010.1	O	10,553	80.5	71.3	30	9	20	1
2014	17	2010.1	O	11,345	79.9	81.4	30	9	19	2
2015	21	2010.1	O	10,665	81.8	106.7	34	8	23	3

출처: 〈부록 1〉, 〈부록 2〉, 〈부록 3〉, 공정거래위원회 홈페이지 자료.

<u>〈그림 4.1〉 코오롱그룹 소유지분도, 2012-2016년 4월</u>
(* 음영 부분이 지주회사 및 계열회사)

〈그림 4.1〉① 코오롱그룹 소유지분도, 2012년 4월

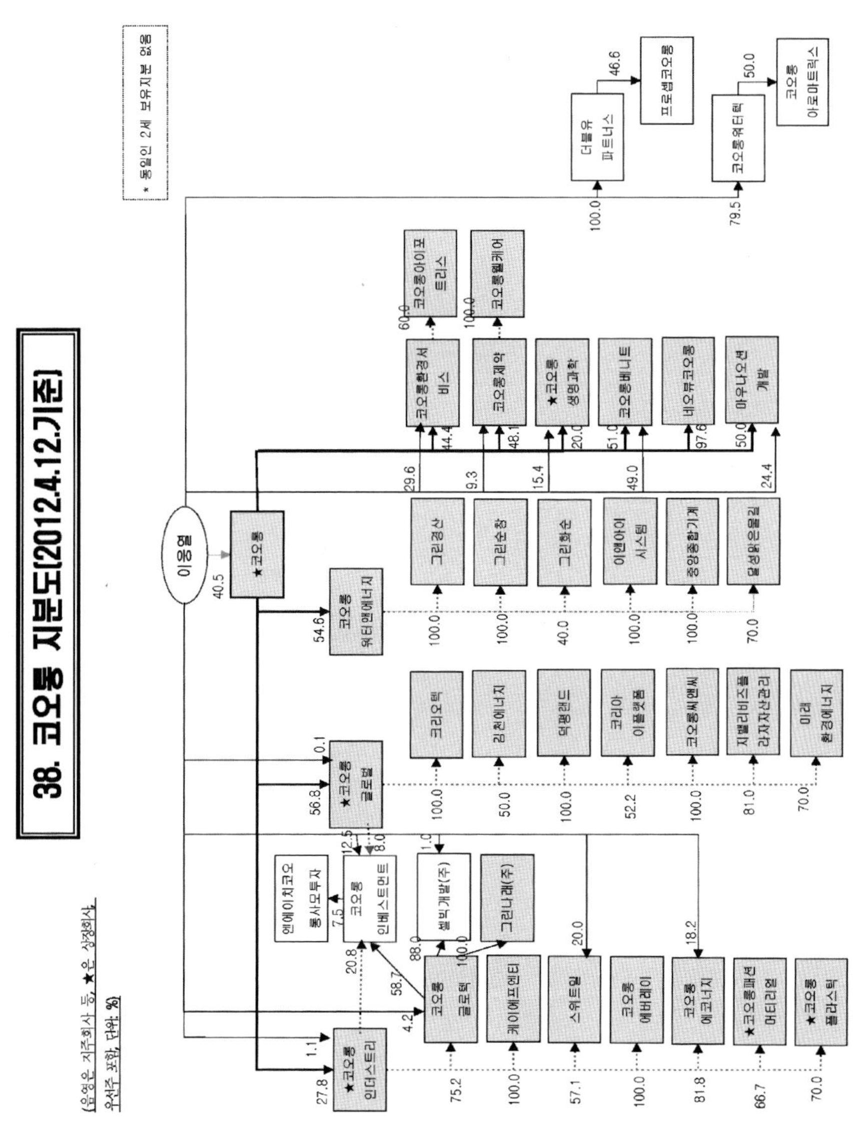

〈그림 4.1〉② 코오롱그룹 소유지분도, 2013년 4월

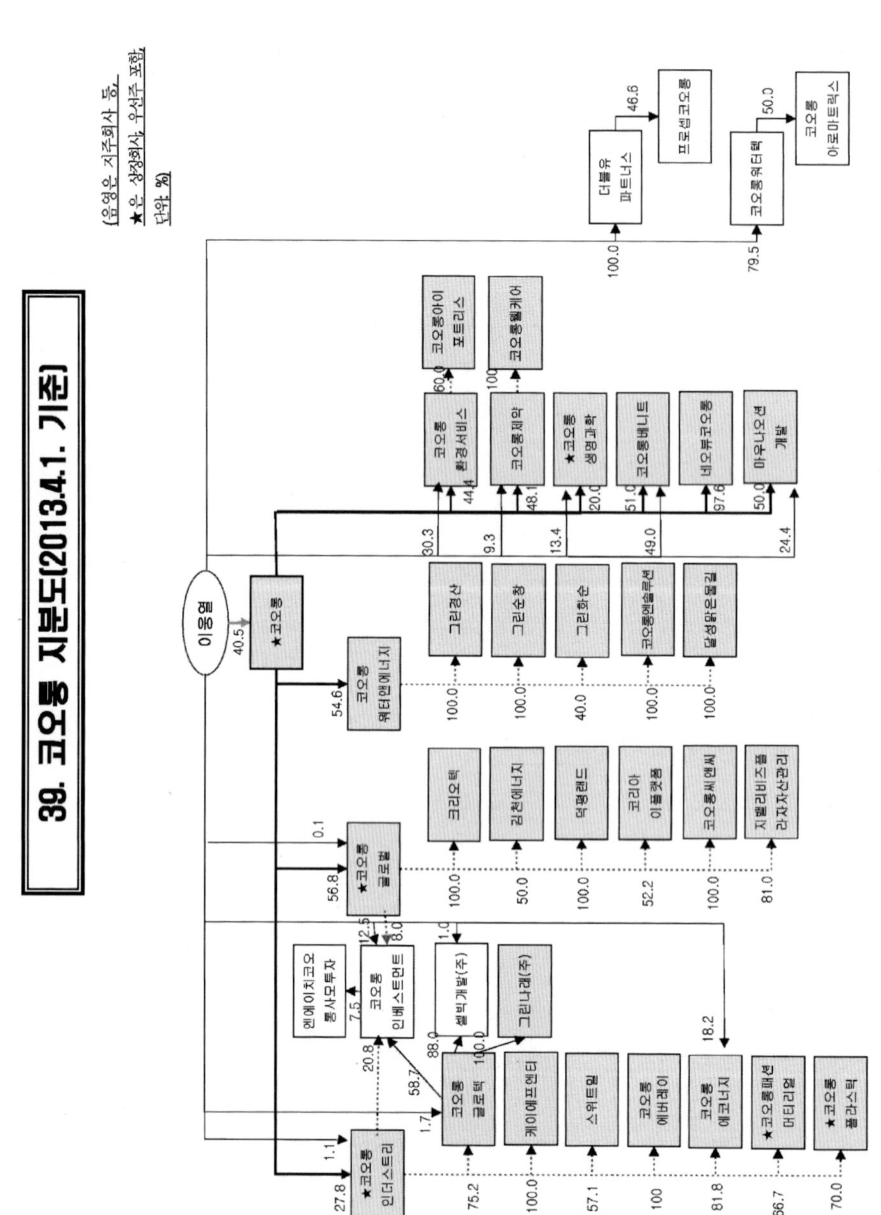

〈그림 4.1〉③ 코오롱그룹 소유지분도, 2014년 4월

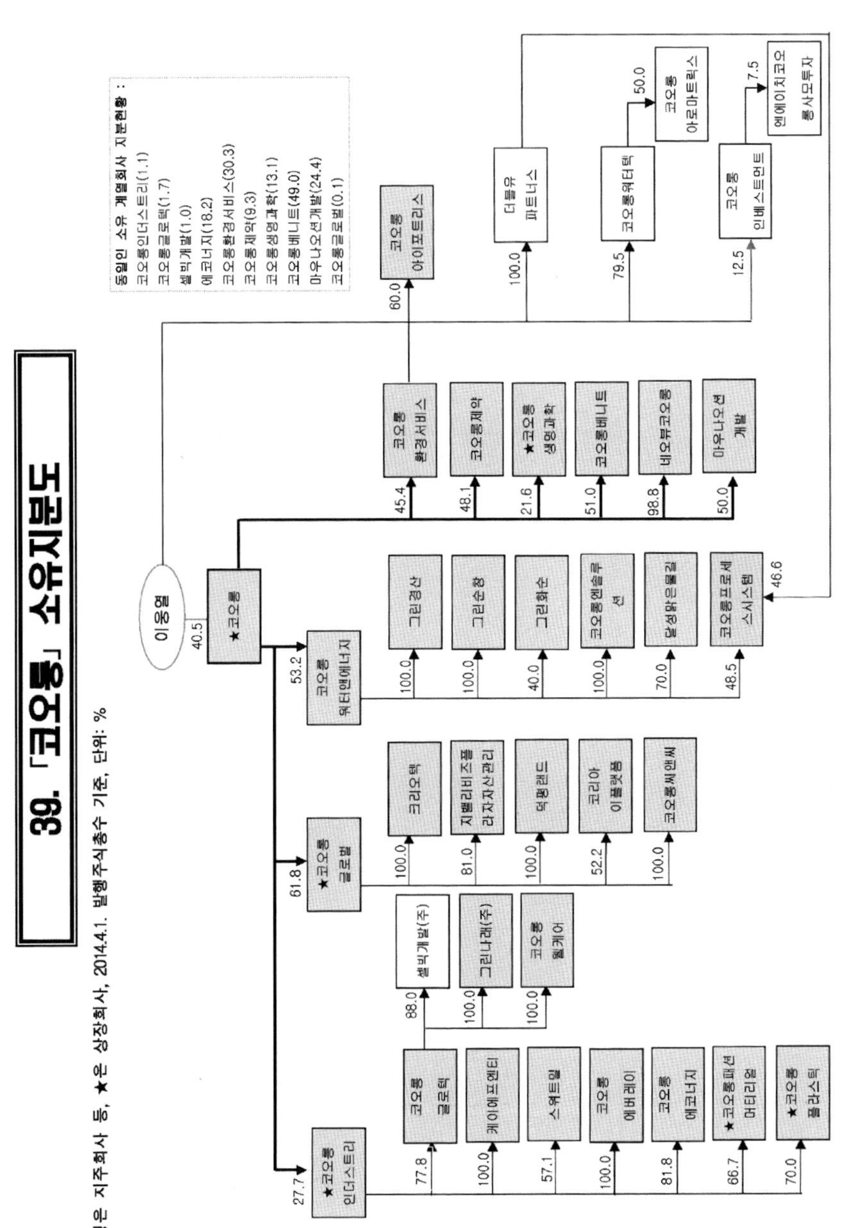

〈그림 4.1〉④ 코오롱그룹 소유지분도, 2015년 4월

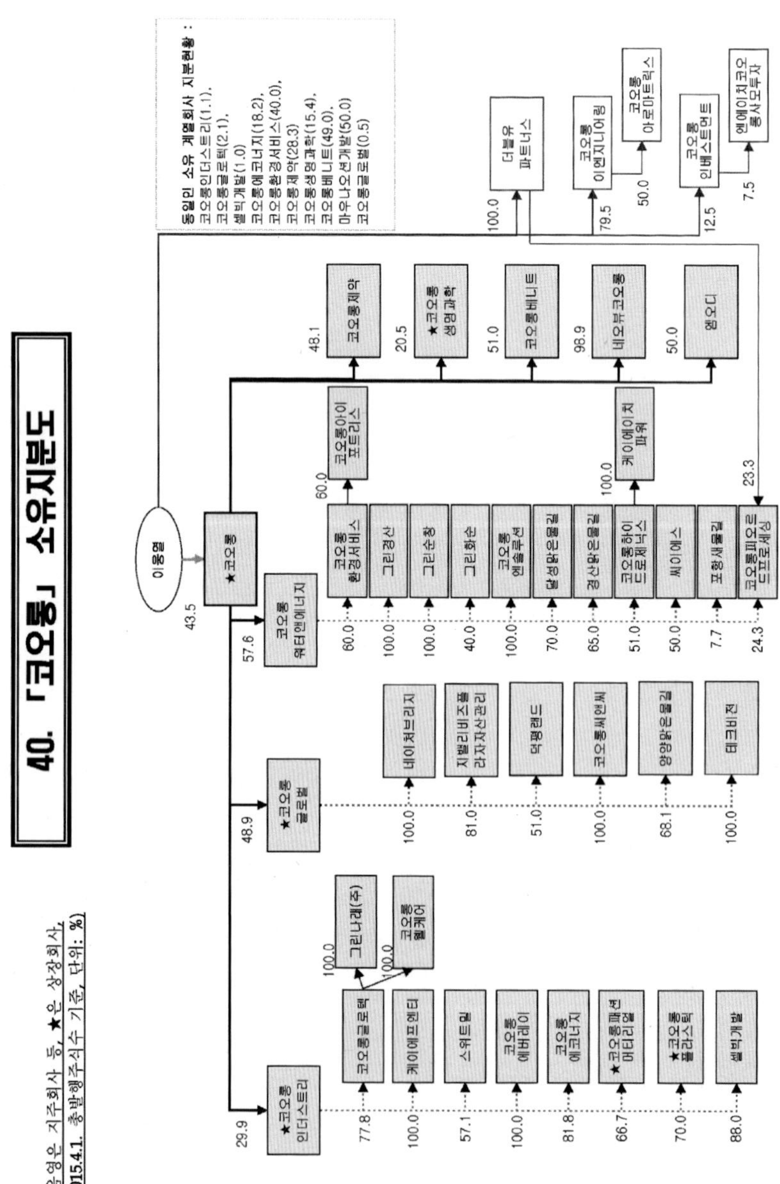

〈그림 4.1〉⑤ 코오롱그룹 소유지분도, 2016년 4월

42. 「코오롱」 소유지분도

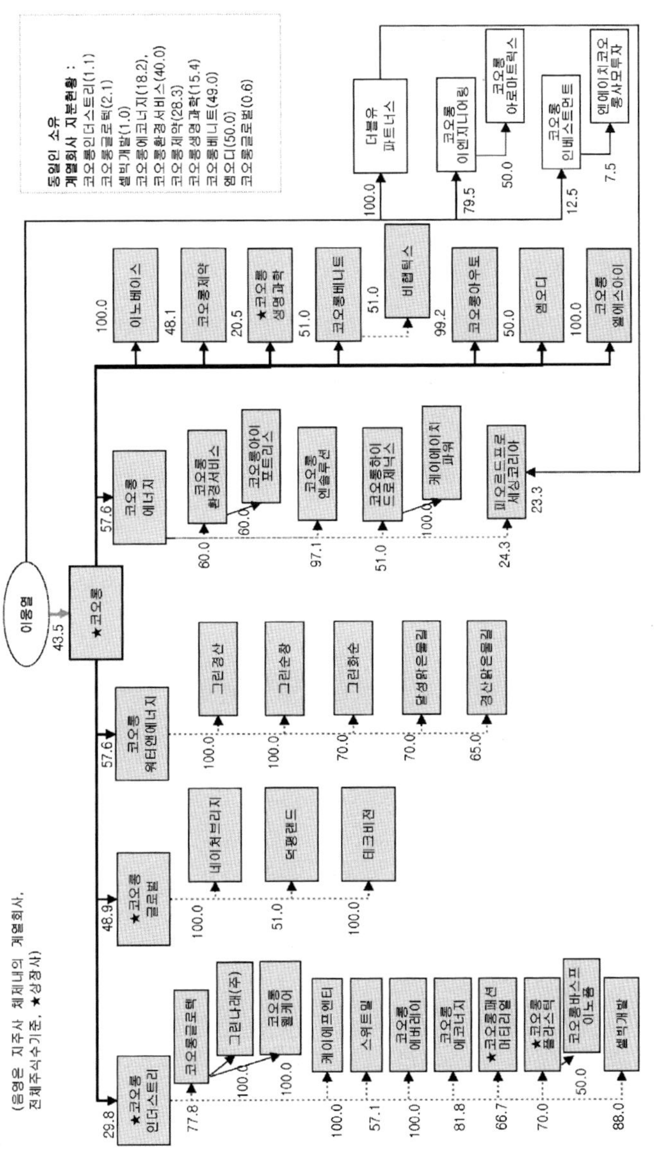

2. 한진중공업그룹

한진중공업그룹은 2007년에 지주회사체제를 도입하였다. 주력회사인 한진중공업이 2007년 8월 지주회사 한진중공업홀딩스로 전환되면서였다 (<표 4.2>, <그림 4.2>).

(1) 한진중공업그룹은 2015년 10월 한진그룹으로부터 분리되어 형성되었으며, 2006년부터 2016년까지 11년 동안 대규모기업집단으로 지정되었다. 순위는 39위(2016년)에서 29위(2008-2010년) 사이, 계열회사는 3개(2006년)에서 10개(2014년) 사이, 그리고 자산총액은 3.7조 원(2006년)에서 9조 원(2014년) 사이였다. 2016년 4월 현재, 순위는 39위, 계열회사는 9개, 그리고 자산총액은 7.8조 원이다. 동일인은 조남호이다.

(2) 한진중공업그룹은 처음부터 적극적인 지주회사체제를 채택하였다. 지주회사체제 달성 비율은 100%이며, 4-10개의 적은 그룹 계열회사들이 모두 체제에 편입되었다. 2015년 현재의 그룹 계열회사는 9개이다. 100% 비율이 지주회사체제 기간 내내 유지된 재벌은 한진중공업그룹이 유일하다. 2007년의 경우, 자료의 시점 차이로 인해 비율이 125%로 계산되어 있다.

(3) 지주회사는 한진중공업홀딩스 1개이다.

① 기존의 계열회사인 한진중공업이 2007년 8월 지주회사로 전환하였으며, 회사 명칭을 한진중공업홀딩스로 변경하였다.

② 한진중공업홀딩스는 공정거래법상 일반지주회사들 중에서의 순위가 15위 내외로 높은 편이었으나 순위가 조금씩 낮아졌다. 2007-2009년 10-11위, 2010-2013년 14-18위, 그리고 2014-2015년 20위였다.

③ 한진중공업홀딩스의 계열회사는 4-9개로 적었다. 2007년 이후 자회사가 4개였고, 손자회사는 2009년부터 생기기 시작하여 2013-2015년에는 4-5개로 자회사와 같거나 많았다.

④ 한진중공업홀딩스의 지주비율은 첫 해인 2007년에는 50%대로 낮았으며, 2008년부터는 80-90%대(85-91%)의 높은 수준이 유지되었다.

(4) 한진중공업홀딩스의 최대주주는 그룹 동일인 조남호이다. 보유지분은 2012년 이후 46.5%이다 (그룹 소유지분도 참조).

〈표 4.2〉 한진중공업그룹과 지주회사체제, 2007-2015년

(1) 한진중공업그룹의 성장, 2006-2016년: 순위(A, 위), 계열회사(B, 개), 자산총액(C, 10억 원)

연도	A	B	C	연도	A	B	C	연도	A	B	C
2006	35	3	3,739	2010	29	7	8,630	2014	33	10	9,025
2007	32	4	4,764	2011	31	8	8,158	2015	33	9	8,908
2008	29	5	5,719	2012	36	8	8,147	2016	39	9	7,797
2009	29	6	7,904	2013	33	9	8,772				

(2) 지주회사체제, 2007-2015년

연도	그룹		지주회사체제				지주회사체제
	순위	계열회사 (A, 개)	지주회사 (a)	순위	계열회사 (b, 개)	a+b (B, 개)	달성 비율 (B/A, %)
2007	32	4	한진중공업홀딩스	11	4	5	125
2008	29	5	한진중공업홀딩스	11	4	5	100
2009	29	6	한진중공업홀딩스	10	5	6	100
2010	29	7	한진중공업홀딩스	14	6	7	100
2011	31	8	한진중공업홀딩스	18	7	8	100
2012	36	8	한진중공업홀딩스	16	7	8	100
2013	33	9	한진중공업홀딩스	17	8	9	100
2014	33	10	한진중공업홀딩스	20	9	10	100
2015	33	9	한진중공업홀딩스	20	8	9	100

(3) 지주회사: 한진중공업홀딩스, 2007-2015년

연도	순위	설립·전환 시기 (연.월)	상장 여부	자산 총액 (억 원)	지주 비율 (%)	부채 비율 (%)	계열회사 (개)			
							합	자	손자	증손
2007	11	2007.8	-	5,872	54.1	52.3	4	4	-	-
2008	11	2007.8	O	9,958	85.6	9.6	4	4	-	-
2009	10	2007.8	O	10,892	89.0	4.1	5	4	1	-
2010	14	2007.8	O	10,543	89.3	3.4	6	4	2	-
2011	18	2007.8	O	10,538	88.2	3.5	7	4	3	-
2012	16	2007.8	O	10,641	87.0	1.7	7	4	3	-
2013	17	2007.8	O	10,636	87.1	1.4	8	4	4	-
2014	20	2007.8	O	10,664	91.0	1.2	9	4	5	-
2015	20	2007.8	O	11,243	91.0	6.2	8	4	4	-

출처: 〈부록 1〉, 〈부록 2〉, 〈부록 3〉, 공정거래위원회 홈페이지 자료.

〈그림 4.2〉 한진중공업그룹 소유지분도, 2012-2016년 4월
(* 음영 부분이 지주회사 및 계열회사)

〈그림 4.2〉① 한진중공업그룹 소유지분도, 2012년 4월

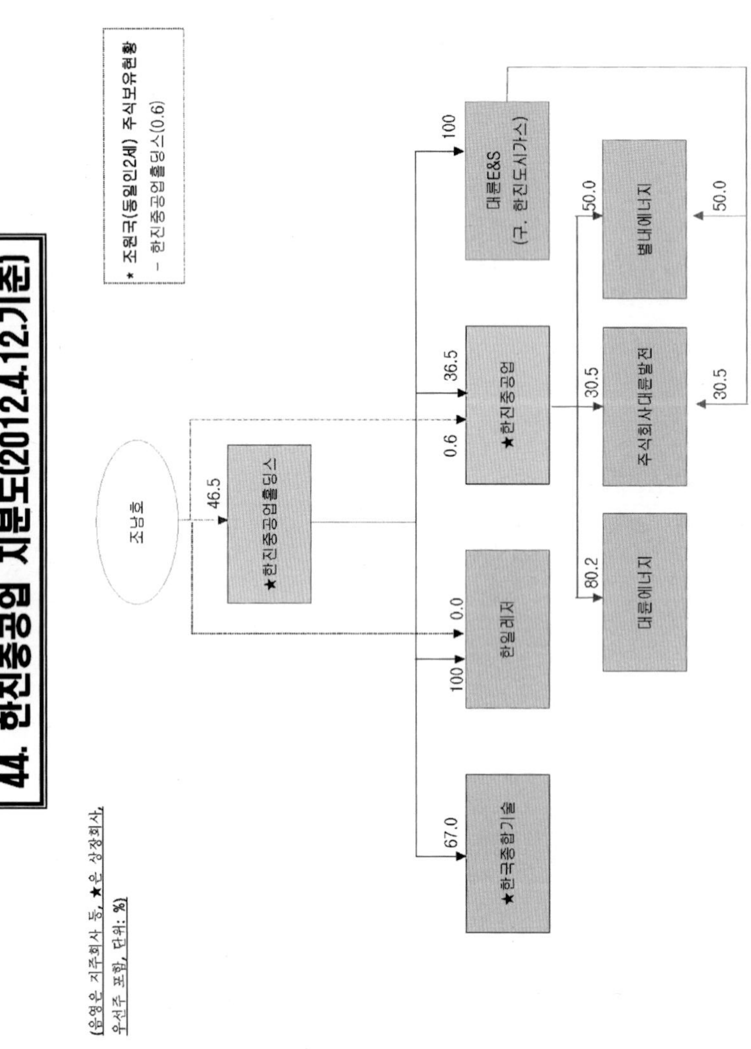

〈그림 4.2〉② 한진중공업그룹 소유지분도, 2013년 4월

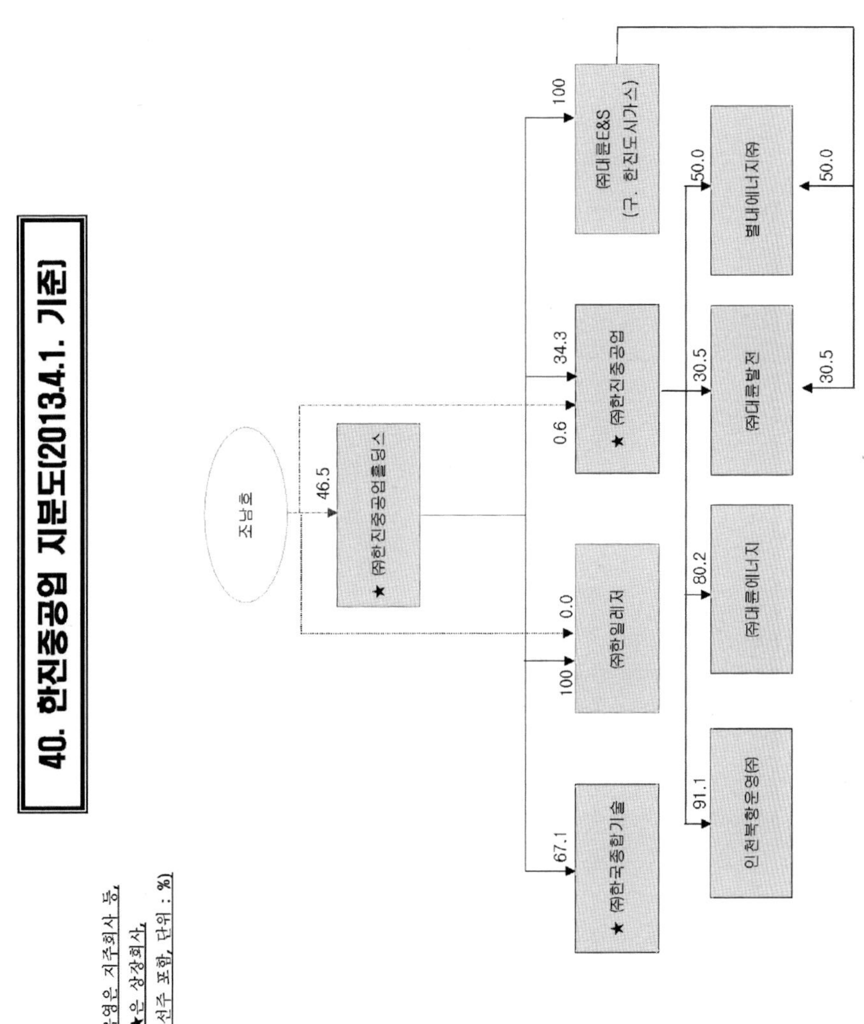

〈그림 4.2〉③ 한진중공업그룹 소유지분도, 2014년 4월

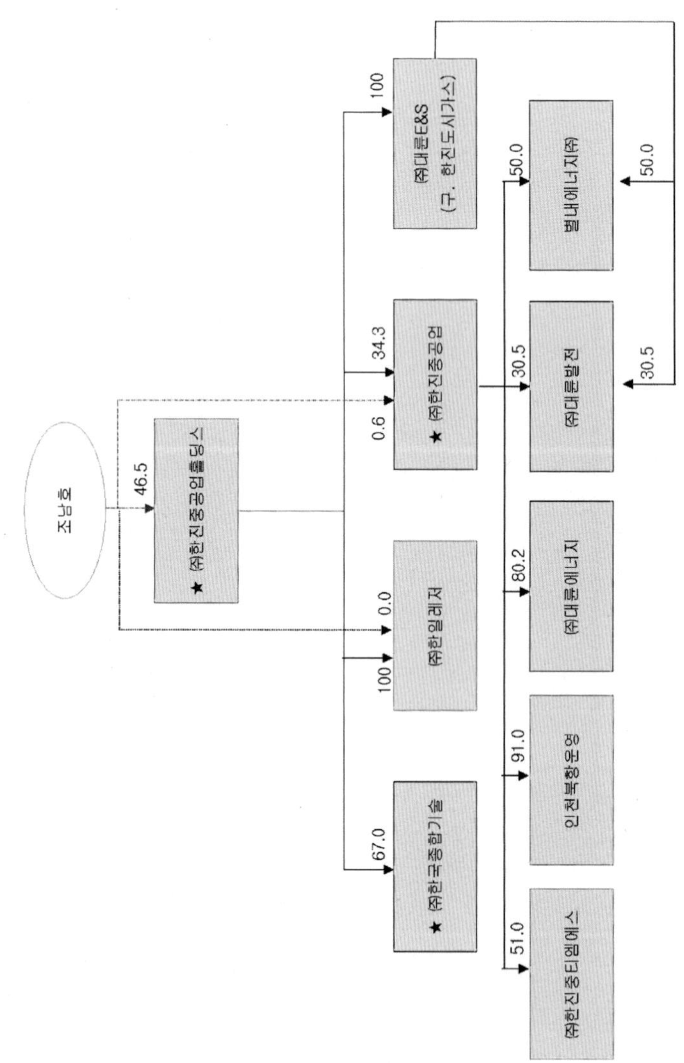

〈그림 4.2〉④ 한진중공업그룹 소유지분도, 2015년 4월

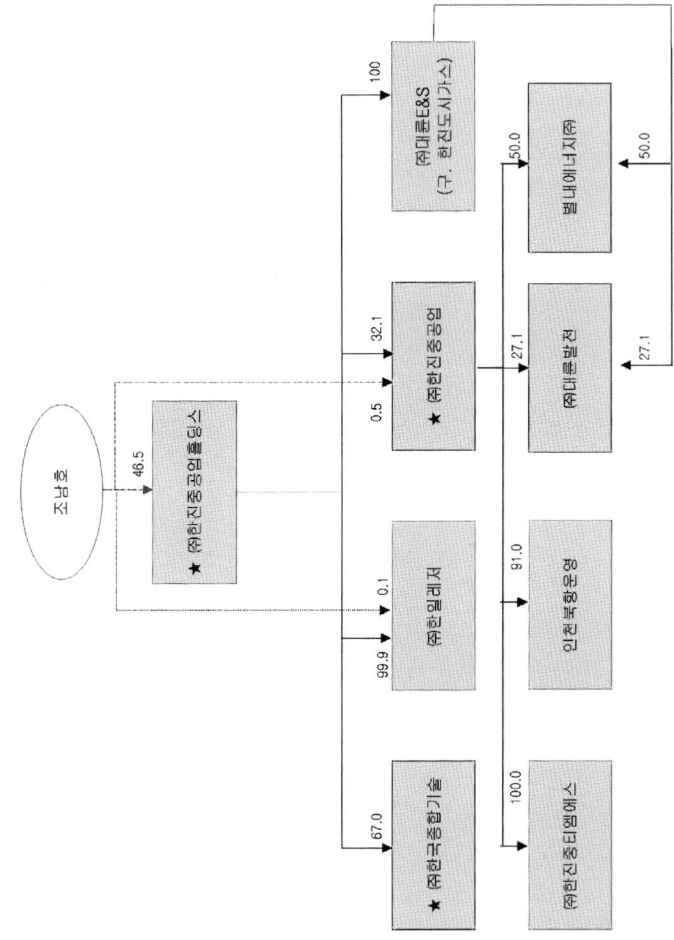

〈그림 4.2〉⑤ 한진중공업그룹 소유지분도, 2016년 4월

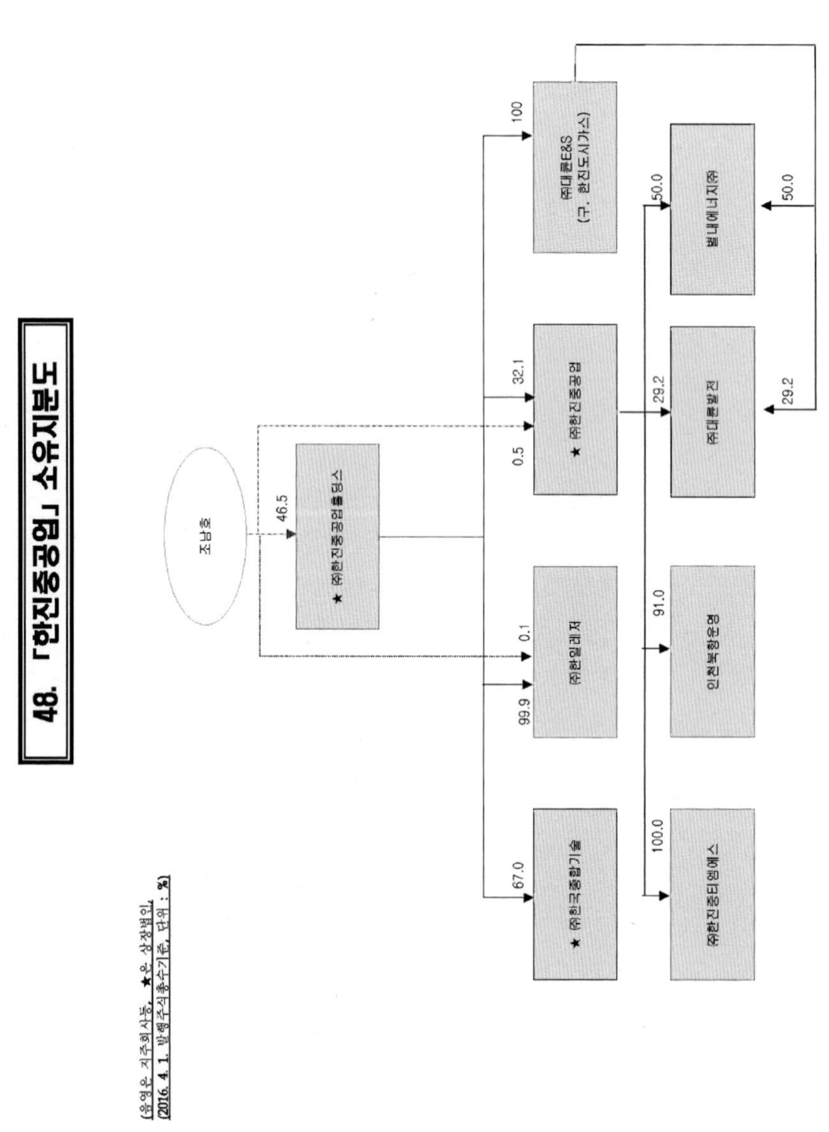

3. 한라그룹

한라그룹은 2014년 지주회사체제를 도입하였다. 주력회사인 ㈜만도가 2014년 9월 지주회사 한라홀딩스로 전환되면서였다 (<표 4.3>, <그림 4.3>).

(1) 한라그룹은 1987-1999년, 2008년 및 2012-2016년의 19년 동안 대규모기업집단으로 지정되었다. 순위는 53위(2008년)에서 12위(1997-1998년) 사이, 계열회사는 5개(1987-1988년)에서 23개(2012-2013, 2015년) 사이, 그리고 자산총액은 0.5조 원(1988년)에서 8.6조 원(1998년) 사이였다. 2016년 4월 현재, 순위는 37위, 계열회사는 22개, 그리고 자산총액은 8.1조 원이다. 동일인은 2008년 이후 정몽원이다.

(2) 한라그룹은 처음부터 적극적인 지주회사체제를 채택하였다. 지주회사체제 달성 비율은 첫 해인 2014년에는 57%였다가 2015년에는 70%(그룹 계열회사 23개 vs. 지주회사체제 편입 회사 16개)로 높아졌다.

(3) 지주회사는 한라홀딩스 1개이다.

① 기존의 계열회사인 ㈜만도가 2014년 9월 지주회사로 전환하였으며, 회사 명칭을 한라홀딩스로 변경하였다.

② 한라홀딩스는 공정거래법상 일반지주회사들 중에서의 순위가 19위로 높은 편이다.

③ 한라홀딩스의 계열회사는 11-15개로 적었다. 자회사(3-4개), 손자회사(4-7개) 및 증손회사(4개)가 각각 비슷한 비중을 차지하였다.

④ 한라홀딩스의 지주비율은 첫 해인 2014년에는 50%대로 낮았으며, 2015년 들어 80%대(88%)로 높아졌다.

(4) 한라홀딩스의 최대주주는 그룹 동일인 정몽원이다. 보유 지분은 2015년 22.9%, 2016년 23.3%이다 (그룹 소유지분도 참조).

〈표 4.3〉 한라그룹과 지주회사체제, 2014-2015년

(1) 한라그룹의 성장, 1987-2016년: 순위(A, 위), 계열회사(B, 개), 자산총액(C, 10억 원)

연도	A	B	C	연도	A	B	C	연도	A	B	C
1987	31	5	-	1994	17	12	2,579	2012	45	23	5,779
1988	30	5	541	1995	15	15	3,429	2013	40	23	7,541
1989	31	6	-	1996	16	17	4,766	2014	35	21	8,506
1990	23	7	995	1997	12	18	6,640	2015	34	23	8,554
1991	23	9	1,402	1998	12	18	8,562	2016	37	22	8,129
1992	19	10	1,941	1999	17	17	5,535				
1993	19	10	2,160	2008	53	12	2,925				

(2) 지주회사체제, 2014-2015년

연도	그룹		지주회사체제				지주회사체제 달성 비율
	순위	계열회사 (A, 개)	지주회사 (a)	순위	계열회사 (b, 개)	a+b (B, 개)	(B/A, %)
2014	35	21	한라홀딩스	19	11	12	57
2015	34	23	한라홀딩스	19	15	16	70

(3) 지주회사: 한라홀딩스, 2014-2015년

연도	순위	설립·전환 시기 (연.월)	상장 여부	자산 총액 (억 원)	지주 비율 (%)	부채 비율 (%)	계열회사 (개)			
							합	자	손자	증손
2014	19	2014.9	O	10,901	51.6	61.3	11	3	4	4
2015	19	2014.9	O	12,476	88.6	48.7	15	4	7	4

주: 1987, 1989년: 순위 - 31위 이하이며 정확한 정보는 없음; 자산총액 - 정보 없음.
출처: 〈부록 1〉, 〈부록 2〉, 〈부록 3〉, 공정거래위원회 홈페이지 자료.

<u>〈그림 4.3〉 한라그룹 소유지분도, 2015-2016년 4월</u>

(* 음영 부분이 지주회사 및 계열회사)

〈그림 4.3〉① 한라그룹 소유지분도, 2015년 4월

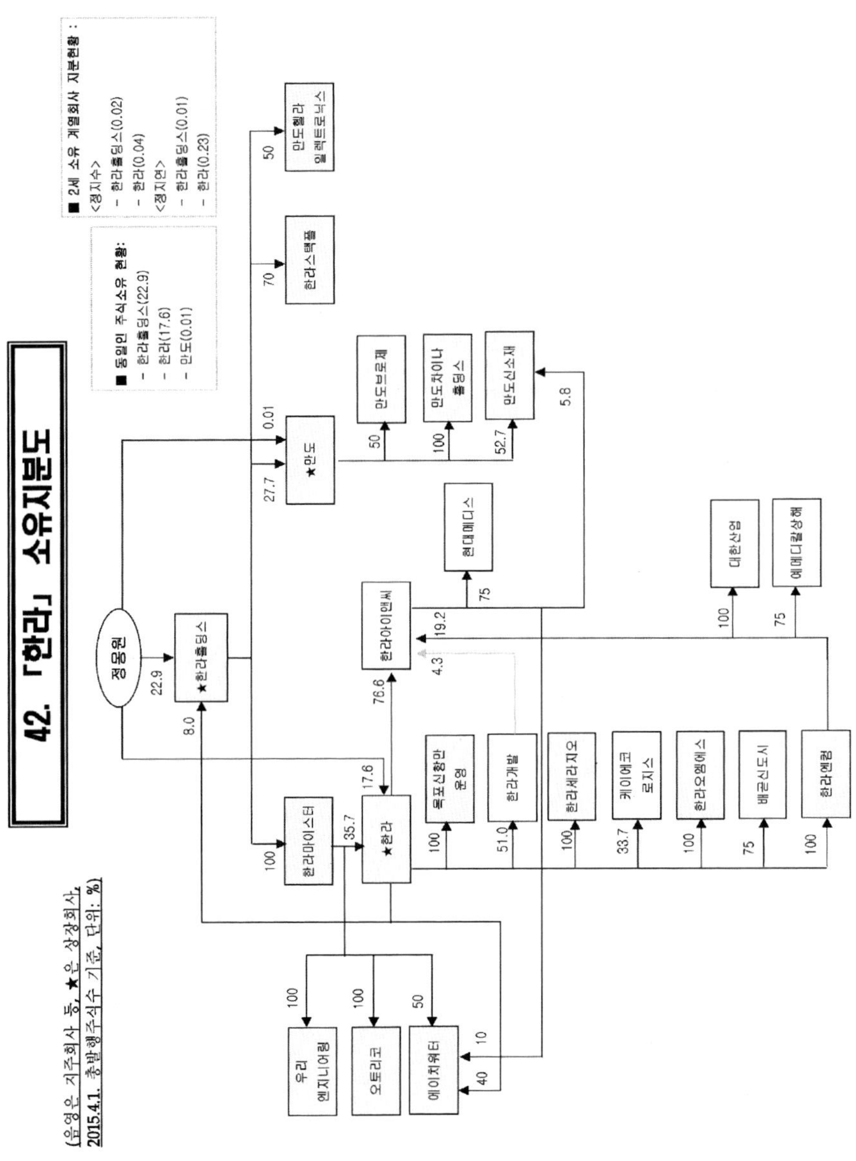

〈그림 4.3〉② 한라그룹 소유지분도, 2016년 4월

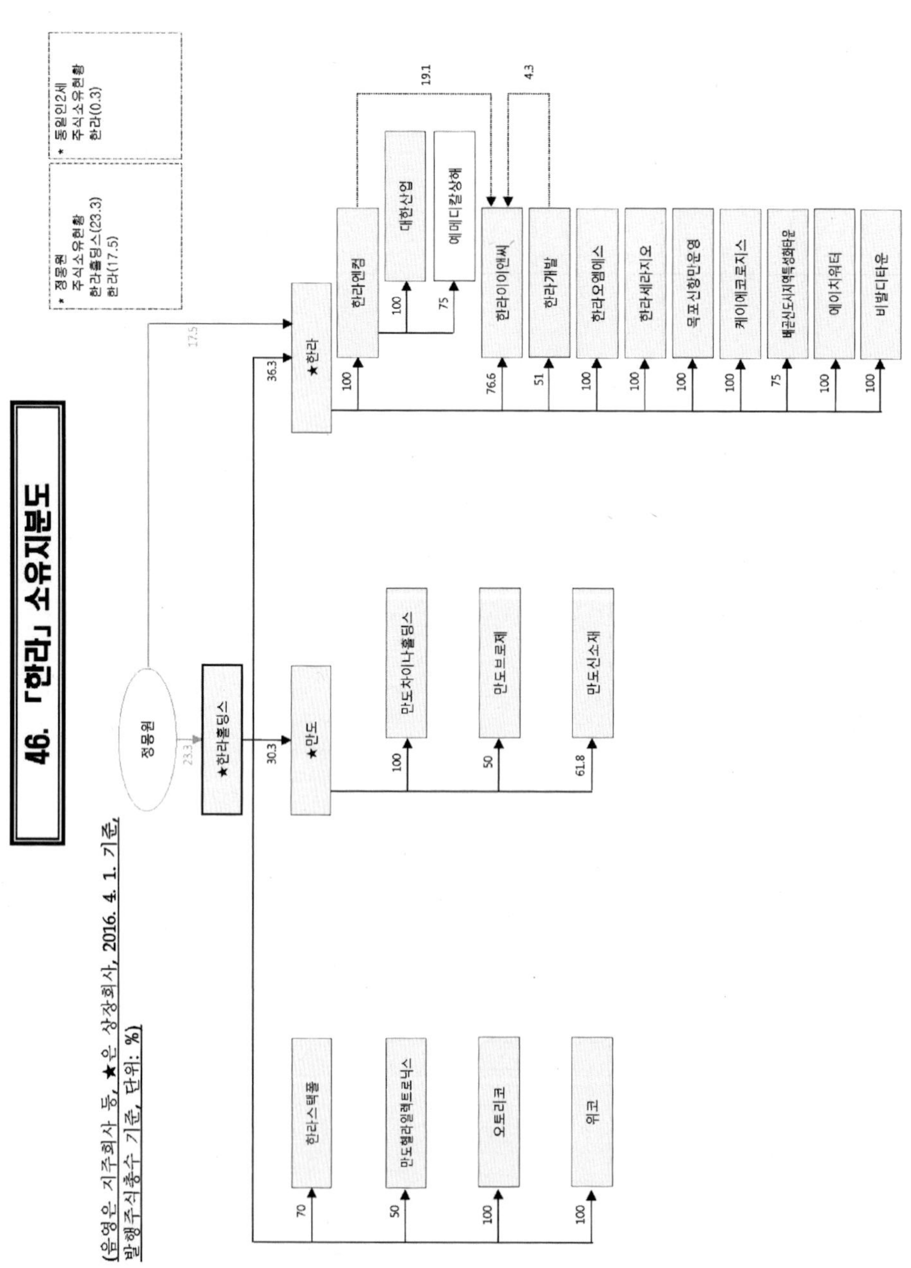

4. 한국타이어그룹

한국타이어그룹은 2014년 지주회사체제를 도입하였다. 주력회사인 한국타이어가 2013년 7월 지주회사 한국타이어월드와이드로 전환되면서였다 (<표 4.4>, <그림 4.4>).

(1) 한국타이어그룹은 1992년, 2002-2008년 및 2012-2016년의 13년 동안 대규모기업집단으로 지정되었다. 순위는 57위(2008년)에서 32위(2016년) 사이, 계열회사는 2개(1992년)에서 16개(2013-2015년) 사이, 그리고 자산총액은 2.1조 원(2002년)에서 9.4조 원(2016년) 사이였다. 2016년 4월 현재, 순위는 32위, 계열회사는 14위, 그리고 자산총액은 9.4조 원이다. 동일인은 2002년 이후 조양래이다.

(2) 한국타이어그룹은 처음부터 적극적인 지주회사체제를 채택하였다. 하지만 지주회사체제 달성 비율은 60%내외로 낮은 편이다. 2014년 63%였으며, 2015년에는 56%(그룹 계열회사 16개 vs. 지주회사체제 편입 회사 9개)로 낮아졌다.

(3) 지주회사는 한국타이어월드와이드 1개이다.

① 기존의 계열회사인 한국타이어는 2012년 9월 지주회사로 전환하였으며, 회사 명칭을 한국타이어월드와이드로 변경하였다. 공정거래법상 지주회사의 요건을 충족한 것은 2013년 11월이었으며, 공식 전환일은 2013년 7월로 조정되었다. 이런 연유로 2013년 9월에 발표된 공정거래법상 지주회사 명단에는 포함되지 않았고 2014년 9월의 명단에 처음 포함되었다.

② 한국타이어월드와이드는 공정거래법상 일반지주회사들 중에서의 순위가 9-10위로 높다.

③ 한국타이어월드와이드의 계열회사는 8-9개로 적었다. 자회사(3개)보다 손자회사(5개)가 더 많았으며 증손회사는 2014년에 1개 있었다.

④ 한국타이어월드와이드의 지주비율은 70%대(75-76%)로 다소 낮은 편이다.

(4) 한국타이어월드와이드의 최대주주는 그룹 동일인 조양래이다. 보유 지분은 2014년 이후 23.6%이다 (그룹 소유지분도 참조).

〈표 4.4〉 한국타이어그룹과 지주회사체제, 2014-2015년

(1) 한국타이어그룹의 성장, 1992-2016년: 순위(A, 위), 계열회사(B, 개), 자산총액(C, 10억 원)

연도	A	B	C	연도	A	B	C	연도	A	B	C
1992	31	2	-	2006	51	8	2,218	2014	38	16	7,782
2002	33	6	2,102	2007	52	9	2,425	2015	35	16	8,450
2003	40	7	2,068	2008	57	9	2,673	2016	32	14	9,403
2004	44	7	2,095	2012	50	15	5,245				
2005	48	8	2,155	2013	46	16	6,053				

(2) 지주회사체제, 2014-2015년

연도	그룹		지주회사체제				지주회사체제 달성 비율 (B/A, %)
	순위	계열회사 (A, 개)	지주회사 (a)	순위	계열회사 (b, 개)	a+b (B, 개)	
2014	38	16	한국타이어월드와이드	10	9	10	63
2015	35	16	한국타이어월드와이드	9	8	9	56

(3) 지주회사: 한국타이어월드와이드, 2014-2015년

연도	순위	설립·전환 시기 (연.월)	상장 여부	자산 총액 (억 원)	지주 비율 (%)	부채 비율 (%)	계열회사 (개)			
							합	자	손자	증손
2014	10	2013.7	O	23,532	75.6	3.6	9	3	5	1
2015	9	2013.7	O	25,064	76.1	3.8	8	3	5	-

주: 1) 1987년: 순위 - 31위 이하이며 자세한 정보는 없음; 자산총액 - 정보 없음.
2) 2013년: 한국타이어그룹은 공정거래법상 대규모기업집단(4월 기준)으로 지정됨, 한국타이어월드와이드는 지주회사(9월 기준)에 지정되지 않음.
3) '2015년 소유지분도'에는 지주회사 및 계열회사 표시 없음.
출처: 〈부록 1〉, 〈부록 2〉, 〈부록 3〉, 공정거래위원회 홈페이지 자료.

〈그림 4.4〉 한국타이어그룹 소유지분도, 2014, 2016년 4월
(* 음영 부분이 지주회사 및 계열회사)

〈그림 4.4〉① 한국타이어그룹 소유지분도, 2014년 4월

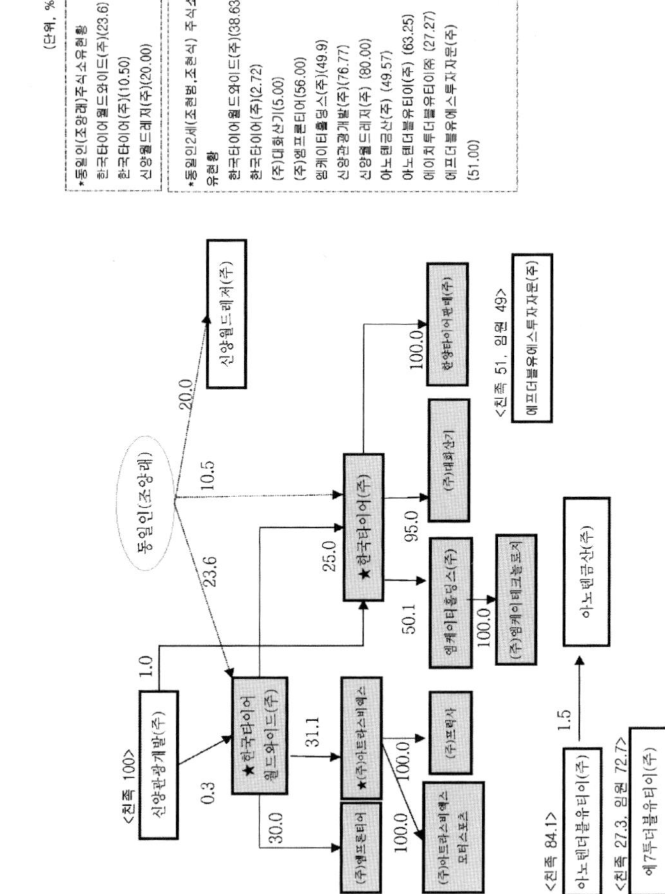

〈그림 4.4〉② 한국타이어그룹 소유지분도, 2016년 4월

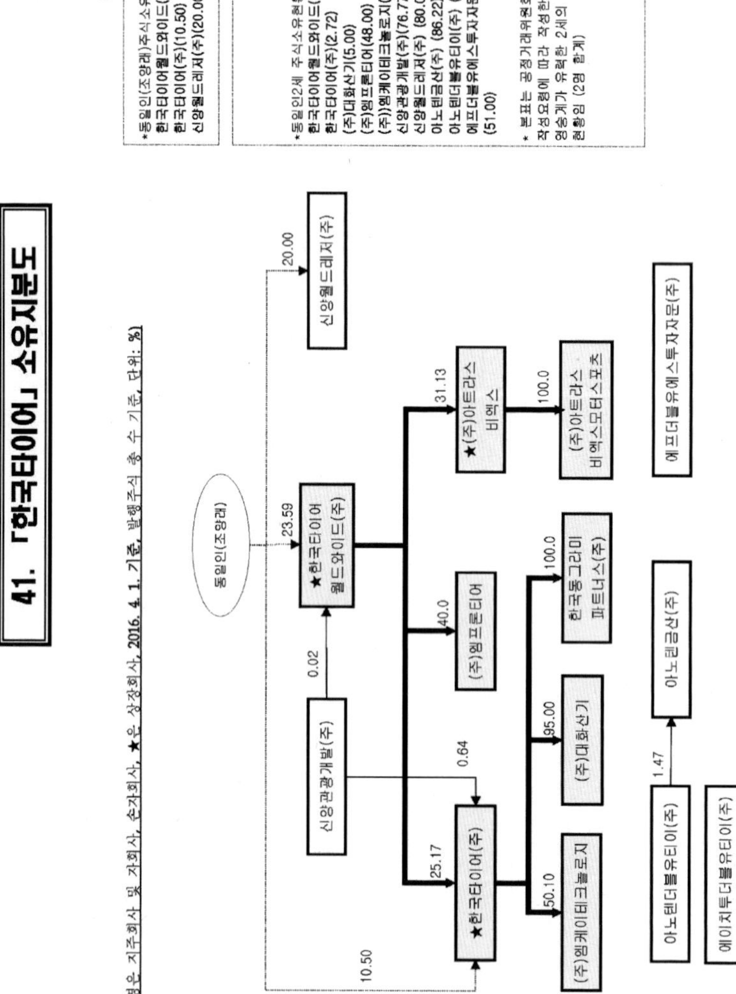

5. 세아그룹

세아그룹은 2004년 지주회사체제를 도입하였다. 지주회사 세아홀딩스가 2001년 7월 신설되고 그룹이 2004년 대규모기업집단으로 처음 지정되면서였다 (<표 4.5>, <그림 4.5>).

(1) 세아그룹은 2004년부터 2016년까지 13년 동안 대규모기업집단으로 지정되었다. 순위는 44위(2010-2011, 2014년)에서 32위(2005년) 사이, 계열회사는 19개(2010년)에서 28개(2004-2005년) 사이, 그리고 자산총액은 3조 원(2004년)에서 7.8조 원(2016년) 사이였다. 2016년 4월 현재, 순위는 40위, 계열회사는 22개, 그리고 자산총액은 7.8조 원이다. 동일인은 2004-2012년에는 이운형이었고 2013년 이후에는 이순형이다.

(2) 세아그룹은 처음부터 적극적인 지주회사체제를 채택하였다. 지주회사체제 달성 비율은 초기에는 50-60%대로 낮았다가 70-80%대로 점차 증가하였다. 2004-2005년 50%대, 2006-2012년 70% 내외(65-71%), 2013-2015년 80% 내외(76-82%) 등이었으며, 2015년 현재에는 76%(그룹 계열회사 21개 vs. 지주회사체제 편입 회사 16개)이다.

(3) 지주회사는 세아홀딩스 1개이다.

① 세아홀딩스는 2001년 7월 기존의 계열회사인 세아제강에서 분할되어 신설되었고, 세아제강은 존속하였다. 한편 그룹은 2004년 처음으로 공정거래법상 대규모기업집단으로 지정되었으며, 이에 따라 지주회사체제의 도입 연도는 2004년으로 하였다.

② 세아홀딩스는 공정거래법상 일반지주회사들 중에서의 순위가 15위 내외로 높은 편이었으나 점차 낮아졌다. 2004-2007년에는 5-9위, 2008-2013년에는 14-19위, 그리고 2014-2015년에는 22위였다.

③ 세아홀딩스의 계열회사는 15개 내외(12-17개)였다. 대부분은 자회사(11-14개)였고, 손자회사는 초기의 4개 연도(2004, 2006-2008년)를 제외하고 매년 1-2개에서 4-5개로 늘어났다.

④ 세이홀딩스의 지주비율은 80-91%의 높은 수준이 유지되었다.

(4) 세아홀딩스의 최대주주는 그룹 동일인 이운형(2012년) 또는 이순형(2013-2016년)이다. 보유 지분은 이운형이 18%, 이순형이 17.7%이다 (그룹 소유지분도 참조).

〈표 4.5〉 세아그룹과 지주회사체제, 2004-2015년

(1) 세아그룹의 성장, 2004-2016년: 순위(A, 위), 계열회사(B, 개), 자산총액(C, 10억 원)

연도	A	B	C	연도	A	B	C	연도	A	B	C
2004	33	28	2,955	2009	38	23	5,400	2014	44	22	6,661
2005	32	28	3,366	2010	44	19	5,147	2015	41	21	6,801
2006	36	23	3,670	2011	44	21	5,733	2016	40	22	7,785
2007	38	22	4,007	2012	42	24	6,914				
2008	40	23	4,420	2013	42	23	7,061				

(2) 지주회사체제, 2004-2007, 2009-2015년

연도	그룹		지주회사체제				지주회사체제
	순위	계열회사 (A, 개)	지주회사 (a)	순위	계열회사 (b, 개)	a+b (B, 개)	달성 비율 (B/A, %)
2004	33	28	세아홀딩스	5	14	15	54
2005	32	28	세아홀딩스	7	15	16	57
2006	36	23	세아홀딩스	7	14	15	65
2007	38	22	세아홀딩스	9	14	15	68
2009	38	23	세아홀딩스	14	15	16	70
2010	44	19	세아홀딩스	17	12	13	68
2011	44	21	세아홀딩스	16	14	15	71
2012	42	24	세아홀딩스	17	16	17	71
2013	42	23	세아홀딩스	19	17	18	78
2014	44	22	세아홀딩스	22	17	18	82
2015	41	21	세아홀딩스	22	15	16	76

(3) 지주회사: 세아홀딩스, 2004-2015년

연도	순위	설립 · 전환 시기 (연.월)	상장 여부	자산 총액 (억 원)	지주 비율 (%)	부채 비율 (%)	계열회사 (개)			
							합	자	손자	증손
2004	5	2001.7	-	3,831	82.1	33.6	14	14	-	-
2005	7	2001.7	O	5,304	88.8	26.6	15	14	1	-
2006	7	2001.7	-	6,423	90.8	25.8	14	14	-	-
2007	9	2001.7	-	7,291	91.2	23.7	14	14	-	-
2008	14	2001.7	O	7,938	90.2	22.8	14	14	-	-
2009	14	2001.7	O	9,293	86.8	24.7	15	14	1	-
2010	17	2001.7	O	9,220	86.1	22.5	12	11	1	-
2011	16	2001.7	O	11,107	87.0	24.2	14	12	2	-
2012	17	2001.7	O	10,194	87.2	17.4	16	12	4	-
2013	19	2001.7	O	10,604	80.0	22.9	17	12	5	-
2014	22	2001.7	O	9,598	80.9	29.0	17	12	5	-
2015	22	2001.7	O	9,699	80.7	20.8	15	11	4	-

주: 2008년: 세아그룹은 공정거래법상 대규모기업집단(4월 기준)으로 지정됨. 세아홀딩스는 공정거래법상 지주회사(9월 기준)로 지정되었지만 대규모기업집단 소속이 아닌 것으로 되어 있음.
출처: 〈부록 1〉, 〈부록 2〉, 〈부록 3〉, 공정거래위원회 홈페이지 자료.

〈그림 4.5〉 세아그룹 소유지분도, 2012-2016년 4월
(* 음영 부분이 지주회사 및 계열회사)

〈그림 4.5〉① 세아그룹 소유지분도, 2012년 4월

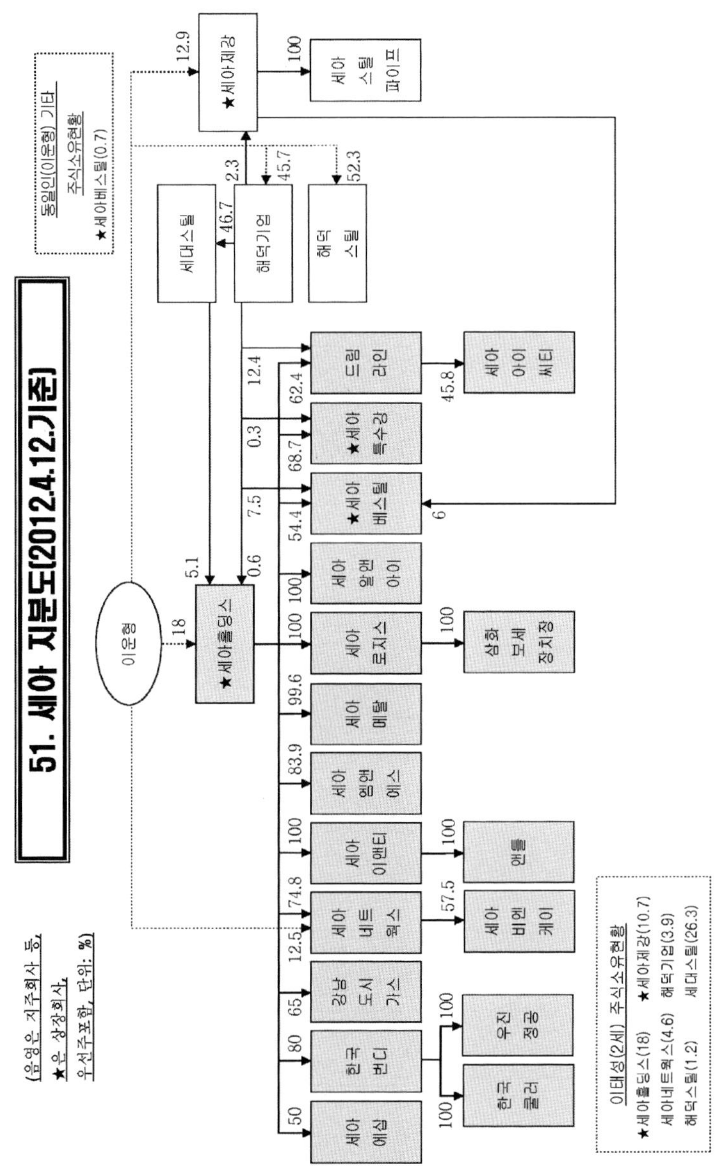

〈그림 4.5〉② 세아그룹 소유지분도, 2013년 4월

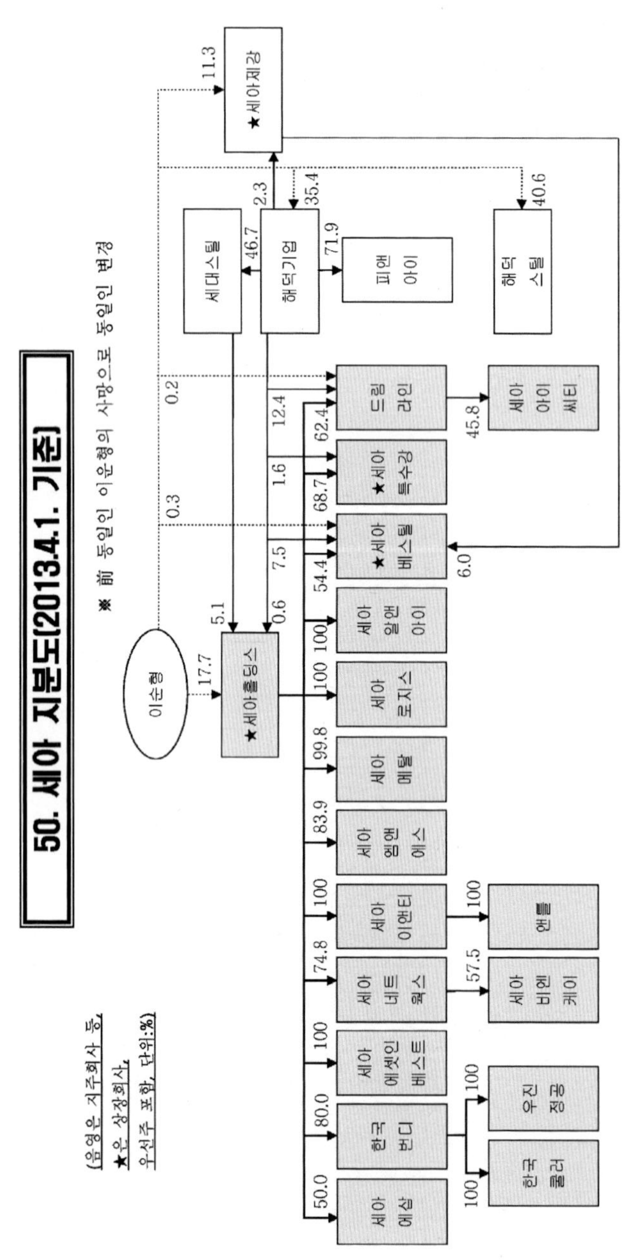

〈그림 4.5〉③ 세아그룹 소유지분도, 2014년 4월

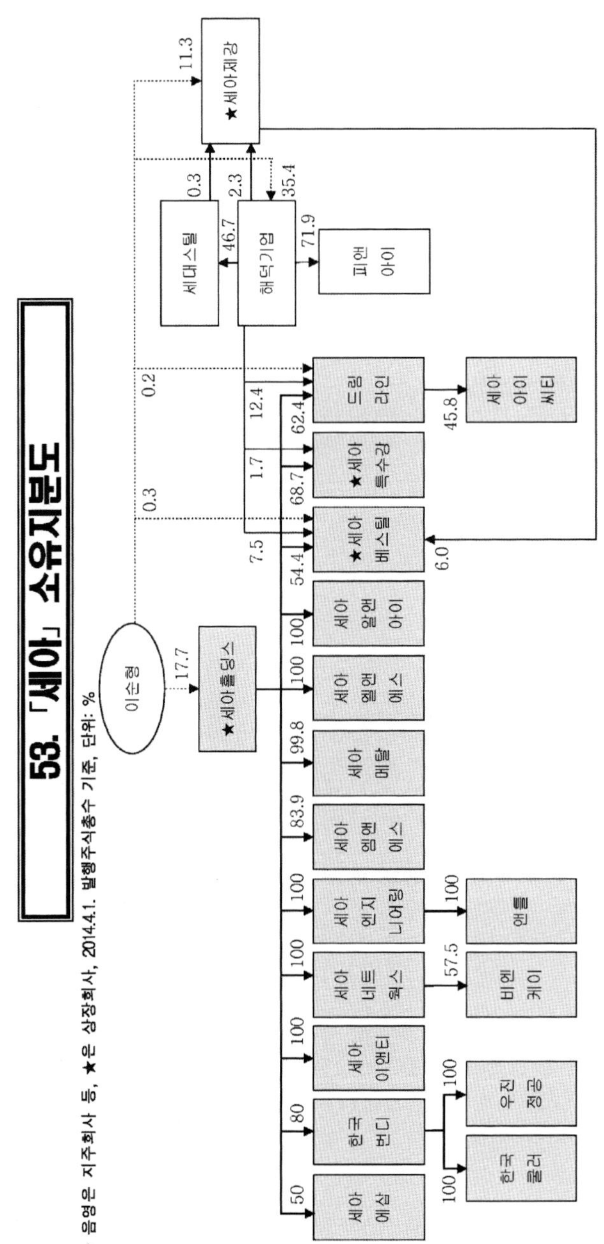

〈그림 4.5〉④ 세아그룹 소유지분도, 2015년 4월

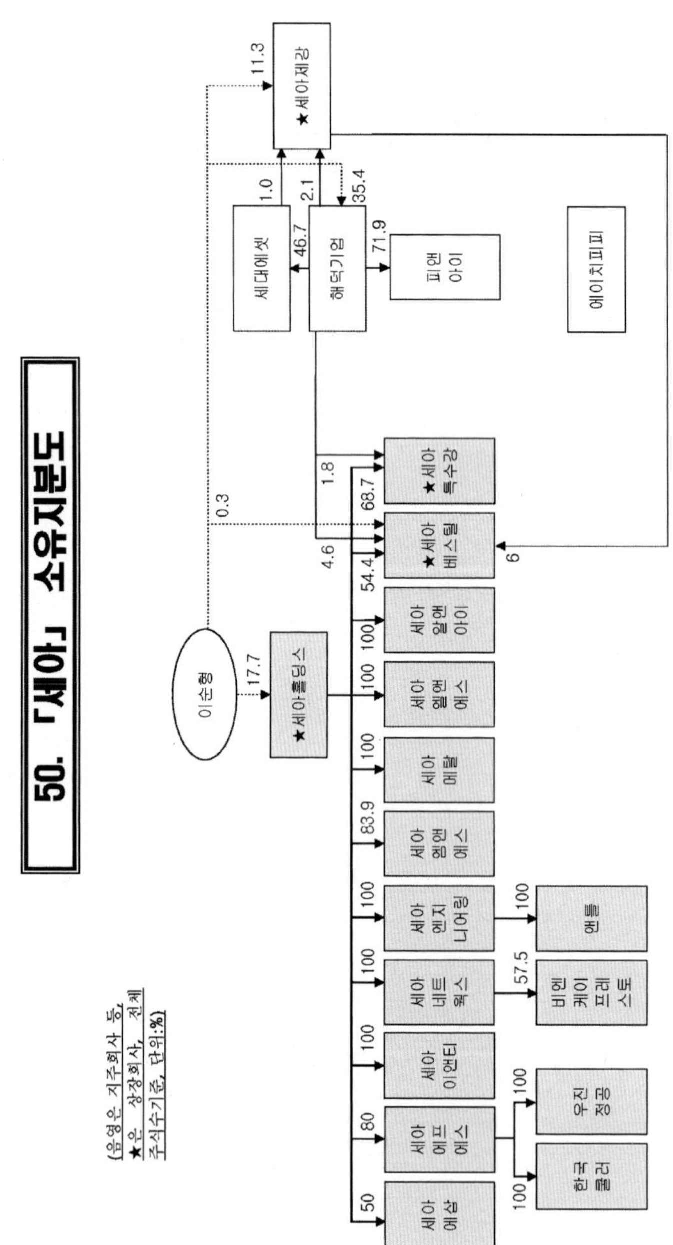

〈그림 4.5〉⑤ 세아그룹 소유지분도, 2016년 4월

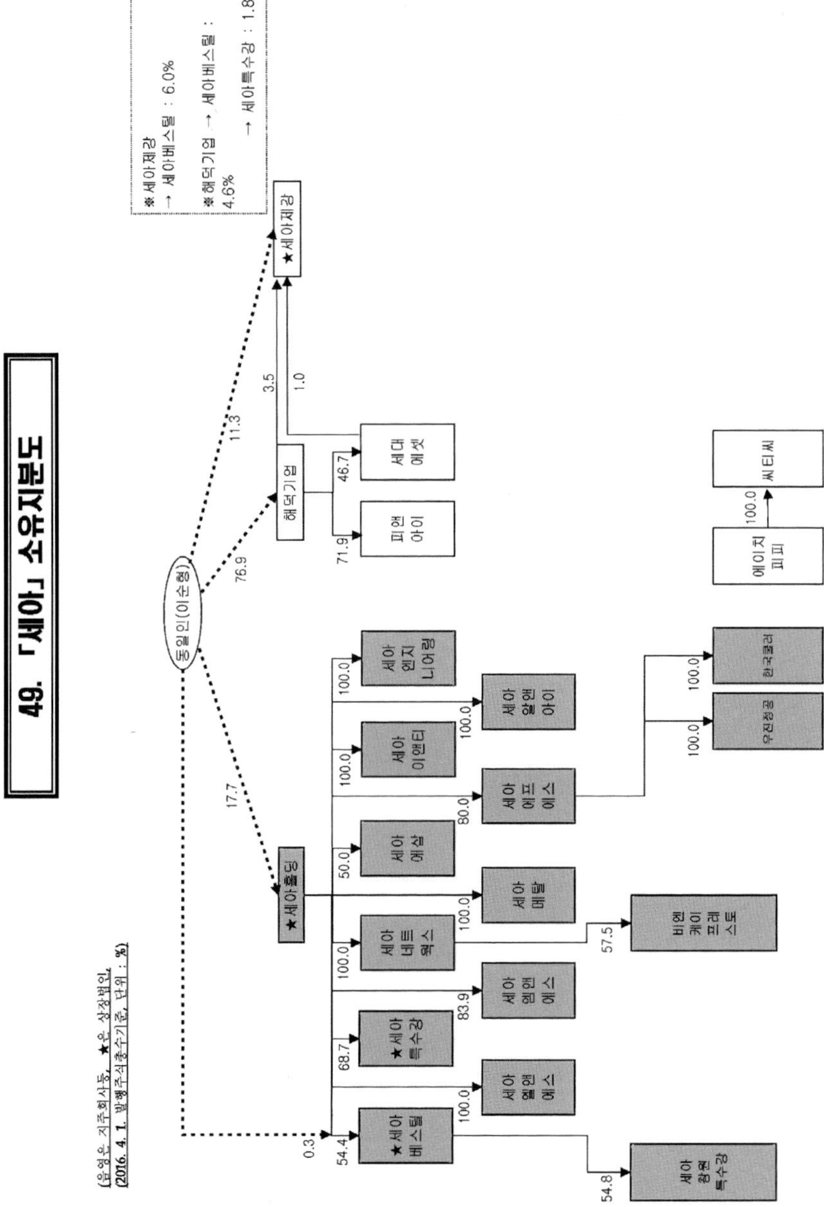

6. 태영그룹

태영그룹은 2012년 지주회사체제를 도입하였다. 지주회사 SBS미디어홀딩스가 2008년 3월 신설되고, 그룹이 2012년 다시 대규모기업집단으로 지정되면서였다 (<표 4.6>, <그림 4.6>).

(1) 태영그룹은 1992년, 2006-2008년 및 2012-2016년의 9년 동안 대규모기업집단으로 지정되었다. 순위는 50위(2006년)에서 44위(2015년) 사이, 계열회사는 5개(1992년)에서 44개(2015년) 사이, 그리고 자산총액은 2.3조 원(2006년)에서 6.8조 원(2016년) 사이였다. 2016년 4월 현재, 순위는 45위, 계열회사는 43개, 그리고 자산총액은 6.8조 원이다. 동일인은 2006년 이후 윤세영이다.

(2) 태영그룹은 처음부터 적극적인 지주회사체제를 채택하였다. 하지만 지주회사체제 달성 비율은 40% 내외로 낮았다. 2012-2014년에 40%대(43-48%)였으며, 2015년 현재에는 36%(그룹 계열회사 44개 vs. 지주회사체제 편입 회사 16개)이다.

(3) 지주회사는 SBS미디어홀딩스 1개이다.

① 2008년 3월 기존의 계열회사인 ㈜SBS에서 분할되어 지주회사 SBS홀딩스가 신설되었고, ㈜SBS는 존속하였다. SBS홀딩스는 2009년 2월 SBS미디어홀딩스로 명칭이 변경되었다. 한편 2008년 4월 태영그룹은 대규모기업집단으로 지정되었고 9월에 발표된 공정거래법상 지주회사에 SBS홀딩스가 포함되었는데, 후자의 자료에는 SBS홀딩스가 대규모기업집단 소속이 아닌 것으로 되어 있다. 태영그룹은 2012년에 다시 대규모기업집단으로 지정되었으며, 이에 따라 지주회사체제 도입 연도는 2012년으로 하였다.

② SBS미디어홀딩스는 공정거래법상 일반지주회사들 중에서의 순위가 30위 내외이며 점차 낮아졌다. 2008년 35위, 2009-2012년 21-27위, 그리고 2013-2015년 33-37위였다.

③ SBS미디어홀딩스의 계열회사는 15개 내외(8-18개)였다. 2008-2009년에는 자회사가 손자회사보다 많았고(5-6개 vs. 3-5개), 2010년 이후에는 자회사가 손자회사보다 적었다(6-8개 vs. 7-11개).

④ SBS미디어홀딩스의 지주비율은 첫 해인 2008년에는 60%대였다가 2009년부터는 90%내외(83-91%)의 높은 수준이 유지되었다.

(4) SBS미디어홀딩스의 최대주주는 계열회사인 태영건설이며, 2012년 이후 61.2%를 보유하고 있다. 또 태영건설의 최대주주는 윤석민(그룹 동일인 윤세영의 외동아들)이며, 2012

년 이후 26.2-27.1%를 보유하고 있다. 따라서 '윤석민 → 태영건설 → SBS미디어홀딩스'의 지배구조이다 (그룹 소유지분도 참조; 지분도에는 태영건설의 2012년 최대주주가 표시되어 있지 않으나, 사업보고서에는 윤석민이 최대주주로 되어 있음).

〈표 4.6〉 태영그룹과 지주회사체제, 2012-2015년

(1) 태영그룹의 성장, 1992-2016년: 순위(A, 위), 계열회사(B, 개), 자산총액(C, 10억 원)

연도	A	B	C	연도	A	B	C	연도	A	B	C
1992	31	5	-	2008	46	26	3,215	2014	46	42	6,208
2006	50	19	2,335	2012	48	40	5,443	2015	44	44	6,379
2007	49	23	2,676	2013	48	40	5,912	2016	45	43	6,841

(2) 지주회사체제, 2012-2015년

연도	그룹		지주회사체제				지주회사체제 달성 비율 (B/A, %)
	순위	계열회사 (A, 개)	지주회사 (a)	순위	계열회사 (b, 개)	a+b (B, 개)	
2012	48	40	SBS미디어홀딩스	27	17	18	45
2013	48	40	SBS미디어홀딩스	34	18	19	48
2014	46	42	SBS미디어홀딩스	33	17	18	43
2015	44	44	SBS미디어홀딩스	37	15	16	36

(3) 지주회사: SBS미디어홀딩스 (2008년 SBS홀딩스), 2008-2015년

연도	순위	설립·전환 시기 (연.월)	상장 여부	자산 총액 (억 원)	지주 비율 (%)	부채 비율 (%)	계열회사 (개)			
							합	자	손자	증손
2008	35	2008.3	O	1,940	67.4	4.2	8	5	3	-
2009	21	2008.3	O	4,827	85.3	2.2	11	6	5	-
2010	23	2008.3	O	5,490	83.7	8.7	13	6	7	-
2011	24	2008.3	O	5,453	88.2	4.5	15	6	9	-
2012	27	2008.3	O	5,406	91.2	5.0	17	8	9	-
2013	34	2008.3	O	5,364	90.2	2.0	18	7	11	-
2014	33	2008.3	O	5,366	89.2	2.2	17	6	11	-
2015	37	2008.3	O	5,356	89.5	0.9	15	7	8	-

주: 1) 1992년: 순위 - 31위 이하이며 자세한 정보는 없음; 자산총액 - 정보 없음.
2) 태영그룹은 2009-2011년 공정거래법상 대규모기업집단으로 지정되지 않음; SBS미디어홀딩스는 2008년(SBS홀딩스) 및 2009-2011년 존속; 2008년의 경우, 태영그룹은 대규모기업집단(4월 기준)으로 지정되었고, SBS홀딩스는 지주회사(9월 기준)로 지정되었지만 대규모기업집단 소속이 아닌 것으로 되어 있음.
3) '2016년 4월 소유지분도'에는 지주회사 및 계열회사 표시 없음.
출처: 〈부록 1〉, 〈부록 2〉, 〈부록 3〉, 공정거래위원회 홈페이지 자료.

〈그림 4.6〉 태영그룹 소유지분도, 2012-2015년 4월
(* 음영 부분이 지주회사 및 계열회사)

〈그림 4.6〉① 태영그룹 소유지분도, 2012년 4월

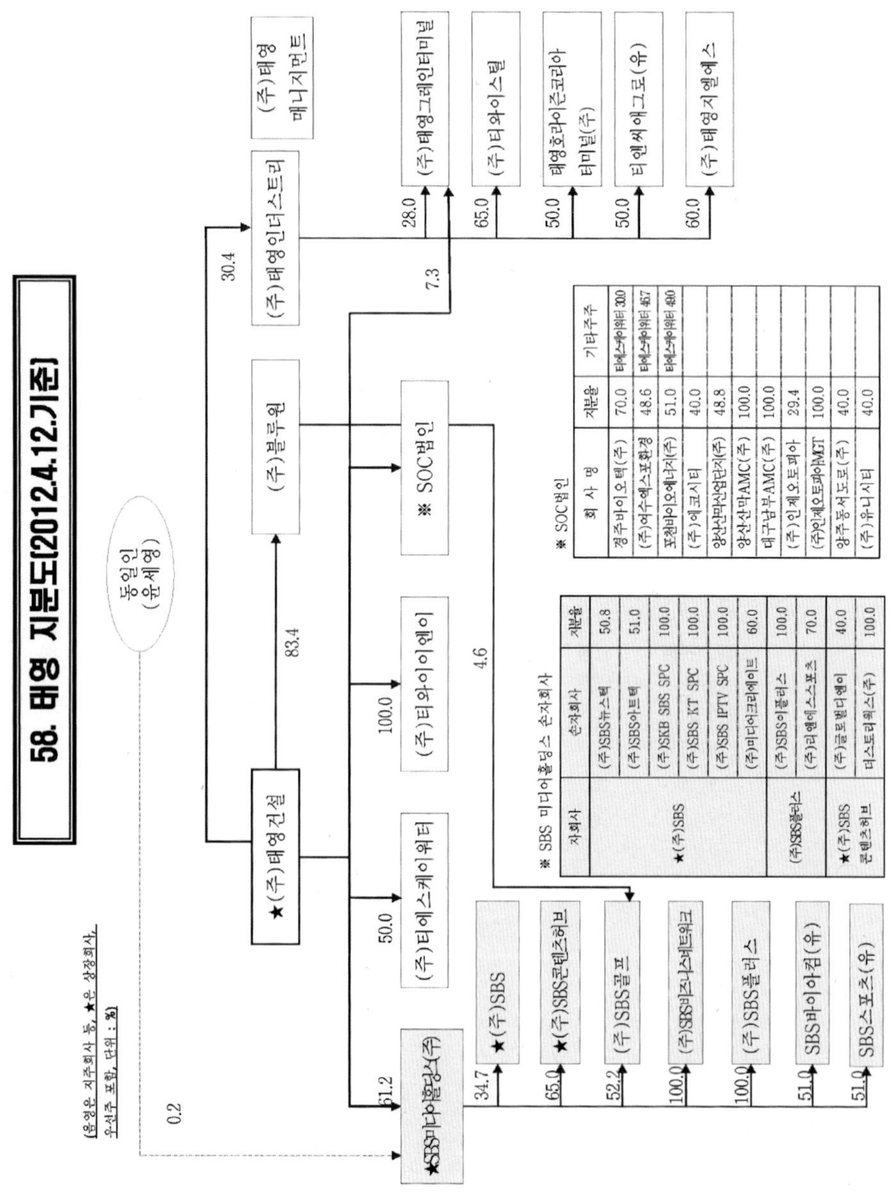

※ SBS 미디어홀딩스 손자회사

자회사	손자회사	지분율
★(주)SBS	(주)SBS뉴스텍	50.8
	(주)SBS아트텍	51.0
	(주)SKB SBS SPC	100.0
	(주)SBS KT SPC	100.0
	(주)SBS IPTV SPC	100.0
	(주)미디어크리에이트	60.0
(주)SBS플러스	(주)SBS이플러스	100.0
	(주)더엠에스스포츠	70.0
★(주)SBS 콘텐츠허브	(주)글로벌디엠이	40.0
	더스토리웍스(주)	100.0

※ SOC법인

회사명	지분율	기타주주
경주바이오텍(주)	70.0	티에스케이워터 30.0
(주)여수엑스포환경	48.6	티에스케이워터 46.7
포천바이오에너지(주)	51.0	티에스케이워터 49.0
(주)에코시티	40.0	
양산산막산업단지(주)	48.8	
양산산막AMC(주)	100.0	
대구남부AMC(주)	100.0	
(주)인제오토피아	29.4	
(주)인제오토피아MGT	100.0	
양주동서도로(주)	40.0	
(주)유니시티	40.0	

〈그림 4.6〉② 태영그룹 소유지분도, 2013년 4월

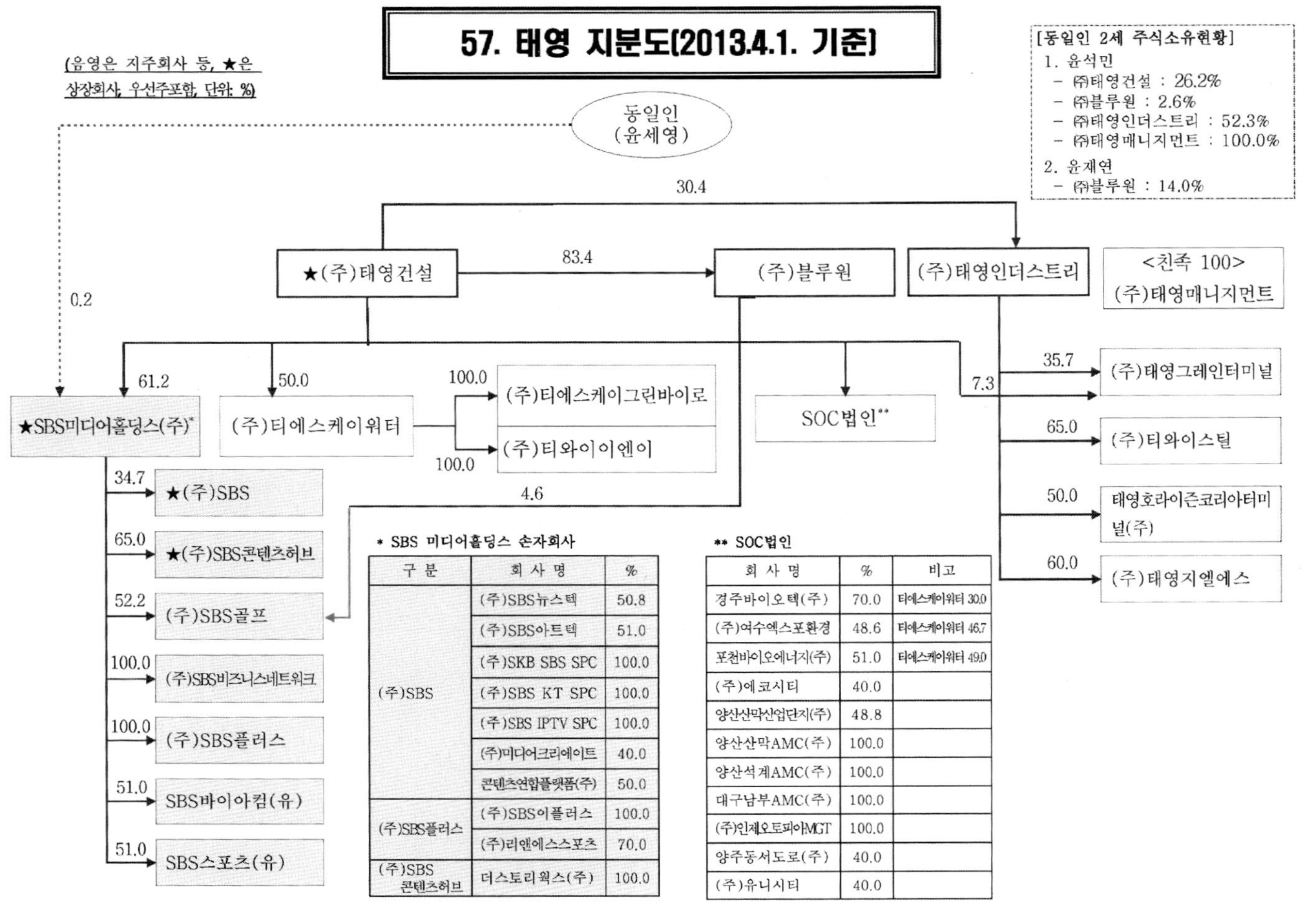

* SBS 미디어홀딩스 손자회사

구 분	회 사 명	%
(주)SBS	(주)SBS뉴스텍	50.8
	(주)SBS아트텍	51.0
	(주)SKB SBS SPC	100.0
	(주)SBS KT SPC	100.0
	(주)SBS IPTV SPC	100.0
	(주)미디어크리에이트	40.0
	콘텐츠연합플랫폼(주)	50.0
(주)SBS플러스	(주)SBS이플러스	100.0
	(주)리앤에스스포츠	70.0
(주)SBS 콘텐츠허브	더스토리웍스(주)	100.0

** SOC법인

회 사 명	%	비고
경주바이오텍(주)	70.0	티에스케이워터 30.0
(주)여수엑스포환경	48.6	티에스케이워터 46.7
포천바이오에너지(주)	51.0	티에스케이워터 49.0
(주)에코시티	40.0	
양산산막산업단지(주)	48.8	
양산산막AMC(주)	100.0	
양산석계AMC(주)	100.0	
대구남부AMC(주)	100.0	
(주)인제오토피아MGT	100.0	
양주동서도로(주)	40.0	
(주)유니시티	40.0	

〈그림 4.6〉③ 태영그룹 소유지분도, 2014년 4월

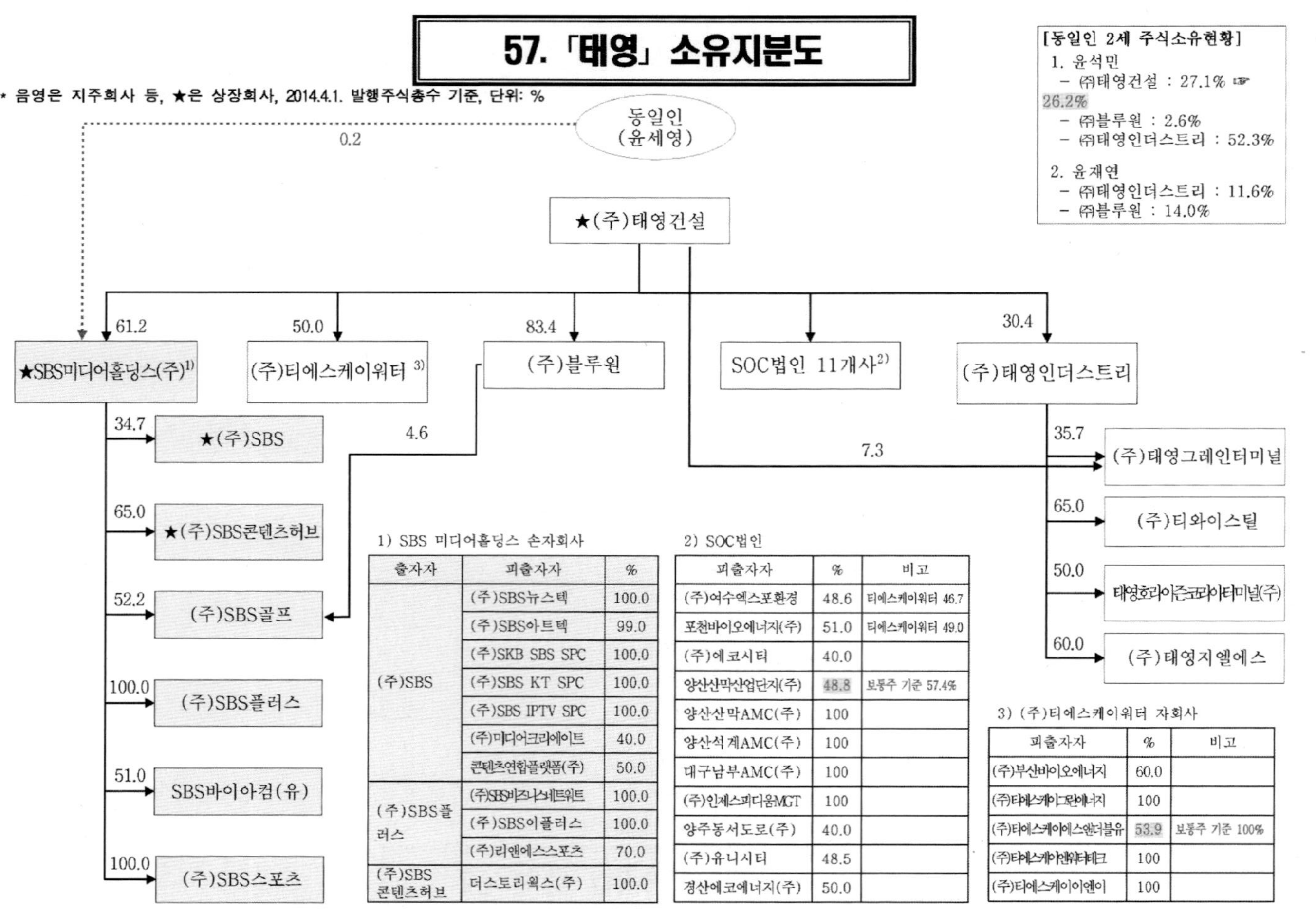

1) SBS 미디어홀딩스 손자회사

출자자	피출자자	%
(주)SBS	(주)SBS뉴스텍	100.0
	(주)SBS아트텍	99.0
	(주)SKB SBS SPC	100.0
	(주)SBS KT SPC	100.0
	(주)SBS IPTV SPC	100.0
	(주)미디어크리에이트	40.0
	콘텐츠연합플랫폼(주)	50.0
(주)SBS플러스	(주)SBS비즈니스네트워크	100.0
	(주)SBS이플러스	100.0
	(주)리앤에스스포츠	70.0
(주)SBS 콘텐츠허브	더스토리웍스(주)	100.0

2) SOC법인

피출자자	%	비고
(주)여수엑스포환경	48.6	티에스케이워터 46.7
포천바이오에너지(주)	51.0	티에스케이워터 49.0
(주)에코시티	40.0	
양산산막산업단지(주)	48.8	보통주 기준 57.4%
양산산막AMC(주)	100	
양산석계AMC(주)	100	
대구남부AMC(주)	100	
(주)인제스피디움MGT	100	
양주동서도로(주)	40.0	
(주)유니시티	48.5	
경산에코에너지(주)	50.0	

3) (주)티에스케이워터 자회사

피출자자	%	비고
(주)부산바이오에너지	60.0	
(주)티에스케이그린에너지	100	
(주)티에스케이에스앤더블유	53.9	보통주 기준 100%
(주)티에스케이엔워터테크	100	
(주)티에스케이이엔이	100	

〈그림 4.6〉④ 태영그룹 소유지분도, 2015년 4월

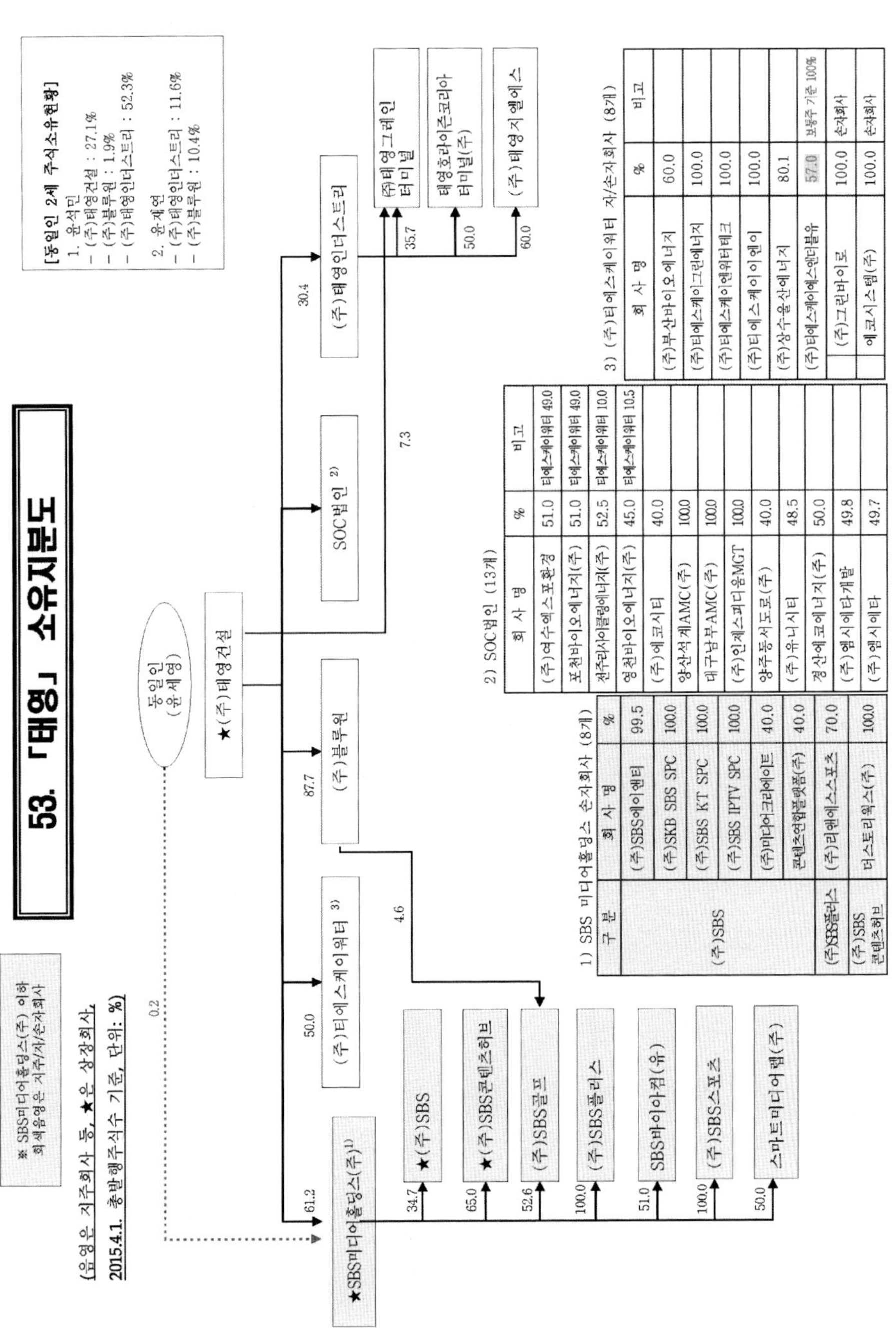

1) SBS 미디어홀딩스 손자회사 (8개)

구 분	회 사 명	%
(주)SBS	(주)SBS에이앤티	99.5
	(주)SKB SBS SPC	100.0
	(주)SBS KT SPC	100.0
	(주)SBS IPTV SPC	100.0
	(주)미디어크리에이트	40.0
	콘텐츠연합플랫폼(주)	40.0
(주)SBS플러스	(주)리앤에스스포츠	70.0
(주)SBS 콘텐츠허브	더스토리웍스(주)	100.0

2) SOC법인 (13개)

회 사 명	%	비고
(주)여수엑스포환경	51.0	티에스케이워터 49.0
포천바이오에너지(주)	51.0	티에스케이워터 49.0
전주리사이클링에너지(주)	52.5	티에스케이워터 10.0
영천바이오에너지(주)	45.0	티에스케이워터 10.5
(주)에코시티	40.0	
양산석계AMC(주)	100.0	
대구남부AMC(주)	100.0	
(주)인제스피디움MGT	100.0	
양주동서도로(주)	40.0	
(주)유니시티	48.5	
경산에코에너지(주)	50.0	
(주)엠시에타개발	49.8	
(주)엠시에타	49.7	

3) (주)티에스케이워터 자/손자회사 (8개)

회 사 명	%	비고
(주)부산바이오에너지	60.0	
(주)티에스케이그린에너지	100.0	
(주)티에스케이엔워터테크	100.0	
(주)티에스케이이엔이	100.0	
(주)상수울산에너지	80.1	
(주)티에스케이에스엔더블유	57.0	보통주 기준 100%
(주)그린바이로	100.0	손자회사
에코시스템(주)	100.0	손자회사

7. 아모레퍼시픽그룹

아모레퍼시픽그룹(2011년 이전 태평양그룹)은 2007년 지주회사체제를 도입하였다. 주력회사인 ㈜태평양이 지주회사 ㈜태평양(이후 아모레퍼시픽그룹)으로 전환되면서였다 (<표 4.7>, <그림 4.7>).

(1) 아모레퍼시픽그룹은 1988-1992년, 2007-2008년 및 2013-2016년의 11년 동안 대규모기업집단으로 지정되었다. 순위는 52위(2013년)에서 29위(1990년) 사이, 계열회사는 7개(2007년)에서 23개(1991년) 사이, 그리고 자산총액은 0.8조 원(1990년)에서 6.6조 원(2016년) 사이였다. 2016년 4월 현재, 순위는 46위, 계열회사는 12개, 그리고 자산총액은 6.6조 원이다. 동일인은 2007년 이후 서경배이다.

(2) 아모레퍼시픽그룹은 처음부터 적극적인 지주회사체제를 채택하였다. 지주회사체제 달성비율은 2007년 71% 그리고 2013-2014년 100%였으며, 2015년 현재에는 92%(그룹 계열회사 12개 vs. 지주회사체제 편입 회사 11개)이다.

(3) 지주회사는 아모레퍼시픽그룹 1개이다.

① 기존의 계열회사인 ㈜태평양은 2007년 1월 지주회사로 전환하였으며, 2011년 3월 ㈜아모레퍼시픽그룹으로 명칭이 변경되었다. 지주회사는 2007년 이후 존속하였으며, 그룹은 2009-2012년에 대규모기업집단으로 지정되지 않았다. 2008년의 경우, 그룹은 4월에 대규모기업집단으로 지정되고 지주회사는 9월에 공정거래법상 지주회사로 지정되었는데, 9월의 자료에는 지주회사가 대규모기업집단에 속하지 않은 것으로 되어 있다.

② 아모레퍼시픽그룹은 공정거래법상 일반지주회사들 중에서의 순위가 10위 내외로 높았으며 점차 낮아졌다. 2007-2009년에는 5-9위, 2010년 이후에는 11-15위였다.

③ 아모레퍼시픽그룹의 계열회사는 10개 이하(4-10개)로 적었다. 2014년까지는 자회사만 있었고, 2015년 들어 손자회사가 1개 새로 생겼다.

④ 아모레퍼시픽그룹의 지주비율은 75% 내외 수준이 유지되었다. 2007년 68%, 2008-2011년 76-80%, 그리고 2012년 이후 73-74%였다.

(4) 아모레퍼시픽그룹의 최대주주는 그룹 동일인 서경배이며, 2013년 이후 51.4%를 보유하고 있다 (그룹 소유지분도 참조).

〈표 4.7〉 아모레퍼시픽그룹과 지주회사체제, 2007, 2013-2015년

(1) 아모레퍼시픽그룹(2007-2008년 태평양그룹)의 성장, 1988-2016년: 순위(A, 위), 계열회사(B, 개), 자산총액(C, 10억 원)

연도	A	B	C	연도	A	B	C	연도	A	B	C
1988	31	16	-	1992	31	17	-	2014	48	10	5,458
1989	31	19	-	2007	48	7	2,690	2015	46	12	5,959
1990	29	22	789	2008	50	9	2,993	2016	46	12	6,567
1991	31	23	-	2013	52	10	5,105				

(2) 지주회사체제, 2007, 2013-2015년

연도	그룹		지주회사체제				지주회사체제 달성 비율 (B/A, %)
	순위	계열회사 (A, 개)	지주회사 (a)	순위	계열회사 (b, 개)	a+b (B, 개)	
2007	48	7	태평양	5	4	5	71
2013	52	10	아모레퍼시픽그룹	12	9	10	100
2014	48	10	아모레퍼시픽그룹	13	9	10	100
2015	46	12	아모레퍼시픽그룹	15	10	11	92

(3) 지주회사: 아모레퍼시픽그룹 (2007-2010년 태평양), 2007-2015년

연도	순위	설립·전환 시기 (연.월)	상장 여부	자산 총액 (억 원)	지주 비율 (%)	부채 비율 (%)	계열회사 (개)			
							합	자	손자	증손
2007	5	2007.1	-	13,705	68.2	12.3	4	4	-	-
2008	7	2007.1	O	13,858	76.1	10.0	6	6	-	-
2009	9	2007.1	O	14,325	76.5	8.0	6	6	-	-
2010	11	2007.1	O	15,015	77.9	7.5	7	7	-	-
2011	11	2007.1	O	15,909	80.0	7.1	8	8	-	-
2012	12	2007.1	O	16,253	73.5	4.2	9	9	-	-
2013	12	2007.1	O	16,320	73.2	3.1	9	9	-	-
2014	13	2007.1	O	16,531	74.5	3.3	9	9	-	-
2015	15	2007.1	O	16,807	73.3	2.8	10	9	1	-

주: 1) 1988-89, 91-92년: 순위 - 31위 이하이며 자세한 정보는 없음; 자산총액 - 정보 없음.
2) 아모레퍼시픽그룹(2007-2008년 태평양그룹)은 2009-2012년 공정거래법상 대규모기업집단으로 지정되지 않음; 지주회사 아모레퍼시픽그룹(2007-2010년 태평양)은 2008-2012년 존속; 2008년의 경우, 태평양그룹은 대규모기업집단(4월 기준)으로 지정되었고, 태평양은 공정거래법상 지주회사(9월 기준)로 지정되었지만 대규모기업집단 소속이 아닌 것으로 되어 있음.

출처: 〈부록 1〉, 〈부록 2〉, 〈부록 3〉, 공정거래위원회 홈페이지 자료.

〈그림 4.7〉 아모레퍼시픽그룹 소유지분도, 2013-2016년 4월
(* 음영 부분이 지주회사 및 계열회사)

〈그림 4.7〉① 아모레퍼시픽그룹 소유지분도, 2013년 4월

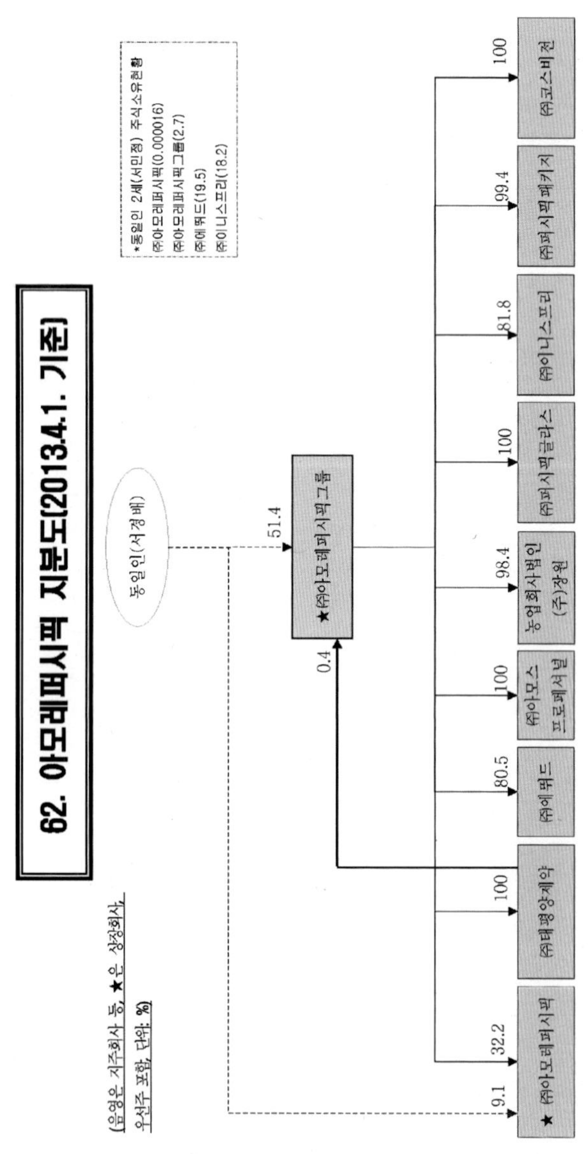

〈그림 4.7〉② 아모레퍼시픽그룹 소유지분도, 2014년 4월

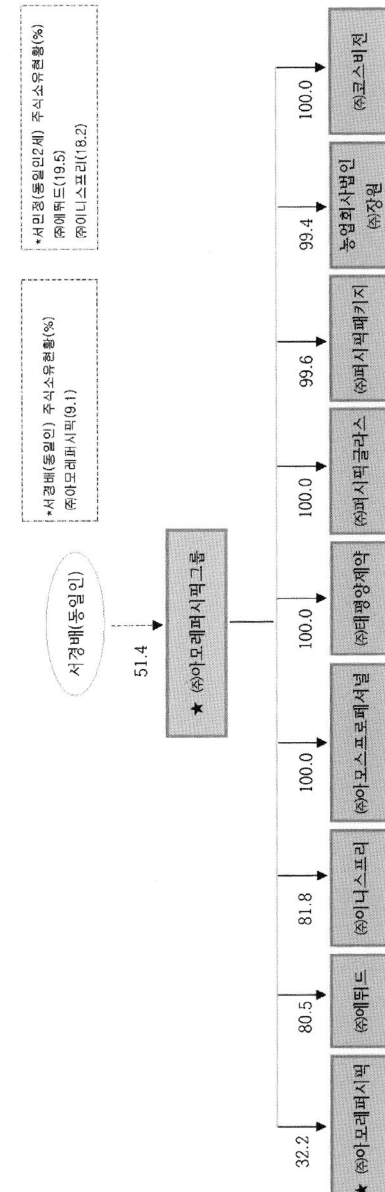

〈그림 4.7〉③ 아모레퍼시픽그룹 소유지분도, 2015년 4월

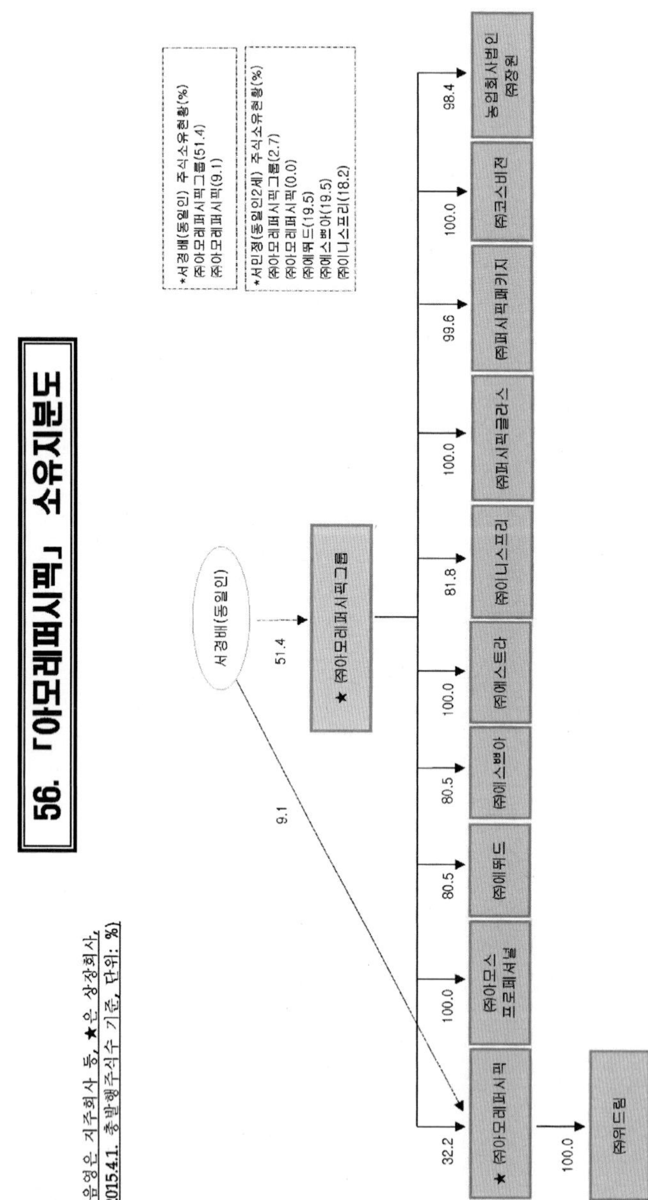

〈그림 4.7〉④ 아모레퍼시픽그룹 소유지분도, 2016년 4월

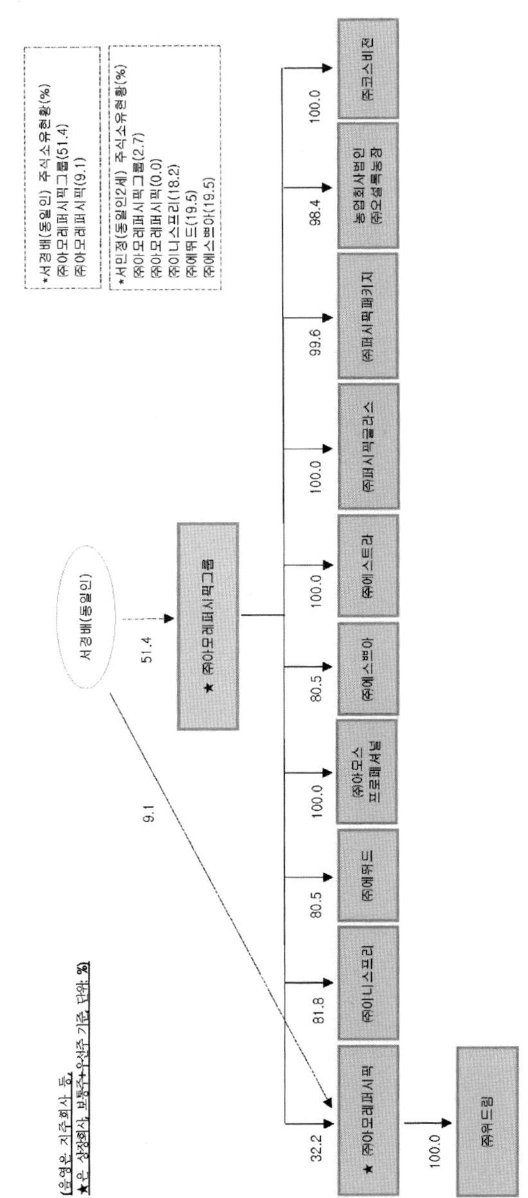

8. 대성그룹

대성그룹은 2011년 지주회사체제를 도입하였다. 2009년 대구도시가스가 지주회사 대성홀딩스로 그리고 2011년 대성산업과 서울도시개발이 각각 지주회사 대성합동지주, 서울도시개발로 전환하고, 그룹이 2011년 대규모기업집단으로 다시 지정되면서였다 (<표 4.8>, <그림 4.8>).

(1) 대성그룹은 1990-1992년, 2002-2008년 및 2011-2015년의 15년 동안 대규모기업집단으로 지정되었다. 순위는 47위(2007, 2015년)에서 32위(2002년) 사이, 계열회사는 21개(1990, 1992년)에서 85개(2012년) 사이, 그리고 자산총액은 2.1조 원(2003년)에서 7.8조 원(2013년) 사이였다. 2015년 4월 현재, 순위는 47위, 계열회사는 73개, 그리고 자산총액은 5.9조 원이다. 동일인은 2002년 이후 김영대이다.

(2) 대성그룹은 처음부터 적극적인 지주회사체제를 채택하였다. 지주회사체제 달성 비율은 2011-2014년 61-71%로 높은 편이었으며, 2015년 현재에는 비율이 절반 수준으로 낮아져 33%(그룹 계열회사 73개 vs. 지주회사체제 편입 회사 24개)이다.

(3) 지주회사는 2011-2012년 3개(대성홀딩스, 대성합동지주, 서울도시개발), 2013-2014년 2개(대성합동지주, 서울도시개발), 2015년 1개(서울도시개발) 등으로 변하였으며, 지주회사 총수는 3개이다.

① 2009년 10월 기존의 계열회사인 대구도시가스는 지주회사 대성홀딩스로 전환하였다. 2010년 6월에는 다른 계열회사인 대성산업이 지주회사 대성지주로 전환하였으며, 2011년 1월 대성합동지주로 명칭이 변경되었다. 공정거래법상 지주회사로의 전환일은 2011년 1월이다. 또 다른 계열회사인 서울도시개발의 경우, 자산 및 자회사 주식가액이 증가하면서 2011년 1월 공정거래법상 지주회사로 지정되었다. 3개 지주회사는 서로에 대한 보유 지분 없이 독립성을 유지하였다. 한편, 대성홀딩스와 대성합동지주는 각각 2013년 3월, 2014년 12월 공정거래법상 지주회사 지정 대상에서 제외되었다.

② 공정거래법상 일반지주회사들 중에서의 순위는, 대성합동지주가 30위 내외(26-36위)로 비교적 높은 편이었고, 대성홀딩스는 40-43위 그리고 서울도시개발은 69-87위였다.

③ 보유 계열회사의 수는, 대성합동지주가 18-30개, 서울도시개발이 19-23개, 그리고 대성홀딩스가 9-10개였다. 앞의 두 지주회사 소속 계열회사의 대부분은 손자회사(9-20개; 17-20개)인 반면 대성홀딩스 소속 계열회사의 거의 대부분은 자회사(9개)였다.

④ 지주비율은, 서울도시개발이 90%대, 대성합동지주가 80%대, 그리고 대성홀딩스가 60% 내외였다. 뒤의 두 지주회사는 지주비율이 법적 기준인 '50% 이상'이 되지 못하게 되면서 각각 2014년, 2013년 공정거래법상 지주회사에서 제외되었다.

(4) 대성합동지주의 최대주주는 그룹 동일인 김영대이며, 2012-2015년의 보유 지분은 46.8%이다. 서울도시개발의 최대주주는 김영대의 첫째 동생 김영민이며, 2012-2015년의 보유 지분은 97.8%이다. 또, 대성홀딩스의 최대주주는 김영대의 둘째 동생 김영훈이며, 2012-2015년 보유 지분은 39.9%이다. 즉, '[김영대 → 대성합동지주] + [김영민 → 서울도시개발] + [김영훈 → 대성홀딩스]'의 지배구조이며, 대성그룹 내에서 3개의 독립된 지주회사체제가 공존하고 있다 (그룹 소유지분도 참조; 2015년 지분도에는 대성홀딩스가 서울도시개발에 22.6% 지분을 보유하는 것으로 되어 있으나 잘못됨, 지분 보유 대상이 서울도시가스인 것으로 보임).

〈표 4.8〉 대성그룹과 지주회사체제, 2011-2015년

(1) 대성그룹의 성장, 1990-2015년: 순위(A, 위), 계열회사(B, 개), 자산총액(C, 10억 원)

연도	A	B	C	연도	A	B	C	연도	A	B	C
1990	31	21	-	2004	41	40	2,323	2011	43	73	5,758
1991	31	22	-	2005	41	41	2,579	2012	41	85	6,922
1992	31	21	-	2006	45	38	2,796	2013	37	83	7,830
2002	32	32	2,126	2007	47	40	2,854	2014	40	76	7,299
2003	38	32	2,121	2008	45	47	3,262	2015	47	73	5,918

(2) 지주회사체제, 2011-2015년

연도	그룹 순위	그룹 계열회사 (A, 개)	지주회사체제 지주회사 (a)	순위	계열회사 (b, 개)	a+b (B, 개)	지주회사체제 달성 비율 (B/A, %)
2011	43	73	대성합동지주	27	18	19	
			대성홀딩스	40	9	10	
			서울도시개발	87	19	20 [49]	67
2012	41	85	대성합동지주	26	28	29	
			대성홀딩스	43	9	10	
			서울도시개발	74	20	21 [60]	71
2013	37	83	대성합동지주	32	30	31	
			서울도시개발	84	23	24 [55]	66
2014	40	76	대성합동지주	36	22	23	
			서울도시개발	69	22	23 [46]	61
2015	47	73	서울도시개발	70	23	24	33

(3) 지주회사

① 대성홀딩스, 2010-2012년

연도	순위	설립 · 전환 시기 (연.월)	상장 여부	자산 총액 (억 원)	지주 비율 (%)	부채 비율 (%)	계열회사 (개) 합	자	손자	증손
2010	40	2009.10	O	3,394	62.0	48.5	10	9	1	-
2011	40	2009.10	O	3,360	61.5	48.3	9	9	-	-
2012	43	2009.10	O	3,455	58.7	49.0	9	9	-	-

② 대성합동지주, 2011-2014년

연도	순위	설립 · 전환 시기 (연.월)	상장 여부	자산 총액 (억 원)	지주 비율 (%)	부채 비율 (%)	합	자	손자	증손
2011	27	2011.1	O	5,254	85.2	18.0	18	9	9	-
2012	26	2011.1	O	5,491	89.0	24.4	28	9	19	-
2013	32	2011.1	O	5,651	89.5	27.0	30	9	20	1
2014	36	2011.1	O	5,033	85.6	27.5	22	9	13	-

③ 서울도시개발, 2011-2015년

연도	순위	설립 · 전환 시기 (연.월)	상장 여부	자산 총액 (억 원)	지주 비율 (%)	부채 비율 (%)	합	자	손자	증손
2011	87	2011.1	X	1,115	90.5	60.2	19	2	17	-
2012	74	2011.1	X	1,840	95.8	23.0	20	3	17	-
2013	84	2011.1	X	1,961	97.6	17.3	23	3	20	-
2014	69	2011.1	X	2,679	99.4	12.1	22	3	19	-
2015	70	2011.1	X	2,895	99.5	9.8	23	3	20	-

주: 1) 1990-92년: 순위 - 31위 이하이며 자세한 정보는 없음; 자산총액 - 정보 없음.
2) 대성그룹은 2010년 공정거래법상 대규모기업집단으로 지정되지 않음, 대성홀딩스는 2010년 존속; 대성그룹은 2016년 대규모기업집단으로 지정되지 않아 '2016년 소유지분도' 없음.
3) 대성홀딩스 - 2013년 3월 공정거래법상 지주회사에서 제외 (지주비율 50% 미만; 자회사 주식가액 감소); 대성합동지주 - 2014년 12월 지주회사에서 제외 (지주비율 50% 미만).
출처: 〈부록 1〉, 〈부록 2〉, 〈부록 3〉, 공정거래위원회 홈페이지 자료.

〈그림 4.8〉 대성그룹 소유지분도, 2012-2015년 4월
(* 음영 부분이 지주회사 및 계열회사)

〈그림 4.8〉① 대성그룹 소유지분도, 2012년 4월

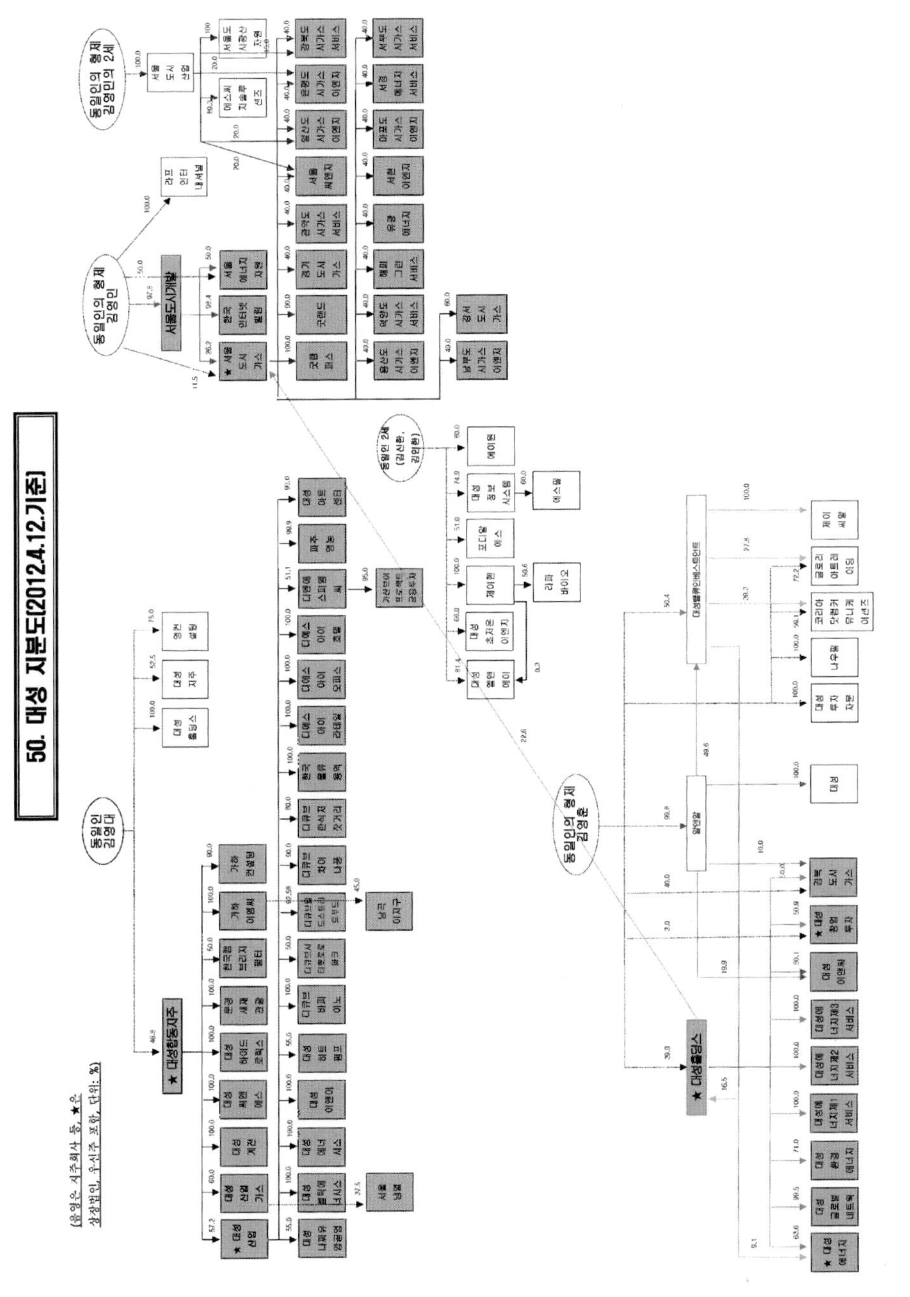

〈그림 4.8〉② 대성그룹 소유지분도, 2013년 4월

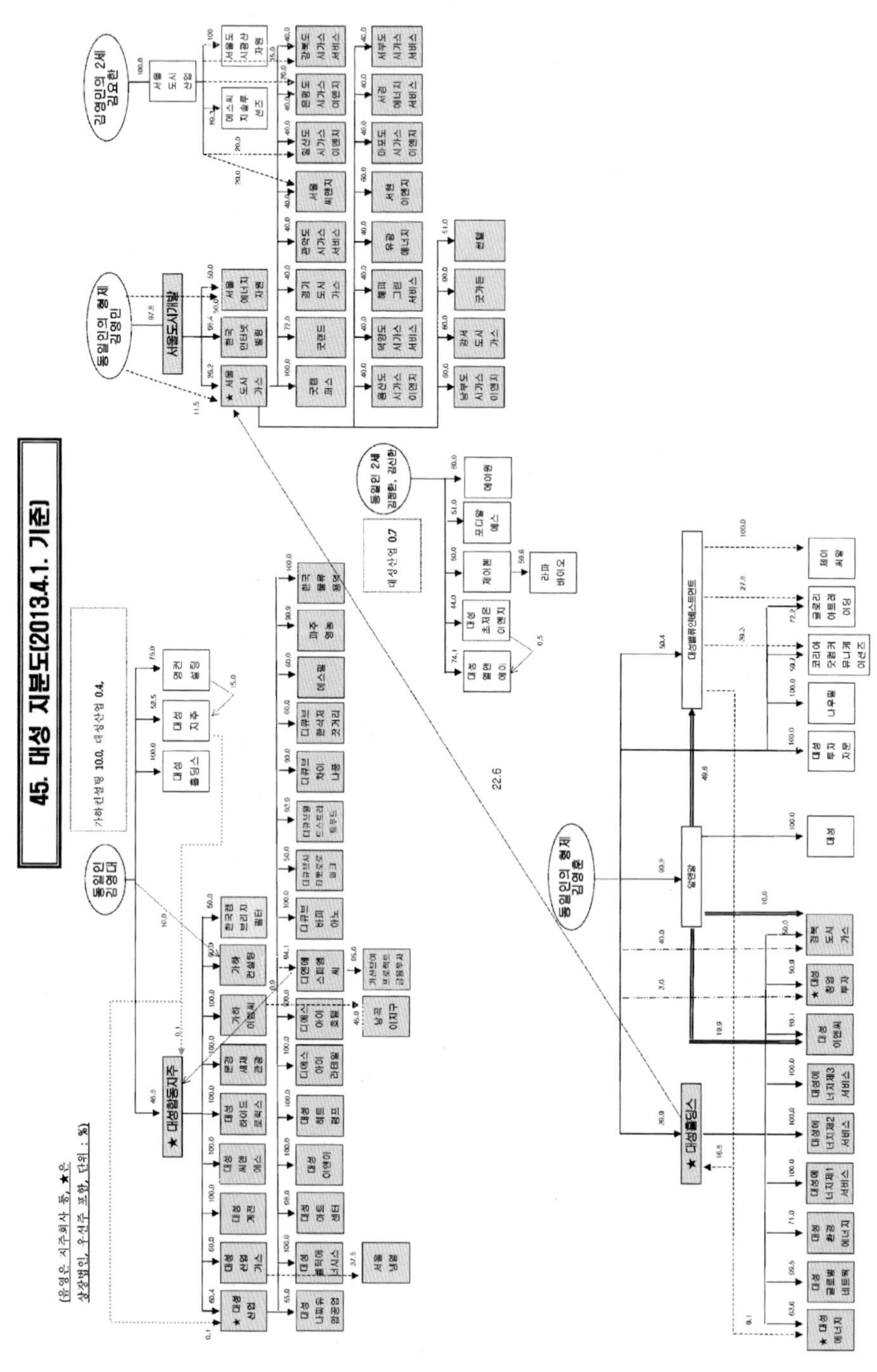

〈그림 4.8〉③ 대성그룹 소유지분도, 2014년 4월

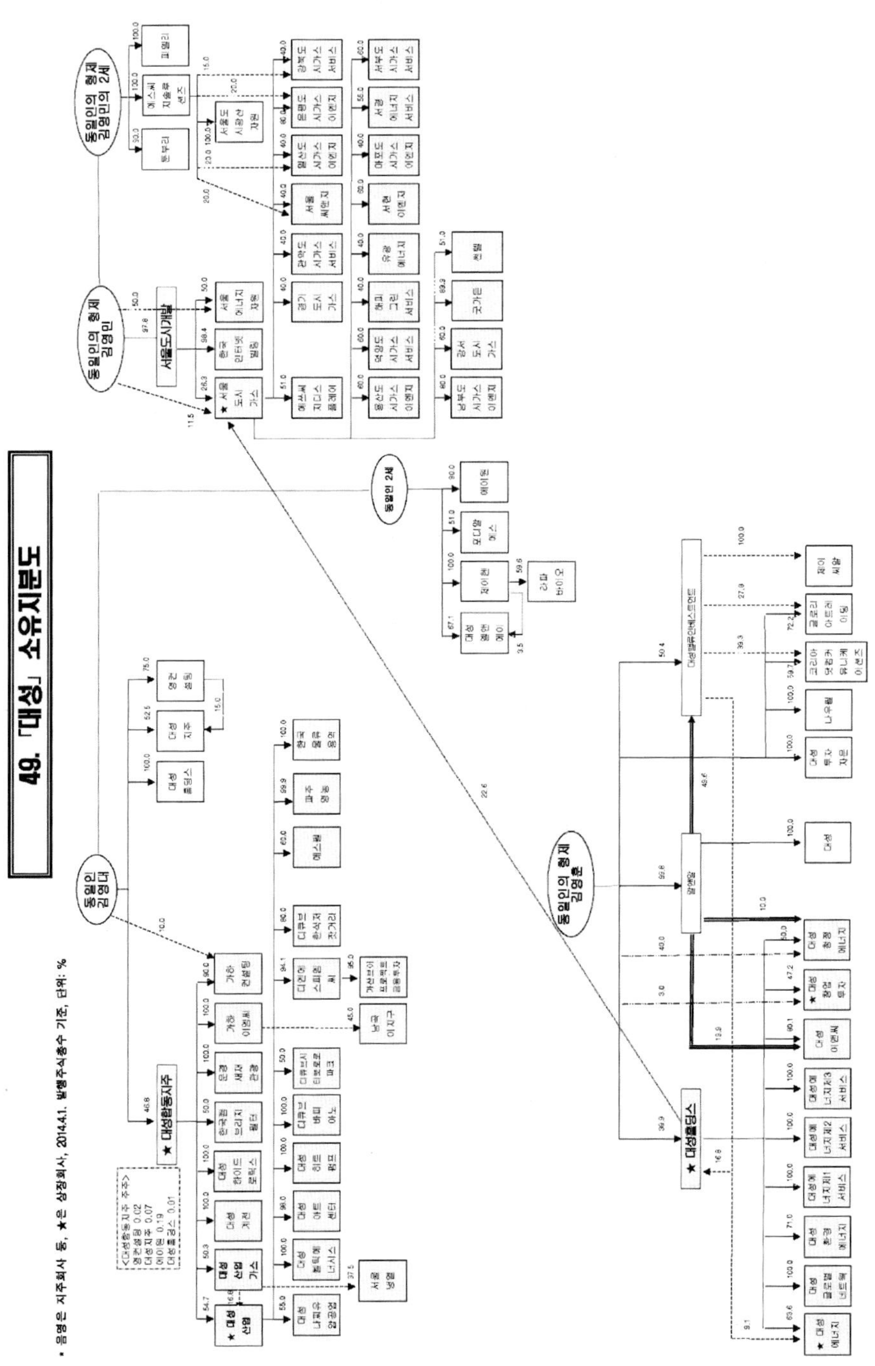

〈그림 4.8〉④ 대성그룹 소유지분도, 2015년 4월

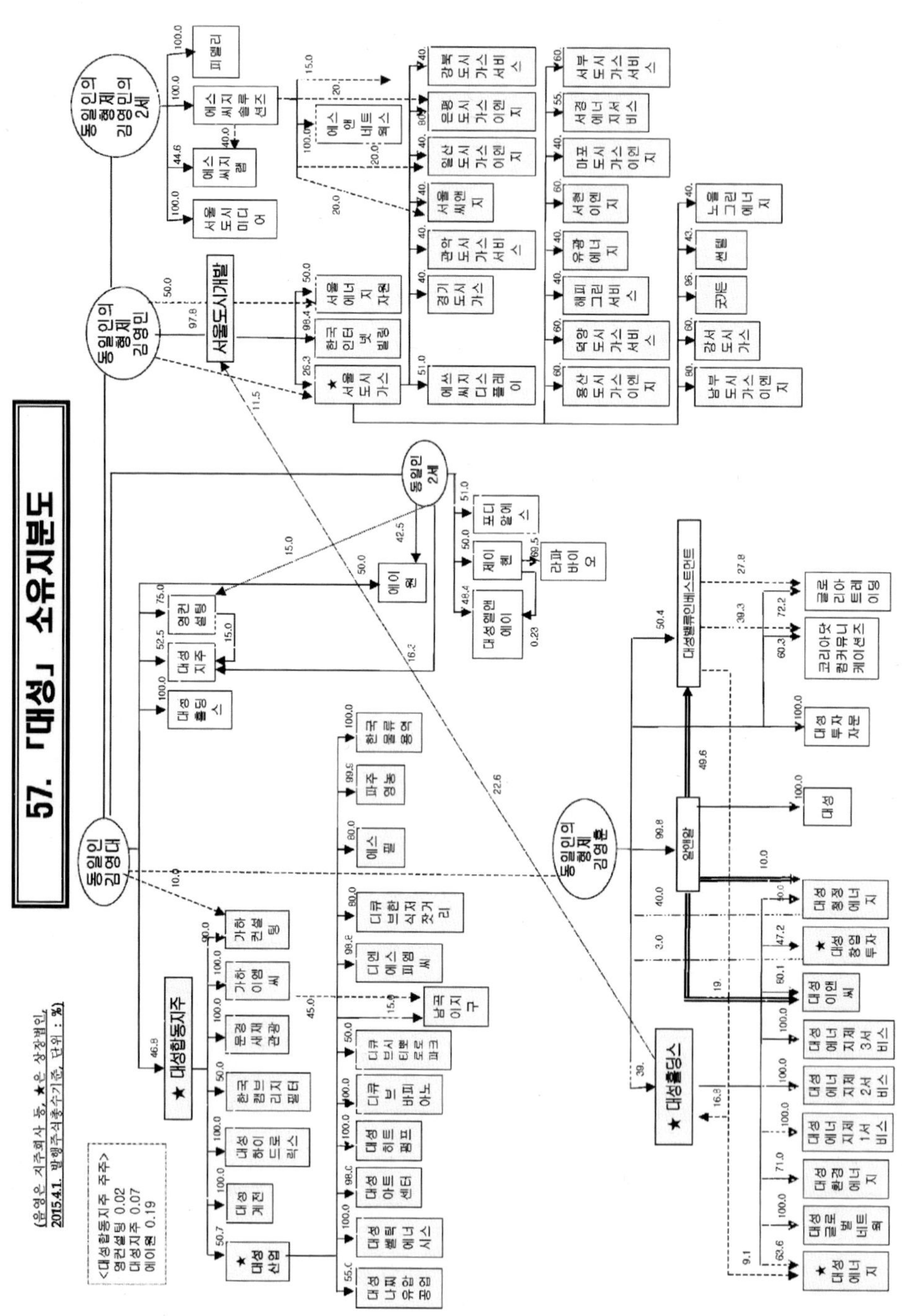

9. 하이트진로그룹

하이트진로그룹(2003-2010년 하이트맥주그룹)은 2010년 지주회사체제를 도입하였다. 주력회사 하이트맥주가 2008년 7월 지주회사 하이트진로홀딩스로 전환하고 2010년 그룹이 대규모기업집단으로 다시 지정되면서였다 (<표 4.9>, <그림 4.9>).

(1) 하이트진로그룹은 2003-2008년과 2010-2016년의 13년 동안 대규모기업집단으로 지정되었다. 순위는 49위(2016년)에서 22위(2006년) 사이, 계열회사는 9개(2003년)에서 16개(2010년) 사이, 그리고 자산총액은 2.1조 원(2003년)에서 6.3조 원(2010년) 사이였다. 2016년 4월 현재, 순위는 49위, 계열회사는 13개, 그리고 자산총액은 5.8조 원이다. 동일인은 박문덕이다.

(2) 하이트진로그룹은 처음부터 적극적인 지주회사체제를 채택하였다. 지주회사체제 달성 비율이 90% 내외로 높았다. 2010-2013년에는 86-88%, 2014-2015년에는 92%였다.

(3) 지주회사는 하이트진로홀딩스 1개이다.

① 기존의 계열회사인 하이트맥주는 2008년 7월 지주회사 하이트홀딩스로 전환하였으며, 2012년 3월 하이트진로홀딩스로 명칭이 변경되었다.

② 하이트진로홀딩스는 공정거래법상 일반지주회사들 중에서의 순위가 10위 내외로 높았다. 2008년 9위, 2009-2013년 10-11위, 그리고 2014-2015년 12-13위였다.

③ 하이트진로홀딩스의 계열회사는 10-13개로 적었다. 자회사(3-5개)보다 손자회사(6-8개)가 2배가량 많았으며, 증손회사는 2014년부터 1개씩 포함되었다.

④ 하이트진로홀딩스의 지주비율은 첫 해인 2008년에는 87%, 2009년에는 90%, 그리고 2010년 이후에는 95%이상(95-98%)이었다.

(4) 하이트진로홀딩스의 최대주주는 그룹 동일인 박문덕이다. 2012년 이후 28.9%를 보유하고 있다 (그룹 소유지분도 참조).

〈표 4.9〉 하이트진로그룹과 지주회사체제, 2010-2015년

(1) 하이트진로그룹(2003-2010년 하이트맥주그룹)의 성장, 2003-2016년: 순위(A, 위), 계열회사(B, 개), 자산총액(C, 10억 원)

연도	A	B	C	연도	A	B	C	연도	A	B	C
2003	37	9	2,132	2008	37	15	4,805	2014	47	12	5,850
2004	40	12	2,329	2010	38	16	6,254	2015	48	12	5,718
2005	45	11	2,327	2011	42	15	6,071	2016	49	13	5,755
2006	22	13	6,027	2012	44	15	6,041				
2007	31	13	4,772	2013	47	14	6,043				

(2) 지주회사체제, 2010-2015년

연도	그룹		지주회사체제				지주회사체제
	순위	계열회사 (A, 개)	지주회사 (a)	순위	계열회사 (b, 개)	a+b (B, 개)	달성 비율 (B/A, %)
2010	38	16	하이트홀딩스	10	13	14	88
2011	42	15	하이트홀딩스	10	12	13	87
2012	44	15	하이트진로홀딩스	11	12	13	87
2013	47	14	하이트진로홀딩스	10	11	12	86
2014	47	12	하이트진로홀딩스	12	10	11	92
2015	48	12	하이트진로홀딩스	13	10	11	92

(3) 지주회사: 하이트진로홀딩스 (2008-2011년 하이트홀딩스), 2008-2015년

연도	순위	설립·전환 시기 (연.월)	상장 여부	자산 총액 (억 원)	지주 비율 (%)	부채 비율 (%)	계열회사 (개)			
							합	자	손자	증손
2008	9	2008.7	O	10,801	87.0	41.3	11	4	7	-
2009	11	2008.7	O	10,644	90.6	53.0	11	4	7	-
2010	10	2008.7	O	17,172	95.7	91.7	13	5	8	-
2011	10	2008.7	O	16,679	96.7	178.5	12	5	7	-
2012	11	2008.7	O	18,152	97.0	140.0	12	4	8	-
2013	10	2008.7	O	17,810	98.8	87.4	11	4	7	-
2014	12	2008.7	O	17,681	98.9	90.6	10	3	6	1
2015	13	2008.7	O	17,773	98.6	86.6	10	3	6	1

주: 하이트진로그룹은 2009년 공정거래법상 대규모기업집단으로 지정되지 않음; 하이트진로홀딩스는 2008-2009년(하이트홀딩스) 존속; 2008년의 경우, 하이트맥주그룹은 대규모기업집단(4월 기준)으로 지정되었고, 하이트홀딩스는 지주회사(9월 현재)로 지정되었지만 대규모기업집단 소속이 아닌 것으로 되어 있음.

출처: 〈부록 1〉, 〈부록 2〉, 〈부록 3〉, 공정거래위원회 홈페이지 자료.

〈그림 4.9〉 하이트진로그룹 소유지분도, 2012-2016년 4월
(* 음영 부분이 지주회사 및 계열회사)

〈그림 4.9〉① 하이트진로그룹 소유지분도, 2012년 4월

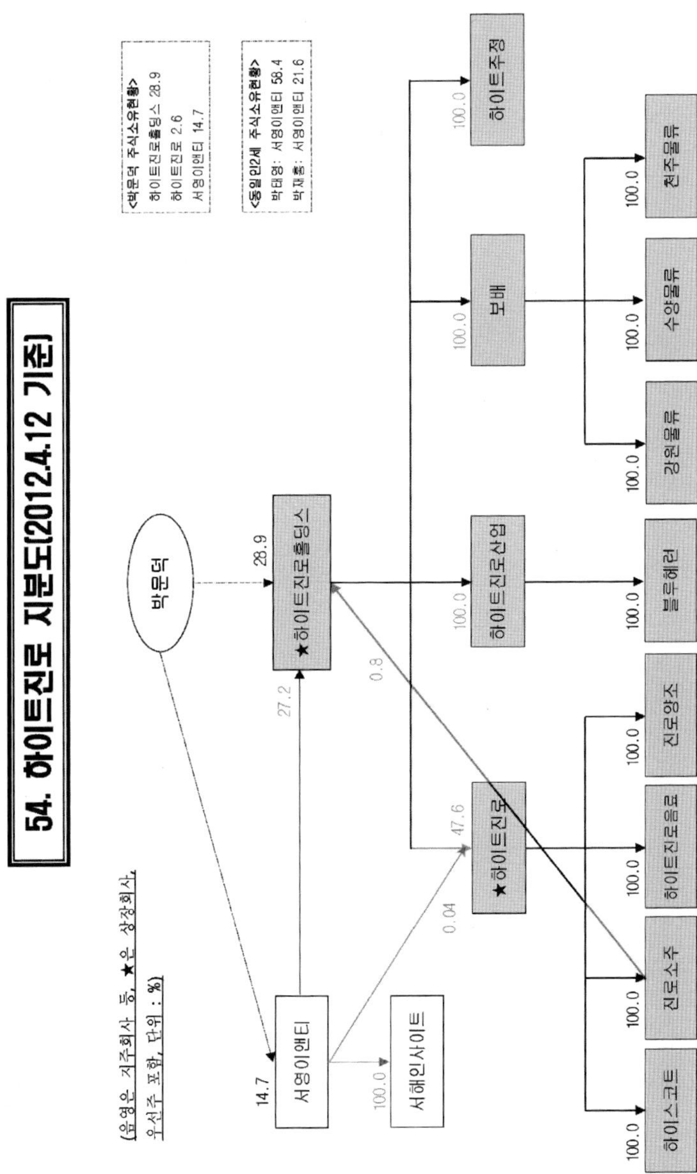

〈그림 4.9〉② 하이트진로그룹 소유지분도, 2013년 4월

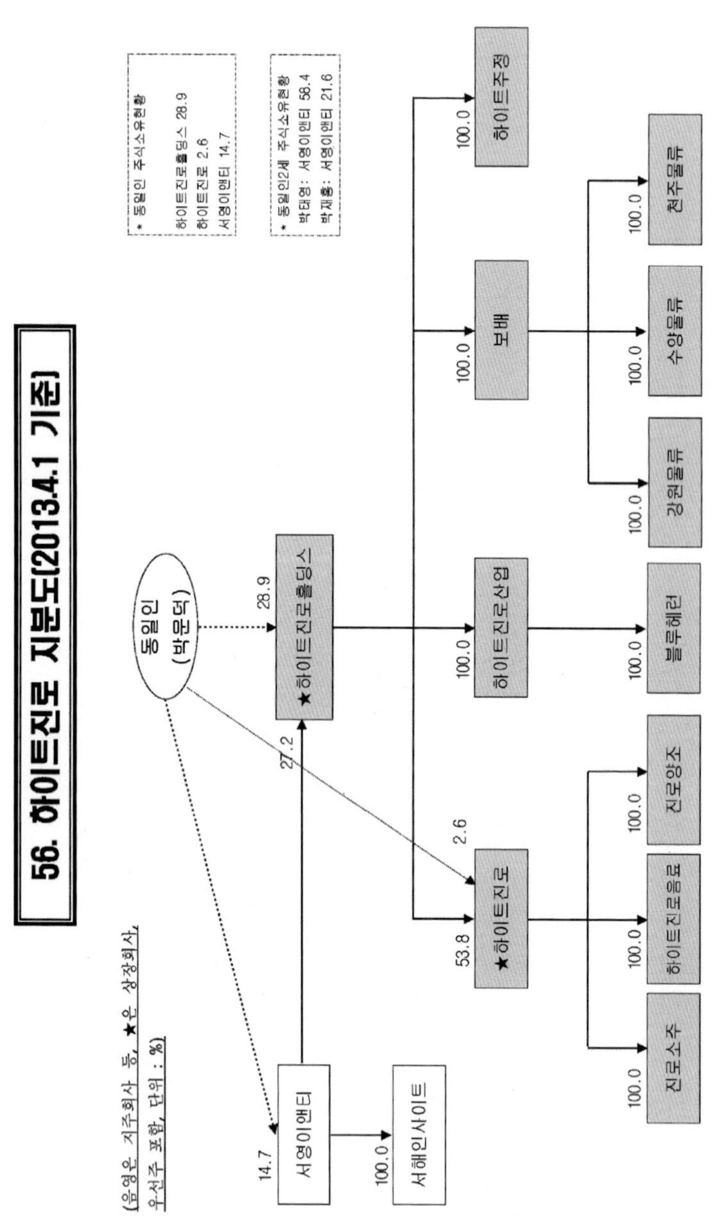

〈그림 4.9〉③ 하이트진로그룹 소유지분도, 2014년 4월

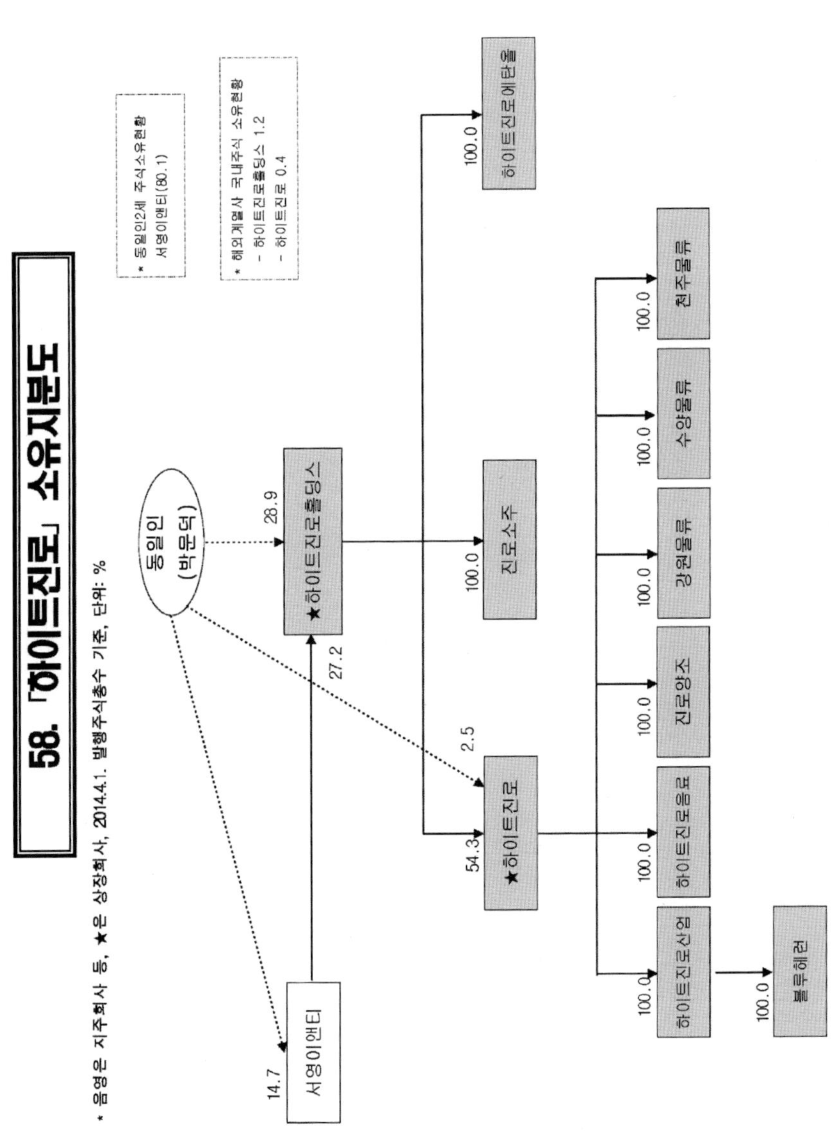

〈그림 4.9〉④ 하이트진로그룹 소유지분도, 2015년 4월

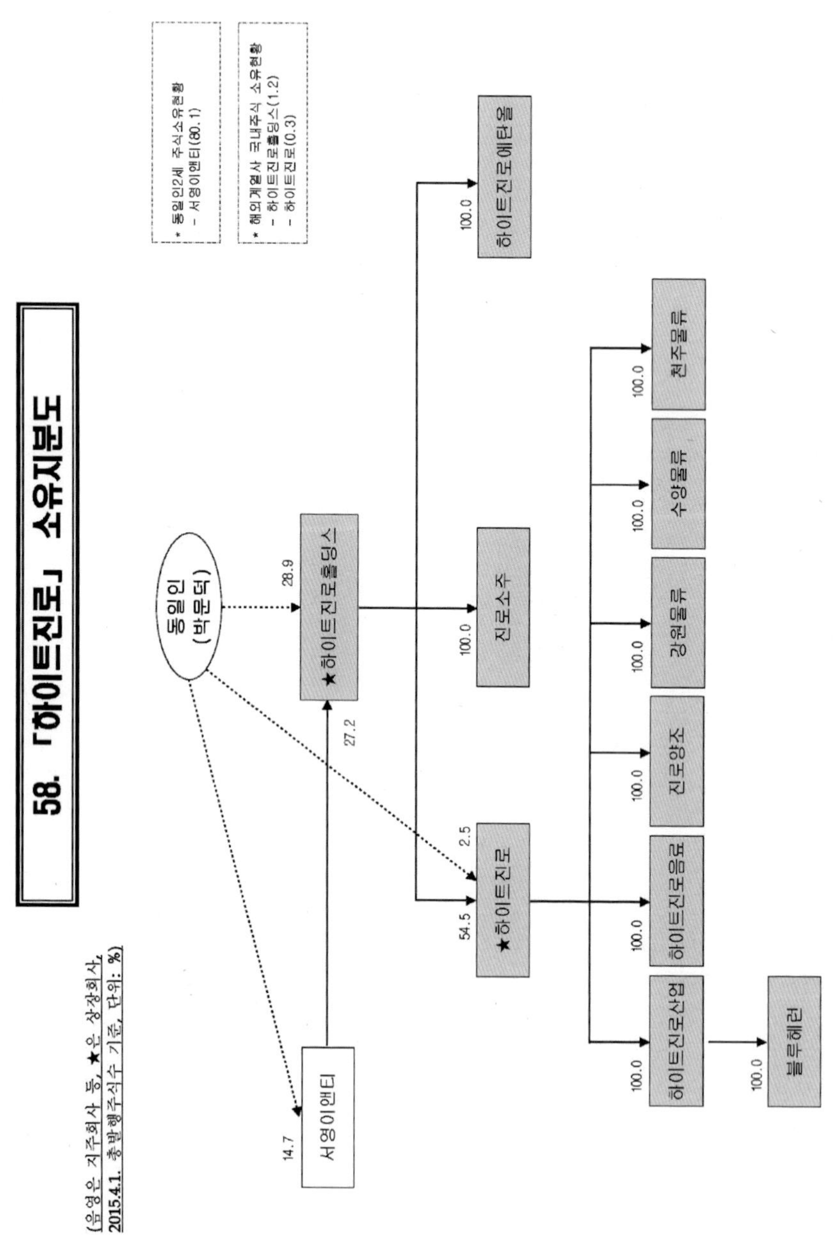

〈그림 4.9〉⑤ 하이트진로그룹 소유지분도, 2016년 4월

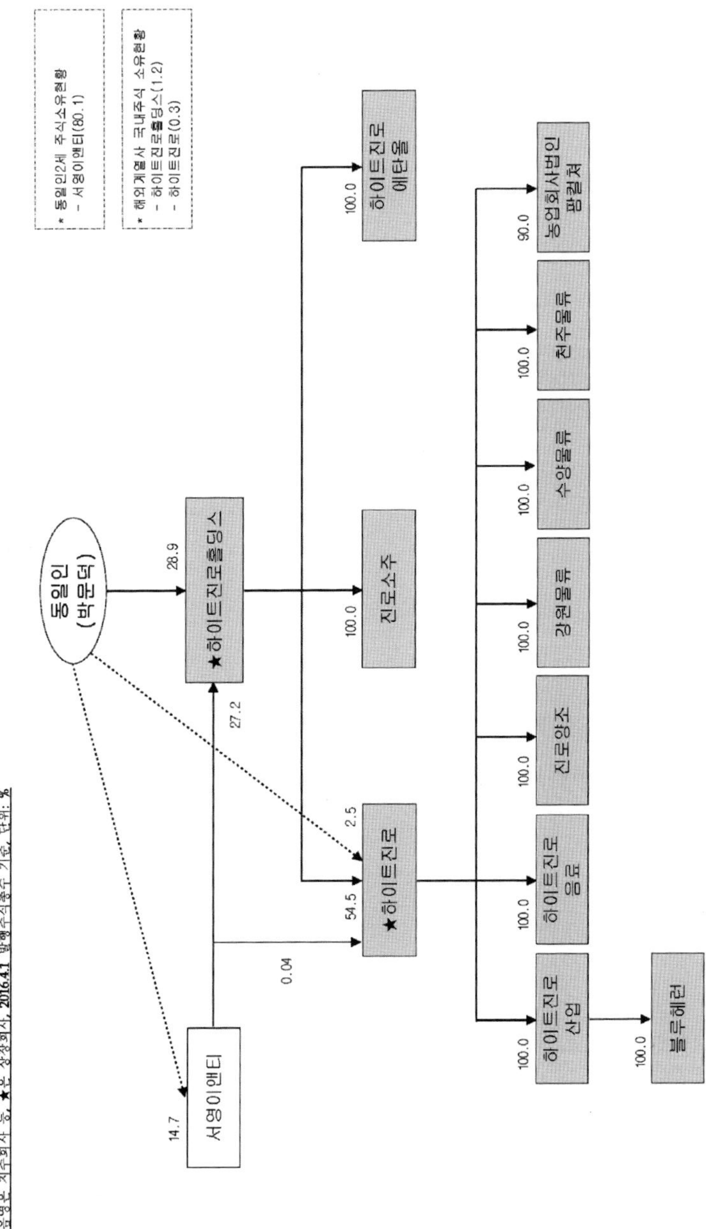

10. 한솔그룹

한솔그룹은 2015년 지주회사체제를 도입하였다. 주력회사인 한솔제지가 2015년 1월 지주회사 한솔홀딩스로 전환되면서였다 (<표 4.10>, <그림 4.10>).

(1) 한솔그룹은 1996-2008년과 2013-2016년의 17년 동안 대규모기업집단으로 지정되었다. 순위는 51위(2013, 2016년)에서 11위(2000년) 사이, 계열회사는 10개(2005년)에서 23개(1997년) 사이, 그리고 자산총액은 3조 원(1996년)에서 9.4조 원(2000년) 사이였다. 2016년 4월 현재, 순위는 51위, 계열회사는 20개, 그리고 자산총액은 5.4조 원이다. 동일인은 2000년 이후 이인희이다.

(2) 한솔그룹은 적극적인 지주회사체제를 채택하였다. 하지만 2015년의 지주회사체제 달성비율은 52%(그룹 계열회사 21개 vs. 지주회사체제 편입 회사 11개)로 낮았다.

(3) 지주회사는 한솔홀딩스 1개이다.

① 기존의 계열회사인 한솔제지는 2015년 1월 지주회사 한솔홀딩스로 전환하였다.

② 한솔홀딩스는 2015년 공정거래법상 지주회사들 중에서의 순위가 39위이다.

③ 한솔홀딩스의 계열회사는 2015년 10개이며, 자회사 7개와 손자회사 3개로 구성되어 있다.

④ 한솔홀딩스의 2015년 지주비율은 86%이다.

(4) 한솔홀딩스의 최대주주는 그룹 동일인 이인희(2015년) 또는 이인희의 셋째 아들 조동길(2016년)이다. 2015년의 보유 지분은 이인희 3.5%, 조동길 3.3%이며, 2016년의 보유 지분은 이인희 5.6%, 조동길 7.7%이다 (그룹 소유지분도 참조; 지분도의 '동일인 2,3세 주식 소유 현황' 중 한솔홀딩스 관련 수치가 조동길의 지분임; 2016년 지분도에는 이인희가 최대주주인 것처럼 화살표가 잘못 표시되어 있음).

〈표 4.10〉 한솔그룹과 지주회사체제, 2015년

(1) 한솔그룹의 성장, 1996-2016년: 순위(A, 위), 계열회사(B, 개), 자산총액(C, 10억 원)

연도	A	B	C	연도	A	B	C	연도	A	B	C
1996	22	19	2,990	2002	21	12	4,162	2008	47	16	3,193
1997	16	23	4,346	2003	25	13	3,772	2013	51	22	5,211
1998	15	19	6,268	2004	30	11	3,396	2014	50	20	5,261
1999	12	19	8,060	2005	35	10	3,150	2015	50	21	5,269
2000	11	19	9,397	2006	43	12	3,092	2016	51	20	5,353
2001	14	19	6,983	2007	43	12	3,018				

(2) 지주회사체제, 2015년

연도	그룹		지주회사체제				지주회사체제 달성 비율 (B/A, %)
	순위	계열회사 (A, 개)	지주회사 (a)	순위	계열회사 (b, 개)	a+b (B, 개)	
2015	50	21	한솔홀딩스	39	10	11	52

(3) 지주회사: 한솔홀딩스, 2015년

연도	순위	설립·전환 시기 (연.월)	상장 여부	자산 총액 (억 원)	지주 비율 (%)	부채 비율 (%)	계열회사 (개)			
							합	자	손자	증손
2015	39	2015.1	O	5,229	86.9	5.3	10	7	3	-

출처: 〈부록 1〉, 〈부록 2〉, 〈부록 3〉, 공정거래위원회 홈페이지 자료.

〈그림 4.10〉 한솔그룹 소유지분도, 2015-2016년 4월
(* 음영 부분이 지주회사 및 계열회사)

〈그림 4.10〉① 한솔그룹 소유지분도, 2015년 4월

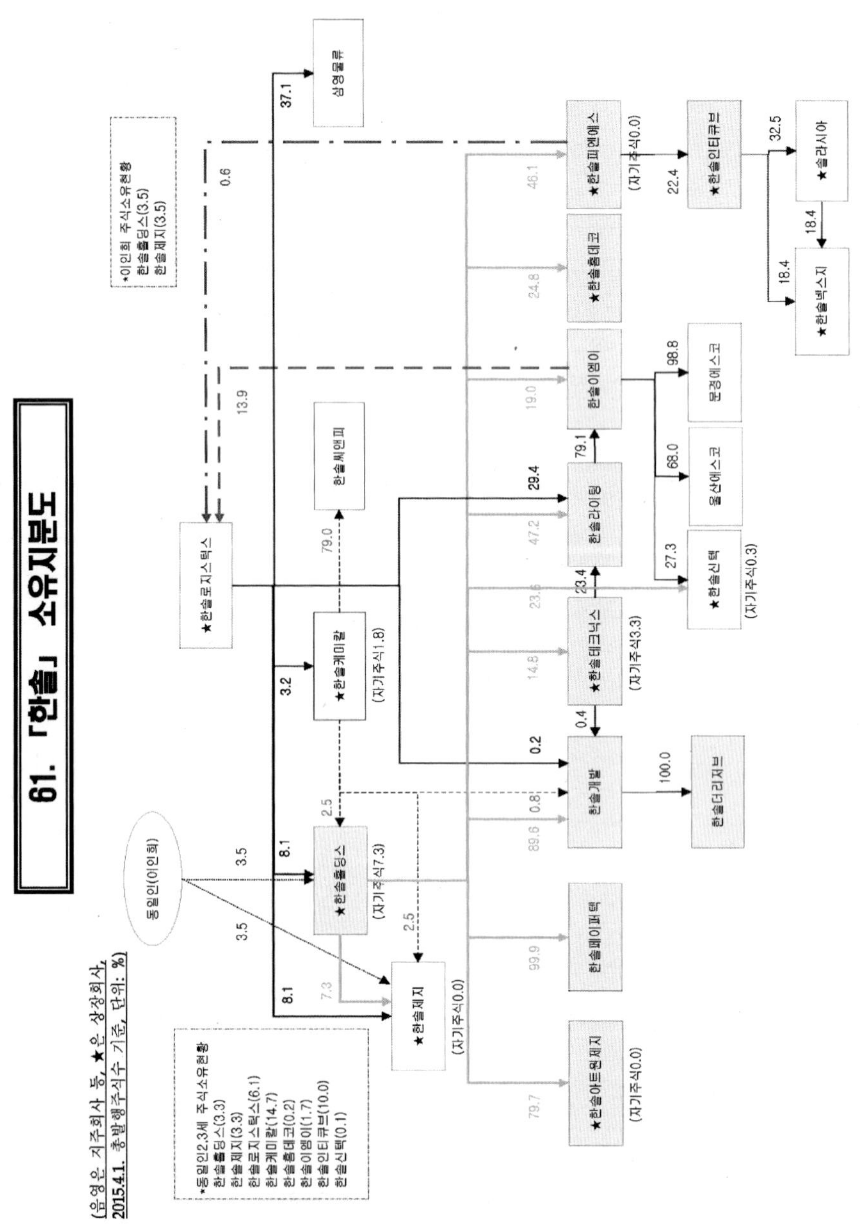

〈그림 4.10〉② 한솔그룹 소유지분도, 2016년 4월

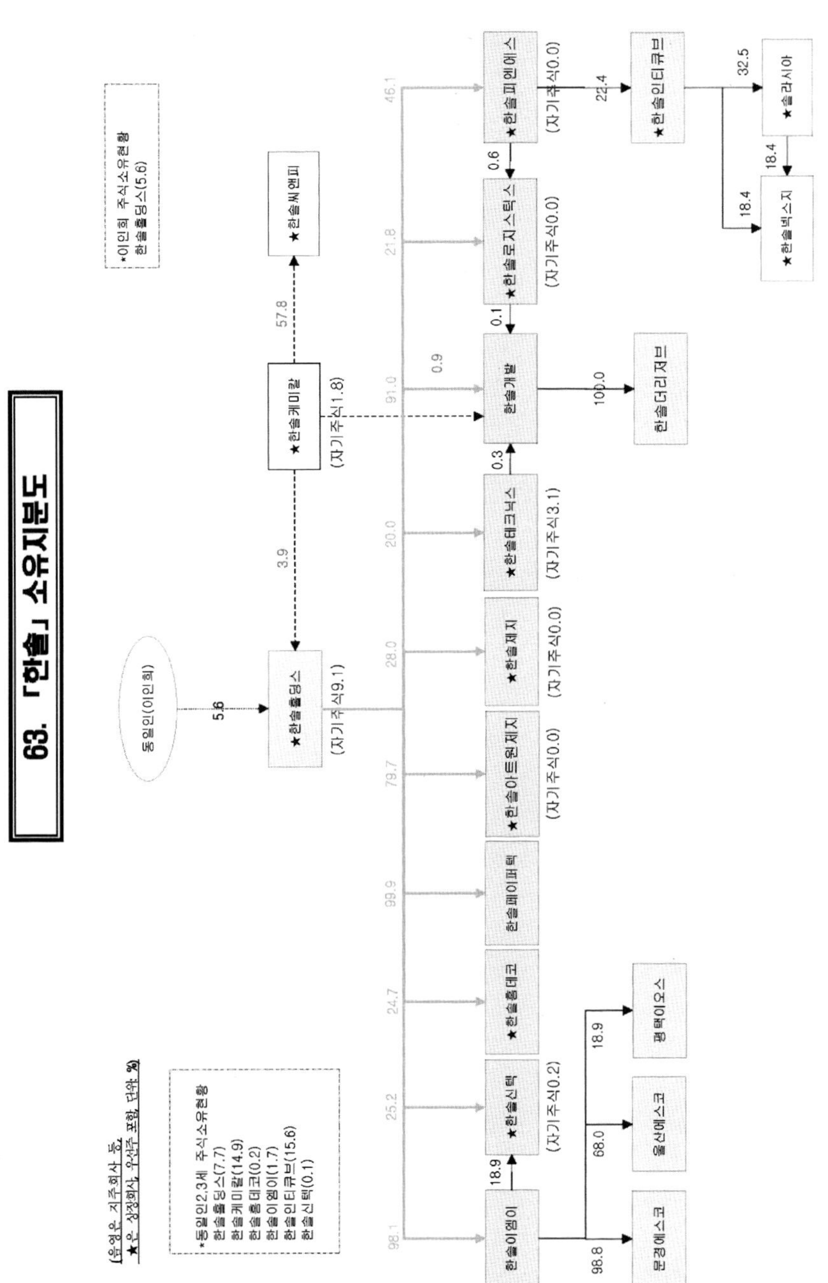

제5장

적극적인 지주회사체제를 채택한 7개 재벌, 2015년 이전

1. 금호아시아나그룹

금호아시아나그룹(1987-2003년 금호그룹)은 2007-2008년의 2년 동안 공정거래법상 지주회사체제를 유지하였다. 주력회사 금호산업은 2007년 1월 지주회사로 지정되었다 (<표 5.1>).

(1) 금호아시아나그룹은 1987년 대규모기업집단지정제도가 도입된 이후 2016년까지 30년 동안 매년 지정되었다. 순위는 22위(1987년)에서 8위(2000년) 사이, 계열회사는 10개(1988년)에서 52개(2008년) 사이, 그리고 자산총액은 0.7조 원(1987년)에서 37.6조 원(2009년) 사이였다. 2016년 4월 현재, 순위는 20위, 계열회사는 24개, 그리고 자산총액은 15.2조 원이다. 동일인은 2000-2005년에는 박성용이었고 2006년 이후에는 박삼구이다.

(2) 금호아시아나그룹은 적극적인 지주회사체제를 채택하였다. 하지만 지주회사체제 달성 비율은 낮아, 2007년 58% 그리고 2008년 44%(그룹 계열회사 52개 vs. 지주회사체제 편입 회사 23개)였다.

(3) 지주회사는 금호산업 1개였다.

① 기존의 계열회사인 금호산업은 2007년 1월 공정거래법상 지주회사로 지정되었다.

② 금호산업은 공정거래법상 일반지주회사들 중에서의 순위가 3위로 매우 높았다.

③ 금호산업의 계열회사는 21-22개였다. 2007년과 2008년 사이, 자회사는 11개에서 8개로 줄어든 반면 손자회사는 10개에서 14개로 늘어났다.

④ 금호산업의 지주비율은 57-65%로 낮았다. 2009년 6월에는 공정거래법상 지주회사의 요건인 '지주비율 50% 이상'을 충족시키지 못해 지정에서 제외되었다.

(4) 2007-2008년, 금호산업의 최대주주는 계열회사인 금호석유화학이었고, 금호석유화학의 최대주주는 박철완(그룹 동일인 박삼구의 첫째 형인 박정구의 외동아들)이었다. 즉, '박철완 → 금호석유화학 → 금호산업'의 지배구조였다.

〈표 5.1〉 금호아시아나그룹과 지주회사체제, 2007–2008년

(1) 금호아시아나그룹(1987–2003년 금호그룹)의 성장, 1987–2016년: 순위(A, 위), 계열회사(B, 개), 자산총액(C, 10억 원)

연도	A	B	C	연도	A	B	C	연도	A	B	C
1987	22	19	702	1997	11	26	7,486	2007	9	38	22,873
1988	20	10	865	1998	9	32	10,361	2008	10	52	26,667
1989	17	12	1,212	1999	9	29	10,696	2009	9	48	37,558
1990	16	18	1,731	2000	8	20	11,532	2010	9	45	34,942
1991	12	24	2,613	2001	9	17	11,606	2011	13	36	24,507
1992	11	25	3,536	2002	9	15	10,608	2012	16	25	19,099
1993	11	24	4,272	2003	12	15	9,698	2013	19	24	17,037
1994	11	22	4,609	2004	11	16	10,602	2014	18	26	18,261
1995	11	24	5,374	2005	12	18	11,413	2015	18	26	18,828
1996	11	27	6,423	2006	13	23	12,982	2016	20	24	15,246

(2) 지주회사체제, 2007–2008년

연도	그룹		지주회사체제				지주회사체제 달성 비율 (B/A, %)
	순위	계열회사 (A, 개)	지주회사 (a)	순위	계열회사 (b, 개)	a+b (B, 개)	
2007	9	38	금호산업	3	21	22	58
2008	10	52	금호산업	3	22	23	44

(3) 지주회사: 금호산업, 2007–2008년

연도	순위	설립 · 전환 시기 (연.월)	상장 여부	자산 총액 (억 원)	지주 비율 (%)	부채 비율 (%)	계열회사 (개)			
							합	자	손자	증손
2007	3	2007.1	-	38,868	65.8	240.9	21	11	10	-
2008	3	2007.1	O	41,240	57.4	272.8	22	8	14	-

주: 금호산업은 2009년 6월 공정거래법상 지주회사에서 제외 (지주비율 50% 미만; 자회사 처분 및 주식가액 하락); 금호아시아나그룹은 2009년 공정거래법상 대규모기업집단(4월 기준)에 지정되었고, 금호산업은 지주회사(9월 기준)에 지정되지 않음.
출처: 〈부록 1〉, 〈부록 2〉, 〈부록 3〉, 공정거래위원회 홈페이지 자료.

2. 두산그룹

두산그룹은 2009-2014년의 6년 동안 공정거래법상 지주회사체제를 유지하였다. 두 계열회사인 ㈜두산과 두산모트롤홀딩스는 2009년 1월 지주회사로 지정되었다 (<표 5.2>, <그림 5.1>).

(1) 두산그룹은 1987년 대규모기업집단지정제도가 도입된 이후 2016년까지 30년 동안 매년 지정되었다. 순위는 15위(1988-1989년)에서 11위(2001년) 사이, 계열회사는 14개(1999년)에서 29개(2010년) 사이, 그리고 자산총액은 1.1조 원(1987년)에서 33.1조 원(2015년) 사이였다. 2016년 4월 현재, 순위는 12위, 계열회사는 25개, 그리고 자산총액은 32.4조 원이다. 동일인은 2000년 이후 박용곤이다.

(2) 두산그룹은 적극적인 지주회사체제를 채택하였다. 지주회사체제 달성 비율이 80% 내외로 높았다. 2009년 85%, 2010년 76%, 2011-2013년 80-88% 등이었으며, 2014년에는 68%(그룹 계열회사 22개 vs. 지주회사체제 편입 회사 15개)로 다소 낮아졌다.

(3) 지주회사는 매년 2개씩(2009년 ㈜두산, 두산모트롤홀딩스; 2010-2014년 ㈜두산, 디아이피홀딩스)이었으며, 총 수는 3개이다.

① 주력회사인 ㈜두산은 2009년 1월 공정거래법상 지주회사로 지정되었다. 두산모트롤홀딩스는 2008년 5월 설립된 지주회사이며 2009년 1월 공정거래법상 지주회사로 지정되었다. 또 디아이피홀딩스는 2009년 5월 설립된 지주회사이며 2010년 1월 공정거래법상 지주회사로 지정되었다. 두산모트롤홀딩스와 디아이피홀딩스는 ㈜두산의 자회사였으며, 두산모트롤홀딩스는 2010년 7월 ㈜두산에 합병되었다.

② ㈜두산은 공정거래법상 일반지주회사들 중에서의 순위가 5위 내외로 매우 높았다. 2009년 4위 그리고 2010-2014년 6-7위였다. 두산모트롤홀딩스(46위)와 디아이피홀딩스(32-50위)의 순위는 40위 내외로 낮았다.

③ ㈜두산의 계열회사는 20개 내외(14-21개)였다. 자회사(7-11개)와 손자회사(6-11개)의 비중이 비슷했고 증손회사도 매년 1-3개씩 포함되었다. 반면 디아이피홀딩스와 두산모트롤홀딩스의 계열회사는 각각 2-3개, 1개였으며, 모두 자회사였다.

④ 지주비율은 두산모트롤홀딩스가 95%로 가장 높았으며, 디아이피홀딩스(55-71%)와 ㈜두산(51-66%)은 60% 내외로 낮았다. 뒤의 두 회사는 2014년 12월 공정거래법상 지주회사의 요건인 '지주비율 50% 이상'을 충족시키지 못해 지정에서 제외되었다.

(4) ㈜두산의 최대주주는 그룹 동일인 박용곤이며, 2012-2014년의 보유 지분은 1% 내외(0.9-1.2%)로 미미하다. 대신 친족 지분이 많은데, 2013년의 경우 35.1%였다. 또 두산모트롤홀딩스와 디아이피홀딩스의 최대주주는 ㈜두산이다. 즉, 2009년에는 '박용곤 → ㈜두산 → 두산모트롤홀딩스' 그리고 2010-2014년에는 '박용곤 → ㈜두산 → 디아이피홀딩스'의 지배구조였다 (그룹 소유지분도 참조).

〈표 5.2〉 두산그룹과 지주회사체제, 2009-2014년

(1) 두산그룹의 성장, 1987-2016년: 순위(A, 위), 계열회사(B, 개), 자산총액(C, 10억 원)

연도	A	B	C	연도	A	B	C	연도	A	B	C
1987	14	21	1,073	1997	14	25	6,370	2007	13	20	14,442
1988	15	22	1,213	1998	14	23	6,586	2008	13	21	17,033
1989	15	21	1,432	1999	13	14	6,704	2009	12	26	27,302
1990	14	23	1,799	2000	12	16	7,646	2010	12	29	26,788
1991	14	23	2,253	2001	11	18	11,192	2011	12	25	26,966
1992	13	24	3,106	2002	12	18	8,988	2012	12	24	29,915
1993	13	25	3,622	2003	13	22	8,452	2013	13	25	29,425
1994	13	24	4,053	2004	12	22	9,179	2014	13	22	30,021
1995	12	27	4,808	2005	13	18	9,734	2015	13	22	33,073
1996	12	26	5,756	2006	12	18	13,659	2016	12	25	32,383

(2) 지주회사체제, 2009-2014년

연도	그룹		지주회사체제				지주회사체제 달성 비율
	순위	계열회사 (A, 개)	지주회사 (a)	순위	계열회사 (b, 개)	a+b (B, 개)	(B/A, %)
2009	12	26	두산	4	21	22	
			두산모트롤홀딩스	46	1	2 [22]	85
2010	12	29	두산	6	21	22	
			디아이피홀딩스	47	3	4 [22]	76
2011	12	25	두산	6	20	21	
			디아이피홀딩스	43	2	3 [21]	84
2012	12	24	두산	7	20	21	
			디아이피홀딩스	32	3	4 [21]	88
2013	13	25	두산	6	19	20	
			디아이피홀딩스	37	3	4 [20]	80
2014	13	22	두산	6	14	15	
			디아이피홀딩스	50	2	3 [15]	68

(3) 지주회사

① 두산, 2009-2014년

연도	순위	설립·전환 시기 (연.월)	상장 여부	자산 총액 (억 원)	지주 비율 (%)	부채 비율 (%)	계열회사 (개)			
							합	자	손자	증손
2009	4	2009.1	O	27,910	57.6	78.3	21	11	8	2
2010	6	2009.1	O	27,484	66.1	51.4	21	8	11	2
2011	6	2009.1	O	31,876	58.3	55.9	20	9	8	3
2012	7	2009.1	O	31,776	54.0	61.5	20	9	9	2
2013	6	2009.1	O	30,901	54.6	61.1	19	9	8	2
2014	6	2009.1	O	32,916	51.6	67.3	14	7	6	1
② 두산모트롤홀딩스, 2009년										
2009	46	2009.1	X	1,947	95.6	298.7	1	1	-	-
③ 디아이피홀딩스, 2010-2014년										
2010	47	2010.1	X	2,920	66.0	77.6	3	3	-	-
2011	43	2010.1	X	3,191	67.0	45.9	2	2	-	-
2012	32	2010.1	X	4,340	55.4	48.7	3	3	-	-
2013	37	2010.1	X	4,531	71.0	87.5	3	3	-	-
2014	50	2010.1	X	4,072	62.1	19.9	2	2	-	-

주: 1) 두산모트롤홀딩스와 디아이피홀딩스는 두산의 자회사.
2) 두산모트롤홀딩스 - 2010년 7월 공정거래법상 지주회사에서 제외 (해산; 두산에 합병); 두산 - 2014년 12월 지주회사에서 제외 (지주비율 50% 미만); 디아이피홀딩스 - 2014년 12월 지주회사에서 제외 (지주비율 50% 미만).
출처: 〈부록 1〉, 〈부록 2〉, 〈부록 3〉, 공정거래위원회 홈페이지 자료.

〈그림 5.1〉 두산그룹 소유지분도, 2012-2014년 4월
(* 음영 부분이 지주회사 및 계열회사)

〈그림 5.1〉① 두산그룹 소유지분도, 2012년 4월

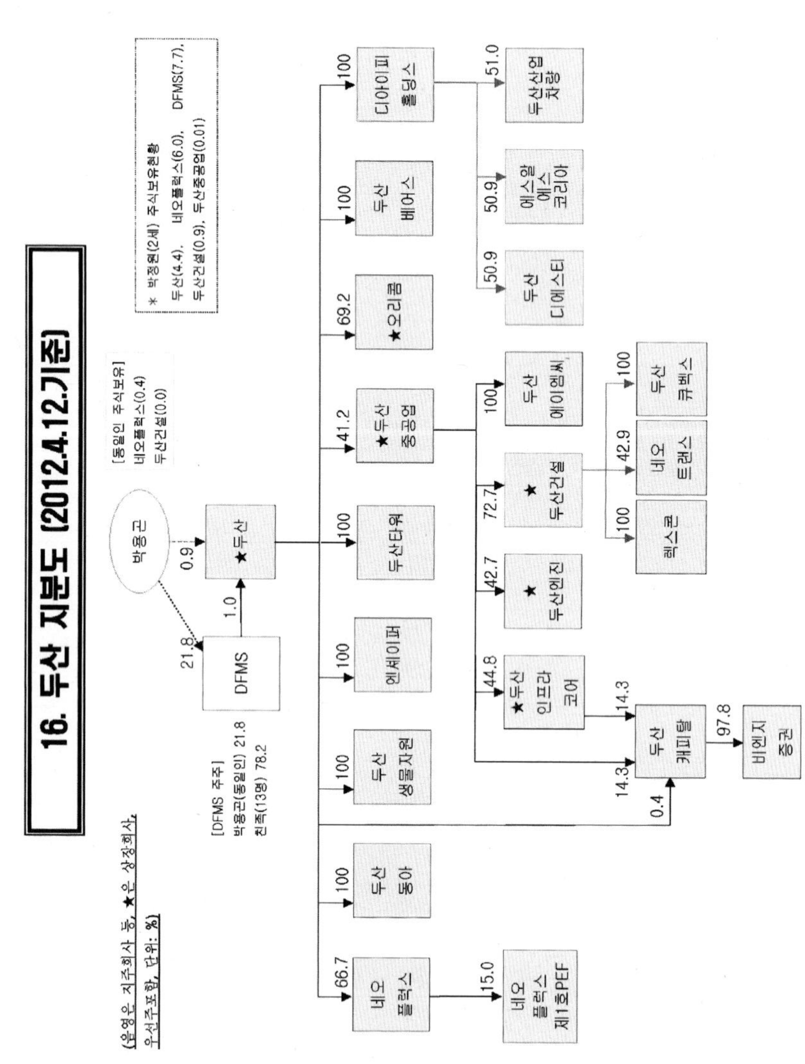

〈그림 5.1〉② 두산그룹 소유지분도, 2013년 4월

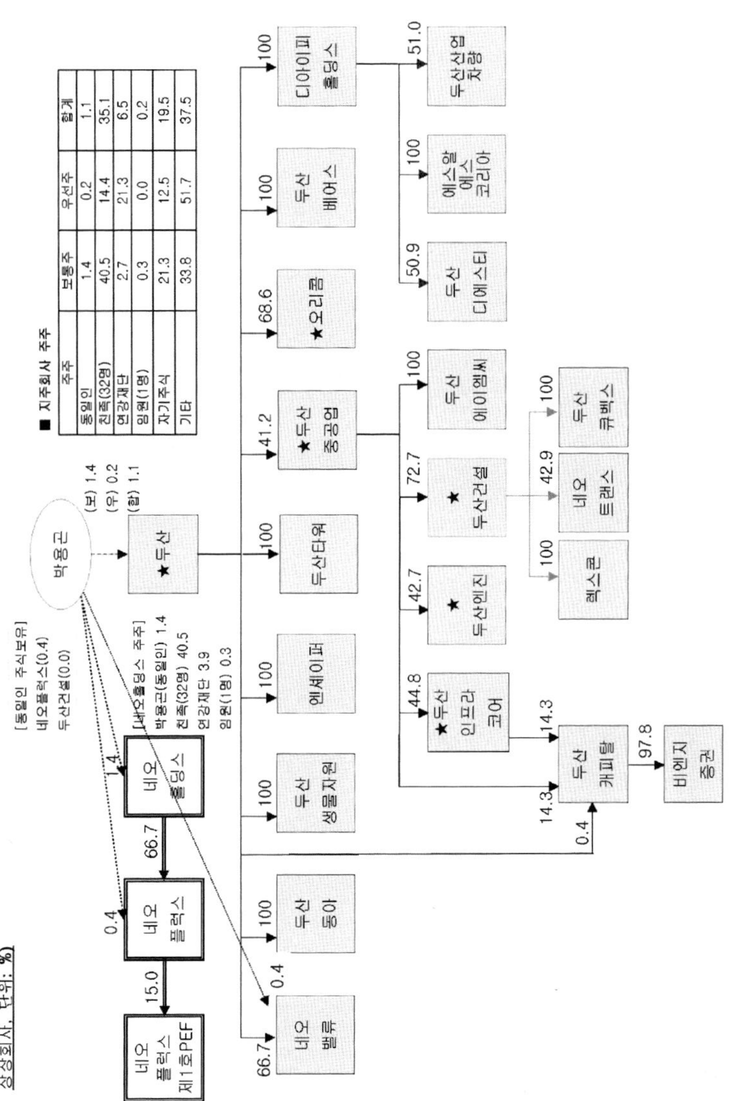

주주	보통주	우선주	합계
동일인	1.4	0.2	1.1
친족(32명)	40.5	14.4	35.1
연강재단	2.7	21.3	6.5
임원(1명)	0.3	0.0	0.2
자기주식	21.3	12.5	19.5
기타	33.8	51.7	37.5

〈그림 5.1〉③ 두산그룹 소유지분도, 2014년 4월

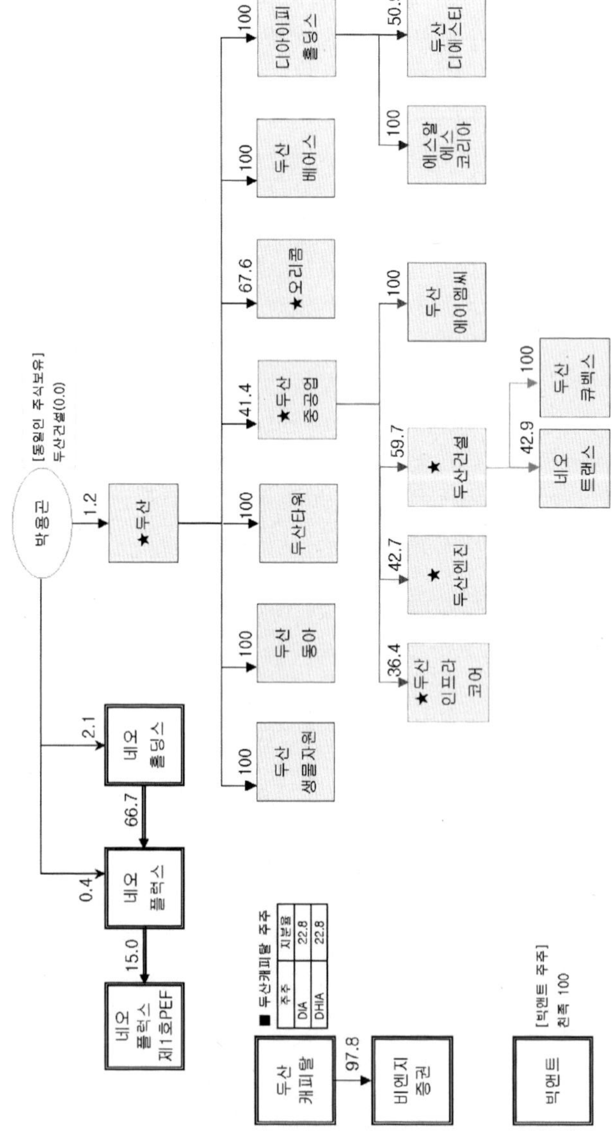

3. STX그룹

STX그룹은 2005년에만 공정거래법상 지주회사체제를 가졌다. 주력회사 ㈜STX는 2004년 지주회사로 전환하였고, 그룹은 2005년 처음으로 대규모기업집단으로 지정되었다 (<표 5.3>).

(1) STX그룹은 2005년부터 2013년까지 9년 동안 대규모기업집단으로 지정되었다. 순위는 28위(2005년)에서 13위(2012년) 사이, 계열회사는 10개(2006년)에서 26개(2012년) 사이, 그리고 자산총액은 4.1조 원(2005년)에서 24.3조 원(2013년) 사이였다. 2013년 4월 현재, 순위는 14위, 계열회사는 21개, 그리고 자산총액은 24.3조 원이었다. 동일인은 강덕수이다.

(2) STX그룹은 적극적인 지주회사체제를 채택하였다. 하지만 지주회사체제 달성 비율은 64%(그룹 계열회사 14개 vs. 지주회사체제 편입 회사 9개)로 낮은 편이었다.

(3) 지주회사는 ㈜STX 1개이다.

① 기존의 계열회사인 ㈜STX는 2004년 4월 공정거래법상 지주회사로 전환하였다. 그룹은 2005년에 처음으로 대규모기업집단으로 지정되었으며, 이에 따라 지주회사체제의 시작연도는 2005년으로 하였다.

② ㈜STX는 공정거래법상 일반지주회사들 중에서의 순위가 7-9위로 높았다.

③ ㈜STX의 계열회사는 5-8개로 적었으며, 자회사(3-4개)와 손자회사(2-4개)의 비중이 비슷하였다.

④ ㈜STX의 지주비율은 50%대로 낮았다. 2005년 10월 ㈜STX는 자회사인 ㈜포스를 합병하였는데, 이 과정에서 공정거래법상 지주회사의 요건인 '지주비율 50% 이상'이 충족되지 못해 지정에서 제외되었다.

(4) 2004-2005년 ㈜STX의 최대주주는 그룹 동일인 강덕수였다.

〈표 5.3〉 STX그룹과 지주회사체제, 2005년

(1) STX그룹의 성장, 2005-2013년: 순위(A, 위), 계열회사(B, 개), 자산총액(C, 10억 원)

연도	A	B	C	연도	A	B	C	연도	A	B	C
2005	28	14	4,139	2008	15	15	10,912	2011	14	21	21,969
2006	26	10	4,907	2009	14	17	20,687	2012	13	26	24,321
2007	24	11	5,878	2010	14	16	20,901	2013	14	21	24,328

(2) 지주회사체제, 2005년

연도	그룹		지주회사체제				지주회사체제 달성 비율 (B/A, %)
	순위	계열회사 (A, 개)	지주회사 (a)	순위	계열회사 (b, 개)	a+b (B, 개)	
2005	28	14	㈜STX	9	8	9	64

(3) 지주회사: ㈜STX, 2004-2005년

연도	순위	설립·전환 시기 (연.월)	상장 여부	자산 총액 (억 원)	지주 비율 (%)	부채 비율 (%)	계열회사 (개)			
							합	자	손자	증손
2004	7	2004.4	-	3,034	59.5	163.6	5	3	2	-
2005	9	2004.4	O	3,301	58.0	153.0	8	4	4	-

주: STX그룹은 2004년 공정거래법상 대규모기업집단에 지정되지 않음. ㈜STX는 2004년 존속; ㈜STX는 2005년 10월 공정거래법상 지주회사에서 제외 (지주비율 50% 미만).

출처: 〈부록 1〉, 〈부록 2〉, 〈부록 3〉, 공정거래위원회 홈페이지 자료.

4. 동원그룹

동원그룹은 2003-2004년의 2년 동안 공정거래법상 지주회사체제를 유지하였다. 지주회사 동원엔터프라이즈는 2001년 4월 설립되었으며, 그룹은 2002-2004년 대규모기업집단으로 다시 지정되었다 (<표 5.4>).

(1) 동원그룹은 1990-1992년과 2002-2004년의 6년 동안 대규모기업집단으로 지정되었다. 순위는 32위(2003년)와 28위(2002년) 사이, 계열회사는 8개(1991년)에서 17개(2002-2004년) 사이, 그리고 자산총액은 1조 원(1991년)에서 3.1조 원(2004년) 사이였다. 2004년 4월 현재, 순위는 31위, 계열회사는 17개, 그리고 자산총액은 3.1조 원이었다. 동일인은 2002년 이후 김재철이다.

(2) 동원그룹은 적극적인 지주회사체제를 채택하였다. 하지만 지주회사체제 달성 비율은 59%(그룹 계열회사 17개 vs. 지주회사체제 편입 회사 10개)로 낮은 편이었다.

(3) 지주회사는 동원엔터프라이즈 1개이다.

① 동원엔터프라이즈는 2001년 4월 설립되었으며 2015년 현재까지 존속해 오고 있다. 반면, 그룹은 2002-2004년에 대규모기업집단으로 지정되었는데, 2002년의 경우는 공정거래위원회의 지주회사 관련 자료가 없으며 이에 따라 지주회사체제 채택 기간은 2003-2004년의 2개 연도로 하였다.

② 동원엔터프라이즈는 공정거래법상 일반지주회사들 중에서의 순위가 20위 내외로 높은 편이었으며 점차 낮아졌다. 2001년 9위, 2003-2007년 12-16위, 그리고 2008-2015년 21-29위였다.

③ 동원엔터프라이즈의 계열회사는 10개 내외 수준에서 점차 증가하였다. 2001-2005년 3-9개, 2006-2012년 11-17개, 그리고 2013-2015년 20-21개였다. 2010년까지는 자회사(3-11개)가 그리고 2011년부터는 손자회사(8-11개)가 더 많았으며, 증손회사는 2011년부터 매년 1-4개씩 포함되었다.

④ 동원엔터프라이즈의 지주비율은 90% 내외(83-96%)의 높은 수준이 유지되었다.

(4) 2003-2004년 동원엔터프라이즈의 최대주주는 김남정(그룹 동일인 김재철의 둘째 아들)이었다.

〈표 5.4〉 동원그룹과 지주회사체제, 2003-2004년

(1) 동원그룹의 성장, 1990-2004년: 순위(A, 위), 계열회사(B, 개), 자산총액(C, 10억 원)

연도	A	B	C	연도	A	B	C	연도	A	B	C
1990	31	9	-	1992	31	7	-	2003	32	17	2,388
1991	30	8	1,022	2002	28	17	2,322	2004	31	17	3,106

(2) 지주회사체제, 2003-2004년

연도	그룹		지주회사체제				지주회사체제 달성 비율 (B/A, %)
	순위	계열회사 (A, 개)	지주회사 (a)	순위	계열회사 (b, 개)	a+b (B, 개)	
2003	32	17	동원엔터프라이즈	12	9	10	59
2004	31	17	동원엔터프라이즈	14	9	10	59

(3) 지주회사: 동원엔터프라이즈, 2001-2015년

연도	순위	설립·전환 시기 (연.월)	상장 여부	자산 총액 (억 원)	지주 비율 (%)	부채 비율 (%)	계열회사 (개)			
							합	자	손자	증손
2001	9	2001.4	-	470	89.3	0	3	3	-	-
2003	12	2001.4	-	1,398	95.4	49.7	9	8	1	-
2004	14	2001.4	-	1,398	96.9	7.0	9	8	1	-
2005	14	2001.4	X	2,240	88.9	50.1	9	8	1	-
2006	15	2001.4	-	2,525	91.9	40.9	11	10	1	-
2007	16	2001.4	-	3,735	90.5	66.4	12	11	1	-
2008	21	2001.4	X	3,601	89.1	58.9	14	11	3	-
2009	27	2001.4	X	3,814	87.0	48.3	15	9	6	-
2010	29	2001.4	X	4,452	83.7	41.7	16	8	8	-
2011	21	2001.4	X	6,526	88.9	35.8	17	7	9	1
2012	22	2001.4	X	7,178	89.0	34.9	17	7	9	1
2013	24	2001.4	X	8,599	87.2	56.9	21	9	11	1
2014	24	2001.4	X	8,505	88.2	54.4	20	8	8	4
2015	23	2001.4	X	9,312	83.3	67.5	20	7	9	4

주: 1) 1990, 1992년: 순위 - 31위 이하이며 자세한 정보는 없음; 자산총액 - 정보 없음.
2) 동원그룹은 2001, 2005-2015년 공정거래법상 대규모기업집단으로 지정되지 않음. 동원엔터프라이즈는 2001년 이후 존속; 2002년의 경우 공정거래위원회 자료 없음.

출처: 〈부록 1〉, 〈부록 2〉, 〈부록 3〉, 공정거래위원회 홈페이지 자료.

5. 웅진그룹

웅진그룹은 2009-2013년의 5년 동안 공정거래법상 지주회사체제를 유지하였다. 주력회사인 웅진씽크빅은 2008년 1월 지주회사로 지정되었으며, 그룹은 2008-2013년에 대규모기업집단으로 지정되었다 (<표 5.5>, <그림 5.2>).

(1) 웅진그룹은 2008년부터 2013년까지 6년 동안 대규모기업집단으로 지정되었다. 순위는 49위(2013년)에서 31위(2012년) 사이, 계열회사는 24개(2008, 2010년)에서 31개(2011년) 사이, 그리고 자산총액은 4.9조 원(2008년)에서 9.3조 원(2012년) 사이였다. 2013년 4월 현재, 순위는 49위, 계열회사는 25개, 그리고 자산총액은 5.9조 원이었다. 동일인은 윤석금이다.

(2) 웅진그룹은 적극적인 지주회사체제를 채택하였다. 지주회사체제 달성 비율은 70% 내외(65-88%)로 높은 편이었으며, 2013년 현재에는 84%(그룹 계열회사 25개 vs. 지주회사체제 편입 회사 21개)였다.

(3) 지주회사는 웅진홀딩스 1개이다.

① 기존의 계열회사인 웅진씽크빅은 2007년 5월 지주회사 웅진홀딩스로 전환하였으며, 2008년 1월 공정거래법상 지주회사로 지정되었다. 2015년 3월에는 ㈜웅진으로 명칭이 변경되었다. 지주회사는 2015년 현재까지 존속해 오고 있는 반면 그룹은 2008-2013년에만 대규모기업집단으로 지정되었다. 2008년의 경우, 웅진그룹은 대규모집단으로 그리고 웅진홀딩스는 지주회사로 지정되었지만, 지주회사 관련 자료에는 웅진홀딩스가 대규모집단에 속하지 않은 것으로 되어 있으며 이에 따라 그룹의 지주회사체제 시작 연도를 2009년으로 하였다.

② 웅진홀딩스는 공정거래법상 일반지주회사들 중에서의 순위가 10위 내외로 높은 편이었으나 점차 낮아졌다. 2008-2012년 8-9위, 2013년 13위, 그리고 2014-2015년 21-26위였다.

③ 웅진홀딩스의 계열회사는 11-23개 수준이었다. 대부분이 자회사(7-10개)와 손자회사(4-15개)였으며, 일부 연도에는 자회사가 그리고 일부 연도에는 손자회사가 더 많았다. 증손회사는 2009-2013년에 매년 1-2개씩 포함되었다.

④ 웅진홀딩스의 지주비율은 점차 감소하였다. 2008-2010년 90-97%, 2011-2012년 82-84%, 그리고 2013-2015년 50-59%였다.

(4) 2009-2013년 웅진홀딩스의 최대주주는 그룹 동일인 윤석금이었다. 보유 지분은 2012년 73.9%, 2013년 7%였다 (그룹 소유지분도 참조).

〈표 5.5〉 웅진그룹과 지주회사체제, 2009-2013년

(1) 웅진그룹의 성장, 2008-2013년: 순위(A, 위), 계열회사(B, 개), 자산총액(C, 10억 원)

연도	A	B	C	연도	A	B	C	연도	A	B	C
2008	36	24	4,920	2010	33	24	6,874	2012	31	29	9,335
2009	34	29	5,867	2011	32	31	8,071	2013	49	25	5,895

(2) 지주회사체제, 2009-2013년

연도	그룹		지주회사체제				지주회사체제 달성 비율 (B/A, %)
	순위	계열회사 (A, 개)	지주회사 (a)	순위	계열회사 (b, 개)	a+b (B, 개)	
2009	34	29	웅진홀딩스	8	18	19	66
2010	33	24	웅진홀딩스	9	20	21	88
2011	32	31	웅진홀딩스	9	19	20	65
2012	31	29	웅진홀딩스	9	23	24	83
2013	49	25	웅진홀딩스	13	20	21	84

(3) 지주회사: 웅진홀딩스 (2015년 ㈜웅진), 2008-2015년

연도	순위	설립·전환 시기 (연.월)	상장 여부	자산 총액 (억 원)	지주 비율 (%)	부채 비율 (%)	계열회사 (개)			
							합	자	손자	증손
2008	8	2008.1	O	13,790	97.3	73.0	13	9	4	-
2009	8	2008.1	O	14,755	93.9	103.0	18	10	7	1
2010	9	2008.1	O	17,838	90.0	118.5	20	9	9	2
2011	9	2008.1	O	18,494	84.1	109.4	19	8	10	1
2012	9	2008.1	O	19,857	82.3	130.7	23	7	15	1
2013	13	2008.1	O	15,265	50.9	-	20	8	11	1
2014	21	2008.1	O	10,037	59.3	332.9	11	7	4	-
2015	26	2008.1	O	7,985	53.4	146.9	11	8	3	-

注: 웅진그룹은 2014-2015년 공정거래법상 대규모기업집단으로 지정되지 않음. 웅진홀딩스는 2008, 2014-2015년 존속; 2008년의 경우, 웅진그룹은 대규모기업집단(4월 기준)으로 지정되었고, 웅진홀딩스는 지주회사(9월 기준)로 지정되었지만 대규모기업집단에 소속되지 않은 것으로 되어 있음.

출처: 〈부록 1〉, 〈부록 2〉, 〈부록 3〉, 공정거래위원회 홈페이지 자료.

〈그림 5.2〉 웅진그룹 소유지분도, 2012-2013년 4월
(* 음영 부분이 지주회사 및 계열회사)

〈그림 5.2〉① 웅진그룹 소유지분도, 2012년 4월

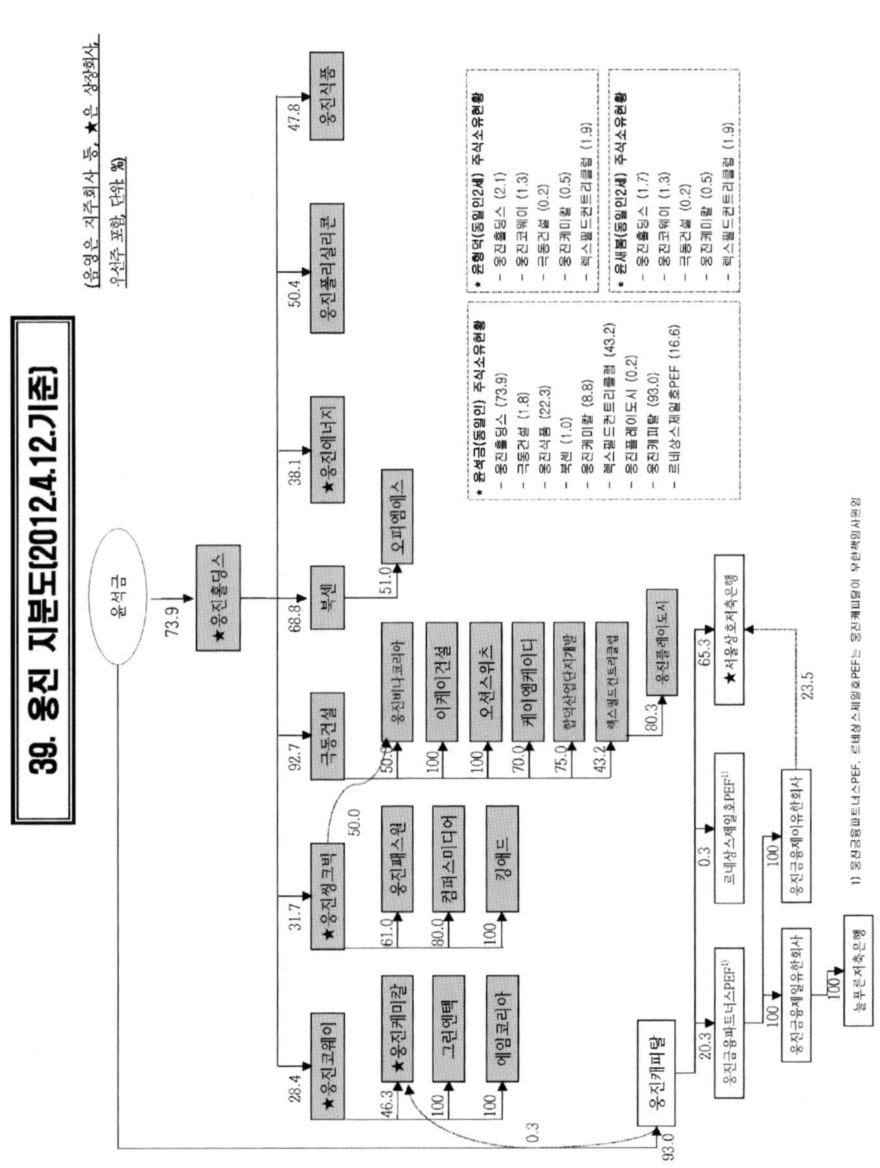

〈그림 5.2〉② 웅진그룹 소유지분도, 2013년 4월

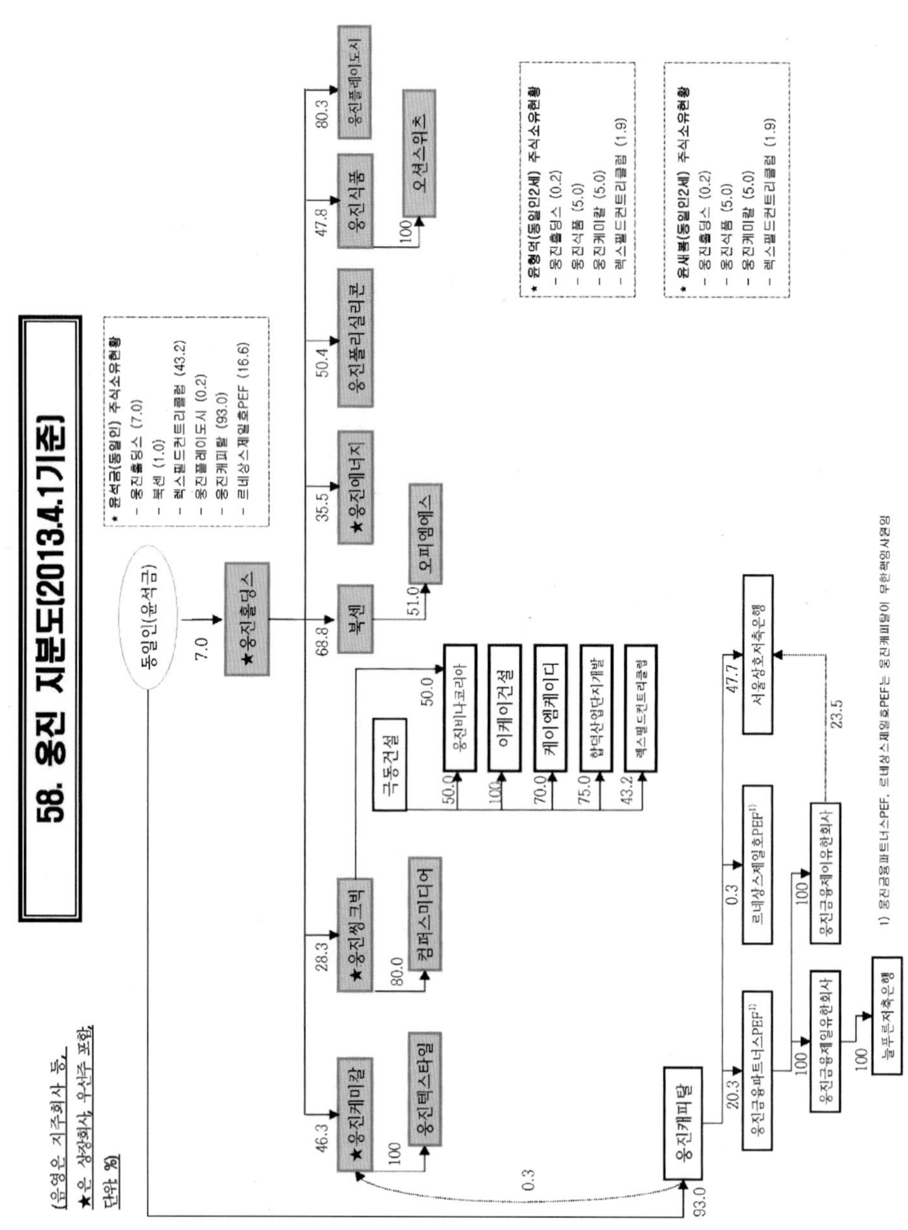

6. 농심그룹

농심그룹은 2003-2007년의 5년 동안 공정거래법상 지주회사체제를 유지하였다. 지주회사 농심홀딩스는 2003년 설립되었으며 그룹은 2003-2008년 대규모기업집단으로 지정되었다 (<표 5.6>).

(1) 농심그룹은 1992년과 2003-2008년의 7년 동안 대규모기업집단으로 지정되었다. 순위는 49위(2008년)에서 39위(2004년) 사이, 계열회사는 6개(1992년)에서 16개(2008년) 사이, 그리고 자산총액은 2조 원(2003년)에서 3조 원(2008년) 사이였다. 2008년 4월 현재, 순위는 49위, 계열회사는 16개, 그리고 자산총액은 3조 원이었다. 동일인은 2003년 이후 신춘호이다.

(2) 농심그룹은 적극적인 지주회사체제를 채택하였다. 하지만 지주회사체제 달성 비율은 50% 내외(47-58%)로 낮았다. 2007년 현재에는 47%(그룹 계열회사 15개 vs. 지주회사체제 편입 회사 7개)로 비율이 가장 낮았다.

(3) 지주회사는 농심홀딩스 1개이다.

① 지주회사 농심홀딩스는 2003년 7월 주력회사인 ㈜농심에서 분할되어 신설되었으며 2015년 현재까지 존속해 오고 있다. 반면 그룹은 2003-2008년에 대규모기업집단으로 지정되었다. 2008년의 경우, 농심홀딩스는 지주회사로 그리고 농심그룹은 대규모집단으로 지정되었지만, 지주회사 관련 자료에는 농심홀딩스가 대규모집단에 속하지 않은 것으로 되어 있으며 이에 따라 그룹의 지주회사체제 유지 기간을 2003-2007년으로 하였다.

② 농심홀딩스는 공정거래법상 일반지주회사들 중에서의 순위가 9-36위 사이에서 점점 낮아졌다. 2003-2006년 8-9위, 2007-2009년 13-19위, 2010-2012년 21-25위, 그리고 2013-2015년 30-36위였다.

③ 농심홀딩스의 계열회사는 5개 내외(4-8개)로 적었다. 2010년까지는 자회사(4-7개)만 있었고 2011년부터는 손자회사도 매년 1-2개씩 포함되었다.

④ 농심홀딩스의 지주비율은 첫 해인 2003년(50%)를 제외하고는 97-99%의 높은 수준이 유지되었다.

(4) 2003-2007년 농심홀딩스의 최대주주는 신동원(그룹 동일인 신춘호의 외동아들)이었다.

〈표 5.6〉 농심그룹과 지주회사체제, 2003-2007년

(1) 농심그룹의 성장, 1992-2008년: 순위(A, 위), 계열회사(B, 개), 자산총액(C, 10억 원)

연도	A	B	C	연도	A	B	C	연도	A	B	C
1992	31	6	-	2004	39	12	2,369	2006	44	12	2,801
2003	42	10	2,039	2005	43	12	2,543	2007	46	15	2,932
								2008	49	16	3,023

(2) 지주회사체제, 2003-2007년

연도	그룹		지주회사체제				지주회사체제
	순위	계열회사 (A, 개)	지주회사 (a)	순위	계열회사 (b, 개)	a+b (B, 개)	달성 비율 (B/A, %)
2003	42	10	농심홀딩스	9	4	5	50
2004	39	12	농심홀딩스	8	6	7	58
2005	43	12	농심홀딩스	8	6	7	58
2006	44	12	농심홀딩스	9	6	7	58
2007	46	15	농심홀딩스	13	6	7	47

(3) 지주회사: 농심홀딩스, 2003-2015년

연도	순위	설립·전환 시기 (연.월)	상장 여부	자산 총액 (억 원)	지주 비율 (%)	부채 비율 (%)	계열회사 (개)			
							합	자	손자	증손
2003	9	2003.7	-	1,839	50.8	0	4	4	-	-
2004	8	2003.7	-	2,854	99.9	2.0	6	6	-	-
2005	8	2003.7	O	3,594	99.8	6.8	6	6	-	-
2006	9	2003.7	-	4,191	98.6	27.6	6	6	-	-
2007	13	2003.7	-	4,494	97.8	24.4	6	6	-	-
2008	17	2003.7	O	4,820	97.9	23.0	6	6	-	-
2009	19	2003.7	O	5,149	98.9	16.2	6	6	-	-
2010	21	2003.7	O	5,762	98.8	16.3	7	7	-	-
2011	23	2003.7	O	6,262	98.4	15.8	7	6	1	-
2012	25	2003.7	O	5,705	99.7	12.1	8	6	2	-
2013	31	2003.7	O	5,705	99.7	11.0	8	6	2	-
2014	30	2003.7	O	5,716	98.9	9.7	7	5	2	-
2015	36	2003.7	O	5,668	99.7	7.7	7	5	2	-

주: 1) 1992년: 순위 - 31위 이하이며 자세한 정보는 없음; 자산총액 - 정보 없음.
2) 농심그룹은 2009년 이후 공정거래법상 대규모기업집단으로 지정되지 않음. 농심홀딩스는 2008-2015년 존속; 2008년의 경우, 농심그룹은 대규모기업집단(4월 기준)으로 지정되었고, 농심홀딩스는 지주회사(9월 기준)로 지정되었지만 대규모기업집단 소속이 아닌 것으로 되어 있음.

출처: 〈부록 1〉, 〈부록 2〉, 〈부록 3〉, 공정거래위원회 홈페이지 자료.

7. 오리온그룹

오리온그룹은 2007년에만 공정거래법상 지주회사체제를 가졌다. 온미디어는 2000년 공정거래법상 지주회사로 지정되었고, 그룹은 2007-2008년에 대규모기업집단으로 지정되었다 (<표 5.7>).

(1) 오리온그룹은 2007-2008년의 2년 동안 대규모기업집단으로 지정되었다. 순위는 54-61위, 계열회사는 20-22개, 그리고 자산총액은 2.2-2.5조 원이었다. 2008년 4월 현재, 순위는 61위, 계열회사는 20개, 그리고 자산총액은 2.5조 원이었다. 동일인은 담철곤이다.

(2) 오리온그룹은 적극적인 지주회사체제를 가졌다. 하지만 지주회사체제 달성 비율은 45%(그룹 계열회사 22개 vs. 지주회사체제 편입 회사 10개)로 낮았다.

(3) 지주회사는 온미디어 1개이다.

① 온미디어는 2000년 6월 설립되어 9월에 공정거래법상 지주회사로 인가를 받았으며, 지정 시기는 2000년 6월로 조정되었다. 이후 2010년까지 존속하였다. 2010년 CJ그룹으로 편입되었으며, 2011년 3월 CJ그룹의 다른 계열회사에 합병되었다 (제3장 참조). 한편, 오리온그룹은 2007-2008년의 2년 동안 대규모기업집단으로 지정되었다. 2008년의 경우, 온미디어는 지주회사에 그리고 오리온그룹은 대규모집단에 지정되었지만, 지주회사 관련 자료에는 온미디어가 대규모집단에 속하지 않은 것으로 되어 있으며 이에 따라 그룹의 지주회사체제 유지 기간은 2007년 1개 연도로 하였다.

② 온미디어는 공정거래법상 일반지주회사들 중에서의 순위가 8-28위 사이에서 점차 낮아졌다. 2001-2003년 8위, 2004-2008년 11-18위, 그리고 2009-2010년 23-28위였다.

③ 온미디어의 계열회사는 5-11개로 적었다. 대부분은 자회사(5-10개)였고, 손자회사는 2003-2007년에 매년 1개씩 포함되었다.

④ 온미디어의 지주비율은 2001년 56%, 2003-2004년 92-94%, 2005-2010년 60-67% 등으로 변하였다.

(4) 2007년 온미디어의 최대주주는 주력회사인 ㈜오리온이었고, ㈜오리온의 최대주주는 이화경(그룹 동일인 담철곤의 부인)이었다. 즉 '이화경 → ㈜오리온 → 온미디어'의 지배구조였다.

〈표 5.7〉 오리온그룹과 지주회사체제, 2007년

(1) 오리온그룹의 성장, 2007-2008년: 순위(A, 위), 계열회사(B, 개), 자산총액(C, 10억 원)

연도	A	B	C	연도	A	B	C
2007	54	22	2,213	2008	61	20	2,497

(2) 지주회사체제, 2007년

연도	그룹		지주회사체제				지주회사체제
	순위	계열회사 (A, 개)	지주회사 (a)	순위	계열회사 (b, 개)	a+b (B, 개)	달성 비율 (B/A, %)
2007	54	22	온미디어	15	9	10	45

(3) 지주회사: 온미디어, 2001-2010년

연도	순위	설립 · 전환 시기 (연.월)	상장 여부	자산 총액 (억 원)	지주 비율 (%)	부채 비율 (%)	계열회사 (개)			
							합	자	손자	증손
2001	8	2000.6	-	643	56.0	-	5	5	-	-
2003	8	2000.6	-	1,841	92.0	8.3	11	10	1	-
2004	12	2000.6	-	1,896	94.8	10.2	11	10	1	-
2005	11	2000.6	X	2,494	66.1	1.4	9	8	1	-
2006	12	2000.6	-	2,983	62.0	4.1	8	7	1	-
2007	15	2000.6	-	4,121	60.1	4.0	9	8	1	-
2008	18	2000.6	O	4,515	63.4	3.1	9	9	-	-
2009	23	2000.6	O	4,345	66.5	2.3	9	9	-	-
2010	28	2000.6	O	4,493	67.0	2.6	9	9	-	-

주: 오리온그룹은 2007-2008년에만 공정거래법상 대규모기업집단으로 지정됨; 온미디어는 2001-2010년 존속, 2010년 CJ그룹 소속; 2008년의 경우, 오리온그룹은 대규모기업집단(4월 기준)으로 지정되었고, 온미디어는 지주회사(9월)로 지정되었지만 대규모기업집단 소속이 아닌 것으로 되어 있음.

출처: 〈부록 1〉, 〈부록 2〉, 〈부록 3〉, 공정거래위원회 홈페이지 자료.

제6장

소극적인 지주회사체제를 채택한 8개 재벌

1. 2015년 현재 5개 재벌

1.1 삼성그룹

삼성그룹은 2004년에 지주회사체제를 도입하였다. 삼성종합화학이 2004년 1월 공정거래법상 지주회사로 지정되면서였다 (<표 6.1>, <그림 6.1>).

(1) 삼성그룹은 1987년 대규모기업집단지정제도가 도입된 이후 2016년까지 30년 동안 매년 지정되었다. 순위는 4위(1988-1991년)에서 1위(2001-2016년) 사이, 계열회사는 36개(1987년)에서 81개(2012년) 사이, 그리고 자산총액은 5.6조 원(1987년)에서 351.5조 원(2015년) 사이였다. 2016년 4월 현재, 순위는 1위, 계열회사는 59개, 그리고 자산총액은 348.2조 원이다. 동일인은 2000년 이후 이건희이다.

(2) 삼성그룹은 소극적인 지주회사체제를 채택하였다. 지주회사체제 달성 비율이 2-4%로 매우 낮으며, 2015년 현재 4%(그룹 계열회사 67개 vs. 지주회사체제 편입 회사 3개)이다.

(3) 지주회사는 삼성종합화학 1개이다.

① 삼성종합화학은 2003년 7월 지주회사로 전환하였으며, 2004년 1월 공정거래법상 지주회사로 지정되었다.

② 삼성종합화학은 공정거래법상 일반지주회사들 중에서의 순위가 10위 내외로 높았다. 2004-2007년 2-8위, 2008-2014년 13-16위, 그리고 2015년 10위였다.

③ 삼성종합화학의 계열회사는 2004-2014년 1개, 2015년 2개였으며, 모두 자회사였다.

④ 삼성종합화학의 지주비율은 51-98% 사이에서 점차 감소하였다. 2004년 51%, 2005-2010년 92-98%, 2011-2012년 82-88%, 2013-2014년 77%, 2015년 57% 등이었다.

(4) 삼성종합화학의 최대주주는 계열회사인 삼성물산이며, 2015년의 보유 지분은 38.3%이다 (그룹 소유지분도 참조).

〈표 6.1〉 삼성그룹과 지주회사체제, 2004-2015년

(1) 삼성그룹의 성장, 1987-2016년: 순위(A, 위), 계열회사(B, 개), 자산총액(C, 10억 원)

연도	A	B	C	연도	A	B	C	연도	A	B	C
1987	3	36	5,588	1997	2	80	51,651	2007	1	59	129,078
1988	4	37	6,766	1998	2	61	64,536	2008	1	59	144,449
1989	4	42	8,108	1999	3	49	61,606	2009	1	63	174,886
1990	4	45	10,438	2000	2	45	67,384	2010	1	67	192,847
1991	4	51	13,844	2001	1	64	69,873	2011	1	78	230,928
1992	2	52	18,713	2002	1	63	72,351	2012	1	81	255,704
1993	2	55	21,285	2003	1	63	83,492	2013	1	76	306,092
1994	3	50	22,650	2004	1	63	91,946	2014	1	74	331,444
1995	2	55	29,414	2005	1	62	107,617	2015	1	67	351,533
1996	2	55	40,761	2006	1	59	115,924	2016	1	59	348,226

(2) 지주회사체제, 2004-2015년

연도	그룹		지주회사체제				지주회사체제 달성 비율 (B/A, %)
	순위	계열회사 (A, 개)	지주회사 (a)	순위	계열회사 (b, 개)	a+b (B, 개)	
2004	1	63	삼성종합화학	2	1	2	3
2005	1	62	삼성종합화학	5	1	2	3
2006	1	59	삼성종합화학	5	1	2	3
2007	1	59	삼성종합화학	8	1	2	3
2008	1	59	삼성종합화학	13	1	2	3
2009	1	63	삼성종합화학	16	1	2	3
2010	1	67	삼성종합화학	15	1	2	3
2011	1	78	삼성종합화학	15	1	2	3
2012	1	81	삼성종합화학	14	1	2	2
2013	1	76	삼성종합화학	14	1	2	3
2014	1	74	삼성종합화학	14	1	2	3
2015	1	67	삼성종합화학	10	2	3	4

(3) 지주회사: 삼성종합화학, 2004-2015년

연도	순위	설립 · 전환 시기 (연.월)	상장 여부	자산 총액 (억 원)	지주 비율 (%)	부채 비율 (%)	계열회사 (개)			
							합	자	손자	증손
2004	2	2004.1	-	10,529	51.2	89.7	1	1	-	-
2005	5	2004.1	X	7,212	97.1	1.3	1	1	-	-
2006	5	2004.1	-	7,546	98.3	0.3	1	1	-	-
2007	8	2004.1	-	7,937	96.7	2.7	1	1	-	-
2008	13	2004.1	X	8,833	98.3	3.3	1	1	-	-
2009	16	2004.1	O	8,693	92.6	2.1	1	1	-	-
2010	15	2004.1	X	10,442	94.0	2.3	1	1	-	-
2011	15	2004.1	X	11,436	88.9	2.8	1	1	-	-
2012	14	2004.1	X	12,543	82.8	3.3	1	1	-	-
2013	14	2004.1	X	13,844	77.9	2.5	1	1	-	-
2014	14	2004.1	X	15,974	77.4	2.6	1	1	-	-
2015	10	2004.1	X	22,459	57.0	24.2	2	2	-	-

주: 2015년 4월 30일 삼성종합화학은 한화종합화학으로 명칭이 변경되었으며, 2016년 4월 현재에는 지주회사 및 계열회사가 한화그룹 소속으로 변경됨 (한화그룹 2016년 소유지분도 참조).

출처: 〈부록 1〉, 〈부록 2〉, 〈부록 3〉, 공정거래위원회 홈페이지 자료.

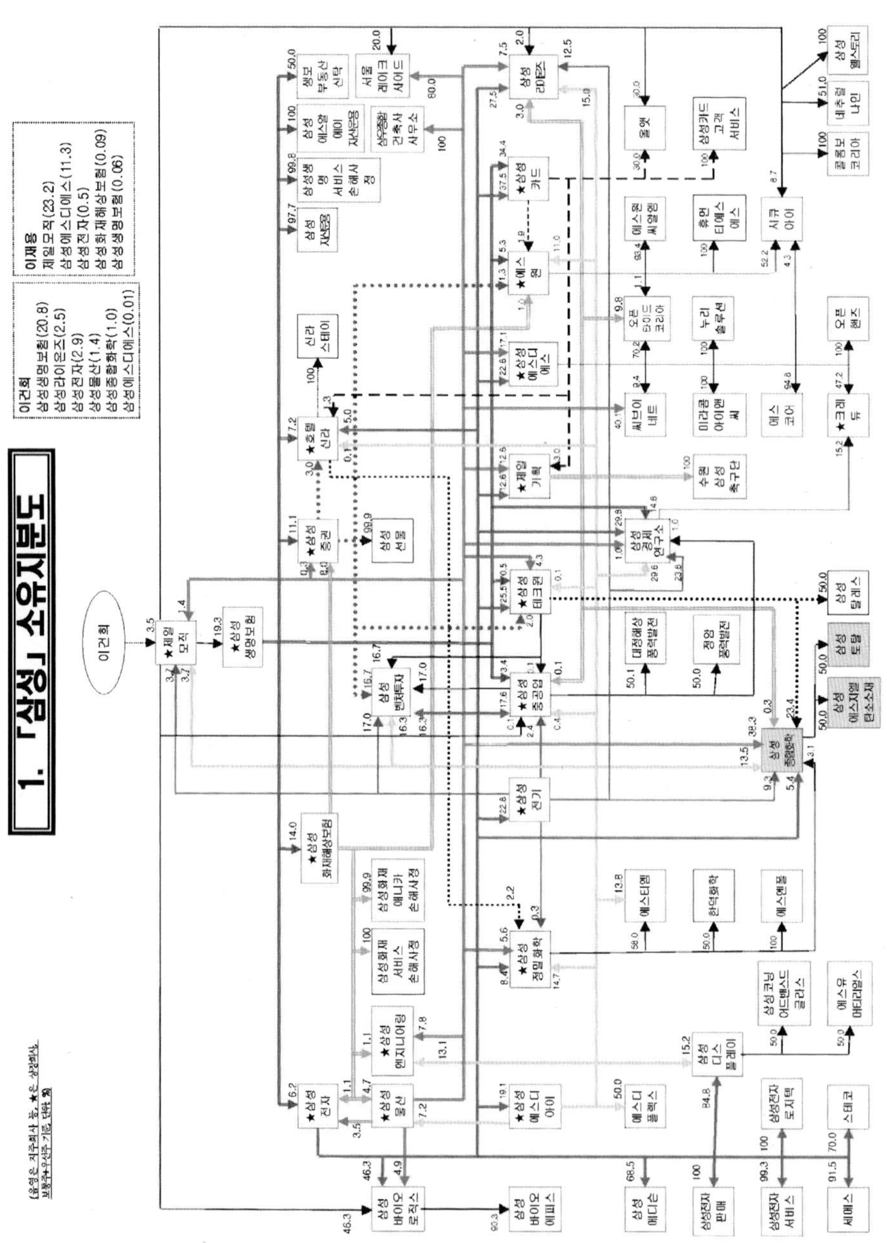

〈그림 6.1〉 삼성그룹 소유지분도, 2015년 4월
(* 음영 부분이 지주회사 및 계열회사)

1.2 롯데그룹

롯데그룹은 2005-2006년과 2015년에 지주회사체제를 도입하였다. 롯데물산과 롯데산업은 2005년 1월에 그리고 이지스일호는 2014년 9월에 지주회사로 지정되었다 (<표 6.2>, <그림 6.2>).

(1) 롯데그룹은 1987년 대규모기업집단지정제도가 도입된 이후 2016년까지 30년 동안 매년 지정되었다. 순위는 11위(1998년)에서 5위(2005-2008, 2010-2016년) 사이, 계열회사는 28개(1996, 1998-2000년)에서 93개(2016년) 사이, 그리고 자산총액은 1.6조 원(1987년)에서 103.3조 원(2016년) 사이였다. 2016년 4월 현재, 순위는 5위, 계열회사는 93개, 그리고 자산총액은 103.3조 원이다. 동일인은 2000년 이후 신격호이다.

(2) 롯데그룹은 소극적인 지주회사체제를 채택하였다. 지주회사체제 달성 비율은 2005-2006년에 16-17%였고, 2015년 현재에는 4%(그룹 계열회사 80개 vs. 지주회사체제 편입 회사 3개)이다.

(3) 지주회사는 2005-2006년 2개(롯데물산, 롯데산업), 2015년 1개(이지스일호)이며, 총수는 3개이다.

① 기존의 계열회사인 롯데물산과 롯데산업은 2005년 1월 공정거래법상 지주회사로 지정되었다. 이지스일호는 2014년 9월에 설립된 직후 지주회사로 지정되었다. 롯데산업은 2016년 12월 계열회사인 롯데상사를 흡수합병하고 명칭을 롯데상사로 변경하였으며, 이 과정에서 공정거래법상 지주회사의 요건을 충족시키지 못해 지정에서 제외되었다.

② 공정거래법상 일반지주회사들 중에서의 순위는, 롯데물산이 3위, 롯데산업이 13-16위, 그리고 이지스일호가 29위였다.

③ 계열회사는, 롯데물산 4개, 이지스일호 2개, 그리고 롯데산업 1개였다. 롯데물산에서는 자회사(1개)보다 손자회사(3개)가 많았으며, 이지스일호에서는 자회사와 손자회사가 1개씩이었다.

④ 지주비율은, 이지즈일호 95%, 롯데산업 84-86%, 그리고 롯데물산 55-61%였다. 롯데물산은 공정거래법상 지주회사의 요건인 '지주비율 50% 이상'을 충족시키지 못해 2006년 12월 지정에서 제외되었다.

(4) 2005-2006년 롯데물산과 롯데산업의 최대주주는 계열회사인 호텔롯데였다. 또 2015년 이지스일호의 최대주주는 롯데케미칼이며, 지분은 8.6%이다. 즉 '호텔롯데 → [롯데물산 + 롯데산업]' 또는 '롯데케미칼 → 이지스일호'의 지배구조였다 (그룹 소유지분도 참조).

〈표 6.2〉 롯데그룹과 지주회사체제, 2005-2006, 2015년

(1) 롯데그룹의 성장, 1987-2016년: 순위(A, 위), 계열회사(B, 개), 자산총액(C, 10억 원)

연도	A	B	C	연도	A	B	C	연도	A	B	C
1987	10	31	1,648	1997	10	30	7,774	2007	5	44	40,208
1988	9	32	2,125	1998	11	28	8,862	2008	5	46	43,679
1989	9	32	2,664	1999	10	28	10,446	2009	6	54	48,890
1990	8	31	3,215	2000	6	28	15,791	2010	5	60	67,265
1991	10	32	3,962	2001	8	31	16,694	2011	5	78	77,349
1992	10	32	4,887	2002	7	32	17,964	2012	5	79	83,305
1993	10	32	5,274	2003	7	35	20,741	2013	5	77	87,523
1994	10	30	5,595	2004	7	36	24,620	2014	5	74	91,666
1995	10	29	6,628	2005	5	41	30,302	2015	5	80	93,407
1996	10	28	7,090	2006	5	43	32,961	2016	5	93	103,284

(2) 지주회사체제, 2005-2006, 2015년

연도	그룹		지주회사체제				지주회사체제 달성 비율 (B/A, %)
	순위	계열회사 (A, 개)	지주회사 (a)	순위	계열회사 (b, 개)	a+b (B, 개)	
2005	5	41	롯데물산	3	4	5	
			롯데산업	16	1	2 [7]	17
2006	5	43	롯데물산	3	4	5	
			롯데산업	13	1	2 [7]	16
2015	5	80	이지스일호	29	2	3	4

(3) 지주회사

① 롯데물산, 2005-2006년

연도	순위	설립 · 전환 시기 (연.월)	상장 여부	자산 총액 (억 원)	지주 비율 (%)	부채 비율 (%)	계열회사 (개)			
							합	자	손자	증손
2005	3	2005.1	X	9,707	55.8	11.9	4	1	3	-
2006	3	2005.1	-	11,461	61.4	20.1	4	1	3	-

② 롯데산업, 2005-2006년

연도	순위	설립 · 전환 시기 (연.월)	상장 여부	자산 총액 (억 원)	지주 비율 (%)	부채 비율 (%)	합	자	손자	증손
2005	16	2005.1	X	1,910	86.4	37.8	1	1	-	-
2006	13	2005.1	-	2,282	84.5	27.7	1	1	-	-

③ 이지스일호, 2015년

연도	순위	설립 · 전환 시기 (연.월)	상장 여부	자산 총액 (억 원)	지주 비율 (%)	부채 비율 (%)	합	자	손자	증손
2015	29	2014.9	X	6,307	95.2	587.9	2	1	1	-

주: 1) 2014년: 롯데그룹은 공정거래법상 대규모기업집단(4월 기준)으로 지정됨, 이지스일호는 공정거래법상 지주회사(9월 기준)에 지정되지 않음.
2) 롯데산업 - 2006년 12월 지주회사에서 제외 (롯데상사 합병); 롯데물산 - 2006년 12월 지주회사에서 제외 (지주비율 50% 미만; 자산 증가).

출처: 〈부록 1〉, 〈부록 2〉, 〈부록 3〉, 공정거래위원회 홈페이지 자료.

〈그림 6.2〉 롯데그룹 소유지분도, 2016년 4월
(* 음영 부분이 지주회사 및 계열회사)

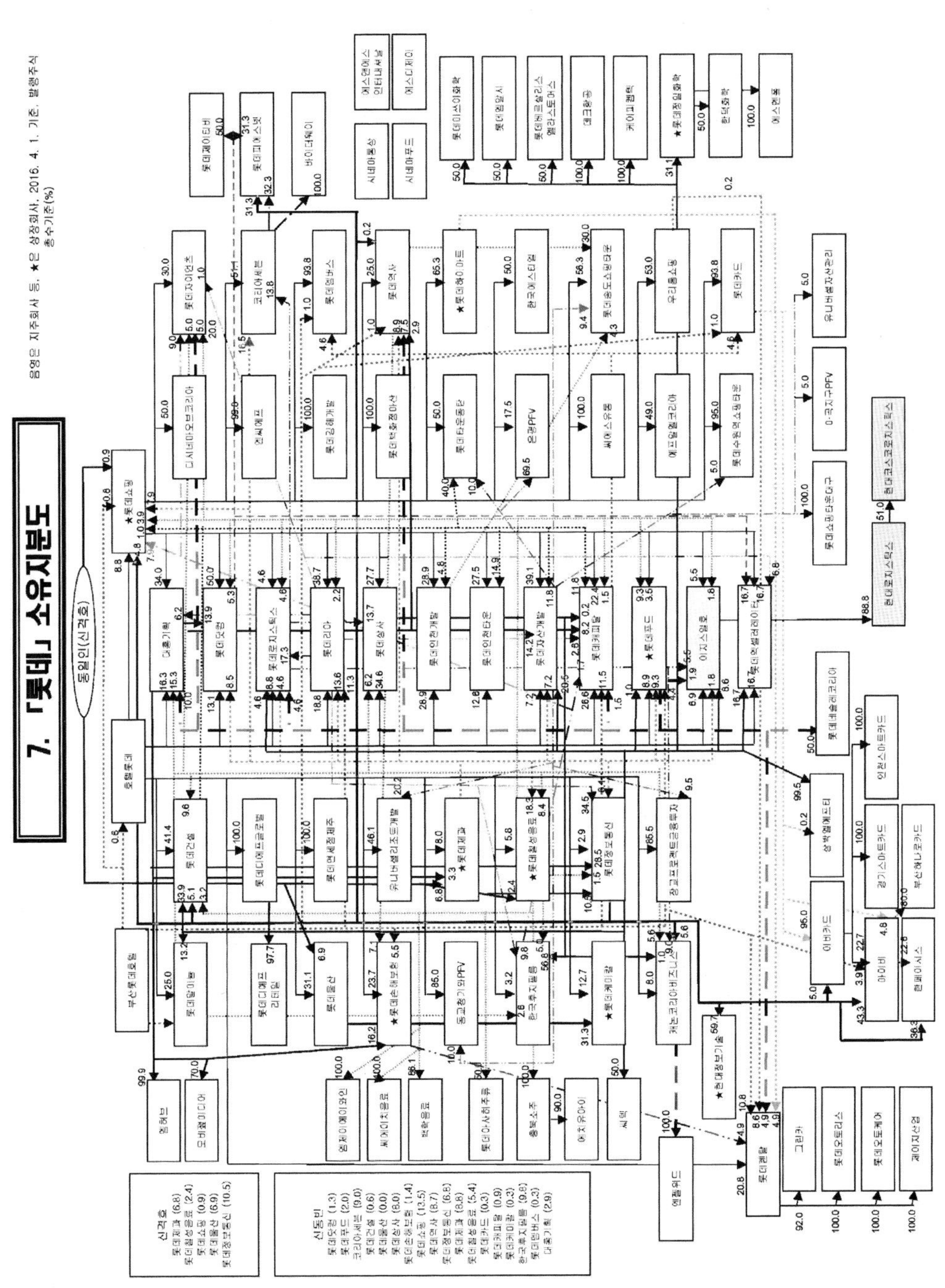

1.3 한화그룹

한화그룹은 2005년에 공정거래법상 지주회사체제를 도입하였다. 한화도시개발㈜가 2005년 1월 지주회사로 지정되면서였다 (<표 6.3>, <그림 6.3>).

(1) 한화그룹은 1987년 대규모기업집단지정제도가 도입된 이후 2016년까지 30년 동안 매년 지정되었다. 순위는 13위(2009-2010년)에서 8위(1987-1988, 1991, 1998-1999, 2016년) 사이, 계열회사는 21개(1999년)에서 57개(2016년) 사이, 그리고 자산총액은 1.8조 원(1987년)에서 54.7조 원(2016년) 사이였다. 2016년 4월 현재, 순위는 8위, 계열회사는 57개, 그리고 자산총액은 54.7조 원이다. 동일인은 2000년 이후 김승연이다.

(2) 한화그룹은 소극적인 지주회사체제를 채택하였다. 지주회사체제 달성 비율은 15% 내외였다. 2005-2006년 6-7%, 2007년 18%, 2008-2009년 14-15%, 2010-2013년 18-20%, 2014-2015년 12-14% 등이었으며, 2015년 현재에는 12%(그룹 계열회사 52개 vs. 지주회사체제 편입회사 6개)이다.

(3) 지주회사는 2005-2006년 1개(한화도시개발㈜), 2007-2009년 1개(드림파마), 2010-2015년(㈜한화도시개발) 등이며, 총 수는 3개이다.

① 한화도시개발㈜는 2004년 12월 지주회사로 설립되었으며 2005년 1월 공정거래법상 지주회사로 지정되었다. 드림파마는 2007년 4월 한화도시개발㈜를 합병한 후 지주회사로 지정되었다. 또 ㈜한화도시개발은 2009년 12월 드림파마에서 분할되어 신설된 후 지주회사로 지정되었으며, 드림파마는 지주회사에서 제외되었다.

② 공정거래법상 일반지주회사들 중에서의 순위는, 드림파마가 12-20위, 한화도시개발㈜가 22-23위, 그리고 ㈜한화도시개발이 33-81위였다.

③ 계열회사는, ㈜한화도시개발이 5-10개, 드림파마가 5개, 한화도시개발㈜가 1개 등이며, 모두 자회사였다.

④ 지주비율은, ㈜한화도시개발이 82-99%, 한화도시개발㈜가 57-99%, 그리고 드림파마가 62-63%였다. 드림파마는 2009년 12월 분할 이후 공정거래법상 지주회사의 요건인 '지주비율 50% 이상'을 충족시키지 못해 지정에서 제외되었다.

(4) 2005-2006년 한화도시개발㈜의 최대주주는 한화유통이었고, 2007-2009년 드림파마의 최대주주는 한화석유화학(2010년 이후 한화케미칼)이었다. 또 2009-2015년 ㈜한화도시개발의 최대주주는 한화케미칼(2009년 한화석유화학)이었다. 즉 '한화유통 → 한화도시개

발㈜', '한화석유화학 → 드림파마' 또는 '한화케미칼 → ㈜한화도시개발'의 지배구조였다. 2015-2016년 한화케미칼의 보유 지분은 100%이다 (그룹 소유지분도 참조).

〈표 6.3〉 한화그룹과 지주회사체제, 2005-2015년

(1) 한화그룹의 성장, 1987-2016년: 순위(A, 위), 계열회사(B, 개), 자산총액(C, 10억 원)

연도	A	B	C	연도	A	B	C	연도	A	B	C
1987	8	22	1,796	1997	9	31	10,967	2007	12	34	18,046
1988	8	23	2,278	1998	8	31	12,469	2008	12	40	20,627
1989	10	26	2,333	1999	8	21	13,084	2009	13	44	24,467
1990	10	27	3,033	2000	9	23	11,430	2010	13	48	26,391
1991	8	27	4,172	2001	10	25	11,496	2011	10	55	31,731
1992	9	27	5,469	2002	11	26	9,892	2012	10	53	34,263
1993	9	27	6,428	2003	9	33	14,311	2013	11	49	35,944
1994	9	29	6,837	2004	9	31	15,084	2014	11	51	37,063
1995	9	29	7,282	2005	10	30	16,219	2015	11	52	37,954
1996	9	31	9,158	2006	11	31	16,526	2016	8	57	54,697

(2) 지주회사체제, 2005-2015년

연도	그룹		지주회사체제				지주회사체제
	순위	계열회사 (A, 개)	지주회사 (a)	순위	계열회사 (b, 개)	a+b (B, 개)	달성 비율 (B/A, %)
2005	10	30	한화도시개발㈜	22	1	2	7
2006	11	31	한화도시개발㈜	23	1	2	6
2007	12	34	드림파마	12	5	6	18
2008	12	40	드림파마	16	5	6	15
2009	13	44	드림파마	20	5	6	14
2010	13	48	㈜한화도시개발	33	8	9	19
2011	10	55	㈜한화도시개발	41	10	11	20
2012	10	53	㈜한화도시개발	45	9	10	19
2013	11	49	㈜한화도시개발	66	8	9	18
2014	11	51	㈜한화도시개발	72	6	7	14
2015	11	52	㈜한화도시개발	81	5	6	12

(3) 지주회사

① 한화도시개발㈜, 2005-2006년

연도	순위	설립·전환 시기 (연.월)	상장 여부	자산 총액 (억 원)	지주 비율 (%)	부채 비율 (%)	계열회사 (개)			
							합	자	손자	증손
2005	22	2005.1	X	1,007	57.7	68.7	1	1	-	-
2006	23	2005.1	-	1,366	99.2	6.5	1	1	-	-
② 드림파마, 2007-2009년										
2007	12	2007.4	-	5,280	63.8	104.1	5	5	-	-
2008	16	2007.4	X	5,166	62.1	99.4	5	5	-	-
2009	20	2007.4	X	5,130	62.8	102.6	5	5	-	-
③ ㈜한화도시개발, 2010-2015년										
2010	33	2009.12	X	3,619	95.0	36.6	8	8	-	-
2011	41	2009.12	X	3,355	98.4	39.9	10	10	-	-
2012	45	2009.12	X	3,357	87.6	34.6	9	9	-	-
2013	66	2009.12	X	2,631	93.4	36.4	8	8	-	-
2014	72	2009.12	X	2,586	99.4	37.7	6	6	-	-
2015	81	2009.12	X	2,471	82.8	25.4	5	5	-	-

주: 한화도시개발㈜는 2007년 4월 공정거래법상 지주회사에서 제외 (드림파마에 합병), 드림파마가 지주회사로 전환; 드림파마는 2009년 12월 지주회사에서 제외 (지주비율 50% 미만; 인적분할 후 신설법인 ㈜한화도시개발에 자회사 보유 주식 전부 양도), ㈜한화도시개발이 지주회사로 지정됨.

출처: 〈부록 1〉, 〈부록 2〉, 〈부록 3〉, 공정거래위원회 홈페이지 자료.

〈그림 6.3〉 한화그룹 소유지분도, 2015-2016년 4월
(* 음영 부분이 지주회사 및 계열회사)

〈그림 6.3〉① 한화그룹 소유지분도, 2015년 4월

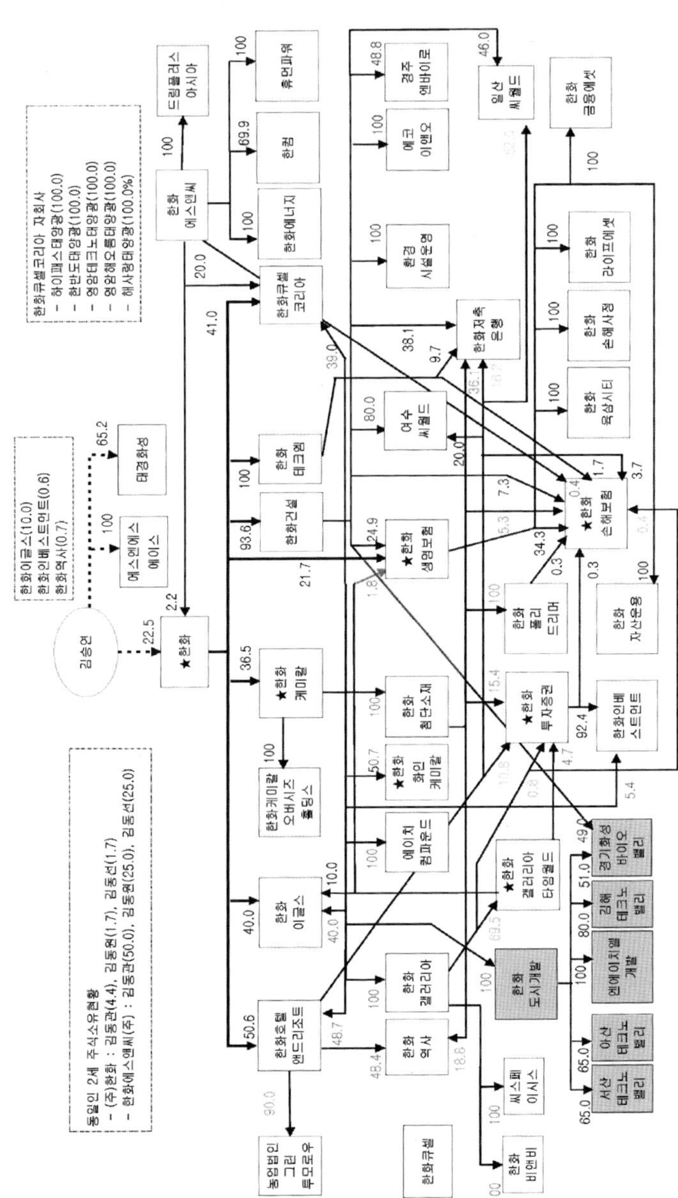

〈그림 6.3〉② 한화그룹 소유지분도, 2016년 4월

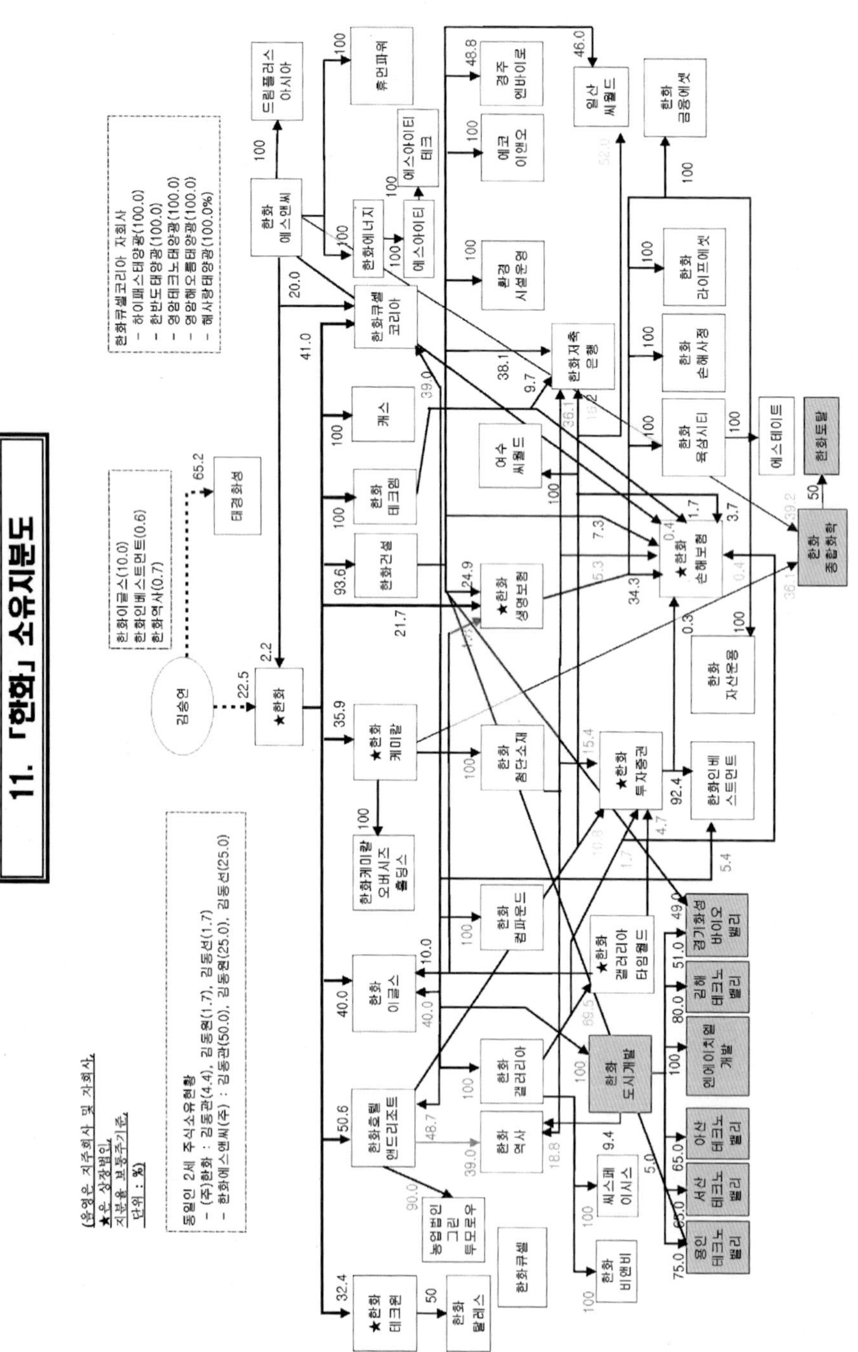

1.4 대림그룹

대림그룹은 2015년 공정거래법상 지주회사체제를 도입하였다. 대림에너지가 2015년 1월 지주회사로 지정되면서였다 (<표 6.4>, <그림 6.4>).

(1) 대림그룹은 1987년 대규모기업집단지정제도가 도입된 이후 2016년까지 30년 동안 매년 지정되었다. 순위는 22위(2009, 2011년)에서 9위(1987년) 사이, 계열회사는 12개(1993, 2004-2005년)에서 28개(2016년) 사이, 그리고 자산총액은 1.7조 원(1988년)에서 18.8조 원(2016년) 사이였다. 2016년 4월 현재, 순위는 19위, 계열회사는 28개, 그리고 자산총액은 18.8조 원이다. 동일인은 2000년 이후 이준용이다.

(2) 대림그룹은 소극적인 지주회사체제를 채택하였다. 지주회사체제 달성 비율은 2015년 현재 21%(그룹 계열회사 24개 vs. 지주회사체제 편입 회사 5개)이다.

(3) 지주회사는 대림에너지 1개이다.

① 대림에너지는 2013년 12월 설립되었으며, 2015년 1월 공정거래법상 지주회사로 지정되었다.

② 대림에너지는 2015년 공정거래법상 일반지주회사들 중에서의 순위가 85위이다.

③ 대림에너지의 계열회사는 4개이며, 자회사 3개와 손자회사 1개로 구성되었다.

④ 대림에너지의 지주비율은 79%이다.

(4) 대림에너지의 최대주주는 대림산업이며, 2016년의 보유 지분은 70%이다 (그룹 소유지분도 참조).

〈표 6.4〉 대림그룹과 지주회사체제, 2015년

(1) 대림그룹의 성장, 1987-2016년: 순위(A, 위), 계열회사(B, 개), 자산총액(C, 10억 원)

연도	A	B	C	연도	A	B	C	연도	A	B	C
1987	9	14	1,777	1997	15	21	6,177	2007	20	14	7,515
1988	11	13	1,746	1998	13	21	7,001	2008	20	14	9,014
1989	12	13	2,050	1999	14	17	5,825	2009	22	16	11,060
1990	11	13	2,408	2000	17	18	5,674	2010	19	16	12,992
1991	11	14	2,764	2001	16	17	5,395	2011	22	19	13,465
1992	12	13	3,326	2002	16	15	4,985	2012	20	17	14,761
1993	12	12	3,704	2003	17	15	4,603	2013	21	19	16,112
1994	12	17	4,062	2004	20	12	4,811	2014	20	22	16,258
1995	13	17	4,638	2005	21	12	5,686	2015	19	24	17,293
1996	13	18	5,364	2006	20	13	6,527	2016	19	28	18,829

(2) 지주회사체제, 2015년

연도	그룹		지주회사체제				지주회사체제 달성 비율 (B/A, %)
	순위	계열회사 (A, 개)	지주회사 (a)	순위	계열회사 (b, 개)	a+b (B, 개)	
2015	19	24	대림에너지	85	4	5	21

(3) 지주회사: 대림에너지, 2015년

연도	순위	설립·전환 시기 (연.월)	상장 여부	자산 총액 (억 원)	지주 비율 (%)	부채 비율 (%)	계열회사 (개)			
							합	자	손자	증손
2015	85	2015.1	X	2,360	79.6	0.4	4	3	1	-

주: '2015년 소유지분도'에는 지주회사 및 계열회사 표시 없음.
출처: 〈부록 1〉, 〈부록 2〉, 〈부록 3〉, 공정거래위원회 홈페이지 자료.

〈그림 6.4〉 대림그룹 소유지분도, 2016년 4월
(* 음영 부분이 지주회사 및 계열회사)

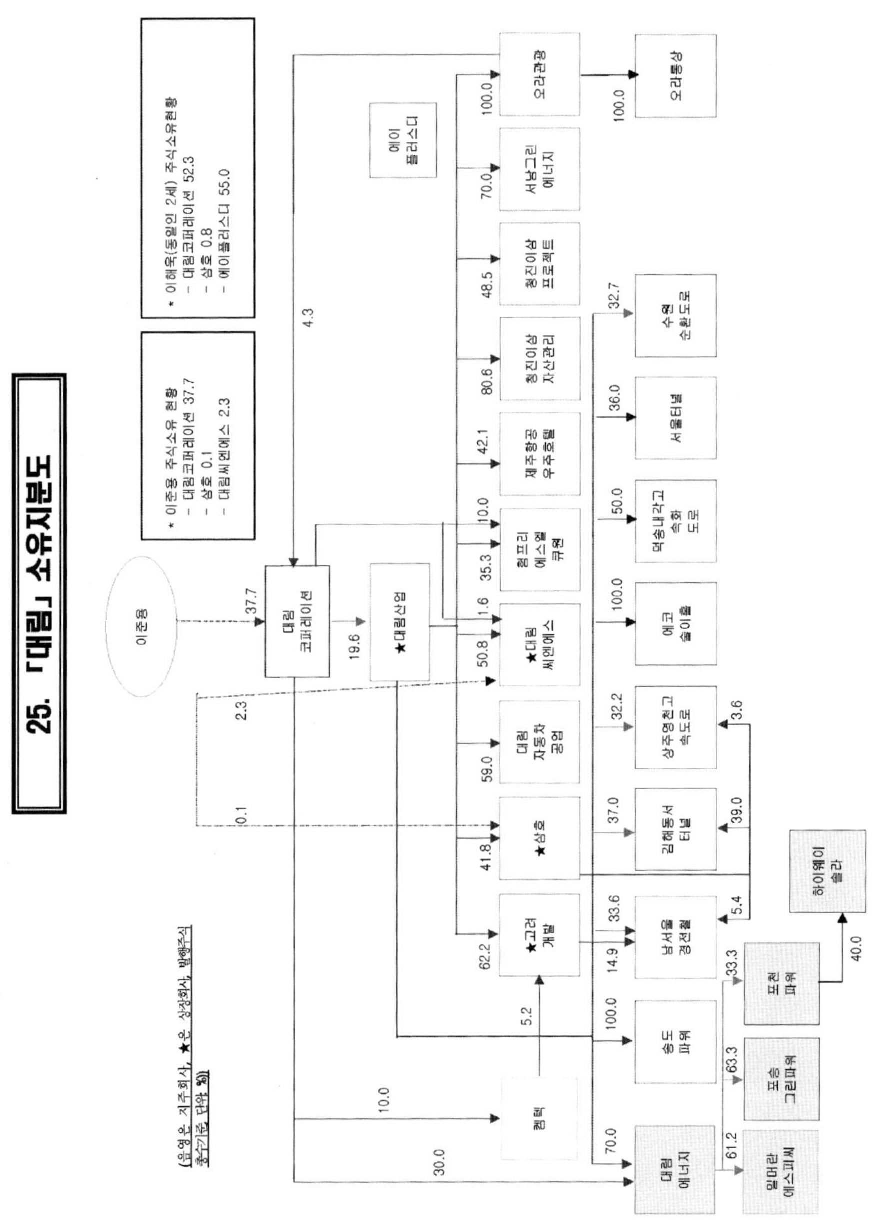

1.5 태광그룹

태광그룹(1988-2008년 태광산업그룹)은 2011년 공정거래법상 지주회사체제를 도입하였다. 티브로드전주방송이 2008년 11월 지주회사 티브로드홀딩스로 전환하고, 그룹이 2011년 대규모기업집단으로 다시 지정되면서였다 (<표 6.5>, <그림 6.5>).

(1) 태광그룹은 1988-1992년, 2001-2008년 및 2011-2016년의 19년 동안 대규모기업집단으로 지정되었다. 순위는 46위(2011년)에서 29위(2001-2002년) 사이, 계열회사는 8개(1988-1991년)에서 52개(2006년) 사이, 그리고 자산총액은 2.3조 원(2002년)에서 7.4조 원(2014년) 사이였다. 2016년 4월 현재, 순위는 44위, 계열회사는 26개, 그리고 자산총액은 7.1조 원이다. 동일인은 2001-2003년에는 이식진이었고 2004년부터는 이호진이다.

(2) 태광그룹은 소극적인 지주회사체제를 채택하였다. 지주회사체제 달성 비율은 2011년 22%, 2012-2013년 34%, 2014-2015년 22-24% 등이었으며, 2015년 현재 22%(그룹 계열회사 32개 vs. 지주회사체제 편입 회사 7개)이다. 2012-2013년의 경우 비율이 30% 이상이어서 적극적인 지주회사체제로 분류되는데, 보다 많은 다른 3개 연도의 비율이 30% 미만으로 소극적인 지주회사체제이므로 태광그룹은 소극적인 지주회사체제를 채택한 것으로 간주하였다.

(3) 지주회사는 2011년 1개(티브로드홀딩스), 2012년 2개(티브로드홀딩스, 티브로드도봉강북방송), 2013년 3개(티브로드홀딩스, 티브로드도봉강북방송, 티브로드전주방송), 2014-2015년 1개(티브로드) 등이며, 총 수는 3개이다.

① 기존의 계열회사인 티브로드전주방송은 2008년 11월 지주회사 티브로드홀딩스로 전환하였으며, 2015년 3월 티브로드로 명칭이 변경되었다. 티브로드도봉강북방송은 2009년 1월 공정거래법상 지주회사로 지정되었다가 12월 지정에서 제외되었으며, 2012년 1월 다시 지정된 이후 2013년 10월 다시 제외되었다. 또, 티브로드전주방송은 신규로 설립된 이후 2013년 1월 공정거래법상 지주회사로 지정되었으며, 같은 해 10월 지정에서 제외되었다.

② 공정거래법상 일반지주회사들 중에서의 순위는, 티브로드홀딩스가 22-47위, 티브로드전주방송이 50위, 그리고 티브로드도봉강북방송이 61-114위였다.

③ 계열회사는, 티브로드홀딩스가 6-14개, 티브로드도봉강북방송이 1-8개, 그리고 티브로드전주방송이 5개였다. 티브로드홀딩스의 경우, 2009-2012년에는 자회사, 손자회사 및 증손회사가 그리고 2013-2015년에는 자회사와 손자회사가 있었으며, 티브로드전주방송에서는 자회사, 손자회사 및 증손회사가 있었다. 또 티브로드도봉강북방송에서는 2009년 자회

사와 손자회사가 있었다.

④ 지주비율은, 티브로드홀딩스가 58-96%, 티브로드도봉강북방송이 68-76%, 그리고 티브로드전주방송이 62%였다.

(4) 2009년과 2012-2013년 티브로드도봉강북방송의 최대주주는 계열회사인 큐릭스홀딩스였으며, 보유 지분은 2012년 69.5%, 2013년 90.7%였다. 큐릭스홀딩스의 최대주주는 티브로드홀딩스(2012, 2015년) 또는 티브로드전주방송(2013년)이다. 또 2013년 티브로드전주방송의 최대주주는 티브로드홀딩스이며 보유 지분은 100%이다. 한편 티브로드홀딩스의 최대주주는 태광산업이며, 보유 지분은 2012-2013년 및 2015년에 59.1%이다. 즉 '태광산업 → 티브로드홀딩스 → 큐릭스홀딩스 → 티브로드도봉강북방송' 또는 '태광산업 → 티브로드홀딩스 → 티브로드전주방송 → 큐릭스홀딩스 → 티브로드도봉강북방송'의 지배구조였다 (그룹 소유지분도 참조).

〈표 6.5〉 태광그룹과 지주회사체제, 2011-2015년

(1) 태광그룹(1988-2008년 태광산업그룹)의 성장, 1988-2016년: 순위(A, 위), 계열회사(B, 개), 자산총액(C, 10억 원)

연도	A	B	C	연도	A	B	C	연도	A	B	C
1988	31	8	-	2003	34	20	2,326	2012	43	44	6,561
1989	31	8	-	2004	36	38	2,745	2013	43	44	6,984
1990	31	8	-	2005	37	44	3,048	2014	39	34	7,380
1991	31	8	-	2006	38	52	3,571	2015	40	32	7,329
1992	31	9	-	2007	41	47	3,535	2016	44	26	7,118
2001	29	15	2,598	2008	42	46	3,802				
2002	29	18	2,315	2011	46	50	5,479				

(2) 지주회사체제, 2011-2015년

연도	그룹		지주회사체제				지주회사체제 달성 비율 (B/A, %)
	순위	계열회사 (A, 개)	지주회사 (a)	순위	계열회사 (b, 개)	a+b (B, 개)	
2011	46	50	티브로드홀딩스	25	10	11	22
2012	43	44	티브로드홀딩스	24	14	15	
			티브로드도봉강북방송	101	1	2 [15]	34
2013	43	44	티브로드홀딩스	26	12	13	
			티브로드전주방송	50	5	6	
			티브로드도봉강북방송	114	1	2 [15]	34
2014	39	34	티브로드홀딩스	46	7	8	24
2015	40	32	티브로드	47	6	7	22

(3) 지주회사

① 티브로드홀딩스 (2015년 티브로드), 2009-2015년

연도	순위	설립·전환 시기 (연.월)	상장 여부	자산 총액 (억 원)	지주 비율 (%)	부채 비율 (%)	계열회사 (개)			
							합	자	손자	증손
2009	24	2008.11	X	4,136	58.9	170.5	13	7	3	3
2010	22	2008.11	X	5,658	78.6	195.8	13	5	4	4
2011	25	2008.11	X	5,389	76.9	185.6	10	5	4	1
2012	24	2008.11	X	5,967	76.6	136.8	14	7	5	2
2013	26	2008.11	X	6,908	78.1	138.7	12	5	7	-
2014	46	2008.11	X	4,281	96.5	15.0	7	4	3	-
2015	47	2008.11	X	4,797	86.1	1.3	6	4	2	-

② 티브로드도봉강북방송 (2009년 큐릭스), 2009, 2012-2013년

연도	순위	설립·전환 시기 (연.월)	상장 여부	자산 총액 (억 원)	지주 비율 (%)	부채 비율 (%)	합	자	손자	증손
2009	61	2009.1	O	1,240	76.5	97.3	8	3	5	-
2012	101	2012.1	X	1,065	68.0	83.4	1	1	-	-
2013	114	2012.1	X	1,025	70.6	61.0	1	1	-	-

③ 티브로드전주방송, 2013년

연도	순위	설립·전환 시기 (연.월)	상장 여부	자산 총액 (억 원)	지주 비율 (%)	부채 비율 (%)	합	자	손자	증손
2013	50	2013.1	X	3,476	62.9	4561.3	5	3	1	1

주: 1) 1988-92년: 순위 - 31위 이하이며 자세한 정보는 없음; 자산총액 - 정보 없음.
2) 태광그룹은 2009-2010년 공정거래법상 대규모기업집단으로 지정되지 않음, 티브로드홀딩스는 2009-2010년 존속; 2008년의 경우, 태광그룹은 대규모기업집단(4월 기준)으로 지정되었고, 티브로드홀딩스는 지주회사(9월 기준)로 지정되지 않음.
3) 티브로드도봉강북방송: 2009년의 회사명은 큐릭스, 2009년 12월 지정에서 제외 (자산 감소), 2011년 6월 티브로드도봉강북방송으로 명칭 변경, 2012년 1월 다시 지정 (자산 증가), 2013년 10월 지정에서 다시 제외 (모회사에 합병).
4) 티브로드전주방송: 2013년 1월 신규 설립 이후 지정, 2013년 10월 지정에서 제외 (모회사에 합병).
5) '2014년 소유지분도'는 '2015년 소유지분도'와 유사함, '2016년 소유지분도'에는 지주회사 및 계열회사 표시 없음.
출처: 〈부록 1〉, 〈부록 2〉, 〈부록 3〉, 공정거래위원회 홈페이지 자료.

〈그림 6.5〉 태광그룹 소유지분도, 2012-2013, 2015년 4월
(* 음영 부분이 지주회사 및 계열회사)

〈그림 6.5〉① 태광그룹 소유지분도, 2012년 4월

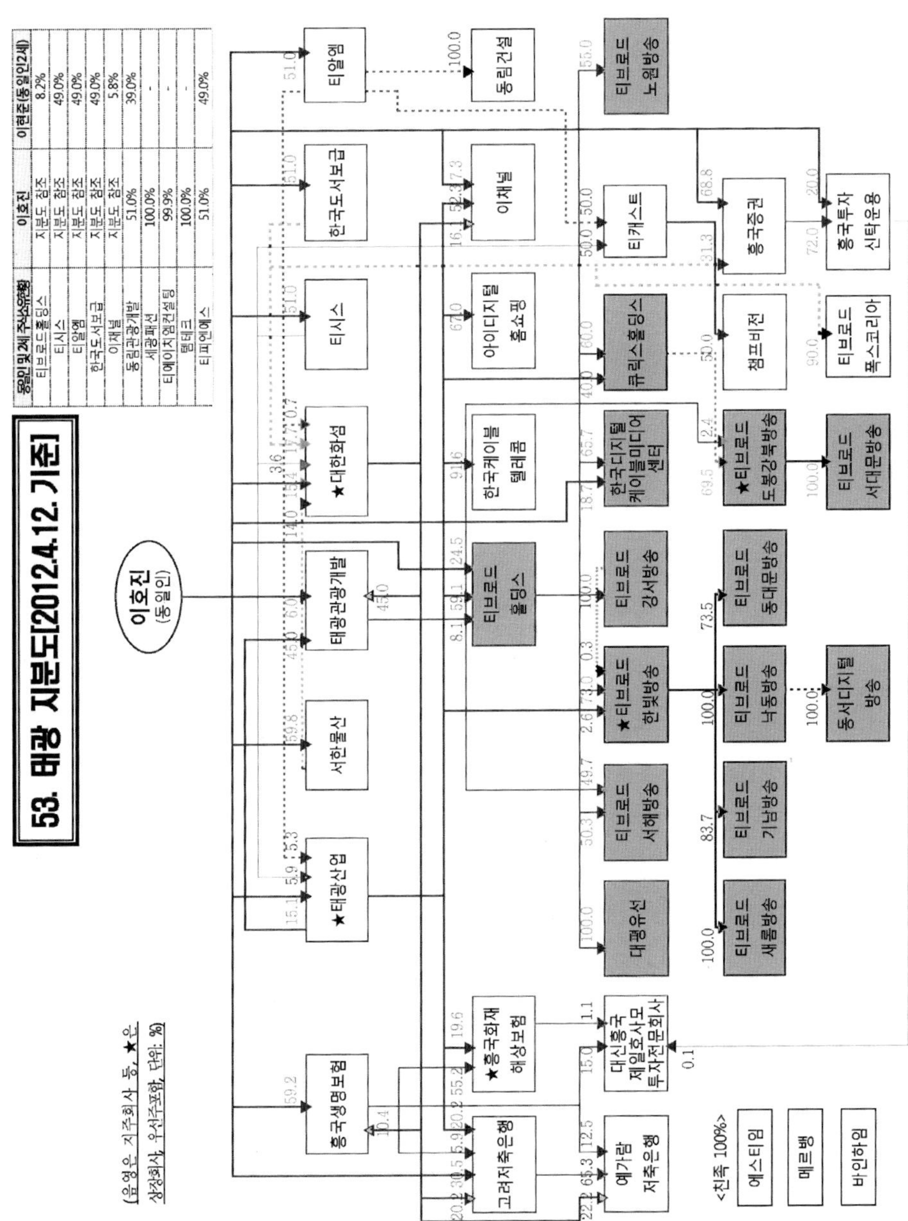

〈그림 6.5〉② 태광그룹 소유지분도, 2013년 4월

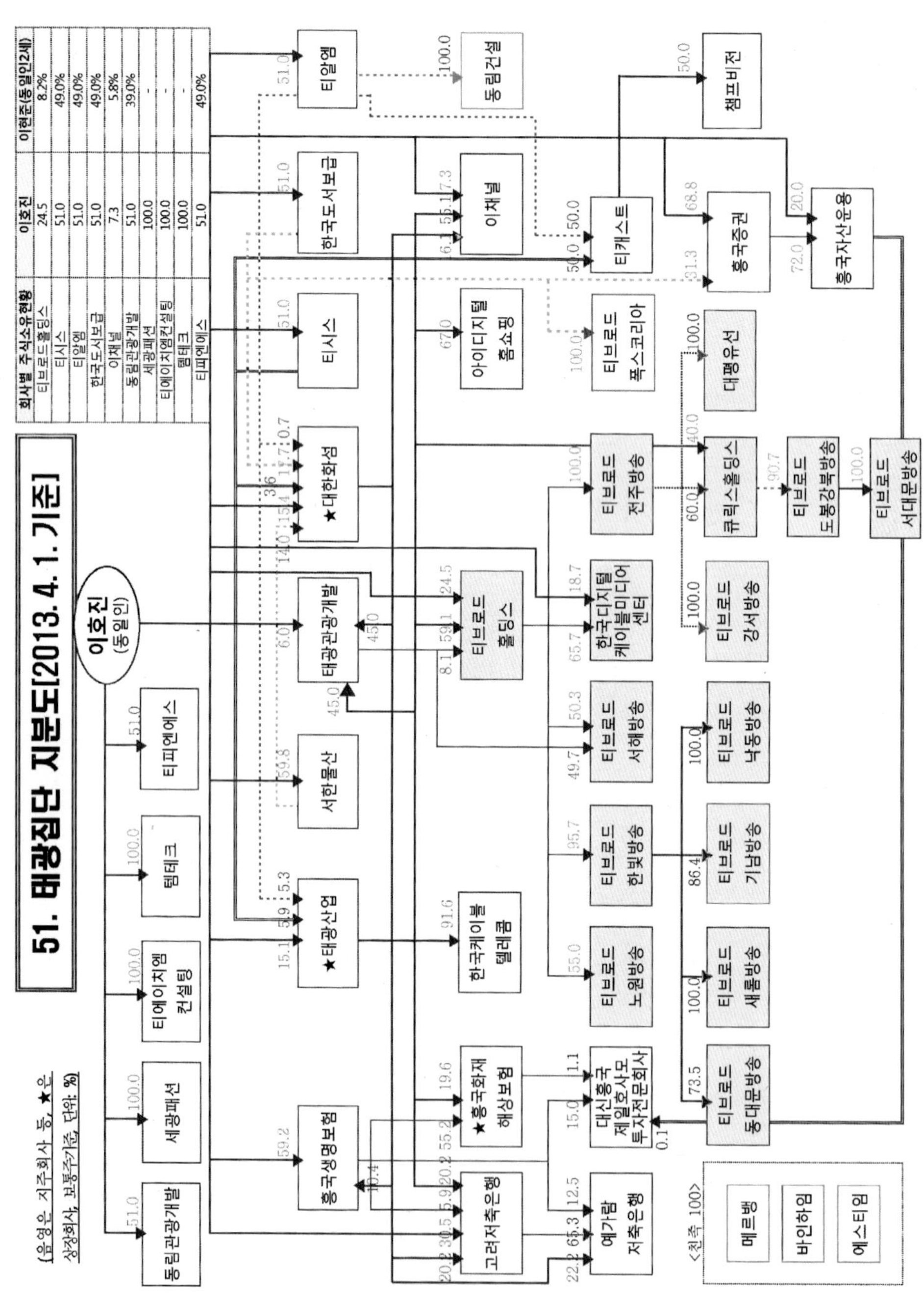

회사별 주식소유현황	이호진	이현준(동일인2세)
티브로드홀딩스	24.5	8.2%
티시스	51.0	49.0%
티알엠	51.0	49.0%
한국도서보급	51.0	49.0%
이채널	7.3	5.8%
동림관광개발	51.0	39.0%
세광패션	100.0	-
티에이치엠컨설팅	100.0	-
템테크	100.0	-
티피엔에스	51.0	49.0%

〈그림 6.5〉③ 태광그룹 소유지분도, 2015년 4월

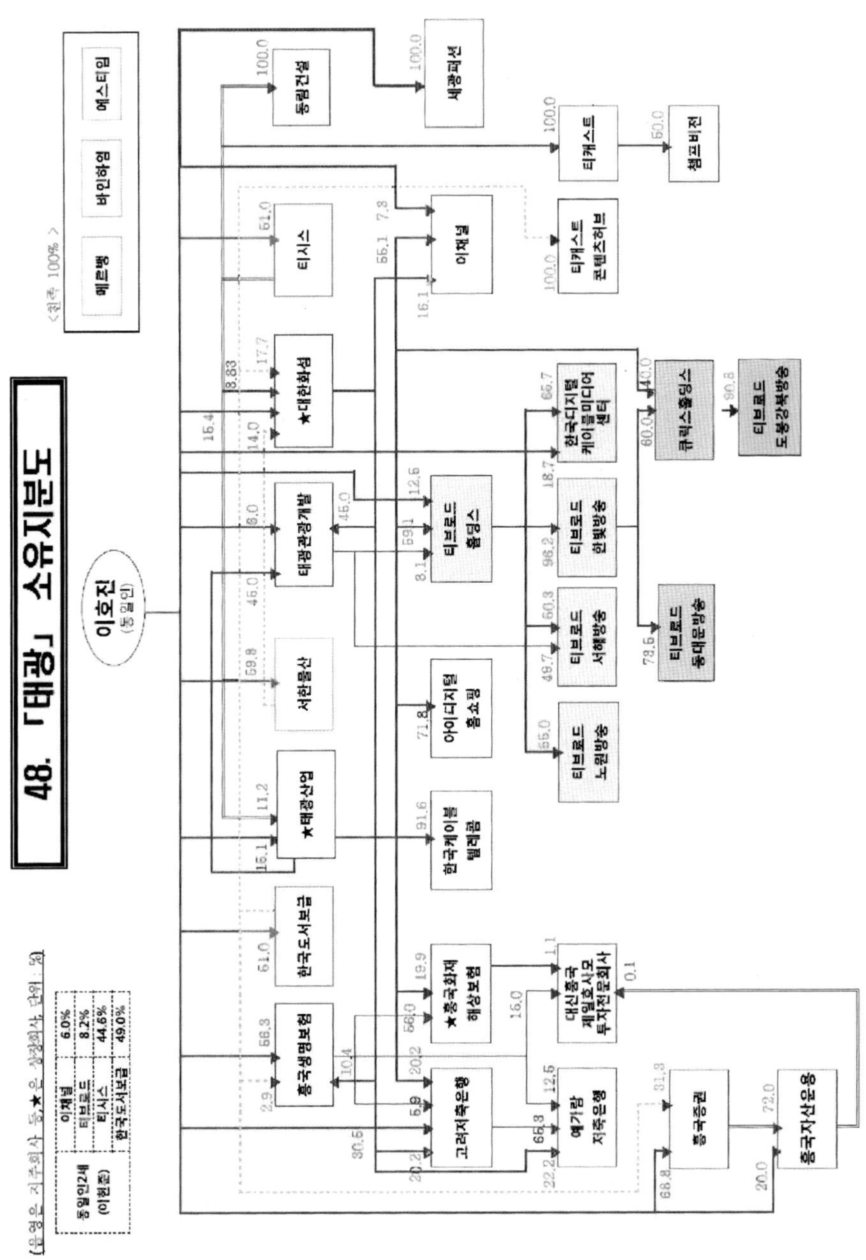

2. 2015년 이전 3개 재벌

2.1 현대자동차그룹

현대자동차그룹은 2007년에만 공정거래법상 지주회사체제를 가졌다. 차산골프장지주회사는 2006년 1월 지주회사로 지정되었다 (<표 6.6>).

(1) 현대자동차그룹은 2001년부터 2016년까지 16년 동안 대규모기업집단으로 지정되었다. 순위는 5위(2001년)에서 2위(2005-2016년) 사이, 계열회사는 16개(2001년)에서 63개(2011년) 사이, 그리고 자산총액은 36.1조 원(2001년)에서 209.7조 원(2016년) 사이였다. 2016년 4월 현재, 순위는 2위, 계열회사는 51개, 그리고 자산총액은 209.7조 원이다. 동일인은 정몽구이다.

(2) 현대자동차그룹은 소극적인 지주회사체제를 채택하였다. 지주회사체제 달성 비율은 2007년 현재 6%(그룹 계열회사 36개 vs. 지주회사체제 편입 회사 2개)였다.

(3) 지주회사는 차산골프장지주회사 1개이다.

① 해비치컨트리클럽은 2005년 9월 지주회사로 설립되었으며 2006년 1월 공정거래법상 지주회사로 지정되었다. 2006년 7월 차산골프장지주회사로 명칭이 변경되었다. 이 회사는 2007년 12월 지주회사 지정에서 제외되었다. 2006년의 경우, 차산골프장지주회사는 지주회사에 그리고 현대자동차그룹은 대규모집단에 지정되었지만, 지주회사 관련 자료에는 차산골프장지주회사가 대규모집단 소속이 아닌 것으로 되어 있으며 이에 따라 그룹의 지주회사체제 연도는 2007년으로 하였다.

② 차산골프장지주회사는 2006-2007년 공정거래법상 일반지주회사들 중에서의 순위가 24-36위였다.

③ 차산골프장지주회사의 계열회사는 자회사 1개였다.

④ 차산골프장지주회사의 지주비율은 66-70%였다.

(4) 2006-2007년 차산골프장지주회사의 최대주주는 계열회사인 엠코였다.

〈표 6.6〉 현대자동차그룹과 지주회사체제, 2007년

(1) 현대자동차그룹의 성장, 2001-2016년: 순위(A, 위), 계열회사(B, 개), 자산총액(C, 10억 원)

연도	A	B	C	연도	A	B	C	연도	A	B	C
2001	5	16	36,136	2007	2	36	66,225	2013	2	57	166,694
2002	4	25	41,266	2008	2	36	73,987	2014	2	57	180,945
2003	4	25	44,060	2009	2	41	86,945	2015	2	51	194,093
2004	3	28	52,345	2010	2	42	100,775	2016	2	51	209,694
2005	2	28	56,039	2011	2	63	126,689				
2006	2	40	62,235	2012	2	56	154,659				

(2) 지주회사체제, 2007년

연도	그룹		지주회사체제				지주회사체제 달성 비율 (B/A, %)
	순위	계열회사 (A, 개)	지주회사 (a)	순위	계열회사 (b, 개)	a+b (B, 개)	
2007	2	36	차산골프장지주회사	36	1	2	6

(3) 지주회사: 차산골프장지주회사, 2006-2007년

연도	순위	설립 · 전환 시기 (연.월)	상장 여부	자산 총액 (억 원)	지주 비율 (%)	부채 비율 (%)	계열회사 (개)			
							합	자	손자	증손
2006	24	2006.1	-	1,214	66.4	787.6	1	1	-	-
2007	36	2006.1	-	1,002	70.8	-	1	1	-	-

주: 1) 2006년의 경우, 현대자동차그룹은 공정거래법상 대규모기업집단(4월 기준)으로 지정되었고, 차산골프장지주회사는 공정거래법상 지주회사(8월 기준)로 지정되었지만 대규모기업집단에 소속되지 않은 것으로 되어 있음.
2) 차산골프장지주회사: 2007년 12월 지주회사에서 제외 (자산총액 1천억 원 미만; 자산 감소).
출처: 〈부록 1〉, 〈부록 2〉, 〈부록 3〉, 공정거래위원회 홈페이지 자료.

2.2 동부그룹

동부그룹은 2011-2012년의 2년 동안 공정거래법상 지주회사체제를 유지하였다. 동부인베스트먼트는 2011년 1월 지주회사에 지정되었다 (<표 6.7>, <그림 6.6>).

(1) 동부그룹은 1987년 대규모기업집단지정제도가 도입된 이후 2016년까지 30년 동안 매년 지정되었다. 순위는 36위(2016년)에서 13위(2002, 2004년) 사이, 계열회사는 11개(1991-1992년)에서 64개(2014년) 사이, 그리고 자산총액은 0.6조 원(1988년)에서 17.8조 원(2014년) 사이였다. 2016년 4월 현재, 순위는 36위, 계열회사는 25개, 그리고 자산총액은 8.2조 원이다. 동일인은 2000년 이후 김준기이다.

(2) 동부그룹은 소극적인 지주회사체제를 채택하였다. 지주회사체제 달성 비율은 5%(2012년 현재 그룹 계열회사 56개 vs. 지주회사체제 편입 회사 3개)로 매우 낮았다.

(3) 지주회사는 동부인베스트먼트 1개이다.

① 동부인베스트먼트는 2009년 11월 설립되었으며, 2011년 1월 공정거래법상 지주회사로 지정되었다. 이후 2012년 10월 지주회사 지정에서 제외되었다.

② 동부인베스트먼트는 2011-2012년 공정거래법상 일반지주회사들 중에서의 순위가 42-48위였다.

③ 동부인베스트먼트의 계열회사는 2011년 1개, 2012년 2개(자회사 1개, 손자회사 1개)였다.

④ 동부인베스트먼트의 지주비율은 88%였다.

(4) 2011-2012년 동부인베스트먼트의 최대주주는 그룹 동일인 김준기였으며, 보유 지분은 100%이다 (그룹 소유지분도 참조).

〈표 6.7〉 동부그룹과 지주회사체제, 2011-2012년

(1) 동부그룹의 성장, 1987-2016년: 순위(A, 위), 계열회사(B, 개), 자산총액(C, 10억 원)

연도	A	B	C	연도	A	B	C	연도	A	B	C
1987	23	12	692	1997	22	34	3,677	2007	18	22	8,748
1988	23	13	634	1998	20	34	4,626	2008	19	29	9,503
1989	23	13	914	1999	16	32	5,549	2009	20	32	12,271
1990	22	13	1,191	2000	19	19	5,331	2010	20	31	12,487
1991	24	11	1,275	2001	15	19	5,831	2011	20	38	14,263
1992	23	11	1,593	2002	13	21	6,083	2012	19	56	15,684
1993	24	12	1,742	2003	14	23	7,332	2013	18	61	17,110
1994	25	13	1,848	2004	13	22	7,469	2014	19	64	17,789
1995	26	13	2,128	2005	14	21	8,171	2015	21	53	14,627
1996	23	24	2,935	2006	15	22	8,651	2016	36	25	8,194

(2) 지주회사체제, 2011-2012년

연도	그룹		지주회사체제				지주회사체제 달성 비율 (B/A, %)
	순위	계열회사 (A, 개)	지주회사 (a)	순위	계열회사 (b, 개)	a+b (B, 개)	
2011	20	38	동부인베스트먼트	42	1	2	5
2012	19	56	동부인베스트먼트	48	2	3	5

(3) 지주회사: 동부인베스트먼트, 2011-2012년

연도	순위	설립·전환 시기 (연.월)	상장 여부	자산 총액 (억 원)	지주 비율 (%)	부채 비율 (%)	계열회사 (개)			
							합	자	손자	증손
2011	42	2011.1	X	3,269	88.5	292.8	1	1	-	-
2012	48	2011.1	X	3,139	88.3	472.3	2	1	1	-

주: 동부인베스트먼트는 2012년 10월 공정거래법상 지주회사에서 제외 (지주비율 50% 미만; 자회사 주식가액 감소).
출처: 〈부록 1〉, 〈부록 2〉, 〈부록 3〉, 공정거래위원회 홈페이지 자료.

〈그림 6.6〉 동부그룹 소유지분도, 2012년 4월
(* 음영 부분이 지주회사 및 계열회사)

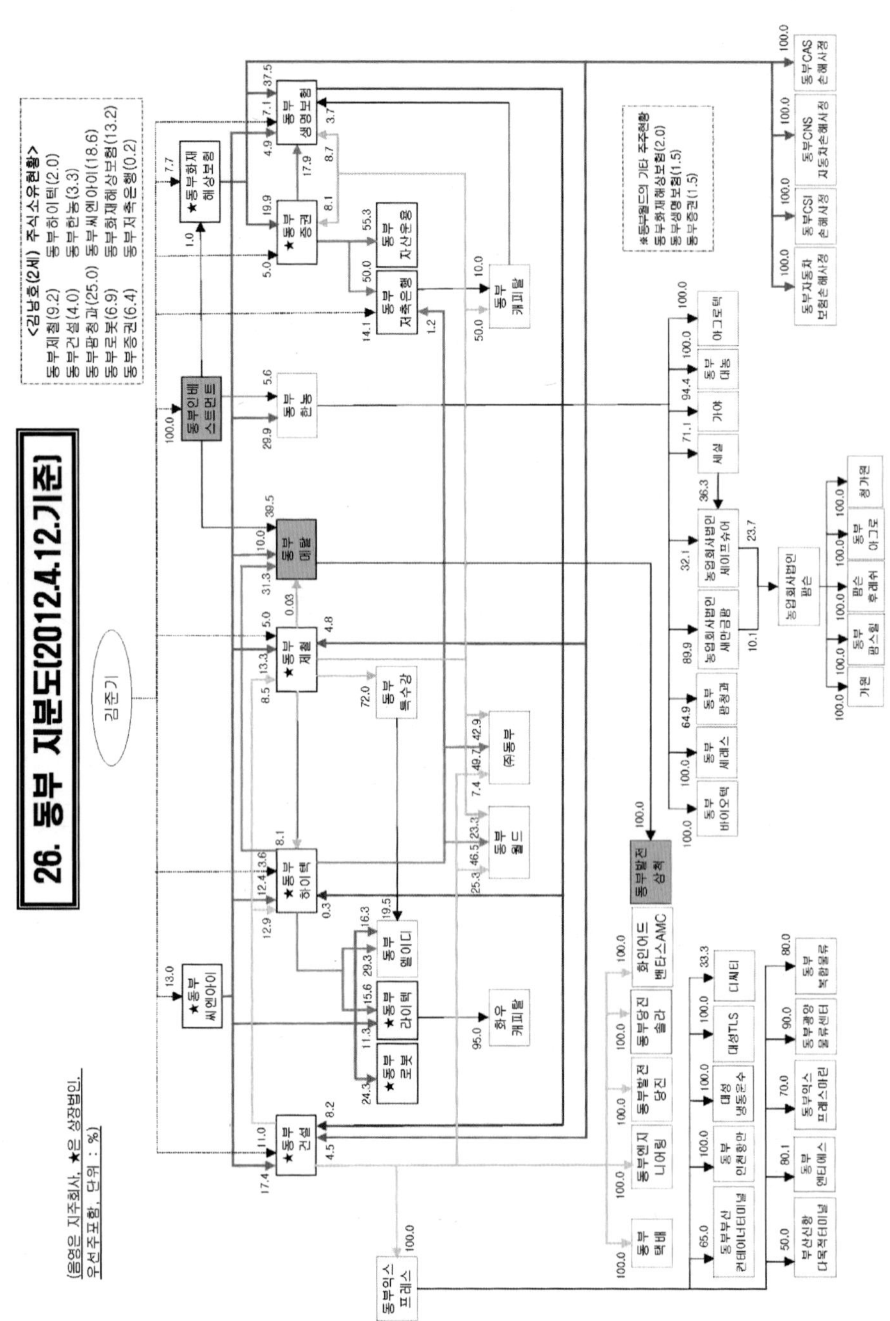

2.3 대한전선그룹

대한전선그룹은 2008-2011년의 4년 동안 공정거래법상 지주회사체제를 유지하였다. 트라이브랜즈는 2008년 5월 지주회사 티이씨앤코로 전환하였다 (<표 6.8>).

(1) 대한전선그룹은 1992년과 2003-2012년의 11년 동안 대규모기업집단으로 지정되었다. 순위는 49위(2012년)에서 25위(2009년) 사이, 계열회사는 5개(1992년)에서 32개(2009년) 사이, 그리고 자산총액은 2.5조 원(2003년)에서 8.6조 원(2009년) 사이였다. 2012년 4월 현재, 순위는 49위, 계열회사는 24개, 그리고 자산총액은 5.3조 원이었다. 동일인은 2003-2004년에는 설원량 그리고 2005-2012년에는 설윤석이었다.

(2) 대한전선그룹은 소극적인 지주회사체제를 채택하였다. 지주회사체제 달성 비율은 16-22%였으며, 2011년 현재에는 22%(그룹 계열회사 23개 vs. 지주회사체제 편입 회사 5개)였다.

(3) 지주회사는 티이씨앤코 1개이다.

① 기존의 계열회사인 트라이브랜즈는 2008년 5월 지주회사 티이씨앤코로 전환하였다. 이후 2011년 12월 지주회사 지정에서 제외되었다.

② 티이씨앤코는 2008-2011년 공정거래법상 일반지주회사들 중에서의 순위가 48-85위 사이에서 점차 낮아졌다.

③ 티이씨앤코의 계열회사는 2008년 3개(자회사) 그리고 2009-2011년 4개(자회사 2개, 손자회사 2개)였다.

④ 티이씨앤코의 지주비율은 57-61%로 낮았다. 2011년 12월에는 공정거래법상 지주회사의 요건인 '지주비율 50% 이상'을 충족시키지 못해 지주회사 지정에서 제외되었다.

(4) 2008-2011년 티이씨앤코의 최대주주는 계열회사인 대한전선이었다.

〈표 6.8〉 대한전선그룹과 지주회사체제, 2008-2011년

(1) 대한전선그룹의 성장, 1992-2012년: 순위(A, 위), 계열회사(B, 개), 자산총액(C, 10억 원)

연도	A	B	C	연도	A	B	C	연도	A	B	C
1992	31	5	-	2006	41	15	3,239	2010	31	26	7,954
2003	31	9	2,501	2007	40	18	3,732	2011	39	23	6,764
2004	32	11	3,072	2008	30	20	5,620	2012	49	24	5,309
2005	38	12	2,905	2009	25	32	8,577				

(2) 지주회사체제, 2008-2011년

연도	그룹		지주회사체제				지주회사체제 달성 비율 (B/A, %)
	순위	계열회사 (A, 개)	지주회사 (a)	순위	계열회사 (b, 개)	a+b (B, 개)	
2008	30	20	티이씨앤코	48	3	4	20
2009	25	32	티이씨앤코	69	4	5	16
2010	31	26	티이씨앤코	76	4	5	19
2011	39	23	티이씨앤코	85	4	5	22

(3) 지주회사: 티이씨앤코, 2008-2011년

연도	순위	설립·전환 시기 (연.월)	상장 여부	자산 총액 (억 원)	지주 비율 (%)	부채 비율 (%)	계열회사 (개)			
							합	자	손자	증손
2008	48	2008.5	O	1,280	61.4	13.5	3	3	-	-
2009	69	2008.5	O	1,013	58.8	14.0	4	2	2	-
2010	76	2008.5	O	1,203	57.7	19.8	4	2	2	-
2011	85	2008.5	O	1,166	59.1	24.5	4	2	2	-

주: 1) 1992년: 순위 - 31위 이하이며 자세한 정보는 없음; 자산총액 - 정보 없음.
2) 티이씨앤코: 2011년 12월 공정거래법상 지주회사에서 제외 (지주비율 50% 미만; 자산 증가, 자회사 주식가액 감소)
출처: 〈부록 1〉, 〈부록 2〉, 〈부록 3〉, 공정거래위원회 홈페이지 자료.

부록

〈부록 1〉 한국재벌과 지주회사체제, 1999-2015년

* 1999년 : 신설 지주회사 및 지주회사체제 채택 재벌 없음.
2000·2002년: 공정거래위원회 발표 자료 없음.

〈부록 표 1.1〉 재벌과 지주회사체제, 2001년 7월

(가) 2개 재벌

그룹			지주회사체제				지주회사체제 달성 비율 (B/A,%)
이름	순위	계열회사 (A, 개)	지주회사 (a)	순위	계열회사 (b, 개)	a+b (B, 개)	
적극적인 지주회사체제 (1개)							
LG	3	43	㈜LGCI	1	(13)	(14)	(33)
소극적인 지주회사체제 (1개)							
SK	4	54	SK엔론	2	(13)	(14)	(26)

(나) 2개 일반지주회사

지주회사	순위	설립·전환 시기 (연.월)	자산 총액 (억 원)	지주 비율 (%)	부채 비율 (%)	계열회사 (개)		
						합	자	손자
적극적인 지주회사체제 소속 (1개)								
㈜LGCI	1	2001.4	26,500	77.0	121.6	(13)	13	-
소극적인 지주회사체제 소속 (1개)								
SK엔론	2	2000.1	5,733	96.1	-	(13)	11	(2)

주: 1) 그룹은 2001년 4월 현재; 지주회사 명단은 2001년 7월 현재이며, 재무현황 및 계열회사는 2000년 12월 현재인 것으로 보임.
2) 공정거래위원회의 '지주회사' 자료에는 대규모사기업집단 소속 관련 정보가 별도로 표시되어 있지 않으며, '대규모기업집단' 자료 및 다른 연도의 '지주회사' 자료를 이용함.
3) ㈜LGCI - 손자회사 정보 없음; SK엔론 - 손자회사 2000년 3월 현재, 부채비율 정보 없음.
출처: 〈부록 2〉, 〈부록 3〉.

〈부록 표 1.2〉 재벌과 지주회사체제, 2003년 7월

(가) 4개 재벌

그룹			지주회사체제				지주회사체제 달성 비율
이름	순위	계열회사 (A, 개)	지주회사 (a)	순위	계열회사 (b, 개)	a+b (B, 개)	(B/A, %)
적극적인 지주회사체제 (3개)							
LG	2	50	㈜LG	1	37	38	76
동원	32	17	동원엔터프라이즈	12	9	10	59
농심	42	10	농심홀딩스	9	4	5	50
소극적인 지주회사체제 (1개)							
SK	3	60	SK엔론	2	14	15	25

(나) 4개 일반지주회사

지주회사	순위	설립·전환 시기 (연.월)	자산 총액 (억 원)	지주 비율 (%)	부채 비율 (%)	계열회사 (개)		
						합	자	손자
적극적인 지주회사체제 소속 (3개)								
㈜LG	1	2001.4	57,583	103.7	58.7	37	17	20
농심홀딩스	9	2003.7	1,839	50.8	0	4	4	-
동원엔터프라이즈	12	2001.4	1,398	95.4	49.7	9	8	1
소극적인 지주회사체제 소속 (1개)								
SK엔론	2	2000.1	7,016	92.9	6.1	14	11	3

주: 1) 그룹은 2003년 4월 현재; 지주회사 명단은 2003년 7월, 재무현황 및 계열회사는 2002년 3월(동원엔터프라이즈) 또는 2002년 12월(다른 지주회사) 현재.
2) ㈜LG = 2001년 ㈜LGCI; 동원그룹 소속 금융지주회사(동원금융지주)는 제외함.
출처: 〈부록 2〉, 〈부록 3〉.

〈부록 표 1.3〉 재벌과 지주회사체제, 2004년 5월

(가) 6개 재벌

그룹			지주회사체제				지주회사체제
이름	순위	계열회사 (A, 개)	지주회사 (a)	순위	계열회사 (b, 개)	a+b (B, 개)	달성 비율 (B/A,%)
적극적인 지주회사체제 (4개)							
LG	2	46	㈜LG	1	37	38	83
동원	31	17	동원엔터프라이즈	14	9	10	59
세아	33	28	세아홀딩스	5	14	15	54
농심	39	12	농심홀딩스	8	6	7	59
소극적인 지주회사체제 (2개)							
삼성	1	63	삼성종합화학	2	1	2	3
SK	4	59	SK엔론	3	13	14	24

(나) 6개 일반지주회사

지주회사	순위	설립 · 전환 시기 (연.월)	자산 총액 (억 원)	지주 비율 (%)	부채 비율 (%)	계열회사 (개)		
						합	자	손자
적극적인 지주회사체제 소속 (4개)								
㈜LG	1	2001.4	61,750	97.0	44.3	37	17	20
세아홀딩스	5	2001.7	3,831	82.1	33.6	14	14	-
농심홀딩스	8	2003.7	2,854	99.9	2.0	6	6	-
동원엔터프라이즈	14	2001.4	1,398	96.9	7.0	9	8	1
소극적인 지주회사체제 소속 (2개)								
삼성종합화학	2	2004.1	10,529	51.2	89.7	1	1	-
SK엔론	3	2000.1	7,685	92.7	6.1	13	11	2

주: 1) 그룹은 2004년 4월 현재; 지주회사 명단은 2004년 5월, 재무현황 및 계열회사는 2003년 3월(동원엔터프라이즈) 또는 2003년 12월(다른 지주회사) 현재.
2) 공정거래위원회의 '지주회사' 자료에는 대규모사기업집단 소속 관련 정보가 별도로 표시되어 있지 않으며, '대규모기업집단' 자료 및 다른 연도의 '지주회사' 자료를 이용함.
3) 삼성그룹과 동원그룹 소속 금융지주회사(삼성에버랜드, 동원금융지주)는 제외함.
출처: 〈부록 2〉, 〈부록 3〉.

〈부록 표 1.4〉 재벌과 지주회사체제, 2005년 8월

(가) 9개 재벌

그룹 이름	순위	계열회사 (A, 개)	지주회사체제 지주회사 (a)	순위	계열회사 (b, 개)	a+b (B, 개)	지주회사체제 달성 비율 (B/A,%)
적극적인 지주회사체제 (4개)							
LG	3	38	㈜LG	1	33	34	89
STX	28	14	㈜STX	9	8	9	64
세아	32	28	세아홀딩스	7	15	16	57
농심	43	12	농심홀딩스	8	6	7	58
소극적인 지주회사체제 (5개)							
삼성	1	62	삼성종합화학	5	1	2	3
SK	4	50	SK엔론	4	12	13	26
롯데	5	41	롯데물산	3	4	5	
			롯데산업	16	1	2 [7]	17
GS	9	50	GS홀딩스	2	12	13	26
한화	10	30	한화도시개발	22	1	2	7

(나) 10개 일반지주회사

지주회사	순위	설립·전환 시기 (연.월)	상장 여부	자산 총액 (억 원)	지주 비율 (%)	부채 비율 (%)	계열회사 (개) 합	자	손자
적극적인 지주회사체제 소속 (4개)									
㈜LG	1	2001.4	O	43,491	101.6	25.7	33	15	18
세아홀딩스	7	2001.7	O	5,304	88.8	26.6	15	14	1
농심홀딩스	8	2003.7	O	3,594	99.8	6.8	6	6	–
㈜STX	9	2004.4	O	3,301	58.0	153.0	8	4	4
소극적인 지주회사체제 소속 (6개)									
GS홀딩스	2	2004.7	O	26,646	93.8	37.6	12	4	8
롯데물산	3	2005.1	X	9,707	55.8	11.9	4	1	3
SK엔론	4	2000.1	X	8,068	94.6	1.8	12	11	1
삼성종합화학	5	2004.1	X	7,212	97.1	1.3	1	1	–
롯데산업	16	2005.1	X	1,910	86.4	37.8	1	1	–
한화도시개발	22	2005.1	X	1,007	57.7	68.7	1	1	–

주: 그룹은 2005년 4월 현재; 지주회사 명단은 2005년 8월 현재이며, 재무현황 및 계열회사는 출처에 표시는 없으나 2004년 12월 현재인 것으로 보임.

출처: 〈부록 2〉, 〈부록 3〉.

〈부록 표 1.5〉 재벌과 지주회사체제, 2006년 8월

(가) 9개 재벌

그룹 이름	순위	계열회사 (A, 개)	지주회사체제 지주회사 (a)	순위	계열회사 (b, 개)	a+b (B, 개)	지주회사체제 달성 비율 (B/A, %)
적극적인 지주회사체제 (5개)							
LG	4	30	㈜LG	1	28	29	97
GS	8	50	GS홀딩스	2	15	16	32
현대백화점	31	23	㈜HC&	16	9	10	43
세아	36	23	세아홀딩스	7	14	15	65
농심	44	12	농심홀딩스	9	6	7	58
소극적인 지주회사체제 (4개)							
삼성	1	59	삼성종합화학	5	1	2	3
SK	3	56	SK E&S	4	12	13	23
롯데	5	43	롯데물산	3	4	5	
			롯데산업	13	1	2 [7]	16
한화	11	31	한화도시개발	23	1	2	6

(나) 10개 일반지주회사

지주회사	순위	설립 · 전환 시기 (연.월)	자산 총액 (억 원)	지주 비율 (%)	부채 비율 (%)	계열회사 (개) 합	자	손자
적극적인 지주회사체제 소속 (5개)								
㈜LG	1	2001.4	47,964	96.0	18.0	28	14	14
GS홀딩스	2	2004.7	29,871	96.0	29.0	15	5	10
세아홀딩스	7	2001.7	6,423	90.8	25.8	14	14	-
농심홀딩스	9	2003.7	4,191	98.6	27.6	6	6	-
㈜HC&	16	2006.1	2,506	87.7	91.4	9	9	-
소극적인 지주회사체제 소속 (5개)								
롯데물산	3	2005.1	11,461	61.4	20.1	4	1	3
SK E&S	4	2000.1	8,996	93.0	11.0	12	11	1
삼성종합화학	5	2004.1	7,546	98.3	0.3	1	1	-
롯데산업	13	2005.1	2,282	84.5	27.7	1	1	-
한화도시개발	23	2005.1	1,366	99.2	6.5	1	1	-

주: 1) 그룹은 2006년 4월 현재; 지주회사 명단은 2006년 8월, 재무현황 및 계열회사는 2005년 12월 현재 (2006년 신설된 경우는 다른 기준이 적용될 수 있음).
2) 공정거래위원회의 '지주회사' 자료에는 대규모사기업집단 소속 관련 정보가 별도로 표시되어 있지 않으며, '대규모기업집단' 자료 및 다른 연도의 '지주회사' 자료를 이용함.
3) SK E&S = 2001-2005년 SK엔론.
출처: 〈부록 2〉, 〈부록 3〉.

〈부록 표 1.6〉 재벌과 지주회사체제, 2007년 8월

(가) 14개 재벌

그룹 이름	순위	계열회사 (A, 개)	지주회사체제 지주회사 (a)	순위	계열회사 (b, 개)	a+b (B, 개)	지주회사체제 달성 비율 (B/A, %)
적극적인 지주회사체제 (10개)							
SK	3	57	SK㈜	1	23	24	
			SK E&S	6	11	12 [34]	60
LG	4	31	㈜LG	2	28	29	94
GS	8	48	GS홀딩스	4	14	15	31
금호아시아나	9	38	금호산업	3	21	22	58
현대백화점	27	24	㈜HC&	21	10	11	46
한진중공업	32	4	한진중공업홀딩스	11	4	5	125
세아	38	22	세아홀딩스	9	14	15	68
농심	46	15	농심홀딩스	13	6	7	47
태평양	48	7	태평양	5	4	5	71
오리온	54	22	온미디어	15	9	10	45
소극적인 지주회사체제 (4개)							
삼성	1	59	삼성종합화학	8	1	2	3
현대자동차	2	36	차산골프장지주회사	36	1	2	6
한화	12	34	드림파마	12	5	6	18
CJ	19	64	CJ홈쇼핑	7	13	14	22

(나) 15개 일반지주회사

지주회사	순위	설립·전환 시기 (연.월)	자산 총액 (억 원)	지주 비율 (%)	부채 비율 (%)	계열회사 (개) 합	자	손자
적극적인 지주회사체제 소속 (11개)								
SK㈜	1	2007.7	64,788	88.3	86.3	23	7	16
㈜LG	2	2001.4	46,044	103.3	8.6	28	14	14
금호산업	3	2007.1	38,868	65.8	240.9	21	11	10
GS홀딩스	4	2004.7	32,729	95.0	24.7	14	5	9
태평양	5	2007.1	13,705	68.2	12.3	4	4	–
SK E&S	6	2000.1	9,530	94.5	14.8	11	10	1
세아홀딩스	9	2001.7	7,291	91.2	23.7	14	14	–
한진중공업홀딩스	11	2007.8	5,872	54.1	52.3	4	4	–
농심홀딩스	13	2003.7	4,494	97.8	24.4	6	6	–
온미디어	15	2000.6	4,121	60.1	4.0	9	8	1
㈜HC&	21	2006.1	2,797	87.1	0.9	10	9	1
소극적인 지주회사체제 소속 (4개)								
CJ홈쇼핑	7	2007.1	8,562	71.0	86.4	13	5	8
삼성종합화학	8	2004.1	7,937	96.7	2.7	1	1	–
드림파마	12	2007.4	5,280	63.8	104.1	5	5	–
차산골프장지주회사	36	2006.1	1,002	70.8	–	1	1	–

주: 1) 그룹은 2007년 4월 현재; 지주회사 명단은 2007년 8월, 재무현황 및 계열회사는 2006년 12월 또는 설립·전환일(2007년 설립·전환된 경우) 현재.
2) SK E&S는 SK㈜의 자회사, SK㈜ 계열회사에는 SK E&S만 포함되어 있음, SK E&S 10개 자회사 포함시킴; 차산골프장지주회사 부채비율 – 자본잠식.

출처: 〈부록 2〉, 〈부록 3〉.

〈부록 표 1.7〉 재벌과 지주회사체제, 2008년 9월

(가) 11개 재벌

그룹			지주회사체제				지주회사체제 달성 비율 (B/A, %)
이름	순위	계열회사 (A, 개)	지주회사 (a)	순위	계열회사 (b, 개)	a+b (B, 개)	
적극적인 지주회사체제 (8개)							
SK	3	64	SK㈜	1	35	36	
			SK E&S	10	11	12 [47]	73
LG	4	36	㈜LG	2	29	30	83
GS	7	57	GS홀딩스	4	17	18	32
금호아시아나	10	52	금호산업	3	22	23	44
CJ	17	66	CJ㈜	5	43	44	
			CJ홈쇼핑	12	13	14 [50]	76
LS	18	24	㈜LS	6	14	15	63
한진중공업	29	5	한진중공업홀딩스	11	4	5	100
현대백화점	31	25	㈜HC&	24	10	11	44
소극적인 지주회사체제 (3개)							
삼성	1	59	삼성종합화학	13	1	2	3
한화	12	40	드림파마	16	5	6	15
대한전선	30	20	티이씨앤코	48	3	4	20

(나) 13개 일반지주회사

지주회사	순위	설립·전환 시기 (연.월)	상장 여부	자산 총액 (억 원)	지주 비율 (%)	부채 비율 (%)	계열회사 (개)			
							합	자	손자	증손
적극적인 지주회사체제 소속 (10개)										
SK㈜	1	2007.7	O	95,056	92.7	42.8	35	7	28	-
㈜LG	2	2001.4	O	55,988	98.3	10.2	29	14	15	-
금호산업	3	2007.1	O	41,240	57.4	272.8	22	8	14	-
GS홀딩스	4	2004.7	O	35,587	94.5	26.5	17	5	12	-
CJ㈜	5	2007.9	O	21,594	84.8	25.8	43	15	27	1
㈜LS	6	2008.7	O	17,364	89.7	16.1	14	4	10	-
SK E&S	10	2000.1	X	9,989	94.8	17.7	11	10	1	-
한진중공업홀딩스	11	2007.8	O	9,958	85.6	9.6	4	4	-	-
CJ홈쇼핑	12	2007.1	O	8,886	68.4	85.9	13	5	7	1
㈜HC&	24	2006.1	X	3,018	93.2	19.1	10	9	1	-
소극적인 지주회사체제 소속 (3개)										
삼성종합화학	13	2004.1	X	8,833	98.3	3.3	1	1	-	-
드림파마	16	2007.4	X	5,166	62.1	99.4	5	5	-	-
티이씨앤코	48	2008.5	O	1,280	61.4	13.5	3	3	-	-

주: 1) 그룹은 2008년 4월 현재; 지주회사 명단은 2008년 9월, 재무현황 및 계열회사는 2007년 12월 또는 설립·전환일(2007년 8월 –2008년 9월 설립·전환된 경우) 현재.
2) SK E&S는 SK㈜의 자회사, SK㈜ 계열회사에는 SK E&S만 포함되어 있음, SK E&S 11개 계열회사 포함시킴; CJ홈쇼핑은 CJ㈜의 자회사, CJ㈜ 계열회사에는 CJ홈쇼핑만 포함되어 있음, CJ홈쇼핑 6개 계열회사(자회사 5개, 100% 손자회사 1개) 포함시킴.
출처: 〈부록 2〉, 〈부록 3〉.

〈부록 표 1.8〉 재벌과 지주회사체제, 2009년 9월

(가) 13개 재벌

그룹 이름	순위	계열회사 (A, 개)	지주회사 (a)	순위	계열회사 (b, 개)	a+b (B, 개)	지주회사체제 달성 비율 (B/A, %)
적극적인 지주회사체제 (10개)							
SK	3	77	SK㈜	1	58	59	
			SK E&S	15	10	11 [59]	77
LG	4	52	㈜LG	2	45	46	88
GS	8	64	㈜GS	3	24	25	39
두산	12	26	두산	4	21	22	
			두산모트롤홀딩스	46	1	2 [22]	85
LS	17	32	㈜LS	7	19	20	63
CJ	19	61	CJ㈜	5	50	51	
			CJ오쇼핑	12	13	14 [51]	84
한진중공업	29	6	한진중공업홀딩스	10	5	6	100
현대백화점	33	22	㈜HC&	29	9	10	45
웅진	34	29	웅진홀딩스	8	18	19	66
세아	38	23	세아홀딩스	14	15	16	70
소극적인 지주회사체제 (3개)							
삼성	1	63	삼성종합화학	16	1	2	3
한화	13	44	드림파마	20	5	6	14
대한전선	25	32	티이씨앤코	69	4	5	16

(나) 16개 일반지주회사

지주회사	순위	설립·전환 시기 (연.월)	상장 여부	자산 총액 (억 원)	지주 비율 (%)	부채 비율 (%)	계열회사 (개) 합	자	손자	증손
적극적인 지주회사체제 소속 (13개)										
SK㈜	1	2007.7	O	96,197	96.6	41.7	58	8	42	8
㈜LG	2	2001.4	O	69,563	92.0	11.6	45	15	28	2
㈜GS	3	2004.7	O	44,557	89.9	25.6	24	5	19	–
두산	4	2009.1	O	27,910	57.6	78.3	21	11	8	2
CJ㈜	5	2007.9	O	27,811	62.8	40.4	50	14	33	3
㈜LS	7	2008.7	O	16,180	91.4	11.3	19	4	14	1
웅진홀딩스	8	2008.1	O	14,755	93.9	103.0	18	10	7	1
한진중공업홀딩스	10	2007.8	O	10,892	89.0	4.1	5	4	1	–
CJ오쇼핑	12	2007.1	O	9,699	57.8	94.1	13	5	7	1
세아홀딩스	14	2001.7	O	9,293	86.8	24.7	15	14	1	–
SK E&S	15	2000.1	X	9,095	89.0	13.7	10	9	1	–
㈜HC&	29	2006.1	X	3,530	84.9	37.4	9	9	–	–
두산모트롤홀딩스	46	2009.1	X	1,947	95.6	298.7	1	1	–	–

소극적인 지주회사체제 소속 (3개)										
삼성종합화학	16	2004.1	O	8,693	92.6	2.1	1	1	-	-
드림파마	20	2007.4	X	5,130	62.8	102.6	5	5	-	-
티이씨앤코	69	2008.5	O	1,013	58.8	14.0	4	2	2	-

주: 1) 그룹은 2009년 4월 현재; 지주회사 명단은 2009년 6월, 재무현황 및 계열회사는 2008년 12월 현재.
2) CJ오쇼핑 = 2007-2008년 CJ홈쇼핑.
3) SK E&S는 SK㈜의 자회사, SK㈜ 계열회사에는 SK E&S 및 10개 계열회사 포함되어 있음; 두산모트롤홀딩스는 두산의 자회사, 두산 계열회사에는 두산모트롤홀딩스 및 1개 계열회사 포함되어 있음; CJ오쇼핑은 CJ㈜의 자회사, CJ㈜ 계열회사에는 CJ오쇼핑 및 8개 계열회사(자회사 7개, 100% 손자회사 1개) 포함되어 있음.

출처: 〈부록 2〉, 〈부록 3〉.

〈부록 표 1.9〉 재벌과 지주회사체제, 2010년 9월

(가) 17개 재벌

그룹			지주회사체제				지주회사체제 달성 비율
이름	순위	계열회사 (A, 개)	지주회사 (a)	순위	계열회사 (b, 개)	a+b (B, 개)	(B/A, %)
적극적인 지주회사체제 (13개)							
SK	3	75	SK㈜	1	62	63	
			SK E&S	16	9	10 [63]	84
LG	4	53	㈜LG	2	45	46	87
GS	7	69	㈜GS	3	27	28	41
한진	10	37	한진해운홀딩스	32	11	12	32
두산	12	29	두산	6	21	22	
			디아이피홀딩스	47	3	4 [22]	76
LS	15	44	㈜LS	7	24	25	57
CJ	18	54	CJ㈜	5	46	47	
			CJ오쇼핑	13	5	6	
			오미디어홀딩스	27	10	11	
			온미디어	28	9	10 [58]	107
한진중공업	29	7	한진중공업홀딩스	14	6	7	100
웅진	33	24	웅진홀딩스	9	20	21	88
현대백화점	34	29	㈜HC&	37	13	14	48
코오롱	36	37	코오롱	24	29	30	81
하이트맥주	38	16	하이트홀딩스	10	13	14	88
세아	44	19	세아홀딩스	17	12	13	68
소극적인 지주회사체제 소속 (4개)							
삼성	1	67	삼성종합화학	15	1	2	3
한화	13	48	한화도시개발	33	8	9	19
부영	24	15	부영	4	2	3	20
대한전선	31	26	티이씨앤코	76	4	5	19

(나) 22개 일반지주회사

지주회사	순위	설립·전환 시기 (연.월)	상장 여부	자산 총액 (억 원)	지주 비율 (%)	부채 비율 (%)	계열회사 (개)			
							합	자	손자	증손
적극적인 지주회사체제 소속 (18개)										
SK㈜	1	2007.7	O	102,405	96.4	43.5	62	9	44	9
㈜LG	2	2001.4	O	80,141	92.2	8.3	45	16	27	2
㈜GS	3	2004.7	O	51,718	90.4	26.7	27	6	21	-
CJ㈜	5	2007.9	O	27,914	68.8	35.8	46	16	27	3
두산	6	2009.1	O	27,484	66.1	51.4	23	9	12	2
㈜LS	7	2008.7	O	17,971	89.6	12.6	24	4	19	1
웅진홀딩스	9	2008.1	O	17,838	90.0	118.5	20	9	9	2
하이트홀딩스	10	2008.7	O	17,172	95.7	91.7	13	5	8	-
CJ오쇼핑	13	2007.1	O	11,321	50.0	104.6	5	3	2	-
한진중공업홀딩스	14	2007.8	O	10,543	89.3	3.4	6	4	2	-
SK E&S	16	2000.1	X	9,612	88.8	56.5	9	9	-	-
세아홀딩스	17	2001.7	O	9,220	86.1	22.5	12	11	1	-
코오롱	24	2010.1	O	5,388	54.3	35.5	29	5	23	1
오미디어홀딩스	27	2010.9	X	4,749	92.1	58.1	10	1	9	-
온미디어	28	2000.6	O	4,493	67.0	2.6	9	9	-	-
한진해운홀딩스	32	2009.12	O	3,776	65.9	30.0	11	2	9	-
㈜HC&	37	2006.1	X	3,482	90.3	40.9	13	8	5	-
디아이피홀딩스	47	2010.1	X	2,920	66.0	77.6	3	3	-	-
소극적인 지주회사체제 (4개)										
부영	4	2009.12	X	39,396	96.9	0.5	2	2	-	-
삼성종합화학	15	2004.1	X	10,442	94.0	2.3	1	1	-	-
한화도시개발	33	2009.12	X	3,619	95.0	36.6	8	8	-	-
티이씨앤코	76	2008.5	O	1,203	57.7	19.8	4	2	2	-

주: 1) 그룹은 2010년 4월 현재; 지주회사 명단은 2010년 9월, 재무현황 및 계열회사는 2009년 12월 또는 설립·전환일(2010년 설립·전환된 경우) 현재.

2) SK E&S는 SK㈜의 자회사, SK㈜ 계열회사에는 SK E&S 및 9개 계열회사 포함되어 있음; 디아이피홀딩스는 두산의 자회사, 두산 계열회사에는 디아이피홀딩스 및 3개 계열회사 포함되어 있음, 두산 계열회사에는 2개(자회사 1개, 손자회사 1개)가 잘못 포함되어 있어 바로 잡음; CJ오쇼핑은 CJ㈜의 자회사, 온미디어는 오미디어홀딩스의 자회사, CJ㈜ 계열회사에는 CJ오쇼핑 및 5개 계열회사 포함되어 있음, 오미디어홀딩스 계열회사에는 온미디어 및 9개 계열회사 포함되어 있음.

출처: 〈부록 2〉, 〈부록 3〉.

〈부록 표 1.10〉 재벌과 지주회사체제, 2011년 9월

(가) 20개 재벌

그룹			지주회사체제				지주회사체제
이름	순위	계열회사 (A, 개)	지주회사 (a)	순위	계열회사 (b, 개)	a+b (B, 개)	달성 비율 (B/A, %)
적극적인 지주회사체제 (15개)							
SK	3	86	SK이노베이션	1	16	17	
			SK㈜	2	66	67	
			SK E&S	13	9	10 [67]	78
LG	4	59	㈜LG	3	50	51	86
GS	8	76	㈜GS	4	31	32	42
한진	9	40	한진해운홀딩스	17	13	14	35
두산	12	25	두산	6	20	21	
			디아이피홀딩스	43	2	3 [21]	84
LS	15	47	㈜LS	7	26	27	57
CJ	16	65	CJ㈜	5	49	50	77
부영	23	16	부영	8	2	3	
			동광주택산업	39	1	2 [5]	31
현대백화점	30	26	현대HC&	29	11	12	46
한진중공업	31	8	한진중공업홀딩스	18	7	8	100
웅진	32	31	웅진홀딩스	9	19	20	65
코오롱	33	39	코오롱	20	30	31	79
하이트진로	42	15	하이트홀딩스	10	12	13	87
대성	43	73	대성합동지주	27	18	19	
			대성홀딩스	40	9	10	
			서울도시개발	88	19	20 [49]	67
세아	44	21	세아홀딩스	16	14	15	71
소극적인 지주회사체제 (5개)							
삼성	1	78	삼성종합화학	15	1	2	3
한화	10	55	한화도시개발	41	10	11	20
동부	20	38	동부인베스트먼트	42	1	2	5
대한전선	39	23	티이씨앤코	86	4	5	22
태광	46	50	티브로드홀딩스	25	10	11	22

(나) 26개 일반지주회사

지주회사	순위	설립・전환 시기 (연.월)	상장 여부	자산 총액 (억 원)	지주 비율 (%)	부채 비율 (%)	계열회사 (개)			
							합	자	손자	증손
적극적인 지주회사체제 소속 (21개)										
SK이노베이션	1	2011.1	X	141,457	63.3	27.7	16	7	9	-
SK㈜	2	2007.7	O	109,766	96.1	45.6	66	8	48	10
㈜LG	3	2001.4	O	73,396	87.6	5.3	50	15	33	2
㈜GS	4	2004.7	O	59,309	90.4	22.0	31	6	24	1
CJ㈜	5	2007.9	O	38,228	60.6	31.7	49	18	28	3
두산	6	2009.1	O	31,876	58.3	55.9	20	9	8	3
㈜LS	7	2008.7	O	20,711	91.1	10.4	26	4	21	1
부영	8	2009.12	X	19,249	94.7	27.9	2	2	-	-
웅진홀딩스	9	2008.1	O	18,494	84.1	109.4	19	8	10	1
하이트홀딩스	10	2008.7	O	16,679	96.7	178.5	12	5	7	-
SK E&S	13	2000.1	X	12,235	79.8	87.1	9	9	-	-
세아홀딩스	16	2001.7	O	11,107	87.0	24.2	14	12	2	-
한진해운홀딩스	17	2009.12	O	10,887	89.3	19.3	13	2	10	1
한진중공업홀딩스	18	2007.8	O	10,538	88.2	3.5	7	4	3	-
코오롱	20	2010.1	O	8,600	77.2	36.6	30	7	22	1
대성합동지주	27	2011.1	O	5,254	85.2	18.0	18	9	9	-
현대HC&	29	2006.1	O	4,314	73.5	28.8	11	8	3	-
동광주택산업	39	2011.1	X	3,425	97.8	23.6	1	1	-	-
대성홀딩스	40	2009.10	O	3,360	61.5	48.3	9	9	-	-
디아이피홀딩스	43	2010.1	X	3,191	67.0	45.9	2	2	-	-
서울도시개발	88	2011.1	X	1,115	90.5	60.2	19	2	17	-
소극적인 지주회사체제 소속 (5개)										
삼성종합화학	15	2004.1	X	11,436	88.9	2.8	1	1	-	-
티브로드홀딩스	25	2008.11	X	5,389	76.9	185.6	10	5	4	1
한화도시개발	41	2009.12	X	3,355	98.4	39.9	10	10	-	-
동부인베스트먼트	42	2011.1	X	3,269	88.5	292.8	1	1	-	-
티이씨앤코	86	2008.5	O	1,166	59.1	24.5	4	2	2	-

주: 1) 그룹은 2011년 4월 현재; 지주회사 명단은 2011년 9월, 재무현황 및 계열회사는 2010년 12월 현재.
2) 하이트진로그룹 = 2010년 하이트맥주그룹; 현대HC& = 2006-2010년 ㈜HC&.
3) SK이노베이션과 SK E&S는 SK㈜의 자회사, SK㈜ 계열회사에는 SK이노베이션 및 11개 계열회사(자회사 7개, 100% 손자회사 4개) 그리고 SK E&S 및 9개 계열회사 포함되어 있음; 디아피홀딩스는 두산의 자회사, 두산 계열회사에는 디아이피홀딩스 및 2개 계열회사 포함되어 있음.

출처: 〈부록 2〉, 〈부록 3〉.

〈부록 표 1.11〉 재벌과 지주회사체제, 2012년 9월

(가) 21개 재벌

그룹			지주회사체제				지주회사체제 달성 비율 (B/A, %)
이름	순위	계열회사 (A, 개)	지주회사 (a)	순위	계열회사 (b, 개)	a+b (B, 개)	
적극적인 지주회사체제 (18개)							
SK	3	94	SK이노베이션	1	17	18	
			SK㈜	2	66	67 [67]	71
LG	4	63	㈜LG	3	51	52	83
GS	8	73	㈜GS	4	24	25	
			GS에너지	5	18	19 [25]	34
한진	9	45	한진해운홀딩스	21	15	16	36
두산	12	24	두산	7	20	21	
			디아이피홀딩스	32	3	4 [21]	88
CJ	14	84	CJ㈜	6	47	48	57
LS	15	50	㈜LS	10	27	28	56
부영	23	17	부영	8	3	4	
			동광주택산업	42	1	2 [6]	35
현대백화점	28	35	현대HC&	33	11	12	34
코오롱	30	40	코오롱	18	29	30	75
웅진	31	29	웅진홀딩스	9	23	24	83
농협	34	41	농협경제지주	15	13	14	
			농협금융지주	5	13	14 [28]	68
한진중공업	36	8	한진중공업홀딩스	16	7	8	100
대성	41	85	대성합동지주	26	28	29	
			대성홀딩스	43	9	10	
			서울도시개발	74	20	21 [60]	71
세아	42	24	세아홀딩스	17	16	17	71
태광	43	44	티브로드홀딩스	24	14	15	
			티브로드도봉강북방송	101	1	2 [15]	34
하이트진로	44	15	하이트진로홀딩스	11	12	13	87
태영	48	40	SBS미디어홀딩스	27	17	18	45
소극적인 지주회사체제 (3개)							
삼성	1	81	삼성종합화학	14	1	2	2
한화	10	53	한화도시개발	45	9	10	19
동부	19	56	동부인베스트먼트	48	2	3	5

(나) 28개 일반지주회사

지주회사	순위	설립 · 전환 시기 (연.월)	상장 여부	자산 총액 (억 원)	지주 비율 (%)	부채 비율 (%)	계열회사 (개)			
							합	자	손자	증손
적극적인 지주회사체제 소속 (25개)										
SK이노베이션	1	2011.1	X	148,858	63.5	18.5	17	7	10	-
SK㈜	2	2007.7	O	112,409	96.1	45.4	66	8	46	12
㈜LG	3	2001.4	O	75,378	67.2	5.0	51	15	34	2
㈜GS	4	2004.7	O	53,917	87.9	15.9	24	6	10	8
GS에너지	5	2012.1	X	35,598	98.3	1.7	18	1	17	-
CJ㈜	6	2007.9	O	34,280	76.9	33.5	47	12	32	3
두산	7	2009.1	O	31,776	54.0	61.5	20	9	9	2
부영	8	2009.12	X	22,133	95.5	28.8	3	1	2	-
웅진홀딩스	9	2008.1	O	19,857	82.3	130.7	23	7	15	1
㈜LS	10	2008.7	O	18,303	89.1	10.1	27	5	21	1
하이트진로홀딩스	11	2008.7	O	18,152	97.0	140.0	12	4	8	-
농협경제지주	15	2012.3	X	12,215	80.5	0.0	13	13	-	-
한진중공업홀딩스	16	2007.8	O	10,641	87.0	1.7	7	4	3	-
세아홀딩스	17	2001.7	O	10,194	87.2	17.4	16	12	4	-
코오롱	18	2010.1	O	9,984	79.5	63.4	29	8	20	1
한진해운홀딩스	21	2009.12	O	8,652	87.3	35.3	15	2	12	1
티브로드홀딩스	24	2008.11	X	5,967	76.6	136.8	14	7	5	2
대성합동지주	26	2011.1	O	5,491	89.0	24.4	28	9	19	-
SBS미디어홀딩스	27	2008.3	O	5,406	91.2	5.0	17	8	9	-
디아이피홀딩스	32	2010.1	X	4,340	55.4	48.7	3	3	-	-
현대HC&	33	2006.1	O	4,227	75.0	20.6	11	8	3	-
동광주택산업	42	2011.1	X	3,721	99.0	27.1	1	1	-	-
대성홀딩스	43	2009.10	O	3,455	58.7	49.0	9	9	-	-
서울도시개발	74	2011.1	X	1,840	95.8	23.0	20	3	17	-
티브로드도봉강북방송	101	2012.1	X	1,065	68.0	83.4	1	1	-	-
소극적인 지주회사체제 소속 (3개)										
삼성종합화학	14	2004.1	X	12,543	82.8	3.3	1	1	-	-
한화도시개발	45	2009.12	X	3,357	87.6	34.6	9	9	-	-
동부인베스트먼트	48	2011.1	X	3,139	88.3	472.3	2	1	1	-
농협금융지주	5	2012.3	X	171,155	99.9	0.0	13	7	6	-

주: 1) 그룹은 2012년 4월 현재; 지주회사 명단은 2012년 9월, 재무현황 및 계열회사는 2011년 12월 현재.
2) 하이트진로홀딩스 = 2010-2011년 하이트홀딩스.
3) SK이노베이션은 SK㈜의 자회사, SK㈜ 계열회사에는 SK이노베이션 및 13개 계열회사(자회사 7개, 100% 손자회사 6개) 포함되어 있음; GS에너지는 ㈜GS의 자회사, ㈜GS 계열회사에는 GS에너지 및 9개 계열회사(자회사 1개, 100% 손자회사 8개) 포함되어 있음; 디아피홀딩스는 두산의 자회사, 두산 계열회사에는 디아이피홀딩스 및 3개 계열회사 포함되어 있음; 티브로드도봉강북방송은 티브로드홀딩스의 자회사, 티브로드홀딩스 계열회사에는 티브로드도봉강북방송 및 1개 계열회사 포함되어 있음.
4) 농협금융지주는 참고로 포함시켰으며, 순위는 12개 금융지주회사 중에서의 순위; 한국투자금융그룹(그룹 순위 47위) 소속 한국투자금융지주는 제외함.

출처: 〈부록 2〉, 〈부록 3〉.

〈부록 표 1.12〉 재벌과 지주회사체제, 2013년 9월

(가) 21개 재벌

그룹			지주회사체제				지주회사체제
이름	순위	계열회사 (A, 개)	지주회사 (a)	순위	계열회사 (b, 개)	a+b (B, 개)	달성 비율 (B/A, %)
적극적인 지주회사체제 (19개)							
SK	3	81	SK이노베이션	1	12	13	
			SK㈜	2	63	64 [64]	79
LG	4	61	㈜LG	3	54	55	90
GS	8	79	㈜GS	4	30	31	
			GS에너지	5	17	18 [31]	39
농협	9	34	농협경제지주	16	13	14	
			농협금융지주	4	13	14 [28]	82
한진	10	45	한진칼	25	8	9	
			한진해운홀딩스	28	15	16 [25]	56
두산	13	25	두산	6	19	20	
			디아이피홀딩스	37	3	4 [20]	80
CJ	15	82	CJ㈜	7	54	55	
			케이엑스홀딩스	29	15	16 [55]	67
LS	17	49	㈜LS	9	27	28	57
부영	23	16	부영	8	3	4	
			동광주택산업	42	1	2 [6]	38
현대백화점	26	35	현대HC&	43	12	13	37
코오롱	32	38	코오롱	20	30	31	82
한진중공업	33	9	한진중공업홀딩스	17	8	9	100
대성	37	83	대성합동지주	32	30	31	
			서울도시개발	84	23	24 [55]	66
세아	42	23	세아홀딩스	19	17	18	78
태광	43	44	티브로드홀딩스	26	12	13	
			티브로드전주방송	50	5	6	
			티브로드도봉강북방송	114	1	2 [15]	34
하이트진로	47	14	하이트진로홀딩스	10	11	12	86
태영	48	40	SBS미디어홀딩스	34	18	19	48
웅진	49	25	웅진홀딩스	13	20	21	84
아모레퍼시픽	52	10	아모레퍼시픽그룹	12	9	10	100
소극적인 지주회사체제 (2개)							
삼성	1	76	삼성종합화학	14	1	2	3
한화	11	49	한화도시개발	66	8	9	18

(나) 30개 일반지주회사

지주회사	순위	설립·전환 시기 (연.월)	상장 여부	자산 총액 (억 원)	지주 비율 (%)	부채 비율 (%)	계열회사 (개)			
							합	자	손자	증손
적극적인 지주회사체제 소속 (28개)										
SK이노베이션	1	2011.1	X	153,037	61.1	15.5	12	6	6	-
SK㈜	2	2007.7	O	114,966	94.5	43.2	63	9	41	13
㈜LG	3	2001.4	O	77,036	86.7	4.0	54	15	35	4
㈜GS	4	2004.7	O	53,429	88.7	15.7	30	6	18	6
GS에너지	5	2012.1	X	50,453	86.1	36.4	17	11	6	-
두산	6	2009.1	O	30,901	54.6	61.1	19	9	8	2
CJ㈜	7	2007.9	O	30,241	86.2	17.7	54	11	33	10
부영	8	2009.12	X	25,951	96.1	30.3	3	1	2	-
㈜LS	9	2008.7	O	18,283	89.2	7.7	27	5	21	1
하이트진로홀딩스	10	2008.7	O	17,810	98.8	87.4	11	4	7	-
아모레퍼시픽그룹	12	2007.1	O	16,320	73.2	3.1	9	9	-	-
웅진홀딩스	13	2008.1	O	15,265	50.9	-	20	8	11	1
농협경제지주	16	2012.3	X	12,941	79.8	1.6	13	13	-	-
한진중공업홀딩스	17	2007.8	O	10,636	87.1	1.4	8	4	4	-
세아홀딩스	19	2001.7	O	10,604	80.0	22.9	17	12	5	-
코오롱	20	2010.1	O	10,553	80.5	71.3	30	9	20	1
한진칼	25	2013.8	O	8,143	62.7	53.3	8	7	1	-
티브로드홀딩스	26	2008.11	X	6,908	78.1	138.7	12	5	7	-
한진해운홀딩스	28	2009.12	O	6,157	78.7	55.0	15	2	12	1
케이엑스홀딩스	29	2013.3	X	5,989	100	0.0	15	1	14	-
대성합동지주	32	2011.1	O	5,651	89.5	27.0	30	9	20	1
SBS미디어홀딩스	34	2008.3	O	5,364	90.2	2.0	18	7	11	-
디아이피홀딩스	37	2010.1	X	4,531	71.0	87.5	3	3	-	-
동광주택산업	42	2011.1	X	4,075	99.9	24.4	1	1	-	-
현대HC&	43	2006.1	O	3,923	81.5	4.5	12	9	3	-
티브로드전주방송	50	2013.1	X	3,476	62.9	4561.3	5	3	1	1
서울도시개발	84	2011.1	X	1,961	97.6	17.3	23	3	20	-
티브로드도봉강북방송	114	2012.1	X	1,025	70.6	61.0	1	1	-	-
소극적인 지주회사체제 소속 (2개)										
삼성종합화학	14	2004.1	X	13,844	77.9	2.5	1	1	-	-
한화도시개발	66	2009.12	X	2,631	93.4	36.4	8	8	-	-
농협금융지주	4	2012.3	X	179,304	98.9	4.9	13	7	6	-

주: 1) 그룹은 2013년 4월 현재; 지주회사 명단은 2013년 9월, 재무현황 및 계열회사는 2012년 12월 또는 설립·전환일(신규 설립·전환 회사의 경우) 현재.
2) (그룹)아모레퍼시픽 = 2007년 태평양, (지주회사)아모레퍼시픽그룹 = 2007년 태평양.
3) SK이노베이션은 SK㈜의 자회사, SK㈜ 계열회사에는 SK이노베이션 및 10개 계열회사(자회사 6개, 100% 손자회사 4개) 포함되어 있음; GS에너지는 ㈜GS의 자회사, ㈜GS 계열회사에는 GS에너지 및 17개 계열회사 포함되어 있음; 디아이피홀딩스는 두산의 자회사, 두산 계열회사에는 디아이피홀딩스 및 3개 계열회사 포함되어 있음; 케이엑스홀딩스는 CJ㈜의 자회사, CJ㈜ 계열회사에는 케이엑스홀딩스 및 3개 계열회사(자회사 1개, 100% 손자회사 2개) 포함되어 있음; 티브로드전주방송은 티브로드홀딩스의 자회사, 티브로드홀딩스 계열회사에는 티브로드전주방송 및 3개 계열회사(자회사) 포함되어 있음, 티브로드도봉강북방송은 티브로드홀딩스의 자회사 아님.
4) 농협금융지주는 참고로 포함시켰으며, 순위는 13개 금융지주회사 중에서의 순위; 한국투자금융그룹(그룹 순위 45위) 소속 한국투자금융지주는 제외함.

출처: 〈부록 2〉, 〈부록 3〉.

〈부록 표 1.13〉 재벌과 지주회사체제, 2014년 9월

(가) 22개 재벌

그룹			지주회사체제				지주회사체제
이름	순위	계열회사 (A, 개)	지주회사 (a)	순위	계열회사 (b, 개)	a+b (B, 개)	달성 비율 (B/A, %)
적극적인 지주회사체제 (19개)							
SK	3	80	SK이노베이션	1	13	14	
			SK㈜	2	62	63	
			SK E&S	9	13	14 [63]	79
LG	4	61	㈜LG	3	54	55	90
GS	8	80	㈜GS	4	34	35	
			GS에너지	5	20	21 [35]	44
농협	9	32	농협경제지주	15	14	15	
			농협금융지주	2	11	12 [27]	84
한진	10	48	한진해운홀딩스	23	15	16	
			한진칼	26	8	9 [25]	52
두산	13	22	두산	6	14	15	
			디아이피홀딩스	50	2	3 [15]	68
CJ	15	73	CJ㈜	7	47	48	
			케이엑스홀딩스	37	15	16 [50]	68
LS	16	51	㈜LS	11	26	27	53
부영	21	14	부영	8	3	4	
			동광주택산업	44	1	2 [6]	43
현대백화점	25	35	현대HC&	48	14	15	43
코오롱	31	37	코오롱	17	30	31	84
한진중공업	33	10	한진중공업홀딩스	20	9	10	100
한라	35	21	한라홀딩스	19	11	12	57
한국타이어	38	16	한국타이어월드와이드	10	9	10	63
대성	40	76	대성합동지주	36	22	23	
			서울도시개발	69	22	23 [46]	61
세아	44	22	세아홀딩스	22	17	18	82
태영	46	42	SBS미디어홀딩스	33	17	18	43
하이트진로	47	12	하이트진로홀딩스	12	10	11	92
아모레퍼시픽	48	10	아모레퍼시픽그룹	13	9	10	100
소극적인 지주회사체제 (3개)							
삼성	1	74	삼성종합화학	14	1	2	3
한화	11	51	한화도시개발	72	6	7	14
태광	39	34	티브로드홀딩스	46	7	8	24

(나) 30개 일반지주회사

지주회사	순위	설립·전환 시기 (연.월)	상장 여부	자산 총액 (억 원)	지주 비율 (%)	부채 비율 (%)	계열회사 (개)			
							합	자	손자	증손
적극적인 지주회사체제 소속 (27개)										
SK이노베이션	1	2011.1	O	144,867	64.5	10.0	13	8	5	-
SK㈜	2	2007.7	O	113,463	91.7	41.2	62	9	43	10
㈜LG	3	2001.4	O	78,720	85.6	3.7	54	15	36	3
㈜GS	4	2004.7	O	53,803	88.1	13.3	34	6	22	6
GS에너지	5	2012.1	X	53,143	83.3	42.9	20	14	6	-
두산	6	2009.1	O	32,916	51.6	67.3	14	7	6	1
CJ㈜	7	2007.9	O	30,047	88.2	14.2	47	10	27	10
부영	8	2009.12	X	28,198	96.4	30.3	3	1	2	-
SK E&S	9	2000.1	X	28,094	51.0	83.3	13	12	1	-
한국타이어월드와이드	10	2013.7	O	23,532	75.6	3.6	9	3	5	1
㈜LS	11	2008.7	O	18,149	89.9	5.2	26	6	19	1
하이트진로홀딩스	12	2008.7	O	17,681	98.9	90.6	10	3	6	1
아모레퍼시픽그룹	13	2007.1	O	16,531	74.5	3.3	9	9	-	-
농협경제지주	15	2012.3	X	14,240	81.5	0.6	14	13	1	-
코오롱	17	2010.1	O	11,345	79.9	81.4	30	9	19	2
한라홀딩스	19	2014.9	O	10,901	51.6	61.3	11	3	4	4
한진중공업홀딩스	20	2007.8	O	10,664	91.0	1.2	9	4	5	-
세아홀딩스	22	2001.7	O	9,598	80.9	29.0	17	12	5	-
한진해운홀딩스	23	2009.12	O	9,064	57.0	103.2	15	2	12	1
한진칼	26	2013.8	O	8,313	60.1	54.1	8	7	1	-
SBS미디어홀딩스	33	2008.3	O	5,366	89.2	2.2	17	6	11	-
대성합동지주	36	2011.1	O	5,033	85.6	27.5	22	9	13	-
케이엑스홀딩스	37	2013.3	X	4,922	93.0	0.0	15	2	13	-
동광주택산업	44	2011.1	X	4,406	100.0	23.1	1	1	-	-
현대HC&	48	2006.1	O	4,100	90.3	3.5	14	12	2	-
디아이피홀딩스	50	2010.1	X	4,072	62.1	19.9	2	2	-	-
서울도시개발	69	2011.1	X	2,679	99.4	12.1	22	3	19	-
소극적인 지주회사체제 소속 (3개)										
삼성종합화학	14	2004.1	X	15,974	77.4	2.6	1	1	-	-
티브로드홀딩스	46	2008.11	X	4,281	96.5	15.0	7	4	3	-
한화도시개발	72	2009.12	X	2,586	99.4	37.7	6	6	-	-
농협금융지주	2	2012.3	X	192,131	98.5	10.3	11	7	4	-

주: 1) 그룹은 2014년 4월 현재, 지주회사 명단은 2014년 9월, 재무현황 및 계열회사는 2013년 12월 또는 설립·전환일(2014년 설립·전환된 경우) 현재 (계열회사 - SK E&S 2014년 1월, 한라홀딩스 2014년 7월 현재).
2) SK이노베이션과 SK E&S는 SK㈜의 자회사, SK㈜ 계열회사에는 SK이노베이션 및 12개 계열회사(자회사 8개, 100% 손자회사 4개) 그리고 SK E&S 및 13개 계열회사 포함되어 있음; GS에너지는 ㈜GS의 자회사, ㈜GS 계열회사에는 GS에너지 및 20개 계열회사 포함되어 있음; 디아피홀딩스는 두산의 자회사, 두산 계열회사에는 디아이피홀딩스 및 2개 계열회사 포함되어 있음; 케이엑스홀딩스는 CJ㈜의 자회사, CJ㈜ 계열회사에 는 케이엑스홀딩스 및 2개 계열회사(자회사) 포함되어 있음, 케이엑스홀딩스의 2개 계열회사(100% 손자회사)는 포함되어 있지 않아 바로 잡음.
3) 농협금융지주: 참고로 포함시켰으며, 순위는 15개 금융지주회사 중에서의 순위.
출처: 〈부록 2〉, 〈부록 3〉.

〈부록 표 1.14〉 재벌과 지주회사체제, 2015년 9월

(가) 24개 재벌

그룹			지주회사체제				지주회사체제
이름	순위	계열회사 (A, 개)	지주회사 (a)	순위	계열회사 (b, 개)	a+b (B, 개)	달성 비율 (B/A, %)
적극적인 지주회사체제 (19개)							
SK	3	82	SK(주)	1	67	68	
			SK이노베이션	2	13	14	
			SK E&S	6	11	12 [68]	83
LG	4	63	(주)LG	3	55	56	89
GS	7	79	(주)GS	4	37	38	
			GS에너지	5	18	19 [38]	48
농협	9	39	농협경제지주	14	15	16	
			농협금융지주	2	18	19 [35]	90
한진	10	46	한진칼	16	18	19	41
CJ	15	65	CJ(주)	8	49	50	
			케이엑스홀딩스	42	12	13 [52]	80
LS	16	48	(주)LS	11	24	25	52
부영	20	15	부영	7	4	5	
			동광주택산업	51	1	2 [7]	47
현대백화점	23	32	현대HC&	52	11	12	38
코오롱	32	43	코오롱	21	34	35	81
한진중공업	33	9	한진중공업홀딩스	20	8	9	100
한라	34	23	한라홀딩스	19	15	16	70
한국타이어	35	16	한국타이어월드와이드	9	8	9	56
세아	41	21	세아홀딩스	22	15	16	76
태영	44	44	SBS미디어홀딩스	37	15	16	36
아모레퍼시픽	46	12	아모레퍼시픽그룹	15	10	11	92
대성	47	73	서울도시개발	70	23	24	33
하이트진로	48	12	하이트진로홀딩스	13	10	11	92
한솔	50	21	한솔홀딩스	39	10	11	52
소극적인 지주회사체제 (5개)							
삼성	1	67	삼성종합화학	10	2	3	4
롯데	5	80	이지스일호	29	2	3	4
한화	11	52	한화도시개발	81	5	6	12
대림	19	24	대림에너지	85	4	5	21
태광	40	32	티브로드	47	6	7	22

(나) 29개 일반지주회사

지주회사	순위	설립·전환 시기 (연.월)	상장 여부	자산 총액 (억 원)	지주 비율 (%)	부채 비율 (%)	계열회사 (개)			
							합	자	손자	증손
적극적인 지주회사체제 소속 (24개)										
SK㈜	1	2015.8	O	180,095	74.3	47.1	67	12	45	10
SK이노베이션	2	2011.1	O	145,086	64.5	11.7	13	9	4	-
㈜LG	3	2001.4	O	80,538	85.6	3.7	55	16	36	3
㈜GS	4	2004.7	O	58,962	90.0	23.3	37	7	25	5
GS에너지	5	2012.1	X	53,629	82.9	50.6	18	13	5	-
SK E&S	6	2000.1	X	33,190	55.1	92.5	11	10	1	-
부영	7	2009.12	X	29,916	96.7	30.3	4	1	3	-
CJ㈜	8	2007.9	O	29,788	89.8	12.5	49	9	32	8
한국타이어월드와이드	9	2013.7	O	25,064	76.1	3.8	8	3	5	-
㈜LS	11	2008.7	O	21,508	82.8	23.4	24	6	17	1
하이트진로홀딩스	13	2008.7	O	17,773	98.6	86.6	10	3	6	1
농협경제지주	14	2012.3	X	17,666	83.6	0.7	15	14	1	-
아모레퍼시픽그룹	15	2007.1	O	16,807	73.3	2.8	10	9	1	-
한진칼	16	2013.8	O	15,311	84.9	24.9	18	7	9	2
한라홀딩스	19	2014.9	O	12,476	88.6	48.7	15	4	7	4
한진중공업홀딩스	20	2007.8	O	11,243	91.0	6.2	8	4	4	-
코오롱	21	2010.1	O	10,665	81.8	106.7	34	8	23	3
세아홀딩스	22	2001.7	O	9,699	80.7	20.8	15	11	4	-
SBS미디어홀딩스	37	2008.3	O	5,356	89.5	0.9	15	7	8	-
한솔홀딩스	39	2015.1	O	5,229	86.9	5.3	10	7	3	-
케이엑스홀딩스	42	2013.3	X	4,928	92.9	0.0	12	2	10	-
동광주택산업	51	2011.1	X	4,341	98.7	27.3	1	1	-	-
현대HC&	52	2006.1	O	4,159	89.9	2.7	11	9	2	-
서울도시개발	70	2011.1	X	2,895	99.5	9.8	23	3	20	-
소극적인 지주회사체제 소속 (5개)										
삼성종합화학	10	2004.1	X	22,459	57.0	24.2	2	2	-	-
이지스일호	29	2014.9	X	6,307	95.2	587.9	2	1	1	-
티브로드	47	2008.11	X	4,797	86.1	1.3	6	4	2	-
한화도시개발	81	2009.12	X	2,471	82.8	25.4	5	5	-	-
대림에너지	85	2015.1	X	2,360	79.6	0.4	4	3	1	-
농협금융지주	2	2012.3	X	203,455	98.9	18.4	18	9	9	-

주: 1) 그룹은 2015년 4월, 지주회사 명단은 2015년 9월, 재무현황 및 계열회사는 2014년 12월 또는 설립·전환일(2015년 설립·전환된 경우) 현재 (계열회사 - 대림에너지와 한솔홀딩스는 2015년 1월, SK㈜는 2015년 8월 현재).
2) SK이노베이션과 SK E&S는 SK㈜의 자회사, SK㈜ 계열회사에는 SK이노베이션 및 12개 계열회사(자회사 9개, 100% 손자회사 3개) 그리고 SK E&S 및 11개 계열회사 포함되어 있음; GS에너지는 ㈜GS의 자회사, ㈜GS 계열회사에는 GS에너지 및 18개 계열회사 포함되어 있음; 케이엑스홀딩스는 CJ㈜의 자회사, CJ㈜ 계열회사에는 케이엑스홀딩스 및 2개 계열회사(자회사) 포함되어 있음, 케이엑스홀딩스의 2개 계열회사(100% 손자회사)는 포함되어 있지 않아 바로 잡음.
3) 농협금융지주: 참고로 포함시켰으며, 순위는 10개 금융지주회사 중에서의 순위.
출처: 〈부록 2〉, 〈부록 3〉.

〈부록 2〉 대규모사기업집단, 2001-2015년

** 적극적인 지주회사체제를 채택한 집단
* 소극적인 지주회사체제를 채택한 집단

〈부록 표 2.1〉 30개 대규모사기업집단, 2001년 4월 (자산총액 순)

순위	그룹	자산총액 (10억 원)	계열회사 (개)	동일인	
				자연인	법인
1	삼성	69,873	64	이건희	
2	현대	53,632	26	정몽헌	
3	** LG	51,965	43	구본무	
4	* SK	47,379	54	최태원	
5	현대자동차	36,136	16	정몽구	
6	한진	21,307	19	조중훈	
7	포항제철	21,228	15		포항제철
8	롯데	16,694	31	신격호	
9	금호	11,606	17	박성용	
10	한화	11,496	25	김승연	
11	두산	11,192	18	박용곤	
12	쌍용	9,039	20	김석원	
13	현대정유	7,243	2		현대정유㈜
14	한솔	6,983	19	이인희	
15	동부	5,831	19	김준기	
16	대림	5,395	17	이준용	
17	동양	5,107	30	현재현	
18	효성	4,950	15	조석래	
19	제일제당	4,763	30	이재현	
20	코오롱	4,640	25	이동찬	
21	동국제강	4,342	8	장세주	
22	현대산업개발	4,070	9	정세영	
23	하나로통신	3,369	7		하나로통신
24	신세계	3,221	9	이명희	
25	영풍	2,897	24	장병희	
26	현대백화점	2,858	15	정몽근	
27	동양화학	2,826	22	이회림	
28	대우전자	2,725	4		대우전자㈜
29	태광산업	2,598	15	이식진	
30	고합	2,501	6		㈜고합

주: 1) ** 2001년 7월 현재 적극적인 지주회사체제를 채택한 1개 집단; * 소극적인 지주회사체제를 채택한 1개 집단; 지주회사체제를 채택한 집단의 합은 2개.
2) 2001년에는 사기업집단만 지정됨.
출처: 〈부록 1〉, 공정거래위원회 홈페이지 자료.

〈부록 표 2.2〉 42개 대규모사기업집단, 2003년 4월 (자산총액 순)

순위	그룹	자산총액 (10억 원)	계열회사 (개)	동일인	
				자연인	법인
1	삼성	83,492	63	이건희	
2	** LG	58,571	50	구본무	
3	* SK	47,463	60	최태원	
4	현대자동차	44,060	25	정몽구	
5	KT	30,815	10		㈜KT
6	한진	21,041	23	조양호	
7	롯데	20,741	35	신격호	
8	POSCO	20,533	15		㈜POSCO
9	한화	14,311	33	김승연	
10	현대중공업	12,379	6	정몽준	
11	현대	10,160	12	정몽헌	
12	금호	9,698	15	박성용	
13	두산	8,452	22	박용곤	
14	동부	7,332	23	김준기	
15	효성	4,958	15	조석래	
16	신세계	4,689	12	이명희	
17	대림	4,603	15	이준용	
18	CJ	4,538	33	이재현	
19	동양	4,515	15	현재현	
20	코오롱	4,380	32	이동찬	
21	KT&G	4,242	2		㈜KT&G
22	하나로통신	4,206	8		하나로통신㈜
23	동국제강	4,079	7	장세주	
24	현대백화점	3,847	18	정몽근	
25	한솔	3,772	13	이인희	
26	대우조선해양	3,559	2		대우조선해양㈜
27	대우자동차	3,064	5		대우자동차㈜
28	현대산업개발	2,800	11	정세영	
29	영풍	2,771	23	장형진	
30	KCC	2,672	7	정상영	
31	대한전선	2,501	9	설원량	
32	** 동원	2,388	17	김재철	
33	부영	2,360	11	이남형	
34	태광산업	2,326	20	이식진	
35	동양화학	2,241	19	이회림	
36	삼보컴퓨터	2,238	30	이홍순	
37	하이트맥주	2,132	9	박문덕	
38	대성	2,121	32	김영대	

39	문화방송	2,089	32		㈜문화방송
40	한국타이어	2,068	7	조양래	
41	대상	2,067	9	임창욱	
42	** 농심	2,039	10	신춘호	

주: 1) ** 2003년 7월 현재 적극적인 지주회사체제를 채택한 3개 집단; * 소극적인 지주회사체제를 채택한 1개 집단; 지주회사체제를 채택한 집단의 합은 4개.
2) 순위는 7개 공기업집단을 제외한 순위; 금호 2001-2003년 = 금호아시아나 2004-2015년.

출처: 〈부록 1〉, 공정거래위원회 홈페이지 자료.

〈부록 표 2.3〉 45개 대규모사기업집단, 2004년 4월 (자산총액 순)

순위	그룹	자산총액 (10억 원)	계열회사 (개)	동일인	
				자연인	법인
1	* 삼성	91,946	63	이건희	
2	** LG	61,648	46	구본무	
3	현대자동차	52,345	28	정몽구	
4	* SK	47,180	59	최태원	
5	KT	28,270	11		㈜KT
6	한진	25,413	23	조양호	
7	롯데	24,620	36	신격호	
8	POSCO	22,058	16		POSCO
9	한화	15,084	31	김승연	
10	현대중공업	14,211	6	정몽준	
11	금호아시아나	10,602	16	박성용	
12	두산	9,179	22	박용곤	
13	동부	7,469	22	김준기	
14	현대	6,355	7	현정은	
15	대우건설	5,511	14		㈜대우건설
16	신세계	5,220	12	이명희	
17	LG전선	5,056	12	구태회	
18	CJ	4,935	41	이재현	
19	동양	4,823	16	현재현	
20	대림	4,811	12	이준용	
21	효성	4,805	16	조석래	
22	동국제강	4,736	8	장세주	
23	GM대우	4,605	3		GM대우오토앤테크놀로지㈜
24	코오롱	4,605	31	이동찬	
25	KT&G	4,370	4		㈜KT&G
26	대우조선해양	3,967	2		대우조선해양㈜
27	현대백화점	3,647	17	정몽근	
28	KCC	3,422	10	정상영	
29	하나로통신	3,402	5		하나로통신㈜
30	한솔	3,396	11	이인희	
31	** 동원	3,106	17	김재철	
32	대한전선	3,072	11	설원량	
33	** 세아	2,955	28	이운형	
34	영풍	2,885	20	장현진	
35	현대산업개발	2,786	12	정세영	
36	태광산업	2,745	38	이호진	
37	대우자동차	2,631	3		대우자동차㈜
38	부영	2,449	4	이남형	

39	** 농심	2,369	12	신춘호	
40	하이트맥주	2,329	12	박문덕	
41	대성	2,323	40	김영대	
42	동양화학	2,287	19	이회림	
43	문화방송	2,179	32		㈜문화방송
44	한국타이어	2,095	7	조양래	
45	삼양	2,033	7	김윤	

주: 1) ** 2004년 5월 현재 적극적인 지주회사체제를 채택한 4개 집단; * 소극적인 지주회사체제를 채택한 2개 집단; 지주회사체제를 채택한 집단의 합은 6개.

2) 순위는 6개 공기업집단을 제외한 순위; 금호아시아나 2004-2015년 = 금호 2001-2003년.

출처: 〈부록 1〉, 공정거래위원회 홈페이지 자료.

〈부록 표 2.4〉 48개 대규모사기업집단, 2005년 4월 (자산총액 순)

순위	그룹	자산총액 (10억 원)	계열회사 (개)	동일인	
				자연인	법인
1	* 삼성	107,617	62	이건희	
2	현대자동차	56,039	28	정몽구	
3	** LG	50,880	38	구본무	
4	* SK	47,961	50	최태원	
5	* 롯데	30,302	41	신격호	
6	KT	29,315	12		㈜KT
7	POSCO	25,706	17		POSCO
8	한진	24,523	23	조양호	
9	* GS	18,719	50	허창수	
10	* 한화	16,219	30	김승연	
11	현대중공업	15,173	7	정몽준	
12	금호아시아나	11,413	18	박성용	
13	두산	9,734	18	박용곤	
14	동부	8,171	21	김준기	
15	현대	6,072	7	현정은	
16	신세계	6,014	13	이명희	
17	GM대우	5,976	3		GM대우
18	CJ	5,905	48	이재현	
19	LS	5,877	17	구태회	
20	동국제강	5,795	8	장세주	
21	대림	5,686	12	이준용	
22	대우건설	5,499	14		㈜대우건설
23	대우조선해양	5,411	3		대우조선해양
24	동양	4,856	16	현재현	
25	효성	4,772	16	조석래	
26	코오롱	4,426	28	이동찬	
27	KT&G	4,376	8		KT&G
28	** STX	4,139	14	강덕수	
29	현대백화점	3,781	20	정몽근	
30	현대오일뱅크	3,748	2		현대오일뱅크㈜
31	KCC	3,526	7	정상영	
32	** 세아	3,366	28	이운형	
33	현대산업개발	3,274	12	정세영	
34	하나로텔레콤	3,212	6		하나로텔레콤㈜
35	한솔	3,150	10	이인희	
36	부영	3,053	6	이남형	
37	태광산업	3,048	44	이호진	
38	대한전선	2,905	12	설윤석	

39	영풍	2,855	19	장형진	
40	이랜드	2,610	12	박성수	
41	대성	2,579	41	김영대	
42	대우자동차	2,578	3		대우자동차
43	** 농심	2,543	12	신춘호	
44	동양화학	2,364	18	이회림	
45	하이트맥주	2,327	11	박문덕	
46	문화방송	2,301	32		㈜문화방송
47	삼양	2,288	10	김윤	
48	한국타이어	2,155	8	조양래	

주: 1) ** 2005년 8월 현재 적극적인 지주회사체제를 채택한 4개 집단; * 소극적인 지주회사체제를 채택한 5개 집단; 지주회사체제를 채택한 집단의 합은 9개.

2) 순위는 7개 공기업집단을 제외한 순위.

출처: 〈부록 1〉, 공정거래위원회 홈페이지 자료.

〈부록 표 2.5〉 52개 대규모사기업집단, 2006년 4월 (자산총액 순)

순위	그룹	자산총액 (10억 원)	계열회사 (개)	동일인 자연인	동일인 법인
1	* 삼성	115,924	59	이건희	
2	현대자동차	62,235	40	정몽구	
3	* SK	54,808	56	최태원	
4	** LG	54,432	30	구본무	
5	* 롯데	32,961	43	신격호	
6	POSCO	30,183	21		POSCO
7	KT	27,520	12		㈜KT
8	** GS	21,827	50	허창수	
9	한진	20,702	22	조양호	
10	현대중공업	17,267	7	정몽준	
11	* 한화	16,526	31	김승연	
12	두산	13,659	18	박용곤	
13	금호아시아나	12,982	23	박삼구	
14	하이닉스	10,358	5		㈜하이닉스반도체
15	동부	8,651	22	김준기	
16	현대	7,125	9	현정은	
17	신세계	7,030	14	이명희	
18	CJ	6,797	56	이재현	
19	LS	6,591	19	구태회	
20	대림	6,527	13	이준용	
21	GM대우	6,492	3		GM대우오토앤테크놀로지㈜
22	하이트맥주	6,027	13	박문덕	
23	대우건설	5,978	11		㈜대우건설
24	동국제강	5,702	12	장세주	
25	대우조선해양	5,370	5		대우조선해양㈜
26	STX	4,907	10	강덕수	
27	동양	4,611	15	현재현	
28	KT&G	4,511	7		㈜KT&G
29	효성	4,487	17	조석래	
30	현대오일뱅크	4,445	2		현대오일뱅크㈜
31	** 현대백화점	4,404	23	정몽근	
32	코오롱	4,380	23	이동찬	
33	현대산업개발	4,117	13	정몽규	
34	KCC	4,098	7	정상영	
35	한진중공업	3,739	3	조남호	
36	** 세아	3,670	23	이운형	
37	영풍	3,612	26	장형진	
38	태광산업	3,571	52	이호진	

39	부영	3,462	6	이남형	
40	하나로텔레콤	3,276	4		하나로텔레콤㈜
41	대한전선	3,239	15	설윤석	
42	쌍용	3,141	6		쌍용양회공업㈜
43	한솔	3,092	12	이인희	
44	** 농심	2,801	12	신춘호	
45	대성	2,796	38	김영대	
46	이랜드	2,794	13	박성수	
47	동양화학	2,627	19	이회림	
48	삼양	2,418	11	김윤	
49	문화방송	2,408	32		㈜문화방송
50	태영	2,335	19	윤세영	
51	한국타이어	2,218	8	조양래	
52	중앙일보	2,166	73	홍석현	

주: 1) ** 2006년 8월 현재 적극적인 지주회사체제를 채택한 5개 집단; * 소극적인 지주회사체제를 채택한 4개 집단; 지주회사체제를 채택한 집단의 합은 9개.
2) 순위는 7개 공기업집단을 제외한 순위.
출처: 〈부록 1〉, 공정거래위원회 홈페이지 자료.

〈부록 표 2.6〉 55개 대규모사기업집단, 2007년 4월 (자산총액 순)

순위	그룹	자산총액 (10억 원)	계열회사 (개)	동일인 자연인	동일인 법인
1	* 삼성	129,078	59	이건희	
2	* 현대자동차	66,225	36	정몽구	
3	** SK	60,376	57	최태원	
4	** LG	52,371	31	구본무	
5	롯데	40,208	44	신격호	
6	POSCO	32,661	23		㈜POSCO
7	KT	27,530	19		㈜KT
8	** GS	25,136	48	허창수	
9	** 금호아시아나	22,873	38	박삼구	
10	한진	22,224	25	조양호	
11	현대중공업	20,573	7	정몽준	
12	* 한화	18,046	34	김승연	
13	두산	14,442	20	박용곤	
14	하이닉스	13,741	5		㈜하이닉스반도체
15	신세계	9,863	15	이명희	
16	LS	9,852	20	구태회	
17	현대	8,760	9	현정은	
18	동부	8,748	22	김준기	
19	* CJ	8,423	64	이재현	
20	대림	7,515	14	이준용	
21	GM대우	7,335	3		GM대우㈜
22	대우조선해양	6,137	5		대우조선해양㈜
23	현대건설	6,073	9		현대건설㈜
24	STX	5,878	11	강덕수	
25	동국제강	5,828	11	장세주	
26	이랜드	5,383	16	박성수	
27	** 현대백화점	4,939	24	정지선	
28	코오롱	4,927	33	이웅열	
29	동양	4,803	21	현재현	
30	KCC	4,777	7	정상영	
31	하이트맥주	4,772	13	박문덕	
32	** 한진중공업	4,764	4	조남호	
33	효성	4,596	23	조석래	
34	현대오일뱅크	4,490	2		현대오일뱅크㈜
35	현대산업개발	4,434	16	정몽규	
36	영풍	4,417	22	장형진	
37	KT&G	4,347	6		㈜KT&G
38	** 세아	4,007	22	이운형	

39	부영	3,807	6	이남형	
40	대한전선	3,732	18	설윤석	
41	태광산업	3,535	47	이호진	
42	동양화학	3,119	18	이회림	
43	한솔	3,018	12	이인희	
44	쌍용양회	2,988	6		쌍용양회공업㈜
45	하나로텔레콤	2,980	10		하나로텔레콤㈜
46	** 농심	2,932	15	신춘호	
47	대성	2,854	40	김영대	
48	** 태평양	2,690	7	서경배	
49	태영	2,676	23	윤세영	
50	문화방송	2,565	32		㈜문화방송
51	삼양	2,474	13	김윤	
52	한국타이어	2,425	9	조양래	
53	교보생명보험	2,261	15	신창재	
54	** 오리온	2,213	22	담철곤	
55	대우자동차판매	2,122	25		대우자동차판매㈜

주: 1) ** 2007년 8월 현재 적극적인 지주회사체제를 채택한 10개 집단; * 소극적인 지주회사체제를 채택한 4개 집단; 지주회사체제를 채택한 집단의 합은 14개.
2) 순위는 7개 공기업집단을 제외한 순위.
출처: 〈부록 1〉, 공정거래위원회 홈페이지 자료.

〈부록 표 2.7〉 68개 대규모사기업집단, 2008년 4월 (자산총액 순)

순위	그룹	자산총액 (10억 원)	계열회사 (개)	동일인	
				자연인	법인
1	* 삼성	144,449	59	이건희	
2	현대자동차	73,987	36	정몽구	
3	** SK	71,998	64	최태원	
4	** LG	57,136	36	구본무	
5	롯데	43,679	46	신격호	
6	POSCO	38,496	31		㈜POSCO
7	** GS	31,051	57	허창수	
8	현대중공업	30,058	9	정몽준	
9	KT	27,073	29		㈜KT
10	** 금호아시아나	26,667	52	박삼구	
11	한진	26,299	27	조양호	
12	* 한화	20,627	40	김승연	
13	두산	17,033	21	박용곤	
14	하이닉스	14,995	8		㈜하이닉스반도체
15	STX	10,912	15	강덕수	
16	신세계	10,707	15	이명희	
17	** CJ	10,257	66	이재현	
18	** LS	9,562	24	구태회	
19	동부	9,503	29	김준기	
20	대림	9,014	14	이준용	
21	현대	9,007	9	현정은	
22	대우조선해양	8,652	8		대우조선해양㈜
23	KCC	8,013	7	정상영	
24	GM대우	7,978	3		GM대우오토앤테크놀로지㈜
25	현대건설	7,271	14		현대건설
26	동국제강	6,523	12	장세주	
27	효성	5,980	30	조석래	
28	동양	5,851	20	현재현	
29	** 한진중공업	5,719	5	조남호	
30	* 대한전선	5,620	20	설윤석	
31	** 현대백화점	5,582	25	정지선	
32	영풍	5,218	21	장형진	
33	이랜드	5,200	19	박성수	
34	코오롱	5,159	34	이웅열	
35	현대산업개발	4,926	15	정몽규	
36	웅진	4,920	24	윤석금	
37	하이트맥주	4,805	15	박문덕	
38	부영	4,755	6	이중근	

39	KT&G	4,737	6		㈜KT&G
40	세아	4,420	23	이운형	
41	동양화학	4,163	15	이수영	
42	태광산업	3,802	46	이호진	
43	삼성테스코	3,500	2		삼성테스코㈜
44	미래에셋	3,391	21	박현주	
45	대성	3,262	47	김영대	
46	태영	3,215	26	윤세영	
47	한솔	3,193	16	이인희	
48	유진	3,080	42	유경선	
49	농심	3,023	16	신춘호	
50	태평양	2,993	9	서경배	
51	애경	2,968	29	장영신	
52	하나로텔레콤	2,936	18		하나로텔레콤㈜
53	한라	2,925	12	정몽원	
54	쌍용양회	2,882	6		쌍용양회공업㈜
55	대주건설	2,851	20	허재호	
56	문화방송	2,747	36		㈜문화방송
57	한국타이어	2,673	9	조양래	
58	프라임	2,604	43	백종헌	
59	보광	2,525	62	홍석규	
60	삼양	2,511	13	김윤	
61	오리온	2,497	20	담철곤	
62	교보생명보험	2,426	11	신창재	
63	씨앤	2,281	29	임병석	
64	대우자동차판매	2,245	26		대우자동차판매㈜
65	대한해운	2,236	7	이진방	
66	선명	2,185	12	심장식	
67	농협	2,099	26		농업협동조합중앙회
68	대교	2,031	14	강영중	

주: 1) ** 2008년 9월 현재 적극적인 지주회사체제를 채택한 8개 집단; * 소극적인 지주회사체제를 채택한 3개 집단; 지주회사체제를 채택한 집단의 합은 11개.

2) 순위는 11개 공기업집단을 제외한 순위; 태광산업 2001-2008년 = 태광 2011-2015년; 태평양 2007-2008년 = 아모레퍼시픽 2013-2015년.

출처: 〈부록 1〉, 공정거래위원회 홈페이지 자료.

〈부록 표 2.8〉 40개 대규모사기업집단, 2009년 4월 (자산총액 순)

순위	그룹	자산총액 (10억 원)	계열회사 (개)	동일인 자연인	동일인 법인
1	* 삼성	174,886	63	이건희	
2	현대자동차	86,945	41	정몽구	
3	** SK	85,889	77	최태원	
4	** LG	68,289	52	구본무	
5	POSCO	49,062	36		㈜POSCO
6	롯데	48,890	54	신격호	
7	현대중공업	40,882	15	정몽준	
8	** GS	39,044	64	허창수	
9	금호아시아나	37,558	48	박삼구	
10	한진	29,135	33	조양호	
11	KT	28,462	30		㈜KT
12	** 두산	27,302	26	박용곤	
13	* 한화	24,467	44	김승연	
14	STX	20,687	17	강덕수	
15	대우조선해양	16,666	10		대우조선해양㈜
16	하이닉스	13,375	8		㈜하이닉스반도체
17	** LS	12,845	32	구태회	
18	현대	12,574	11	현정은	
19	** CJ	12,324	61	이재현	
20	동부	12,271	32	김준기	
21	신세계	11,956	14	이명희	
22	대림	11,060	16	이준용	
23	현대건설	9,337	14		현대건설㈜
24	GM대우	8,892	3		GM대우오토앤테크놀로지㈜
25	* 대한전선	8,577	32	설윤석	
26	효성	8,424	41	조석래	
27	OCI	8,214	18	이수영	
28	동국제강	8,092	13	장세주	
29	** 한진중공업	7,904	6	조남호	
30	S-Oil	7,728	2		S-Oil㈜
31	KCC	6,649	10	정상영	
32	코오롱	5,881	38	이웅열	
33	** 현대백화점	5,868	22	정지선	
34	** 웅진	5,867	29	윤석금	
35	현대산업개발	5,736	16	정몽규	
36	동양	5,641	22	현재현	
37	삼성테스코	5,532	3		삼성테스코㈜
38	** 세아	5,400	23	이운형	
39	(*) 한국투자금융	5,351	14	김남구	
40	KT&G	5,284	6		㈜KT&G

주: 1) ** 2009년 9월 현재 적극적인 지주회사체제를 채택한 10개 집단; * 소극적인 지주회사체제를 채택한 3개 집단; 지주회사체제를 채택한 집단의 합은 13개.
2) 순위는 8개 공기업집단을 제외한 순위.
3) (*) 한국투자금융: 분석에서 제외함, 금융지주회사 2개(한국투자금융지주, 한국투자운용지주) 보유.
출처: 〈부록 1〉, 공정거래위원회 홈페이지 자료.

〈부록 표 2.9〉 45개 대규모사기업집단, 2010년 4월 (자산총액 순)

순위	그룹	자산총액 (10억 원)	계열회사 (개)	동일인	
				자연인	법인
1	* 삼성	192,847	67	이건희	
2	현대자동차	100,775	42	정몽구	
3	** SK	87,522	75	최태원	
4	** LG	78,918	53	구본무	
5	롯데	67,265	60	신격호	
6	POSCO	52,877	48		㈜POSCO
7	** GS	43,084	69	허창수	
8	현대중공업	40,189	16	정몽준	
9	금호아시아나	34,942	45	박삼구	
10	** 한진	30,387	37	조양호	
11	KT	27,099	30		㈜KT
12	** 두산	26,788	29	박용곤	
13	* 한화	26,391	48	김승연	
14	STX	20,901	16	강덕수	
15	** LS	16,179	44	구태회	
16	대우조선해양	15,960	13		대우조선해양㈜
17	하이닉스	13,614	9		㈜하이닉스반도체
18	** CJ	13,023	54	이재현	
19	대림	12,992	16	이준용	
20	동부	12,487	31	김준기	
21	현대	12,472	12	현정은	
22	신세계	12,438	12	이명희	
23	현대건설	9,810	20		현대건설㈜
24	* 부영	9,161	15	이중근	
25	효성	9,124	40	조석래	
26	S-Oil	9,119	2		S-Oil㈜
27	동국제강	9,107	12	장세주	
28	KCC	8,701	10	정상영	
29	** 한진중공업	8,630	7	조남호	
30	GM대우	8,212	4		GM대우오토앤테크놀로지㈜
31	* 대한전선	7,954	26	설윤석	
32	OCI	7,769	18	이수영	
33	** 웅진	6,874	24	윤석금	
34	** 현대백화점	6,857	29	정지선	
35	삼성테스코	6,836	3		삼성테스코㈜
36	** 코오롱	6,829	37	이웅열	
37	현대산업개발	6,693	15	정몽규	
38	** 하이트맥주	6,254	16	박문덕	

39	동양	5,951	24	현재현	
40	KT&G	5,817	6		㈜KT&G
41	영풍	5,790	23	장형진	
42	(*) 미래에셋	5,753	26	박현주	
43	현대오일뱅크	5,633	2		현대오일뱅크㈜
44	** 세아	5,147	19	이운형	
45	(*) 한국투자금융	5,039	18	김남구	

주: 1) ** 2010년 9월 현재 적극적인 지주회사체제를 채택한 13개 집단; * 소극적인 지주회사체제를 채택한 4개 집단; 지주회사체제를 채택한 집단의 합은 17개.

2) 순위는 8개 공기업집단을 제외한 순위; 하이트맥주 2001-2010년 = 하이트진로 2011-2015년.

3) (*) 미래에셋, 한국투자금융: 분석에서 제외함, 금융지주회사 1개(미래에셋컨설팅), 2개(한국투자금융지주, 한국투자운용지주) 보유.

출처: 〈부록 1〉, 공정거래위원회 홈페이지 자료.

〈부록 표 2.10〉 47개 대규모사기업집단, 2011년 4월 (자산총액 순)

순위		그룹	자산총액 (10억 원)	계열회사 (개)	동일인 자연인	동일인 법인
1	*	삼성	230,928	78	이건희	
2		현대자동차	126,689	63	정몽구	
3	**	SK	97,042	86	최태원	
4	**	LG	90,592	59	구본무	
5		롯데	77,349	78	신격호	
6		POSCO	69,845	61		㈜POSCO
7		현대중공업	54,406	21	정몽준	
8	**	GS	46,720	76	허창수	
9	**	한진	33,469	40	조양호	
10	*	한화	31,731	55	김승연	
11		KT	28,139	32		㈜KT
12	**	두산	26,966	25	박용곤	
13		금호아시아나	24,507	36	박삼구	
14		STX	21,969	21	강덕수	
15	**	LS	18,043	47	구태회	
16	**	CJ	16,323	65	이재현	
17		하이닉스	16,144	9		㈜하이닉스반도체
18		신세계	16,040	13	이명희	
19		대우조선해양	15,540	16		대우조선해양㈜
20	*	동부	14,263	38	김준기	
21		현대	13,705	14	현정은	
22		대림	13,465	19	이준용	
23	**	부영	11,428	16	이중근	
24		대우건설	10,955	13		㈜대우건설
25		KCC	10,176	9	정상영	
26		동국제강	10,128	13	장세주	
27		S-Oil	10,078	2		S-Oil㈜
28		효성	9,719	39	조석래	
29		OCI	9,645	17	이수영	
30	**	현대백화점	8,399	26	정지선	
31	**	한진중공업	8,158	8	조남호	
32	**	웅진	8,071	31	윤석금	
33	**	코오롱	8,050	39	이웅열	
34		한국GM	7,857	3		한국GM㈜
35		홈플러스	7,242	3		홈플러스㈜
36		영풍	7,170	24	장형진	
37		현대산업개발	7,106	15	정몽규	
38		동양	6,906	31	현재현	

39	* 대한전선	6,764	23	설윤석	
40	미래에셋	6,620	29	박현주	
41	KT&G	6,564	9		㈜KT&G
42	** 하이트진로	6,071	15	박문덕	
43	** 대성	5,758	73	김영대	
44	** 세아	5,733	21	이운형	
45	(*) 한국투자금융	5,571	18	김남구	
46	* 태광	5,479	50	이호진	
47	유진	5,158	33	유경선	

주: 1) ** 2011년 9월 현재 적극적인 지주회사체제를 채택한 15개 집단; * 소극적인 지주회사체제를 채택한 5개 집단; 지주회사체제를 채택한 집단의 합은 20개.

2) 순위는 8개 공기업집단을 제외한 순위; 하이트진로 2011-2015년 = 하이트맥주 2001-2010년; 태광 2011-2015년 = 태광산업 2001-2008년.

3) (*) 한국투자금융: 분석에서 제외함. 금융지주회사 2개(한국투자금융지주, 한국투자운용지주) 보유.

출처: 〈부록 1〉, 공정거래위원회 홈페이지 자료.

〈부록 표 2.11〉 52개 대규모사기업집단, 2012년 4월 (자산총액 순)

순위	그룹	자산총액 (10억 원)	계열회사 (개)	동일인	
				자연인	법인
1	* 삼성	255,704	81	이건희	
2	현대자동차	154,659	56	정몽구	
3	** SK	136,474	94	최태원	
4	** LG	100,777	63	구본무	
5	롯데	83,305	79	신격호	
6	POSCO	80,618	70		㈜POSCO
7	현대중공업	55,771	24	정몽준	
8	** GS	51,388	73	허창수	
9	** 한진	37,494	45	조양호	
10	* 한화	34,263	53	김승연	
11	KT	32,165	50		㈜KT
12	** 두산	29,915	24	박용곤	
13	STX	24,321	26	강덕수	
14	** CJ	22,922	84	이재현	
15	** LS	19,316	50	구태회	
16	금호아시아나	19,099	25	박삼구	
17	신세계	17,532	19	이명희	
18	대우조선해양	16,665	19		대우조선해양㈜
19	* 동부	15,684	56	김준기	
20	대림	14,761	17	이준용	
21	현대	13,948	20	현정은	
22	S-Oil	13,294	2		S-Oil㈜
23	** 부영	12,533	17	이중근	
24	OCI	11,773	19	이수영	
25	효성	11,654	45	조석래	
26	대우건설	10,853	15		㈜대우건설
27	동국제강	10,827	16	장세주	
28	** 현대백화점	10,457	35	정지선	
29	한국GM	10,244	3		한국GM㈜
30	** 코오롱	9,378	40	이웅열	
31	** 웅진	9,335	29	윤석금	
32	KCC	9,182	9	정상영	
33	영풍	8,726	23	장형진	
34	** 농협	8,627	41		농업협동조합중앙회
35	미래에셋	8,364	30	박현주	
36	** 한진중공업	8,147	8	조남호	
37	동양	7,776	34	현재현	
38	홈플러스	7,639	3		홈플러스㈜

39	현대산업개발	7,470	15	정몽규	
40	KT&G	6,991	13		㈜KT&G
41	** 대성	6,922	85	김영대	
42	** 세아	6,914	24	이운형	
43	** 태광	6,561	44	이호진	
44	** 하이트진로	6,041	15	박문덕	
45	한라	5,779	23	정몽원	
46	교보생명보험	5,708	13	신창재	
47	(*) 한국투자금융	5,473	15	김남구	
48	** 태영	5,443	40	윤세영	
49	대한전선	5,309	24	설윤석	
50	한국타이어	5,245	15	조양래	
51	이랜드	5,242	30	박성수	
52	유진	5,139	28	유경선	

주: 1) ** 2012년 9월 현재 적극적인 지주회사체제를 채택한 18개 집단; * 소극적인 지주회사체제를 채택한 3개 집단; 지주회사체제를 채택한 집단의 합은 21개.
2) 순위는 11개 공기업집단을 제외한 순위.
3) (*) 한국투자금융: 분석에서 제외함, 금융지주회사 1개(한국투자금융지주) 보유.
출처: 〈부록 1〉, 공정거래위원회 홈페이지 자료.

〈부록 표 2.12〉 52개 대규모사기업집단, 2013년 4월 (자산총액 순)

순위	그룹	자산총액 (10억 원)	계열회사 (개)	동일인	
				자연인	법인
1	* 삼성	306,092	76	이건희	
2	현대자동차	166,694	57	정몽구	
3	** SK	140,621	81	최태원	
4	** LG	102,360	61	구본무	
5	롯데	87,523	77	신격호	
6	POSCO	81,087	52		㈜POSCO
7	현대중공업	56,451	26	정몽준	
8	** GS	55,246	79	허창수	
9	** 농협	38,942	34		농업협동조합중앙회
10	** 한진	37,987	45	조양호	
11	* 한화	35,944	49	김승연	
12	KT	34,806	54		㈜KT
13	** 두산	29,425	25	박용곤	
14	STX	24,328	21	강덕수	
15	** CJ	24,143	82	이재현	
16	신세계	22,881	27	이명희	
17	** LS	20,075	49	구태회	
18	동부	17,110	61	김준기	
19	금호아시아나	17,037	24	박삼구	
20	대우조선해양	16,189	20		대우조선해양㈜
21	대림	16,112	19	이준용	
22	현대	14,965	20	현정은	
23	** 부영	14,131	16	이중근	
24	S-Oil	12,580	2		S-Oil㈜
25	OCI	12,159	22	이수영	
26	** 현대백화점	11,517	35	정지선	
27	효성	11,442	48	조석래	
28	대우건설	11,400	16		㈜대우건설
29	한국GM	10,169	3		한국GM㈜
30	동국제강	9,972	15	장세주	
31	영풍	9,921	23	장형진	
32	** 코오롱	9,620	38	이웅열	
33	** 한진중공업	8,772	9	조남호	
34	미래에셋	8,632	28	박현주	
35	KCC	8,507	9	정몽진	
36	홈플러스	8,102	3		홈플러스㈜
37	** 대성	7,830	83	김영대	
38	KT&G	7,671	11		㈜KT&G

39		동양	7,588	30	현재현
40		한라	7,541	23	정몽원
41		현대산업개발	7,388	15	정몽규
42	**	세아	7,061	23	이순형
43	**	태광	6,984	44	이호진
44		교보생명보험	6,296	12	신창재
45	(*)	한국투자금융	6,129	13	김남구
46		한국타이어	6,053	16	조양래
47	**	하이트진로	6,043	14	박문덕
48	**	태영	5,912	40	윤세영
49	**	웅진	5,895	25	윤석금
50		이랜드	5,542	27	박성수
51		한솔	5,211	22	이인희
52	**	아모레퍼시픽	5,105	10	서경배

주: 1) ** 2013년 9월 현재 적극적인 지주회사체제를 채택한 19개 집단; * 소극적인 지주회사체제를 채택한 2개 집단; 지주회사체제를 채택한 집단의 합은 21개.

2) 순위는 10개 공기업집단을 제외한 순위; 아모레퍼시픽 2013-2015년 = 태평양 2007-2008년.

3) (*) 한국투자금융: 분석에서 제외함, 금융지주회사 1개(한국투자금융지주) 보유.

출처: 〈부록 1〉, 공정거래위원회 홈페이지 자료.

〈부록 표 2.13〉 50개 대규모사기업집단, 2014년 4월 (자산총액 순)

순위	그룹	자산총액 (10억 원)	계열회사 (개)	동일인 자연인	동일인 법인
1	* 삼성	331,444	74	이건희	
2	현대자동차	180,945	57	정몽구	
3	** SK	145,171	80	최태원	
4	** LG	102,060	61	구본무	
5	롯데	91,666	74	신격호	
6	POSCO	83,810	46		㈜POSCO
7	현대중공업	58,395	26	정몽준	
8	** GS	58,087	80	허창수	
9	** 농협	40,767	32		농업협동조합중앙회
10	** 한진	39,522	48	조양호	
11	* 한화	37,063	51	김승연	
12	KT	34,974	57		㈜KT
13	** 두산	30,021	22	박용곤	
14	신세계	25,243	29	이명희	
15	** CJ	24,121	73	이재현	
16	** LS	20,367	51	구태회	
17	대우조선해양	18,497	19		대우조선해양㈜
18	금호아시아나	18,261	26	박삼구	
19	동부	17,789	64	김준기	
20	대림	16,258	22	이준용	
21	** 부영	15,665	14	이중근	
22	현대	14,113	20	현정은	
23	OCI	12,131	26	이수영	
24	S-Oil	12,003	2		S-Oil㈜
25	** 현대백화점	11,960	35	정지선	
26	효성	11,211	44	조석래	
27	대우건설	10,348	16		㈜대우건설
28	동국제강	10,073	16	장세주	
29	영풍	9,944	22	장형진	
30	미래에셋	9,718	30	박현주	
31	** 코오롱	9,400	37	이웅열	
32	한국GM	9,061	3		한국GM㈜
33	** 한진중공업	9,025	10	조남호	
34	KCC	8,653	9	정몽진	
35	** 한라	8,506	21	정몽원	
36	홈플러스	7,952	3		홈플러스㈜
37	KT&G	7,950	11		㈜KT&G
38	** 한국타이어	7,782	16	조양래	

39	* 태광	7,380	34	이호진	
40	** 대성	7,299	76	김영대	
41	현대산업개발	7,248	15	정몽규	
42	교보생명보험	7,124	13	신창재	
43	코닝정밀소재	6,843	2		코닝정밀소재㈜
44	** 세아	6,661	22	이순형	
45	이랜드	6,375	24	박성수	
46	** 태영	6,208	42	윤세영	
47	** 하이트진로	5,850	12	박문덕	
48	** 아모레퍼시픽	5,458	10	서경배	
49	삼천리	5,440	14	이만득	
50	한솔	5,261	20	이인희	

주: 1) ** 2014년 9월 현재 적극적인 지주회사체제를 채택한 19개 집단; * 소극적인 지주회사체제를 채택한 3개 집단; 지주회사체제를 채택한 집단의 합은 22개.

2) 순위는 13개 공기업집단을 제외한 순위.

출처: 〈부록 1〉, 공정거래위원회 홈페이지 자료.

〈부록 표 2.14〉 50개 대규모사기업집단, 2015년 4월 (자산총액 순)

순위	그룹	자산총액 (10억 원)	계열회사 (개)	동일인	
				자연인	법인
1	* 삼성	351,533	67	이건희	
2	현대자동차	194,093	51	정몽구	
3	** SK	152,388	82	최태원	
4	** LG	105,519	63	구본무	
5	* 롯데	93,407	80	신격호	
6	POSCO	84,545	51		㈜POSCO
7	** GS	58,506	79	허창수	
8	현대중공업	57,472	27	정몽준	
9	** 농협	45,463	39		농업협동조합중앙회
10	** 한진	38,382	46	조양호	
11	* 한화	37,954	52	김승연	
12	KT	34,503	50		㈜KT
13	두산	33,073	22	박용곤	
14	신세계	27,010	29	이명희	
15	** CJ	24,608	65	이재현	
16	** LS	20,975	48	구태회	
17	대우조선해양	19,964	18		대우조선해양㈜
18	금호아시아나	18,828	26	박삼구	
19	* 대림	17,293	24	이준용	
20	** 부영	16,805	15	이중근	
21	동부	14,627	53	김준기	
22	현대	12,566	20	현정은	
23	** 현대백화점	12,151	32	정지선	
24	OCI	12,007	26	이수영	
25	효성	11,190	45	조석래	
26	대우건설	10,481	13		㈜대우건설
27	S-Oil	10,338	2		S-Oil㈜
28	영풍	10,311	22	장형진	
29	KCC	10,185	9	정몽진	
30	미래에셋	9,991	31	박현주	
31	동국제강	9,780	14	장세주	
32	** 코오롱	9,032	43	이웅열	
33	** 한진중공업	8,908	9	조남호	
34	** 한라	8,554	23	정몽원	
35	** 한국타이어	8,450	16	조양래	
36	KT&G	8,378	10		㈜KT&G
37	한국GM	8,212	2		한국GM㈜

38	홈플러스	8,089	4		홈플러스(주)
39	교보생명보험	7,919	13	신창재	
40	* 태광	7,329	32	이호진	
41	** 세아	6,801	21	이순형	
42	현대산업개발	6,686	16	정몽규	
43	이랜드	6,657	25	박성수	
44	** 태영	6,379	44	윤세영	
45	삼천리	6,014	15	이만득	
46	** 아모레퍼시픽	5,959	12	서경배	
47	** 대성	5,918	73	김영대	
48	** 하이트진로	5,718	12	박문덕	
49	중흥건설	5,565	43	정창선	
50	** 한솔	5,269	21	이인희	

주: 1) ** 2015년 9월 현재 적극적인 지주회사체제를 채택한 19개 집단; * 소극적인 지주회사체제를 채택한 5개 집단; 지주회사체제를 채택한 집단의 합은 24개.
2) 순위는 11개 공기업집단을 제외한 순위.
출처: 〈부록 1〉, 공정거래위원회 홈페이지 자료.

〈부록 3〉 공정거래법상 지주회사, 1999-2015년

〈부록 표 3.1〉 신설 공정거래법상 지주회사 234개, 1999-2015년:
일반지주회사 210개, 금융지주회사 24개

연도	합(개)	지주회사(설립 · 전환 월.일; 밑줄 친 회사는 금융지주회사)
1999	-	-
2000	6	SK E&S㈜(1.1), ㈜C&M커뮤니케이션(1.25), ㈜화성사(4.1), KIG홀딩스(유)(5.24*), ㈜온미디어(6.15), ㈜세종금융지주(4.1)
2001	7	엘파소코리아홀딩(유)(1.1), ㈜LG(4.3), ㈜동원엔터프라이즈(4.16), ㈜대교홀딩스(5.4), ㈜세아홀딩스(7.3), 우리금융지주㈜(3.27), ㈜신한금융지주회사(9.1)
2002	5	LGEI(4.3), 한국컴퓨터지주㈜(5.27), ㈜대웅(10.2), 대한색소공업㈜(12.27), 퍼스트씨알비(1.1)
2003	7	대우통신㈜(1.1), ㈜풀무원(3.11), ㈜농심홀딩스(7.10), ㈜이수(8.1), 동화홀딩스㈜(10.1), 한국투자금융지주㈜(1.11), 동원금융지주㈜(5.30)
2004	5	㈜다함이텍(1.1), 삼성종합화학㈜(1.1), ㈜STX(4.1), ㈜GS(7.7), 삼성에버랜드㈜(1.1)
2005	5	롯데물산㈜(1.1), 롯데산업㈜(1.1), 한화도시개발㈜(1.1), 대상홀딩스㈜(8.1), ㈜하나금융지주(12.1)
2006	8	㈜차산골프장지주회사(1.1), 하이마트홀딩스(1.1), ㈜BSE홀딩스(1.1), ㈜현대HC&(1.1), ㈜LIG(1.1), 평화홀딩스㈜(5.2), 노루홀딩스(6.2), KPX홀딩스(9.1)
2007	15	㈜금호산업(1.1), ㈜넥슨홀딩스(1.1), 바이더웨이CVS홀딩스㈜(1.1), ㈜아모레퍼시픽그룹(1.1), ㈜CJ오쇼핑(1.1), 한국전자홀딩스(1.1), ㈜TAS(4.1), ㈜드림파마(4.2), ㈜네오위즈(4.26), SK㈜(7.3), ㈜한진중공업홀딩스(8.1), 한국멀티플렉스투자㈜(8.17), CJ㈜(9.4), 한국선무(12.31), 에이오엔이십일(유)(1.1)
2008	31	DH홀딩스(1.1), ㈜심명산업개발(1.1), ㈜웅진홀딩스(1.1), ㈜이지바이오시스템(1.1), ㈜인터파크(1.1), ㈜JW홀딩스(1.1), ㈜포휴먼(1.1), 한림토건(1.1), ㈜진양홀딩스(1.7), ㈜S&T홀딩스(2.5), ㈜반도홀딩스(3.3), SBS미디어홀딩스㈜(3.4), ㈜티이씨앤코(5.2), ㈜동성홀딩스(5.14), ㈜LS(7.2), ㈜풀무원(7.3), ㈜풍산홀딩스(7.3), 하이트홀딩스㈜(7.3), 일진홀딩스(7.4), ㈜티브로드수원방송(8.1), 키스코홀딩스㈜(9.3), 알파라발한국홀딩㈜(9.30), ㈜풀무원홀딩스(9.30), 프라임개발㈜(10.1), ㈜티브로드홀딩스(11.11), ㈜동일홀딩스(12.1), ㈜디와이에셋(12.23), ㈜디와이홀딩스(12.23), ㈜골든브릿지(1.1), ㈜KB금융지주(9.29), 한국투자운용지주㈜(10.2)

2009	20	㈜넥슨코리아(1.1), ㈜다우데이타(1.1), ㈜두산(1.1), 두산모트롤홀딩스㈜(1.1), ㈜대명홀딩스(1.1), ㈜심정개발(1.1), ㈜영앤선개발(1.1), 큐릭스(1.1), 한국신용정보㈜(1.1), 한세예스24홀딩스㈜(6.30), ㈜영원무역홀딩스(7.2), 몰트어퀴지션㈜(7.24), 엠피씨코리아홀딩스㈜(7.28), 씨앤에이치㈜(9.30), 대성홀딩스㈜(10.1), ㈜한진해운홀딩스(12.1), ㈜한화도시개발(12.2), ㈜부영(12.30), 한국스탠다드차타드금융지주㈜(6.30), 산은금융지주㈜(10.28)
2010	20	㈜녹십자홀딩스(1.1), 디아이피홀딩스㈜(1.1), 몰트홀딩㈜(1.1), ㈜셀트리온헬스케어(1.1), ㈜우리조명지주(1.1), ㈜유승홀딩스(1.1), ㈜에실로코리아(1.1), 엔오브이코리아홀딩(유)(1.1), ㈜코오롱(1.1), KC그린홀딩스㈜(1.1), ㈜티브로드한빛방송(1.1), 씨에스홀딩스㈜(1.5), ㈜파라다이스글로벌(2.2), ㈜휴맥스홀딩스(3.31), ㈜오미디어홀딩스(9.15), ㈜오션비홀딩스(9.28), 금복홀딩스㈜(11.1), ㈜셀트리온홀딩스(11.25), 미래에셋컨설팅㈜(3.31), 한국씨티금융지주(6.1)
2011	26	동광주택산업㈜(1.1), 동부인베스트먼트㈜(1.1), ㈜대성합동지주(1.1), ㈜바텍이우홀딩스(1.1), ㈜서령개발(1.1), 서울도시개발㈜(1.1), 아주L&F홀딩스㈜(1.1), ㈜와이엠에스에이(1.1), ㈜원익(1.1), 유니펩㈜(1.1), ㈜이지바이오시스템(1.1), 에스엠티케미칼(1.1), ㈜SG홀딩스(1.1), ㈜SJM홀딩스(1.1), 한미홀딩스㈜(1.1), SK이노베이션㈜(1.4), 제일홀딩스㈜(1.4), ㈜하림홀딩스(1.4), ㈜농수산홀딩스(3.8), ㈜삼양홀딩스(11.3), ㈜LIG(11.10), 엠에스피이엔비홀딩스㈜(12.13), 동양파이낸셜대부(1.1), ㈜BS금융지주(3.15), ㈜메리츠금융지주(3.28), ㈜DGB금융지주(5.7)
2012	27	㈜베바스토동희홀딩스(1.1), 세화통운㈜(1.1), 신송홀딩스㈜(1.1), 오리온엔지니어드카본즈코리아㈜(1.1), ㈜우심산업개발(1.1), ㈜이래엔에스(1.1), ㈜인터파크(1.1), 자일자동차㈜(1.1), 코암시앤시개발㈜(1.1), ㈜케이아이지홀딩스(1.1), ㈜티브로드도봉강북방송(1.1), ㈜한국유선미디어(1.1), GS에너지㈜(1.3), 농협경제지주㈜(3.2), ㈜시디즈(7.1), ㈜아이디스홀딩스(7.1), ㈜나이스홀딩스(8.23), 에이케이홀딩스㈜(9.1), 우양수산㈜(9.13), 넥스홀딩스㈜(9.21), 타이코화이어앤시큐리티서비시즈코리아㈜(10.1), ㈜심팩홀딩스(11.1), 아이에스지주㈜(11.1), ㈜고려에이치씨(12.26), 한국콜마홀딩스㈜(12.28), ㈜송현홀딩스(12.31), 농협금융지주㈜(3.2)
2013	21	㈜넥슨코리아(1.1), ㈜넥센(1.1), ㈜이지바이오(1.1), ㈜한유엘엔에스(1.1), ㈜티브로드전주방송(1.11), ㈜유라(3.30), 케이엑스홀딩스㈜(3.31), 엠에스에스홀딩스㈜(4.2), 버팔로이앤피(유)(4.22), ㈜프랜차이즈서비스아시아리미티드(6.28), ㈜싸이칸홀딩스(7.1), 한국타이어월드와이드㈜(7.6), 셔틀코리아홀딩스㈜(7.31), ㈜한진칼(8.1), 동화에이앤비홀딩스㈜(10.1), ㈜삼표(10.1), 아세아㈜(10.1), ㈜케이피아이씨코포레이션(11.30), 동진홀딩스㈜(12.10), 약진홀딩스㈜(12.23), ㈜JB금융지주(7.1)

2014	16	㈜디알비동일(1.1), 대한시멘트㈜(1.1), ㈜원진(1.1), ㈜팔도(1.1), ㈜신라홀딩스(4.28), ㈜동성코퍼레이션(7.31), 코스맥스비티아이㈜(8.18), ㈜한라홀딩스(9.2), 이지스일호㈜(9.29), 사이렌인베스트먼츠코리아㈜(10.1), 사이렌홀딩스코리아㈜(10.1), 동아쏘시오홀딩스㈜(10.30), 디와이㈜(12.3), ㈜서연(12.19), 케이엔비금융지주(5.8), ㈜케이제이비금융지주(5.8)
2015	15	동원시스템즈㈜(1.1), 대림에너지㈜(1.1), ㈜씨엠비홀딩스(1.1), 알보젠코리아㈜(1.1), ㈜알보젠코리아홀딩스(1.1), ㈜지엔에스(1.1), ㈜파라다이스글로벌(1.1), ㈜한일맨파워(1.1), 한솔홀딩스㈜(1.2), ㈜에스제이원(2.10), ㈜옐로모바일(3.19), 덕산하이메탈㈜(5.15), ㈜디앤비컴퍼니(5.18), 피에이지에이씨와이티코리아홀딩스㈜(5.28), SK㈜(8.3)

주: 1) * 신고수리일; 2015년은 9월 현재.

2) 6개 회사는 지주회사로의 전환・설립을 신고하였으나 수리 여부가 확인되지 않음: 리타워테크놀러지스 (신고일 2000.12.11), ㈜풍성모터스 (2001.4.28), ㈜원진 (2001.4.30.), ㈜가오닉스 (2001.7.10), 타이거풀스인터네셔널㈜ (2001.7.27), ㈜미디어윌 (2001.7.31.).

3) KIG홀딩스, 엘파소코리아홀딩, 에이오엔이십일, 엔오브이코리아홀딩, 버팔로이앤피 – 유한회사.

4) 회사명 변경: 노루홀딩스 (이전 DPI홀딩스), 넥슨코리아 (넥슨), 동성코퍼레이션 (동성홀딩스), 동진홀딩스㈜ (㈜제이앤드제이캐미칼), 동희홀딩스 (DH홀딩스, 동희엔지니어링), 대교홀딩스 (대교네트워크), 대명화학 (케이아이지, 케이아이지홀딩스), 세종금융지주(SDN), CJ오쇼핑 (CJ홈쇼핑), 아모레퍼시픽그룹 (태평양), 와이비엠홀딩스 (영앤선개발, 더텍스트(?)), ㈜우리조명지주 (우리조명㈜), 웅진 (웅진홀딩스), SBS미디어홀딩스 (SBS홀딩스), SK E&S (SK엔론), LG (LGCI), LIG (LIG홀딩스), GS (GS홀딩스), JW홀딩스㈜ (㈜중외홀딩스), 코아시아홀딩스 (BSE홀딩스), KPX홀딩스 (KPC홀딩스), TAS (TAS자동차손해사정서비스), 티브로드 (티브로드홀딩스), 하이트진로홀딩스 (하이트홀딩스), 한국전자홀딩스 (KEC홀딩스), 한미사이언스 (한미홀딩스), 현대HC& (HC&).

5) 풀무원: 2003년3월11일 – 지주회사 전환; 2008년7월3일 – 풀무원홀딩스와 풀무원으로 인적 분할되면서, '기존의 풀무원'은 지주회사에서 제외되고 '분할된 풀무원'은 신규로 지주회사로 전환됨.

6) 에이오엔이십일: 2008년 9월까지 일반지주회사였다가 2009년 9월 현재 금융지주회사로 재분류됨.

7) SK E&S: 2000년 1월 1일 지주회사 지정, 2011년 12월 31일 지정 제외, 2014년 1월 1일 재지정; 출처의 2014년 자료에는 설립・전환일이 '2014년 1월 1일'로 되어 있으나 '2000년 1월 1일'을 유지함.

8) SK㈜: 2007년 7월 3일 설립, 2015년 8월 3일 해산 (모회사에 흡수합병); 2015년 8월 3일 SK C&C가 SK㈜를 합병한 후 지주회사 SK㈜로 전환.

출처: 공정거래위원회 홈페이지 자료.

〈부록 표 3.2〉 존속 공정거래법상 지주회사 11개, 2001년 7월 (자산총액 순)

(가) 일반지주회사: 9개

지주회사	설립 · 전환 시기 (연.월)	자산 총액 (억 원)	지주 비율 (%)	부채 비율 (%)	자회사 (개)
1. ㈜LGCI*	2001.4	26,500	77.0	121.6	13
2. SK엔론㈜*	2000.1	5,733	96.1	–	11
3. ㈜화성사	2000.4	2,625	99.9	–	1
4. ㈜세아홀딩스	2001.7	2,545	61.0	–	12
5. 엘파소코리아홀딩(유)	2001.1	1,403	99.5	13.4	1
6. C&M커뮤니케이션㈜	2000.1	1,254	73.0	–	13
7. ㈜대교네트워크	2001.5	1,113	68.7	–	3
8. ㈜온미디어	2000.6	643	56.0	–	5
9. ㈜동원엔터프라이즈	2001.4	470	89.3	0	3

(나) 금융지주회사: 2개

지주회사	설립 · 전환 시기 (연.월)	자산 총액 (억 원)	지주 비율 (%)	부채 비율 (%)	자회사 (개)
1. 우리금융지주㈜	2001.3	36,373	100	–	5
2. ㈜SDN	2000.4	1,551	73.6	–	2

(다) 합

	자회사 (개)
일반지주회사	62
금융지주회사	7
총합	69

주: 1) 재무현황 및 자회사: 2000년 12월 현재인 것으로 보임.
2) * 대규모기업집단 소속; 공정거래위원회의 '지주회사' 자료에는 별도의 표시가 없으며, '대규모기업집단' 자료 및 다른 연도의 '지주회사' 자료를 이용함.
3) 부채비율: 3개 회사 정보만 있음.
4) 존속 공정거래법상 지주회사: 1999년에는 지주회사 없음; 2000년과 2002년에는 공정거래위원회 발표 자료 없음.

출처: 공정거래위원회 홈페이지 자료.

〈부록 표 3.3〉 존속 공정거래법상 지주회사 19개, 2003년 7월 (자산총액 순)

(가) 일반지주회사: 15개

지주회사	설립·전환 시기 (연.월)	자산 총액 (억 원)	지주 비율 (%)	부채 비율 (%)	계열회사 (개)		
					합	자	손자
1. ㈜LG*	2001.4	57,583	103.7	58.7	37	17	20
2. SK엔론㈜*	2000.1	7,016	92.9	6.1	14	11	3
3. ㈜대교네트워크	2001.5	5,047	94.1	3.8	10	6	4
4. 대우통신㈜	2003.1	3,874	57.1	-	2	2	-
5. 세아홀딩스㈜	2001.7	2,805	71.4	11.7	11	11	-
6. ㈜화성사	2000.4	2,634	99.9	3.4	1	1	-
7. ㈜풀무원	2003.3	2,049	53.9	75.0	18	18	-
8. ㈜온미디어	2000.6	1,841	92.0	8.3	11	10	1
9. ㈜농심홀딩스*	2003.7	1,839	50.8	0	4	4	-
10. ㈜C&M커뮤니케이션	2000.1	1,660	85.2	185.5	21	14	7
11. 엘파소코리아홀딩(유)	2001.1	1,584	95.9	4.6	1	1	-
12. ㈜동원엔터프라이즈*	2001.4	1,398	95.4	49.7	9	8	1
13. 한국컴퓨터지주㈜	2002.5	1,176	95.1	24.6	10	10	-
14. ㈜대웅	2002.10	1,097	66.3	18.1	14	12	2
15. 대한색소공업㈜	2002.12	1,013	50.1	113.3	3	3	-
(나) 금융지주회사: 4개							
1. 우리금융지주㈜	2001.3	73,892	82.0	45.9	17	12	5
2. ㈜신한금융지주회사	2001.9	47,850	83.4	19.3	11	10	1
3. 동원금융지주㈜*	2003.5	1,772	69.1	98.9	6	1	5
4. ㈜세종금융지주	2000.4	1,050	95.1	137.3	2	1	1
(다) 합							
일반지주회사					166	128	38
금융지주회사					36	24	12
총합					202	152	50

주: 1) 재무현황 및 계열회사: 대교네트워크, 화성사, 동원엔터프라이즈, 대웅 및 세종금융지주는 2002년 3월, 다른 지주회사는 2002년 12월 현재.
2) * 대규모기업집단 소속.
3) 대우통신 부채비율: 자본잠식.
출처: 공정거래위원회 홈페이지 자료.

〈부록 표 3.4〉 존속 공정거래법상 지주회사 24개, 2004년 5월 (자산총액 순)

(가) 일반지주회사: 19개

지주회사	설립·전환 시기 (연.월)	자산 총액 (억 원)	지주 비율 (%)	부채 비율 (%)	계열회사 (개)		
					합	자	손자
1. ㈜LG*	2001.4	61,750	97.0	44.3	37	17	20
2. 삼성종합화학㈜*	2004.1	10,529	51.2	89.7	1	1	–
3. SK엔론㈜*	2000.1	7,685	92.7	6.1	13	11	2
4. ㈜대교네트워크	2001.5	5,047	94.1	3.8	10	6	4
5. 세아홀딩스㈜*	2001.7	3,831	82.1	33.6	14	14	–
6. 대우통신㈜	2003.1	3,068	66.2	–	2	2	–
7. ㈜STX	2004.4	3,034	59.5	163.6	5	3	2
8. ㈜농심홀딩스*	2003.7	2,854	99.9	2.0	6	6	–
9. ㈜화성사	2000.4	2,634	99.9	3.4	1	1	–
10. 동화홀딩스㈜	2003.10	2,380	87.4	5.7	6	6	–
11. ㈜풀무원	2003.3	2,211	55.2	67.1	16	16	–
12. ㈜온미디어	2000.6	1,896	94.8	10.2	11	10	1
13. 엘파소코리아홀딩(유)	2001.1	1,864	87.6	6.7	1	1	–
14. ㈜동원엔터프라이즈*	2001.4	1,398	96.9	7.0	9	8	1
15. ㈜다함이텍	2004.1	1,389	59.6	6.6	4	4	–
16. ㈜이수	2004.1	1,380	97.1	46.6	8	5	3
17. ㈜대웅	2002.10	1,079	66.3	18.0	14	12	2
18. 한국컴퓨터지주㈜	2002.5	1,065	80.4	25.4	9	8	1
19. 대한색소공업㈜	2002.12	1,004	50.0	99.9	3	3	–
(나) 금융지주회사: 5개							
1. ㈜신한금융지주회사	2001.9	82,944	76.1	35.6	16	11	5
2. 우리금융지주㈜	2001.3	82,478	85.0	47.3	13	9	4
3. 삼성에버랜드㈜*	2004.1	31,749	54.8	69.9	2	2	–
4. 동원금융지주㈜*	2003.5	10,915	86.3	8.7	5	3	2
5. ㈜세종금융지주	2000.4	1,053	95.1	137.3	2	1	1
(다) 합							
일반지주회사					170	134	36
금융지주회사					38	26	12
총합					208	160	48

주: 1) 재무현황 및 계열회사: 대교네트워크, 화성사, 동원엔터프라이즈, 대웅 및 세종금융지주는 2003년 3월, 다른 지주회사는 2003년 12월 현재.
2) * 대규모기업집단 소속; 공정거래위원회의 '지주회사' 자료에는 별도의 표시가 없으며, '대규모기업집단' 자료 및 다른 연도의 '지주회사' 자료를 이용함.
3) 대우통신 부채비율: 자본잠식.
출처: 공정거래위원회 홈페이지 자료.

〈부록 표 3.5〉 존속 공정거래법상 지주회사 25개, 2005년 8월 (자산총액 순)

(가) 일반지주회사: 22개

지주회사	설립·전환 시기 (연.월)	상장 여부	자산 총액 (억 원)	지주 비율 (%)	부채 비율 (%)	계열회사 (개)		
						합	자	손자
1. ㈜LG*	2001.4	O	43,491	101.6	25.7	33	15	18
2. ㈜GS홀딩스*	2004.7	O	26,646	93.8	37.6	12	4	8
3. 롯데물산㈜*	2005.1	X	9,707	55.8	11.9	4	1	3
4. SK엔론㈜*	2000.1	X	8,068	94.6	1.8	12	11	1
5. 삼성종합화학㈜*	2004.1	X	7,212	97.1	1.3	1	1	–
6. ㈜대교홀딩스	2001.5	X	5,985	92.2	0.9	10	6	4
7. 세아홀딩스㈜*	2001.7	O	5,304	88.8	26.6	15	14	1
8. ㈜농심홀딩스*	2003.7	O	3,594	99.8	6.8	6	6	–
9. ㈜STX*	2004.4	O	3,301	58.0	153.0	8	4	4
10. ㈜화성사	2000.4	X	2,863	99.7	5.3	1	1	–
11. ㈜온미디어	2000.6	X	2,494	66.1	1.4	9	8	1
12. 동화홀딩스㈜	2003.10	O	2,401	86.9	5.6	7	7	–
13. ㈜풀무원	2003.3	O	2,328	56.8	70.6	17	16	1
14. ㈜동원엔터프라이즈	2001.4	X	2,240	88.9	50.1	9	8	1
15. 대상홀딩스㈜	2005.8	O	1,980	60.6	0.1	3	3	–
16. 롯데산업㈜*	2005.1	X	1,910	86.4	37.8	1	1	–
17. 엘파소코리아홀딩(유)	2001.1	X	1,642	99.0	7.5	1	1	–
18. ㈜이수	2004.1	X	1,543	96.7	49.9	9	4	5
19. ㈜다함이텍	2004.1	O	1,468	58.6	8.0	4	4	–
20. ㈜대웅	2002.10	O	1,416	79.4	6.1	13	12	1
21. 한국컴퓨터지주㈜	2002.5	X	1,041	90.8	21.6	9	9	–
22. 한화도시개발㈜*	2005.1	X	1,007	57.7	68.7	1	1	–
(나) 금융지주회사: 3개								
1. ㈜신한금융지주회사	2001.9	O	100,744	82.0	30.0	18	11	7
2. 우리금융지주㈜	2001.3	O	97,364	96.8	30.9	15	8	7
3. 한국투자금융지주㈜	2003.5	O	13,832	84.4	17.0	4	3	1
(다) 합								
일반지주회사						185	137	48
금융지주회사						37	22	15
총합						222	159	63

주: 1) 재무현황 및 계열회사: 출처에 표시는 없으나 화성사, 동원엔터프라이즈 및 대웅(3월 결산법인)은 2004년 3월, 다른 지주회사는 2004년 12월 현재인 것으로 보임.
2) * 대규모기업집단 소속.
출처: 공정거래위원회 홈페이지 자료.

〈부록 표 3.6〉 존속 공정거래법상 지주회사 31개, 2006년 8월 (자산총액 순)

(가) 일반지주회사: 27개

지주회사	설립 · 전환 시기 (연.월)	자산 총액 (억 원)	지주 비율 (%)	부채 비율 (%)	계열회사 (개)		
					합	자	손자
1. ㈜LG*	2001.4	47,964	96.0	18.0	28	14	14
2. ㈜GS홀딩스*	2004.7	29,871	96.0	29.0	15	5	10
3. 롯데물산㈜*	2005.1	11,461	61.4	20.1	4	1	3
4. SK E&S㈜*	2000.1	8,996	93.0	11.0	12	11	1
5. 삼성종합화학㈜*	2004.1	7,546	98.3	0.3	1	1	-
6. ㈜대교홀딩스	2001.5	6,614	92.9	3.9	11	8	3
7. ㈜세아홀딩스*	2001.7	6,423	90.8	25.8	14	14	-
8. 하이마트홀딩스㈜	2006.1	5,461	77.7	90.7	4	1	3
9. ㈜농심홀딩스*	2003.7	4,191	98.6	27.6	6	6	-
10. 대상홀딩스㈜	2005.8	3,026	78.9	1.2	4	4	-
11. ㈜화성사	2000.4	2,999	99.9	0.6	1	1	-
12. ㈜온미디어	2000.6	2,983	62.0	4.1	8	7	1
13. 롯데산업㈜*	2005.1	2,282	84.5	27.7	1	1	-
14. 동화홀딩스㈜	2003.10	2,564	82.2	11.8	9	9	-
15. ㈜동원엔터프라이즈	2001.4	2,525	91.9	40.9	11	10	1
16. ㈜HC&*	2006.1	2,506	87.7	91.4	9	9	-
17. ㈜풀무원	2003.3	2,444	58.3	68.2	16	16	-
18. ㈜이수	2003.8	2,311	72.6	66.7	10	4	6
19. ㈜DPI홀딩스	2006.6	1,599	59.5	54.5	10	7	3
20. ㈜다함이텍	2004.1	1,569	62.2	3.0	4	4	-
21. ㈜대웅	2002.10	1,528	80.9	7.4	14	13	1
22. ㈜LIG홀딩스	2005.12	1,409	99.9	0.4	4	4	-
23. 한화도시개발㈜*	2005.1	1,366	99.2	6.5	1	1	-
24. ㈜차산골프장지주회사	2006.1	1,214	66.4	787.6	1	1	-
25. 평화홀딩스㈜	2006.5	1,196	58.1	16.4	4	4	-
26. ㈜BSE홀딩스	2006.1	1,064	93.5	0.4	1	1	-
27. 한국컴퓨터지주㈜	2002.5	1,033	94.6	13.8	10	10	-
(나) 금융지주회사: 4개							
1. ㈜신한금융지주회사	2001.9	124,621	87.3	22.9	15	12	3
2. 우리금융지주㈜	2001.3	120,318	97.7	23.8	16	9	7
3. ㈜하나금융지주	2005.12	63,244	99.9	0.1	8	4	4
4. 한국투자금융지주㈜	2003.5	22,303	79.2	33.4	6	4	2
(다) 합							
일반지주회사					213	167	46
금융지주회사					45	29	16
총합					258	196	62

주: 1) 재무현황 및 계열회사: 출처에 표시는 없으나 화성사, 동원엔터프라이즈, 대교홀딩스, 대웅 및 한국투자금융지주(3월 결산법인)는 2005년 3월 현재인 것으로 보이며, 다른 지주회사는 2005년 12월 현재 (2006년에 신설된 경우는 다른 기준이 적용될 수 있음).

2) * 대규모기업집단 소속: 공정거래위원회의 '지주회사' 자료에는 별도의 표시가 없으며, '대규모기업집단' 자료 및 다른 연도의 '지주회사' 자료를 이용함.

출처: 공정거래위원회 홈페이지 자료.

〈부록 표 3.7〉 존속 공정거래법상 지주회사 40개, 2007년 8월 (자산총액 순)

(가) 일반지주회사: 36개

지주회사	설립·전환 시기 (연.월)	자산 총액 (억 원)	지주 비율 (%)	부채 비율 (%)	계열회사 (개)		
					합	자	손자
1. SK㈜*	2007.7	64,788	88.3	86.3	23	7	16
2. ㈜LG*	2001.4	46,044	103.3	8.6	28	14	14
3. 금호산업㈜*	2007.1	38,868	65.8	240.9	21	11	10
4. ㈜GS홀딩스*	2004.7	32,729	95.0	24.7	14	5	9
5. ㈜태평양*	2007.1	13,705	68.2	12.3	4	4	–
6. SK E&S㈜*	2000.1	9,530	94.5	14.8	11	10	1
7. ㈜CJ홈쇼핑*	2007.1	8,562	71.0	86.4	13	5	8
8. 삼성종합화학㈜*	2004.1	7,937	96.7	2.7	1	1	–
9. ㈜세아홀딩스*	2001.7	7,291	91.2	23.7	14	14	–
10. ㈜대교홀딩스	2001.5	6,880	94.2	4.2	13	7	6
11. ㈜한진중공업홀딩스*	2007.8	5,872	54.1	52.3	4	4	–
12. ㈜드림파마*	2007.4	5,280	63.8	104.1	5	5	–
13. ㈜농심홀딩스*	2003.7	4,494	97.8	24.4	6	6	–
14. ㈜넥슨홀딩스	2007.1	4,391	61.0	10.2	2	2	–
15. ㈜온미디어*	2000.6	4,121	60.1	4.0	9	8	1
16. ㈜동원엔터프라이즈	2001.4	3,735	90.5	66.4	12	11	1
17. 대상홀딩스㈜	2005.8	3,114	73.4	1.0	5	4	1
18. ㈜화성사	2000.4	3,099	99.9	0	1	1	–
19. TAS자동차손해사정서비스㈜	2007.4	3,028	94.8	–	1	1	–
20. 동화홀딩스㈜	2003.10	2,817	56.4	20.1	11	11	–
21. ㈜HC&*	2006.1	2,797	87.1	0.9	10	9	1
22. ㈜풀무원	2003.3	2,624	58.0	65.9	14	14	–
23. 에이오엔이십일(유)	2007.1	2,379	67.3	32.9	9	9	–
24. ㈜KPC홀딩스	2006.9	2,246	59.6	6.6	7	7	–
25. ㈜이수	2003.8	2,026	69.3	80.0	9	4	5
26. ㈜DPI홀딩스	2006.6	1,888	67.6	43.4	11	8	3
27. ㈜다함이텍	2004.1	1,700	63.5	2.7	4	4	–
28. ㈜대웅	2002.10	1,693	83.5	5.9	17	13	4
29. ㈜LIG홀딩스	2006.1	1,536	83.2	1.7	4	4	–
30. ㈜KEC홀딩스	2007.1	1,376	56.6	6.8	4	4	–
31. 바이더웨이CVS홀딩스㈜	2007.1	1,297	96.0	45.5	1	1	–
32. 평화홀딩스㈜	2006.5	1,223	81.1	14.4	7	6	1
33. ㈜네오위즈	2007.4	1,210	58.2	56.5	6	6	–
34. 한국컴퓨터지주㈜	2002.5	1,185	98.5	6.4	10	10	–
35. ㈜BSE홀딩스	2006.1	1,102	92.7	3.6	2	2	–
36. ㈜차산골프장지주회사*	2006.1	1,002	70.8	–	1	1	–

(나) 금융지주회사: 4개

1. ㈜신한금융지주회사	2001.9	150,036	85.2	32.1	14	11	3
2. 우리금융지주㈜	2001.3	137,935	98.5	15.6	15	9	6
3. ㈜하나금융지주	2005.12	78,034	98.2	0.1	8	5	3
4. 한국투자금융지주㈜	2003.5	24,629	81.3	33.7	7	4	3

(다) 합

일반지주회사	314	233	81
금융지주회사	43	29	15
총합	358	262	96

주: 1) 재무현황 및 계열회사: 2006년 12월 또는 설립·전환일(2007년 설립·전환된 경우) 현재.
2) * 대규모기업집단 소속.
3) TAS자동차손해사정서비스와 차산골프장지주회사의 부채비율: 자본잠식.
출처: 공정거래위원회 홈페이지 자료.

〈부록 표 3.8〉 존속 공정거래법상 지주회사 60개, 2008년 9월 (자산총액 순)

(가) 일반지주회사: 55개

지주회사	설립·전환 시기 (연.월)	상장 여부	자산 총액 (억 원)	지주 비율 (%)	부채 비율 (%)	계열회사 (개)			
						합	자	손자	증손
1. SK㈜*	2007.7	O	95,056	92.7	42.8	35	7	28	-
2. ㈜LG*	2001.4	O	55,988	98.3	10.2	29	14	15	-
3. 금호산업㈜*	2007.1	O	41,240	57.4	272.8	22	8	14	-
4. ㈜GS홀딩스*	2004.7	O	35,587	94.5	26.5	17	5	12	-
5. CJ㈜*	2007.9	O	21,594	84.8	25.8	43	15	27	1
6. ㈜LS*	2008.7	O	17,364	89.7	16.1	14	4	10	-
7. ㈜태평양	2007.1	O	13,858	76.1	10.0	6	6	-	-
8. ㈜웅진홀딩스	2008.1	O	13,790	97.3	73.0	13	9	4	-
9. 하이트홀딩스㈜	2008.7	O	10,801	87.0	41.3	11	4	7	-
10. SK E&S㈜*	2000.1	X	9,989	94.8	17.7	11	10	1	-
11. ㈜한진중공업홀딩스*	2007.8	O	9,958	85.6	9.6	4	4	-	-
12. ㈜CJ홈쇼핑*	2007.1	O	8,886	68.4	85.9	13	5	7	1
13. 삼성종합화학㈜*	2004.1	X	8,833	98.3	3.3	1	1	-	-
14. ㈜세아홀딩스	2001.7	O	7,938	90.2	22.8	14	14	-	-
15. ㈜대교홀딩스	2001.5	X	6,613	92.9	3.7	13	7	6	-
16. ㈜드림파마*	2007.4	X	5,166	62.1	99.4	5	5	-	-
17. ㈜농심홀딩스	2003.7	O	4,820	97.9	23.0	6	6	-	-
18. ㈜온미디어	2000.6	O	4,515	63.4	3.1	9	9	-	-
19. 키스코홀딩스㈜	2008.9	O	4,057	91.2	23.8	5	4	1	-
20. ㈜풍산홀딩스	2008.7	O	3,688	69.1	22.8	8	5	3	-
21. ㈜동원엔터프라이즈	2001.4	X	3,601	89.1	58.9	14	11	3	-
22. 대상홀딩스㈜	2005.8	O	3,266	71.1	2.1	5	4	1	-
23. 동화홀딩스㈜	2003.10	O	3,110	50.1	23.2	12	12	-	-
24. ㈜HC&*	2006.1	X	3,018	93.2	19.1	10	9	1	-
25. 한국멀티플렉스투자㈜	2007.8	X	2,920	97.3	97.2	1	1	-	-
26. 에이오엔이십일(유)	2007.1	X	2,877	80.7	20.6	9	8	1	-
27. TAS자동차손해사정서비스㈜	2007.4	X	2,837	100	-	2	1	1	-
28. ㈜KPC홀딩스	2006.9	O	2,813	55.5	6.2	6	6	-	-
29. ㈜티브로드수원방송	2008.8	X	2,421	67.9	58.4	13	5	4	4
30. ㈜LIG홀딩스	2006.1	X	2,149	91.9	31.8	6	4	2	-
31. ㈜DPI홀딩스	2006.6	O	1,989	64.3	45.4	9	7	2	-
32. ㈜네오위즈	2007.4	O	1,986	63.5	30.3	7	7	-	-
33. ㈜진양홀딩스	2008.1	O	1,976	72.9	15.4	4	4	-	-
34. ㈜반도홀딩스	2008.3	X	1,976	79.4	16.3	1	1	-	-
35. ㈜SBS홀딩스	2008.3	O	1,940	67.4	4.2	8	5	3	-
36. ㈜대웅	2002.10	O	1,916	83.7	3.6	19	13	6	-

37. 한국컴퓨터지주㈜	2002.5	X	1,868	52.8	56.9	9	8	1	-
38. ㈜S&T홀딩스	2008.2	O	1,868	83.4	6.3	7	5	2	-
39. ㈜이수	2003.8	X	1,864	73.4	714.0	9	4	5	-
40. 일진홀딩스㈜	2008.7	O	1,838	61.5	17.5	8	6	2	-
41. ㈜다함이텍	2004.1	O	1,814	64.0	2.1	3	3	-	-
42. 평화홀딩스㈜	2006.5	O	1,792	69.2	49.0	8	6	2	-
43. ㈜인터파크	2007.12	O	1,654	56.2	58.9	14	14	-	-
44. ㈜이지바이오시스템	2008.1	O	1,639	52.3	56.1	17	4	11	2
45. ㈜KEC홀딩스	2007.1	O	1,567	59.1	9.3	5	4	1	-
46. ㈜중외홀딩스	2008.1	O	1,420	62.3	7.0	7	5	2	-
47. 한국선무㈜	2007.12	X	1,346	96.0	6.5	5	1	4	-
48. ㈜티이씨앤코*	2008.5	O	1,280	61.4	13.5	3	3	-	-
49. ㈜동희엔지니어링	2008.1	X	1,175	99.1	0	3	1	2	-
50. ㈜BSE홀딩스	2006.1	O	1,162	94.5	3.7	3	3	-	-
51. ㈜포휴먼	2008.1	O	1,055	59.0	4.9	1	1	-	-
52. ㈜심명산업개발	2008.1	X	1,053	81.0	0.1	14	12	2	-
53. ㈜한림토건	2008.1	X	1,019	88.1	10.8	3	2	1	-
54. ㈜동성홀딩스	2008.5	O	1,010	50.5	6.3	8	5	3	-
55. ㈜풀무원	2008.7	O	157	52.7	144.4	7	7	-	-
(나) 금융지주회사: 5개									
1. ㈜신한금융지주회사	2001.9	O	253,275	93.8	40.9	15	12	3	-
2. 우리금융지주㈜	2001.3	O	152,814	99.2	16.2	21	10	10	1
3. ㈜KB금융지주	2008.9	O	130,548	100	0	10	8	2	-
4. ㈜하나금융지주	2005.12	O	93,280	98.3	0.1	7	7	-	-
5. 한국투자금융지주㈜	2003.5	O	29,033	83.6	34.5	7	4	3	-
(다) 합									
일반지주회사						539	334	197	8
금융지주회사						60	41	18	1
총합						599	375	215	9

주: 1) 재무현황 및 계열회사: 2007년 12월 또는 설립 · 전환일(2007년 8월 – 2008년 9월 설립 · 전환된 경우) 현재.
2) * 대규모기업집단 소속.
3) TAS자동차손해사정서비스의 부채비율: 자본잠식.
출처: 공정거래위원회 홈페이지 자료.

〈부록 표 3.9〉 존속 공정거래법상 지주회사 79개, 2009년 9월 (자산총액 순)

(가) 일반지주회사: 70개

지주회사	설립·전환 시기 (연.월)	상장 여부	자산 총액 (억 원)	지주 비율 (%)	부채 비율 (%)	계열회사 (개)			
						합	자	손자	증손
1. SK㈜*	2007.7	O	96,197	96.6	41.7	58	8	42	8
2. ㈜LG*	2001.4	O	69,563	92.0	11.6	45	15	28	2
3. ㈜GS*	2004.7	O	44,557	89.9	25.6	24	5	19	-
4. ㈜두산*	2009.1	O	27,910	57.6	78.3	21	11	8	2
5. CJ㈜*	2007.9	O	27,811	62.8	40.4	50	14	33	3
6. 몰트어퀴지션㈜	2009.7	X	22,534	96.8	108.3	2	1	1	-
7. ㈜LS*	2008.7	O	16,180	91.4	11.3	19	4	14	1
8. ㈜웅진홀딩스*	2008.1	O	14,755	93.9	103.0	18	10	7	1
9. ㈜태평양	2007.1	O	14,325	76.5	8.0	6	6	-	-
10. ㈜한진중공업홀딩스*	2007.8	O	10,892	89.0	4.1	5	4	1	-
11. 하이트홀딩스㈜	2008.7	O	10,644	90.6	53.0	11	4	7	-
12. ㈜CJ오쇼핑*	2007.1	O	9,699	57.8	94.1	13	5	7	1
13. 프라임개발㈜	2008.10	X	9,536	55.5	388.3	24	17	7	-
14. ㈜세아홀딩스*	2001.7	O	9,293	86.8	24.7	15	14	1	-
15. SK E&S㈜*	2000.1	X	9,095	89.0	13.7	10	9	1	-
16. 삼성종합화학㈜*	2004.1	O	8,693	92.6	2.1	1	1	-	-
17. ㈜넥슨	2009.1	X	7,278	67.7	140.5	6	6	-	-
18. ㈜대교홀딩스	2001.5	X	5,868	93.8	0.8	13	7	6	-
19. ㈜농심홀딩스	2003.7	O	5,149	98.9	16.2	6	6	-	-
20. ㈜드림파마*	2007.4	X	5,130	62.8	102.6	5	5	-	-
21. SBS미디어홀딩스㈜	2008.3	O	4,827	85.3	2.2	11	6	5	-
22. 키스코홀딩스㈜	2008.9	O	4,373	94.1	13.2	5	4	1	-
23. ㈜온미디어	2000.6	O	4,345	66.5	2.3	9	9	-	-
24. ㈜티브로드홀딩스	2008.11	X	4,136	58.9	170.5	13	7	3	3
25. ㈜S&T홀딩스	2008.2	O	4,048	98.2	9.6	8	5	3	-
26. ㈜풍산홀딩스	2008.7	O	3,818	71.3	17.4	8	5	3	-
27. ㈜동원엔터프라이즈	2001.4	X	3,814	87.0	48.3	15	9	6	-
28. ㈜대명홀딩스	2009.1	X	3,785	99.8	41.9	11	4	7	-
29. ㈜HC&*	2006.1	X	3,530	84.9	37.4	9	9	-	-
30. 대상홀딩스㈜	2005.8	O	3,347	55.7	2.6	5	4	1	-
31. ㈜반도홀딩스	2008.3	X	2,987	88.2	11.3	3	3	-	-
32. TAS자동차손해사정서비스㈜	2007.4	X	2,978	98.6	-	2	1	1	-
33. 동화홀딩스㈜	2003.10	O	2,893	88.1	22.6	12	12	-	-
34. KPX홀딩스㈜	2006.9	O	2,734	57.5	2.4	5	5	-	-
35. ㈜다함이텍	2004.1	O	2,679	74.0	1.3	3	3	-	-
36. ㈜디와이홀딩스	2008.12	X	2,637	71.3	43.8	7	2	1	4

37. ㈜LIG홀딩스	2006.1	X	2,610	90.3	28.1	6	4	2	-
38. ㈜DPI홀딩스	2006.6	O	2,546	65.3	48.7	12	7	5	-
39. ㈜DH홀딩스	2008.1	X	2,450	98.5	0.7	4	2	2	-
40. ㈜풀무원	2008.7	X	2,436	52.0	135.0	8	8	-	-
41. ㈜대웅	2002.10	O	2,361	94.0	4.7	23	17	6	-
42. ㈜풀무원홀딩스	2008.9	O	2,342	65.3	38.7	18	7	11	-
43. 한국멀티플렉스투자㈜	2007.8	X	2,180	99.2	88.0	1	1	-	-
44. ㈜다우데이타	2009.1	O	2,116	64.8	57.7	7	3	4	-
45. 일진홀딩스	2008.7	O	1,980	72.3	8.6	8	6	2	-
46. 두산모트롤홀딩스㈜*	2009.1	X	1,947	95.6	298.7	1	1	-	-
47. ㈜네오위즈	2007.4	O	1,925	68.5	27.0	9	7	2	-
48. 한국컴퓨터지주㈜	2002.5	X	1,917	53.5	50.3	9	7	2	-
49. ㈜인터파크	2008.1	O	1,870	54.6	51.9	10	9	1	-
50. 한국신용정보㈜	2009.1	O	1,854	60.1	57.1	15	9	6	-
51. ㈜영원무역홀딩스	2009.7	O	1,825	78.5	10.7	2	2	-	-
52. 평화홀딩스㈜	2006.5	O	1,736	58.8	55.8	9	6	3	-
53. ㈜이수	2003.8	X	1,707	92.6	-	8	5	3	-
54. ㈜동일홀딩스	2008.12	X	1,697	95.6	3.0	2	2	-	-
55. ㈜중외홀딩스	2008.1	O	1,524	71.4	15.3	10	6	4	-
56. ㈜포휴먼	2008.1	O	1,501	53.7	8.2	2	1	1	-
57. ㈜KEC홀딩스	2007.1	O	1,464	57.7	6.3	5	4	1	-
58. ㈜진양홀딩스	2008.1	O	1,409	92.6	1.7	9	9	-	-
59. ㈜심명산업개발	2008.1	X	1,352	82.6	13.7	15	13	2	-
60. ㈜한림토건	2008.1	X	1,331	91.4	7.8	3	2	1	-
61. 큐릭스	2009.1	O	1,240	76.5	97.3	8	3	5	-
62. 한세예스24홀딩스㈜	2009.6	O	1,217	76.4	11.0	3	2	1	-
63. ㈜영앤선개발	2009.1	X	1,209	91.4	24.5	4	1	2	1
64. 알파라발한국홀딩㈜	2008.9	X	1,190	99.9	263.4	1	1	-	-
65. ㈜심정개발	2009.1	X	1,173	71.4	0.1	4	2	2	-
66. ㈜BSE홀딩스	2006.1	O	1,160	79.7	20.9	3	3	-	-
67. 엠피씨코리아홀딩스㈜	2009.7	X	1,084	96.6	6.1	2	2	-	-
68. ㈜디와이에셋	2008.12	X	1,046	75.8	0	8	1	6	1
69. ㈜티이씨앤코*	2008.5	O	1,013	58.8	14.0	4	2	2	-
70. ㈜동성홀딩스	2008.5	O	1,008	47.2	6.3	10	7	3	-
(나) 금융지주회사: 9개									
1. ㈜신한금융지주회사	2001.9	O	259,136	87.5	47.2	18	12	6	-
2. ㈜KB금융지주	2008.9	O	165,680	98.3	4.7	10	8	2	-
3. 우리금융지주㈜	2001.3	O	156,202	97.9	28.0	25	11	13	1
4. ㈜하나금융지주	2005.12	O	104,022	98.6	16.4	6	6	-	-
5. 한국스탠다드차타드금융지주㈜	2009.6	X	38,778	100	0	5	3	2	-
6. 한국투자금융지주㈜*	2003.1	O	28,580	78.6	57.9	12	5	5	2

7. 에이오엔이십일(유)	2007.1	X	3,054	60.4	0.9	9	8	1	-
8. ㈜골든브릿지	2008.1	X	1,370	86.7	53.3	5	5	-	-
9. 한국투자운용지주㈜*	2008.10	X	1,170	90.3	0.1	2	2	-	-
(다) 합									
일반지주회사						721	402	292	27
금융지주회사						92	60	29	3
총합						813	462	321	30

주: 1) 재무현황 및 계열회사: 2008년 12월 또는 설립·전환일(2009년 6월 이후 설립·전환된 경우) 현재.
2) * 대규모기업집단 소속.
3) 이수 및 TAS자동차손해사정서비스의 부채비율: 자본잠식.
출처: 공정거래위원회 홈페이지 자료.

〈부록 표 3.10〉 존속 공정거래법상 지주회사 96개, 2010년 9월 (자산총액 순)

(가) 일반지주회사: 84개

지주회사	설립·전환 시기 (연.월)	상장 여부	자산 총액 (억 원)	지주 비율 (%)	부채 비율 (%)	계열회사 (개)			
						합	자	손자	증손
1. SK㈜*	2007.7	O	102,405	96.4	43.5	62	9	44	9
2. ㈜LG*	2001.4	O	80,141	92.2	8.3	45	16	27	2
3. ㈜GS*	2004.7	O	51,718	90.4	26.7	27	6	21	-
4. ㈜부영*	2009.12	X	39,396	96.9	0.5	2	2	-	-
5. CJ㈜*	2007.9	O	27,914	68.8	35.8	46	16	27	3
6. ㈜두산*	2009.1	O	27,484	66.1	51.4	23	9	12	2
7. ㈜LS*	2008.7	O	17,971	89.6	12.6	24	4	19	1
8. 몰트어퀴지션㈜	2009.7	X	17,943	99.8	51.7	2	1	1	-
9. ㈜웅진홀딩스*	2008.1	O	17,838	90.0	118.5	20	9	9	2
10. 하이트홀딩스㈜*	2008.7	O	17,172	95.7	91.7	13	5	8	-
11. ㈜태평양	2007.1	O	15,015	77.9	7.5	7	7	-	-
12. 몰트홀딩㈜	2010.1	X	11,894	99.5	31.9	3	1	1	1
13. ㈜CJ오쇼핑*	2007.1	O	11,321	50.0	104.6	5	3	2	-
14. ㈜한진중공업홀딩스*	2007.8	O	10,543	89.3	3.4	6	4	2	-
15. 삼성종합화학㈜*	2004.1	X	10,442	94.0	2.3	1	1	-	-
16. SK E&S㈜*	2000.1	X	9,612	88.8	56.5	9	9	-	-
17. ㈜세아홀딩스*	2001.7	O	9,220	86.1	22.5	12	11	1	-
18. 프라임개발㈜	2008.10	X	8,991	54.2	1,234	21	16	5	-
19. ㈜넥슨	2009.1	X	8,811	65.7	81.1	10	10	-	-
20. ㈜대교홀딩스	2001.5	X	6,325	92.1	2.0	13	7	6	-
21. ㈜농심홀딩스	2003.7	O	5,762	98.8	16.3	7	7	-	-
22. ㈜티브로드홀딩스	2008.11	X	5,658	78.6	195.8	13	5	4	4
23. SBS미디어홀딩스㈜	2008.3	O	5,490	83.7	8.7	13	6	7	-
24. ㈜코오롱*	2010.1	O	5,388	54.3	35.5	29	5	23	1
25. ㈜녹십자홀딩스	2010.1	O	5,170	52.0	67.3	10	6	4	-
26. 키스코홀딩스㈜	2008.9	O	5,147	98.1	4.3	5	4	1	-
27. ㈜오미디어홀딩스*	2010.9	X	4,749	92.1	58.1	10	1	9	-
28. ㈜온미디어*	2000.6	O	4,493	67.0	2.6	9	9	-	-
29. ㈜동원엔터프라이즈	2001.4	X	4,452	83.7	41.7	16	8	8	-
30. ㈜풍산홀딩스	2008.7	O	4,124	77.8	11.0	7	5	2	-
31. ㈜S&T홀딩스	2008.2	O	3,984	91.3	10.1	8	5	3	-
32. ㈜한진해운홀딩스*	2009.12	O	3,776	65.9	30.0	11	2	9	-
33. ㈜한화도시개발*	2009.12	X	3,619	95.0	36.6	8	8	-	-
34. ㈜대명홀딩스	2009.1	X	3,614	74.3	37.6	11	3	8	-
35. 대상홀딩스㈜	2005.8	O	3,592	61.9	1.4	8	5	3	-
36. ㈜파라다이스글로벌	2010.2	X	3,501	52.8	121.5	12	6	6	-

37. ㈜HC&*	2006.1	X	3,482	90.3	40.9	13	8	5	–
38. KPX홀딩스㈜	2006.9	O	3,478	68.3	3.7	6	6	–	–
39. ㈜반도홀딩스	2008.3	X	3,431	91.1	11.4	4	3	1	–
40. 대성홀딩스㈜	2009.10	O	3,394	62.0	48.5	10	9	1	–
41. ㈜풀무원홀딩스	2008.9	O	3,301	61.1	78.6	16	7	9	–
42. ㈜LIG홀딩스	2006.1	X	3,288	81.7	39.1	6	4	2	–
43. ㈜TAS	2007.4	X	3,181	100	–	5	2	3	–
44. 알파라발한국홀딩㈜	2008.9	X	3,087	99.6	183.0	4	4	–	–
45. 일진홀딩스	2008.7	O	3,050	80.2	18.8	10	6	4	–
46. ㈜DH홀딩스	2008.1	X	2,947	92.1	7.3	4	2	2	–
47. 디아이피홀딩스㈜*	2010.1	X	2,920	66.0	77.6	3	3	–	–
48. ㈜다함이텍	2004.1	O	2,845	74.5	1.0	3	3	–	–
49. 동화홀딩스㈜	2003.10	O	2,832	94.2	19.8	11	10	1	–
50. ㈜영원무역홀딩스	2009.7	O	2,721	87.5	9.8	2	2	–	–
51. ㈜대웅	2002.10	O	2,656	94.9	4.8	22	16	6	–
52. ㈜노루홀딩스	2006.6	O	2,529	74.8	42.0	13	8	5	–
53. ㈜네오위즈	2007.4	O	2,362	63.6	30.1	11	7	4	–
54. 한국신용정보㈜	2009.1	O	2,353	52.4	49.9	15	9	6	–
55. ㈜디와이홀딩스	2008.12	X	2,179	95.3	7.0	7	2	1	4
56. ㈜휴맥스홀딩스	2010.3	X	2,167	71.5	3.9	6	4	2	–
57. ㈜심명산업개발	2008.1	X	2,106	98.6	10.7	14	14	–	–
58. ㈜이수	2003.8	X	2,103	88.5	282.7	8	4	4	–
59. 한국컴퓨터지주㈜	2002.5	X	1,993	54.9	42.9	9	7	2	–
60. ㈜티브로드한빛방송	2010.1	O	1,964	50.4	13.8	7	3	4	–
61. 한국멀티플렉스투자㈜	2007.8	X	1,909	99.5	114.1	1	1	–	–
62. ㈜한림토건	2008.1	X	1,856	79.9	9.7	2	2	–	–
63. ㈜동성홀딩스	2008.5	O	1,749	51.2	42.8	13	9	4	–
64. ㈜한국전자홀딩스	2007.1	O	1,727	58.0	9.6	5	4	1	–
65. 평화홀딩스㈜	2006.5	O	1,650	64.0	53.4	8	6	2	–
66. ㈜동일홀딩스	2008.12	X	1,648	98.0	0.7	2	2	–	–
67. 엠피씨코리아홀딩스㈜	2009.7	X	1,639	92.9	64.5	2	2	–	–
68. 엔오브이코리아홀딩(유)	2010.1	X	1,630	99.1	262.2	1	1	–	–
69. ㈜중외홀딩스	2008.1	O	1,580	75.5	33.6	9	6	3	–
70. ㈜포휴먼	2008.1	O	1,503	52.7	18.2	1	1	–	–
71. ㈜진양홀딩스	2008.1	O	1,489	89.3	1.3	9	9	–	–
72. ㈜영앤선개발	2009.1	X	1,341	92.1	24.9	5	1	3	1
73. ㈜디와이에셋	2008.12	X	1,317	63.0	0.4	7	1	5	1
74. 한세예스24홀딩스㈜	2009.6	O	1,316	79.2	8.4	3	2	1	–
75. ㈜셀트리온헬스케어	2010.1	X	1,310	57.3	3,099	7	5	2	–
76. ㈜티이씨앤코*	2008.5	O	1,203	57.7	19.8	4	2	2	–
77. 씨앤에이치㈜	2009.9	O	1,123	50.7	6.2	4	2	2	–

78. ㈜오션비홀딩스	2010.9	X	1,118	99.9	41.5	12	9	3	-
79. ㈜BSE홀딩스	2006.1	O	1,101	83.5	0.9	2	2	-	-
80. ㈜에실로코리아	2010.1	X	1,047	79.2	13.5	2	1	1	-
81. KC그린홀딩스㈜	2010.1	O	1,042	54.2	42.5	15	11	4	-
82. 우리조명㈜	2010.1	O	1,040	61.5	36.1	4	2	2	-
83. ㈜유승홀딩스	2010.1	X	1,021	90.1	6.7	2	1	1	-
84. 씨에스홀딩스㈜	2010.1	O	1,006	69.8	0.2	1	1	-	-

(나) 금융지주회사: 12개

1. ㈜신한금융지주회사	2001.9	O	271,207	92.3	30.8	17	11	6	-
2. ㈜KB금융지주	2008.9	O	186,635	94.4	4.6	12	9	3	-
3. 우리금융지주㈜	2001.3	O	175,451	98.9	27.9	29	10	16	3
4. 산은금융지주㈜	2009.10	X	167,783	99.5	3.0	21	5	16	-
5. ㈜하나금융지주	2005.12	O	114,653	97.9	20.1	10	7	2	1
6. 한국씨티금융지주	2010.6	X	53,742	100	0	4	3	1	-
7. 한국스탠다드차타드금융지주㈜	2009.6	X	44,090	99.5	8.3	5	5	-	-
8. 한국투자금융지주㈜*	2003.1	O	29,576	87.5	42.6	15	5	7	3
9. 에이오엔이십일(유)	2007.1	X	3,992	65.9	5.1	9	8	1	-
10. ㈜골든브릿지	2008.1	X	1,382	96.9	50.8	7	7	-	-
11. 한국투자운용지주㈜*	2008.10	X	1,335	86.3	0.0	2	2	-	-
12. 미래에셋컨설팅㈜*	2010.3	X	1,069	62.2	34.6	2	1	1	-

(다) 합

일반지주회사	858	457	370	31
금융지주회사	133	73	53	7
총합	991	530	423	38

주: 1) 재무현황 및 계열회사: 2009년 12월 또는 설립·전환일(2010년 설립·전환된 경우) 현재.
　2) * 대규모기업집단 소속.
　3) TAS 부채비율: 자본잠식.
출처: 공정거래위원회 홈페이지 자료.

〈부록 표 3.11〉 존속 공정거래법상 지주회사 105개, 2011년 9월 (자산총액 순)

(가) 일반지주회사: 92개

지주회사	설립 · 전환 시기 (연.월)	상장 여부	자산 총액 (억 원)	지주 비율 (%)	부채 비율 (%)	계열회사 (개)			
						합	자	손자	증손
1. SK이노베이션㈜*	2011.1	X	141,457	63.3	27.7	16	7	9	–
2. SK㈜*	2007.7	O	109,766	96.1	45.6	66	8	48	10
3. ㈜LG*	2001.4	O	73,396	87.6	5.3	50	15	33	2
4. ㈜GS*	2004.7	O	59,309	90.4	22.0	31	6	24	1
5. CJ㈜*	2007.9	O	38,228	60.6	31.7	49	18	28	3
6. ㈜두산*	2009.1	O	31,876	58.3	55.9	20	9	8	3
7. ㈜LS*	2008.7	O	20,711	91.1	10.4	26	4	21	1
8. ㈜부영*	2009.12	X	19,249	94.7	27.9	2	2	–	–
9. ㈜웅진홀딩스*	2008.1	O	18,494	84.1	109.4	19	8	10	1
10. 하이트홀딩스㈜*	2008.7	O	16,679	96.7	178.5	12	5	7	–
11. ㈜아모레퍼시픽그룹	2007.1	O	15,909	80.0	7.1	8	8	–	–
12. 몰트홀딩㈜	2010.1	X	13,627	97.6	63.8	1	1	–	–
13. SK E&S㈜*	2000.1	X	12,235	79.8	87.1	9	9	–	–
14. ㈜넥슨코리아	2009.1	X	12,180	60.8	71.6	15	13	2	–
15. 삼성종합화학㈜*	2004.1	X	11,436	88.9	2.8	1	1	–	–
16. ㈜세아홀딩스*	2001.7	O	11,107	87.0	24.2	14	12	2	–
17. ㈜한진해운홀딩스*	2009.12	O	10,887	89.3	19.3	13	2	10	1
18. ㈜한진중공업홀딩스*	2007.8	O	10,538	88.2	3.5	7	4	3	–
19. 프라임개발㈜	2008.10	X	8,977	59.1	5,893	18	12	6	–
20. ㈜코오롱*	2010.1	O	8,600	77.2	36.6	30	7	22	1
21. ㈜동원엔터프라이즈	2001.4	X	6,526	88.9	35.8	17	7	9	1
22. ㈜대교홀딩스	2001.5	X	6,435	93.1	2.2	13	7	6	–
23. ㈜농심홀딩스	2003.7	O	6,262	98.4	15.8	7	6	1	–
24. SBS미디어홀딩스㈜	2008.3	O	5,453	88.2	4.5	15	6	9	–
25. ㈜티브로드홀딩스*	2008.11	X	5,389	76.9	185.6	10	5	4	1
26. 키스코홀딩스㈜	2008.9	O	5,264	96.3	2.7	5	4	1	–
27. ㈜대성합동지주*	2011.1	O	5,254	85.2	18.0	18	9	9	–
28. ㈜풍산홀딩스	2008.7	O	4,664	73.0	12.5	6	4	2	–
29. ㈜현대HC&*	2006.1	O	4,314	73.5	28.8	11	8	3	–
30. ㈜S&T홀딩스	2008.2	O	4,272	92.3	8.8	7	5	2	–
31. KPX홀딩스㈜	2006.9	O	4,213	73.0	4.1	16	7	9	–
32. 한미홀딩스㈜	2011.1	O	4,007	70.4	3.6	3	2	1	–
33. 대상홀딩스㈜	2005.8	O	3,949	63.8	6.3	25	7	5	13
34. ㈜LIG	2006.1	X	3,754	75.8	41.7	8	4	4	–
35. ㈜파라다이스글로벌	2010.2	X	3,743	52.6	154.7	13	6	7	–
36. ㈜반도홀딩스	2008.3	X	3,666	91.3	12.6	4	3	1	–

37. ㈜대명홀딩스	2009.1	X	3,587	75.1	36.0	9	3	6	–
38. ㈜영원무역홀딩스	2009.7	O	3,560	90.9	11.4	2	2	–	–
39. 동광주택산업㈜*	2011.1	X	3,425	97.8	23.6	1	1	–	–
40. 대성홀딩스㈜*	2009.10	O	3,360	61.5	48.3	9	9	–	–
41. ㈜한화도시개발*	2009.12	X	3,355	98.4	39.9	10	10	–	–
42. 동부인베스트먼트㈜*	2011.1	X	3,269	88.5	292.8	1	1	–	–
43. 디아이피홀딩스㈜*	2010.1	X	3,191	67.0	45.9	2	2	–	–
44. 일진홀딩스㈜	2008.7	O	3,037	88.4	17.0	11	7	4	–
45. 제일홀딩스㈜	2011.1	X	3,028	73.8	44.3	20	12	6	2
46. ㈜DH홀딩스	2008.1	X	3,001	95.9	3.9	5	3	2	–
47. 동화홀딩스㈜	2003.10	O	2,970	95.0	26.6	10	10	–	–
48. ㈜서령개발	2011.1	X	2,897	54.0	102.0	13	13	–	–
49. ㈜풀무원홀딩스	2008.9	O	2,861	54.3	123.2	15	6	9	–
50. 알파라발한국홀딩㈜	2008.9	X	2,819	99.9	153.3	3	3	–	–
51. ㈜대웅	2002.10	O	2,819	95.2	4.5	22	15	7	–
52. ㈜농수산홀딩스	2011.3	X	2,626	78.7	36.8	20	6	14	–
53. ㈜노루홀딩스	2006.6	O	2,603	74.4	42.8	11	8	3	–
54. ㈜이지바이오시스템	2011.1	O	2,540	53.2	77.5	19	5	13	1
55. ㈜휴맥스홀딩스	2010.3	O	2,294	72.0	7.8	8	4	4	–
56. ㈜이수	2003.8	X	2,234	84.3	157.7	8	4	4	–
57. ㈜디와이홀딩스	2008.12	X	2,145	96.8	5.8	8	2	1	5
58. 한국컴퓨터지주㈜	2002.5	X	2,053	57.6	35.0	9	7	2	–
59. 엠피씨코리아홀딩스㈜	2009.7	X	1,978	90.0	58.8	2	2	–	–
60. ㈜네오위즈	2007.4	O	1,946	50.0	3.2	13	6	7	–
61. ㈜TAS	2007.4	X	1,926	99.7	–	4	1	3	–
62. 평화홀딩스㈜	2006.5	O	1,837	64.7	48.6	8	6	2	–
63. ㈜동일홀딩스	2008.12	X	1,788	98.0	0.9	2	2	–	–
64. ㈜셀트리온홀딩스	2010.11	X	1,778	84.1	114.6	6	5	1	–
65. 엔오브이코리아홀딩(유)	2010.1	X	1,750	99.8	192.0	1	1	–	–
66. 한국멀티플렉스투자㈜	2007.8	X	1,731	99.4	158.0	1	1	–	–
67. ㈜JW홀딩스	2008.1	O	1,710	73.7	74.7	8	5	3	–
68. ㈜동성홀딩스	2008.5	O	1,691	60.1	38.0	9	7	2	–
69. 금복홀딩스㈜	2010.11	X	1,682	91.5	15.9	3	3	–	–
70. ㈜한국전자홀딩스	2006.9	O	1,609	50.5	4.1	5	4	1	–
71. ㈜진양홀딩스	2008.1	O	1,607	84.4	1.8	9	9	–	–
72. ㈜영앤선개발	2009.1	X	1,505	92.7	25.3	6	1	4	1
73. ㈜포휴먼	2008.1	O	1,503	52.7	18.2	1	1	–	–
74. 씨앤에이치㈜	2009.9	O	1,492	51.4	28.9	8	4	4	–
75. 씨에스홀딩스㈜	2010.1	O	1,473	79.7	5.6	2	2	–	–
76. ㈜디와이에셋	2008.12	X	1,459	76.1	1.2	7	1	6	–
77. 유니펩㈜	2011.1	X	1,433	93.5	13.1	2	1	1	–

78. KC그린홀딩스㈜	2010.1	O	1,396	70.0	32.1	17	13	4	–
79. 한세예스24홀딩스㈜	2009.6	O	1,368	80.5	8.8	2	2	–	–
80. ㈜하림홀딩스	2011.1	X	1,272	88.9	8.3	17	6	8	3
81. ㈜에실로코리아	2010.1	X	1,265	78.3	6.9	2	1	1	–
82. ㈜SG홀딩스	2011.1	X	1,246	99.9	0.1	3	1	2	–
83. ㈜유승홀딩스	2010.1	X	1,214	92.3	13.2	2	1	1	–
84. ㈜원익	2011.1	O	1,190	51.6	93.7	12	5	7	–
85. ㈜오션비홀딩스	2010.9	X	1,178	99.4	38.5	12	9	3	–
86. ㈜티이씨앤코*	2008.5	O	1,166	59.1	24.5	4	2	2	–
87. ㈜우리조명지주	2010.1	O	1,115	59.8	40.2	6	3	3	–
88. 서울도시개발㈜*	2011.1	X	1,115	90.5	60.2	19	2	17	–
89. ㈜바텍이우홀딩스	2011.1	X	1,095	91.3	16.9	4	3	1	–
90. ㈜SJM홀딩스	2011.1	O	1,083	66.9	3.7	4	4	–	–
91. ㈜BSE홀딩스	2006.1	O	1,070	88.8	0.7	4	2	2	–
92. 아주L&F홀딩스㈜	2011.1	X	1,007	93.1	16.2	27	10	15	2

(나) 금융지주회사: 13개

1. ㈜신한금융지주회사	2001.9	O	296,167	91.3	30.3	16	11	5	–
2. ㈜KB금융지주	2008.9	O	189,125	94.2	5.4	15	9	5	1
3. 우리금융지주㈜	2001.3	O	184,009	98.8	26.6	36	10	24	2
4. 산은금융지주㈜	2009.10	X	179,184	98.8	3.8	31	5	26	–
5. ㈜하나금융지주	2005.12	O	134,188	79.3	25.7	12	8	4	–
6. 한국씨티금융지주	2010.6	X	56,008	99.9	0.1	4	3	1	–
7. 한국스탠다드차타드금융지주㈜	2009.6	X	51,011	87.3	14.8	5	5	–	–
8. 한국투자금융지주㈜*	2003.1	O	29,427	95.5	32.4	14	5	7	2
9. ㈜BS금융지주	2011.3	O	26,052	100	0	4	4	–	–
10. ㈜DGB금융지주	2011.5	O	20,921	100	0	3	3	–	–
11. ㈜메리츠금융지주	2011.3	X	3,277	63.7	3.5	6	5	1	–
12. ㈜골든브릿지	2008.1	X	1,457	98.6	57.2	7	6	1	–
13. 한국투자운용지주㈜*	2008.10	X	1,398	86.9	0.0	2	2	–	–

(다) 합

일반지주회사	1,032	499	481	52
금융지주회사	155	76	74	5
총합	1,187	575	555	57

주: 1) 재무현황 및 계열회사: 2010년 12월 현재.
2) * 대규모기업집단 소속.
3) ㈜TAS 부채비율: 자본잠식
4) ㈜포휴먼: 출처에 정보 없음, 2010년 9월 현재 정보임.
출처: 공정거래위원회 홈페이지 자료.

〈부록 표 3.12〉 존속 공정거래법상 지주회사 115개, 2012년 9월 (자산총액 순)

(가) 일반지주회사: 103개

지주회사	설립 · 전환 시기 (연월)	상장 여부	자산 총액 (억 원)	지주 비율 (%)	부채 비율 (%)	계열회사(개)			
						합	자	손자	증손
1. SK이노베이션㈜*	2011.1	X	148,858	63.5	18.5	17	7	10	-
2. SK㈜*	2007.7	O	112,409	96.1	45.4	66	8	46	12
3. ㈜LG*	2001.4	O	75,378	67.2	5.0	51	15	34	2
4. ㈜GS*	2004.7	O	53,917	87.9	15.9	24	6	10	8
5. GS에너지㈜*	2012.1	X	35,598	98.3	1.7	18	1	17	-
6. CJ㈜*	2007.9	O	34,280	76.9	33.5	47	12	32	3
7. ㈜두산*	2009.1	O	31,776	54.0	61.5	20	9	9	2
8. ㈜부영*	2009.12	X	22,133	95.5	28.8	3	1	2	-
9. ㈜웅진홀딩스*	2008.1	O	19,857	82.3	130.7	23	7	15	1
10. ㈜LS*	2008.7	O	18,303	89.1	10.1	27	5	21	1
11. 하이트진로홀딩스㈜*	2008.7	O	18,152	97.0	140.0	12	4	8	-
12. ㈜아모레퍼시픽그룹	2007.1	O	16,253	73.5	4.2	9	9	-	-
13. 몰트홀딩㈜	2010.1	X	13,710	96.3	79.1	1	1	-	-
14. 삼성종합화학㈜*	2004.1	X	12,543	82.8	3.3	1	1	-	-
15. 농협경제지주㈜*	2012.3	X	12,215	80.5	0.0	13	13	-	-
16. ㈜한진중공업홀딩스*	2007.8	O	10,641	87.0	1.7	7	4	3	-
17. ㈜세아홀딩스*	2001.7	O	10,194	87.2	17.4	16	12	4	-
18. ㈜코오롱*	2010.1	O	9,984	79.5	63.4	29	8	20	1
19. ㈜삼양홀딩스	2011.11	O	9,124	56.3	23.8	13	10	3	-
20. 프라임개발㈜	2008.10	X	8,925	68.4	-	17	12	5	-
21. ㈜한진해운홀딩스*	2009.12	O	8,652	87.3	35.3	15	2	12	1
22. ㈜동원엔터프라이즈	2001.4	X	7,178	89.0	34.9	17	7	9	1
23. ㈜대교홀딩스	2001.5	X	6,519	91.6	1.7	11	6	5	-
24. ㈜티브로드홀딩스*	2008.11	X	5,967	76.6	136.8	14	7	5	2
25. ㈜농심홀딩스	2003.7	O	5,705	99.7	12.1	8	6	2	-
26. ㈜대성합동지주*	2011.1	O	5,491	89.0	24.4	28	9	19	-
27. SBS미디어홀딩스㈜*	2008.3	O	5,406	91.2	5.0	17	8	9	-
28. ㈜인터파크	2012.1	O	5,218	83.8	56.0	16	11	5	-
29. 키스코홀딩스㈜	2008.9	O	5,003	92.7	2.6	4	3	1	-
30. ㈜LIG	2011.11	X	4,590	68.0	78.0	9	5	4	-
31. ㈜풍산홀딩스	2008.7	O	4,385	67.0	11.4	6	4	2	-
32. 디아이피홀딩스㈜*	2010.1	X	4,340	55.4	48.7	3	3	-	-
33. ㈜현대HC&*	2006.1	O	4,227	75.0	20.6	11	8	3	-
34. 한미사이언스㈜	2011.1	O	4,140	70.8	8.7	3	2	1	-
35. 대상홀딩스㈜	2005.8	O	3,903	61.0	7.1	29	7	5	17
36. ㈜S&T홀딩스	2008.2	O	3,881	83.1	0.1	7	3	4	-
37. ㈜한국유선미디어	2012.1	X	3,799	99.8	59.2	2	2	-	-
38. KPX홀딩스㈜	2006.9	O	3,755	72.6	0.5	16	7	9	-

39. ㈜반도홀딩스	2008.3	X	3,750	92.2	11.2	6	3	3	-
40. ㈜더텍스트	2009.1	X	3,734	84.7	32.6	10	3	6	1
41. ㈜대명홀딩스	2009.1	X	3,725	76.1	38.0	13	3	7	3
42. 동광주택산업㈜*	2011.1	X	3,721	99.0	27.1	1	1	-	-
43. 대성홀딩스㈜*	2009.10	O	3,455	58.7	49.0	9	9	-	-
44. 동화홀딩스㈜	2003.10	O	3,372	81.8	49.7	10	10	-	-
45. ㈜한화도시개발*	2009.12	X	3,357	87.6	34.6	9	9	-	-
46. ㈜영원무역홀딩스	2009.7	O	3,309	86.9	6.6	3	2	1	-
47. ㈜DH홀딩스	2008.1	X	3,269	96.2	2.9	5	3	2	-
48. 동부인베스트먼트㈜*	2011.1	X	3,139	88.3	472.3	2	1	1	-
49. 일진홀딩스㈜	2008.7	O	3,072	89.5	12.3	11	6	5	-
50. ㈜풀무원홀딩스	2008.9	O	2,929	78.4	96.1	15	6	9	-
51. 제일홀딩스㈜	2011.1	X	2,900	75.2	52.4	21	12	6	3
52. ㈜대웅	2002.10	O	2,884	86.8	7.2	22	14	7	1
53. ㈜우심산업개발	2012.1	X	2,865	53.4	118.5	16	3	13	-
54. ㈜네오위즈	2007.4	O	2,814	61.2	15.9	17	7	10	-
55. ㈜나이스홀딩스	2012.8	O	2,813	81.6	7.2	19	15	4	-
56. ㈜셀트리온홀딩스	2010.11	X	2,778	84.6	217.7	4	3	1	-
57. 알파라발한국홀딩㈜	2008.9	X	2,775	99.9	195.2	3	3	-	-
58. ㈜농수산홀딩스	2011.3	X	2,695	78.3	41.8	24	8	16	-
59. ㈜노루홀딩스	2006.6	O	2,539	75.3	37.0	11	8	3	-
60. ㈜동일홀딩스	2008.12	X	2,421	98.5	0.0	2	2	-	-
61. ㈜서령개발	2011.1	X	2,390	81.3	35.7	13	13	-	-
62. 에이케이홀딩스㈜	2012.9	X	2,322	72.3	3.0	14	4	10	-
63. ㈜디와이홀딩스	2008.12	X	2,316	97.5	4.6	7	2	1	4
64. ㈜이수	2003.8	X	2,272	67.2	129.7	9	4	5	-
65. 오리온엔지니어드카본즈코리아㈜	2012.1	X	2,243	84.1	199.0	1	1	-	-
66. JW홀딩스㈜	2008.1	O	2,135	71.1	39.1	9	6	3	-
67. 평화홀딩스㈜	2006.5	O	2,103	53.4	81.1	8	6	2	-
68. ㈜SG홀딩스	2011.1	X	2,098	85.0	5.3	7	1	6	-
69. 한국컴퓨터지주㈜	2002.5	X	2,094	58.9	29.2	9	7	2	-
70. ㈜휴맥스홀딩스	2010.3	O	2,050	76.4	0.3	9	4	5	-
71. ㈜아이디스홀딩스	2012.7	X	2,021	64.2	19.0	4	3	1	-
72. ㈜이래엔에스	2012.1	X	1,979	97.4	102.7	1	1	-	-
73. ㈜한국전자홀딩스	2006.9	O	1,894	62.3	6.8	5	4	1	-
74. 서울도시개발㈜*	2011.1	X	1,840	95.8	23.0	20	3	17	-
75. ㈜동성홀딩스	2008.5	O	1,834	58.5	41.5	10	7	3	-
76. ㈜와이엠에스에이	2011.1	X	1,830	96.3	2.8	4	1	2	1
77. 엠피씨코리아홀딩스㈜	2009.7	X	1,829	94.9	20.6	2	2	-	-
78. 금복홀딩스㈜	2010.11	X	1,809	98.9	6.1	3	3	-	-
79. 엔오브이코리아홀딩(유)	2010.1	X	1,747	99.9	245.9	1	1	-	-
80. ㈜진양홀딩스	2008.1	O	1,708	71.0	0.1	9	9	-	-
81. ㈜디와이에셋	2008.12	X	1,705	79.4	1.0	6	1	5	-

82. 한국멀티플렉스투자㈜	2007.8	X	1,577	99.8	123.5	2	1	1	-
83. 씨에스홀딩스㈜	2010.1	O	1,564	80.0	5.1	3	3	-	-
84. 유니펩㈜	2011.1	X	1,545	94.6	7.8	2	1	1	-
85. 신송홀딩스㈜	2012.1	X	1,544	99.4	20.2	2	2	-	-
86. ㈜에실로코리아	2010.1	X	1,487	82.4	7.6	3	2	1	-
87. 자일자동차㈜	2012.1	X	1,472	82.1	95.5	20	2	1	17
88. KC그린홀딩스㈜	2010.1	O	1,392	67.3	37.9	16	12	4	-
89. 한세예스24홀딩스㈜	2009.6	O	1,366	77.2	15.1	3	2	1	-
90. ㈜유승홀딩스	2010.1	X	1,351	93.9	10.5	3	2	1	-
91. ㈜하림홀딩스	2011.1	X	1,351	69.4	13.8	18	6	9	3
92. 아주L&F홀딩스㈜	2011.1	X	1,312	94.4	64.7	27	10	17	-
93. ㈜케이아이지홀딩스	2012.1	X	1,254	57.4	87.7	11	4	6	1
94. 씨앤에이치㈜	2009.9	O	1,217	57.9	23.9	7	6	1	-
95. 코암시앤시개발㈜	2012.1	X	1,187	93.9	32.3	5	1	4	-
96. ㈜베바스토동희홀딩스	2012.1	X	1,151	61.6	17.0	1	1	-	-
97. 엠에스피이엔비홀딩스㈜	2011.12	X	1,149	99.3	47.2	6	6	-	-
98. ㈜BSE홀딩스	2006.1	O	1,118	88.4	0.7	5	2	3	-
99. ㈜우리조명지주	2010.1	O	1,078	59.8	34.5	7	3	4	-
100. ㈜SJM홀딩스	2011.1	O	1,075	66.7	0.1	5	4	1	-
101. ㈜티브로드도봉강북방송*	2012.1	X	1,065	68.0	83.4	1	1	-	-
102. ㈜오션비홀딩스	2010.9	X	1,039	99.6	45.1	11	9	2	-
103. 세화통운㈜	2012.1	X	1,035	93.5	45.6	4	3	1	-

(나) 금융지주회사: 12개

1. ㈜신한금융지주회사	2001.9	O	308,443	81.2	58.7	18	12	6	-
2. ㈜KB금융지주	2008.9	O	185,107	96.0	4.5	16	9	6	1
3. 우리금융지주㈜	2001.3	O	181,030	98.5	27.4	46	11	33	2
4. 산은금융지주㈜	2009.10	X	175,181	98.4	7.1	28	5	23	-
5. 농협금융지주㈜*	2012.3	X	171,155	99.9	0.0	13	7	6	-
6. ㈜하나금융지주	2005.12	O	166,044	68.1	28.1	12	8	4	-
7. 한국씨티금융지주	2010.6	X	57,051	95.6	1.5	4	3	1	-
8. 한국스탠다드차타드금융지주㈜	2009.6	X	55,290	80.1	23.8	5	5	-	-
9. 한국투자금융지주㈜*	2003.1	O	36,815	90.4	63.5	13	5	6	2
10. ㈜BS금융지주	2011.3	O	32,499	84.5	19.1	6	6	-	-
11. ㈜DGB금융지주	2011.5	O	22,159	94.4	3.3	3	3	-	-
12. ㈜메리츠금융지주	2011.3	X	7,805	97.5	38.6	9	7	2	-

(다) 합

일반지주회사						1,176	542	549	85
금융지주회사						173	81	87	5
총합						1,349	623	636	90

주: 1) 재무현황 및 계열회사: 2011년 12월 현재.
 2) * 대규모기업집단 소속.
 3) 프라임개발㈜ 부채비율: 자본잠식.
출처: 공정거래위원회 홈페이지 자료.

〈부록 표 3.13〉 존속 공정거래법상 지주회사 127개, 2013년 9월 (자산총액 순)

(가) 일반지주회사: 114개

지주회사	설립·전환 시기 (연월)	상장 여부	자산 총액 (억 원)	지주 비율 (%)	부채 비율 (%)	계열회사(개)			
						합	자	손자	증손
1. SK이노베이션㈜*	2011.1	X	153,037	61.1	15.5	12	6	6	-
2. SK㈜*	2007.7	O	114,966	94.5	43.2	63	9	41	13
3. ㈜LG*	2001.4	O	77,036	86.7	4.0	54	15	35	4
4. ㈜GS*	2004.7	O	53,429	88.7	15.7	30	6	18	6
5. GS에너지㈜*	2012.1	X	50,453	86.1	36.4	17	11	6	-
6. ㈜두산*	2009.1	O	30,901	54.6	61.1	19	9	8	2
7. CJ㈜*	2007.9	O	30,241	86.2	17.7	54	11	33	10
8. ㈜부영*	2009.12	X	25,951	96.1	30.3	3	1	2	-
9. ㈜LS*	2008.7	O	18,283	89.2	7.7	27	5	21	1
10. 하이트진로홀딩스㈜*	2008.7	O	17,810	98.8	87.4	11	4	7	-
11. ㈜넥슨코리아	2013.1	X	17,248	52.0	22.1	8	8	-	-
12. ㈜아모레퍼시픽그룹*	2007.1	O	16,320	73.2	3.1	9	9	-	-
13. ㈜웅진홀딩스*	2008.1	O	15,265	50.9	-	20	8	11	1
14. 삼성종합화학㈜*	2004.1	X	13,844	77.9	2.5	1	1	-	-
15. 몰트홀딩㈜	2010.1	X	13,794	95.7	64.3	1	1	-	-
16. 농협경제지주㈜*	2012.3	X	12,941	79.8	1.6	13	13	-	-
17. ㈜한진중공업홀딩스*	2007.8	O	10,636	87.1	1.4	8	4	4	-
18. ㈜삼양홀딩스	2011.11	O	10,615	58.9	21.7	14	10	4	-
19. ㈜세아홀딩스*	2001.7	O	10,604	80.0	22.9	17	12	5	-
20. ㈜코오롱*	2010.1	O	10,553	80.5	71.3	30	9	20	1
21. ㈜셀트리온홀딩스	2010.11	X	10,130	88.9	91.5	5	4	1	-
22. 타이코화이어앤 시큐리티서비시즈코리아㈜	2012.10	X	9,030	99.3	210.1	6	5	1	-
23. 프라임개발㈜	2008.10	X	8,661	70.6	-	10	7	3	-
24. ㈜동원엔터프라이즈	2001.4	X	8,599	87.2	56.9	21	9	11	1
25. ㈜한진칼*	2013.8	O	8,143	62.7	53.3	8	7	1	-
26. ㈜티브로드홀딩스*	2008.11	X	6,908	78.1	138.7	12	5	7	-
27. ㈜대교홀딩스	2001.5	X	6,352	90.3	1.3	10	5	5	-
28. ㈜한진해운홀딩스*	2009.12	O	6,157	78.7	55.0	15	2	12	1
29. 케이엑스홀딩스㈜*	2013.3	X	5,989	100	0.0	15	1	14	-
30. 제일홀딩스㈜	2011.1	X	5,915	91.6	72.3	38	18	19	1
31. ㈜농심홀딩스	2003.7	O	5,705	99.7	11.0	8	6	2	-
32. ㈜대성합동지주*	2011.1	O	5,651	89.5	27.0	30	9	20	1
33. ㈜넥센	2013.1	O	5,532	61.9	36.1	10	5	4	1
34. SBS미디어홀딩스㈜*	2008.3	O	5,364	90.2	2.0	18	7	11	-
35. 키스코홀딩스㈜	2008.9	O	5,020	92.4	2.1	4	3	1	-

36. ㈜인터파크	2012.1	O	4,822	92.6	17.1	15	6	9	-
37. 디아이피홀딩스㈜*	2010.1	X	4,531	71.0	87.5	3	3	-	-
38. ㈜LIG	2011.11	X	4,486	69.5	82.8	9	5	4	-
39. ㈜풍산홀딩스	2008.7	O	4,419	69.4	9.7	7	5	2	-
40. 한미사이언스㈜	2011.1	O	4,286	69.1	9.8	4	3	1	-
41. ㈜영원무역홀딩스	2009.7	O	4,149	87.7	10.7	3	3	-	-
42. 동광주택산업㈜*	2011.1	X	4,075	99.9	24.4	1	1	-	-
43. ㈜현대HC&*	2006.1	O	3,923	81.5	4.5	12	9	3	-
44. ㈜S&T홀딩스	2008.2	O	3,890	89.5	0.1	7	3	4	-
45. 대상홀딩스㈜	2005.8	O	3,882	61.3	5.7	14	7	6	1
46. ㈜대명홀딩스	2009.1	X	3,817	76.7	42.5	12	3	9	-
47. KPX홀딩스㈜	2006.9	O	3,810	69.4	1.1	16	7	9	-
48. ㈜반도홀딩스	2008.3	X	3,585	92.8	11.5	28	3	25	-
49. ㈜유라	2013.3	X	3,556	100	0.0	2	2	-	-
50. ㈜티브로드전주방송*	2013.1	X	3,476	62.9	4561.3	5	3	1	1
51. 에이케이홀딩스㈜	2012.9	X	3,469	89.1	1.8	18	6	12	-
52. ㈜DH홀딩스	2008.1	X	3,466	95.2	2.8	5	3	2	-
53. 엠피씨코리아홀딩스㈜	2009.7	X	3,385	97.6	10.6	2	2	-	-
54. 동화홀딩스㈜	2003.10	O	3,371	77.7	49.2	8	8	-	-
55. ㈜나이스홀딩스	2012.8	O	3,266	90.4	3.2	21	16	5	-
56. ㈜풀무원홀딩스	2008.9	O	3,232	76.3	108.7	18	8	10	-
57. ㈜영앤선개발	2009.1	X	3,119	93.1	25.5	8	1	5	2
58. 일진홀딩스㈜	2008.7	O	3,091	90.3	15.0	10	6	4	-
59. ㈜동일홀딩스	2008.12	X	3,073	98.8	0.0	2	2	-	-
60. ㈜대웅	2002.10	O	3,039	84.7	6.1	16	12	4	-
61. ㈜네오위즈	2007.4	O	2,932	63.7	10.3	16	6	10	-
62. ㈜이지바이오	2013.1	O	2,868	60.0	73.5	24	8	13	3
63. ㈜SG홀딩스	2011.1	X	2,669	71.0	0.4	10	2	8	-
64. 넥스홀딩스㈜	2012.9	X	2,663	99.0	0.0	1	1	-	-
65. ㈜노루홀딩스	2006.6	O	2,649	72.1	34.9	11	8	3	-
66. ㈜한화도시개발*	2009.12	X	2,631	93.4	36.4	8	8	-	-
67. 오리온엔지니어드카본즈코리아㈜	2012.1	X	2,506	68.0	145.9	1	1	-	-
68. ㈜하림홀딩스	2011.1	X	2,500	56.0	14.5	15	14	1	-
69. ㈜이수	2003.8	X	2,445	80.1	138.7	9	4	5	-
70. ㈜디와이홀딩스	2008.12	X	2,384	97.8	3.9	7	2	1	4
71. 알파라발한국홀딩㈜	2008.9	X	2,372	98.8	260.2	3	3	-	-
72. ㈜와이엠에스에이	2011.1	X	2,349	69.3	7.3	5	2	3	-
73. JW홀딩스㈜	2008.1	O	2,278	78.6	60.9	9	6	3	-
74. 한국컴퓨터지주㈜	2002.5	X	2,150	60.4	23.6	9	7	2	-
75. 아이에스지주㈜	2012.11	X	2,099	99.9	5.7	7	2	5	-
76. ㈜휴맥스홀딩스	2010.3	O	2,094	74.8	0.7	9	4	5	-

77. 평화홀딩스㈜	2006.5	O	2,090	59.8	80.7	9	7	2	-
78. 금복홀딩스㈜	2010.11	X	2,074	98.9	5.4	3	3	-	-
79. ㈜이래엔에스	2012.1	X	2,072	93.6	69.9	1	1	-	-
80. ㈜아이디스홀딩스	2012.7	O	2,048	68.4	18.7	4	3	1	-
81. 엠에스에스홀딩스㈜	2013.4	X	2,046	97.7	99.5	6	6	-	-
82. 유니펩㈜	2011.1	X	2,035	96.0	25.7	2	1	1	-
83. ㈜한국전자홀딩스	2006.9	O	1,963	62.3	12.2	6	5	1	-
84. 서울도시개발㈜*	2011.1	X	1,961	97.6	17.3	23	3	20	-
85. ㈜동성홀딩스	2008.5	O	1,897	56.2	30.1	9	7	2	-
86. ㈜서령개발	2011.1	X	1,861	71.6	102.8	16	9	7	-
87. ㈜케이아이지	2012.1	X	1,858	74.4	103.8	13	6	6	1
88. ㈜디와이에셋	2008.12	X	1,846	77.7	1.4	5	1	4	-
89. ㈜송현홀딩스	2012.12	X	1,832	70.5	127.4	6	4	2	-
90. 한국콜마홀딩스㈜	2012.12	O	1,745	78.0	13.5	7	7	-	-
91. ㈜진양홀딩스	2008.1	O	1,733	67.5	0.4	9	9	-	-
92. 씨에스홀딩스㈜	2010.1	O	1,583	79.1	5.1	3	3	-	-
93. 아주L&F홀딩스㈜	2011.1	X	1,559	94.2	73.7	27	10	17	-
94. ㈜에실로코리아	2010.1	X	1,544	86.8	5.2	3	2	1	-
95. 신송홀딩스㈜	2012.1	X	1,539	99.7	22.1	2	2	-	-
96. ㈜시디즈	2012.7	X	1,532	70.2	14.0	2	2	-	-
97. 한국멀티플렉스투자㈜	2007.8	X	1,510	94.9	194.2	2	1	1	-
98. 코암시앤시개발㈜	2012.1	X	1,415	96.7	28.1	9	2	7	-
99. ㈜베바스토동희홀딩스	2012.1	X	1,372	63.3	13.7	1	1	-	-
100. KC그린홀딩스㈜	2010.1	O	1,370	68.8	28.8	15	12	3	-
101. 우양수산㈜	2012.9	X	1,370	95.1	116.7	1	1	-	-
102. ㈜유승홀딩스	2010.1	X	1,355	93.8	10.3	1	1	-	-
103. 한세예스24홀딩스㈜	2009.6	O	1,334	79.1	12.1	3	2	1	-
104. 자일자동차㈜	2012.1	X	1,329	74.3	135.1	20	2	1	17
105. 씨앤에이치㈜	2009.9	O	1,290	66.7	34.6	7	6	1	-
106. ㈜심팩홀딩스	2012.11	X	1,245	66.4	44.2	5	3	2	-
107. ㈜고려에이치씨	2012.12	X	1,205	100	0.0	7	1	6	-
108. ㈜프랜차이즈서비스아시아리미티드	2013.6	X	1,183	95.5	87.6	1	1	-	-
109 ㈜한유엘엔에스	2013.1	X	1,128	52.1	83.7	6	5	1	-
110. ㈜BSE홀딩스	2006.1	O	1,124	87.9	0.8	5	2	3	-
111. ㈜싸이칸홀딩스	2013.7	X	1,090	82.1	1.5	3	3	-	-
112. ㈜SJM홀딩스	2011.1	O	1,077	67.0	0.1	5	4	1	-
113. 세화통운㈜	2012.1	X	1,067	90.8	42.9	4	3	1	-
114. ㈜티브로드도봉강북방송*	2012.1	X	1,025	70.6	61.0	1	1	-	-

(나) 금융지주회사: 13개

1. ㈜신한금융지주회사	2001.9	O	272,129	92.7	38.4	18	13	5	-
2. 우리금융지주㈜	2001.3	O	184,466	97.5	26.6	52	12	40	-
3. ㈜KB금융지주	2008.9	O	183,900	97.6	1.7	17	10	6	1
4. 농협금융지주㈜*	2012.3	X	179,304	98.9	4.9	13	7	6	-
5. 산은금융지주㈜	2009.10	X	175,820	98.6	5.1	27	5	22	-
6. ㈜하나금융지주	2005.12	O	161,802	99.3	28.0	18	10	8	-
7. 한국스탠다드차타드금융지주㈜	2009.6	X	59,343	74.9	31.3	5	5	-	-
8. 한국씨티금융지주	2010.6	X	56,365	96.8	0.5	4	3	1	-
9. 한국투자금융지주㈜*	2003.1	O	35,614	91.8	38.0	12	4	7	1
10. ㈜BS금융지주	2011.3	O	34,036	86.8	24.2	6	6	-	-
11. ㈜DGB금융지주	2011.5	O	25,271	85.7	17.5	5	5	-	-
12. ㈜메리츠금융지주	2011.3	X	7,991	97.7	35.4	8	7	1	-
13. ㈜JB금융지주	2013.7	O	7,087	100	0.0	2	1	1	-

(다) 합

일반지주회사	1,263	592	599	72
금융지주회사	187	88	97	2
총합	1,450	680	696	74

주: 1) 재무현황 및 계열회사: 2012년 12월 또는 설립・전환일(신규 설립・전환 회사의 경우) 현재.
2) * 대규모기업집단 소속.
3) ㈜웅진홀딩스, 프라임개발㈜ 부채비율: 자본잠식
출처: 공정거래위원회 홈페이지 자료.

〈부록 표 3.14〉 존속 공정거래법상 지주회사 132개, 2014년 9월 (자산총액 순)

(가) 일반지주회사: 117개

지주회사	설립·전환 시기 (연월)	상장 여부	자산 총액 (억 원)	지주 비율 (%)	부채 비율 (%)	계열회사(개)			
						합	자	손자	증손
1. SK이노베이션㈜*	2011.1	O	144,867	64.5	10.0	13	8	5	-
2. SK㈜*	2007.7	O	113,463	91.7	41.2	62	9	43	10
3. ㈜LG*	2001.4	O	78,720	85.6	3.7	54	15	36	3
4. ㈜GS*	2004.7	O	53,803	88.1	13.3	34	6	22	6
5. GS에너지㈜*	2012.1	X	53,143	83.3	42.9	20	14	6	-
6. ㈜두산*	2009.1	O	32,916	51.6	67.3	14	7	6	1
7. CJ㈜*	2007.9	O	30,047	88.2	14.2	47	10	27	10
8. ㈜부영*	2009.12	X	28,198	96.4	30.3	3	1	2	-
9. SK E&S㈜*	2014.1	X	28,094	51.0	83.3	13	12	1	-
10. 한국타이어월드와이드㈜*	2013.7	O	23,532	75.6	3.6	9	3	5	1
11. ㈜LS*	2008.7	O	18,149	89.9	5.2	26	6	19	1
12. 하이트진로홀딩스㈜*	2008.7	O	17,681	98.9	90.6	10	3	6	1
13. ㈜아모레퍼시픽그룹*	2007.1	O	16,531	74.5	3.3	9	9	-	-
14. 삼성종합화학㈜*	2004.1	X	15,974	77.4	2.6	1	1	-	-
15. 농협경제지주㈜*	2012.3	X	14,240	81.5	0.6	14	13	1	-
16. 몰트홀딩㈜	2010.1	X	13,972	94.5	5.8	1	1	-	-
17. ㈜코오롱*	2010.1	O	11,345	79.9	81.4	30	9	19	2
18. ㈜삼양홀딩스	2011.11	O	11,222	64.8	17.4	12	12	-	-
19. ㈜한라홀딩스*	2014.9	O	10,901	51.6	61.3	11	3	4	4
20. ㈜한진중공업홀딩스*	2007.8	O	10,664	91.0	1.2	9	4	5	-
21. ㈜웅진홀딩스	2008.1	O	10,037	59.3	332.9	11	7	4	-
22. ㈜세아홀딩스*	2001.7	O	9,598	80.9	29.0	17	12	5	-
23. ㈜한진해운홀딩스*	2009.12	O	9,064	57.0	103.2	15	2	12	1
24. ㈜동원엔터프라이즈	2001.4	X	8,505	88.2	54.4	20	8	8	4
25. ㈜셀트리온홀딩스	2010.11	X	8,398	95.9	92.9	5	3	1	1
26. ㈜한진칼*	2013.8	O	8,313	60.1	54.1	8	7	1	-
27. 프라임개발㈜	2008.10	X	8,013	70.5	-341.1	10	7	3	-
28. ㈜대교홀딩스	2001.6	X	6,409	89.6	1.5	9	5	4	-
29. ㈜팔도	2014.1	X	5,969	58.8	68.8	12	2	9	1
30. ㈜농심홀딩스	2003.7	O	5,716	98.9	9.7	7	5	2	-
31. ㈜넥센	2013.1	O	5,503	63.3	30.6	10	5	4	1
32. 제일홀딩스㈜	2011.1	X	5,467	91.2	46.2	39	17	20	2
33. SBS미디어홀딩스㈜*	2008.3	O	5,366	89.2	2.2	17	6	11	-
34. 키스코홀딩스㈜	2008.9	O	5,074	91.4	0.8	4	3	1	-
35. ㈜대명홀딩스	2009.1	X	5,041	79.8	25.7	12	2	10	-
36. ㈜대성합동지주*	2011.1	O	5,033	85.6	27.5	22	9	13	-

37. 케이엑스홀딩스㈜*	2013.3	X	4,922	93.0	0.0	15	2	13	-
38. ㈜인터파크	2012.1	O	4,733	94.5	17.6	16	6	10	-
39. ㈜스마일게이트홀딩스	2011.1	X	4,713	57.1	7.3	9	2	7	-
40. 에이케이홀딩스㈜	2012.9	O	4,612	94.0	24.1	19	6	13	-
41. ㈜유라	2013.3	X	4,518	77.8	22.8	2	2	-	-
42. ㈜풍산홀딩스	2008.7	O	4,506	68.0	9.3	7	5	2	-
43. 한미사이언스㈜	2011.1	O	4,417	68.7	10.4	4	3	1	-
44. 동광주택산업㈜*	2011.1	X	4,406	100.0	23.1	1	1	-	-
45. 엠피씨코리아홀딩스㈜	2009.7	X	4,349	88.6	19.4	2	2	-	-
46. ㈜티브로드홀딩스*	2008.11	X	4,281	96.5	15.0	7	4	3	-
47. ㈜영원무역홀딩스	2009.7	O	4,117	90.5	8.4	3	3	-	-
48. ㈜현대HC&*	2006.1	O	4,100	90.3	3.5	14	12	2	-
49. ㈜와이비엠홀딩스	2009.1	X	4,094	92.8	21.2	7	1	4	2
50. 디아이피홀딩스㈜*	2010.1	X	4,072	62.1	19.9	2	2	-	-
51. ㈜동일홀딩스	2008.12	X	4,021	99.1	0.0	2	2	-	-
52. ㈜S&T홀딩스	2008.2	O	3,973	87.6	0.1	7	3	4	-
53. 대상홀딩스㈜	2005.8	O	3,887	64.7	5.7	16	7	8	1
54. KPX홀딩스㈜	2006.9	O	3,853	70.3	0.4	16	7	9	-
55. ㈜DH홀딩스	2008.1	X	3,769	94.6	1.2	5	3	2	-
56. ㈜반도홀딩스	2008.3	X	3,636	93.0	11.4	28	3	25	-
57. ㈜나이스홀딩스	2012.8	O	3,404	86.7	6.3	19	15	3	1
58. ㈜풀무원	2008.9	O	3,264	79.2	109.7	21	9	12	-
59. 알파라발한국홀딩㈜	2008.9	X	3,234	99.7	76.0	2	2	-	-
60. ㈜삼표	2013.10	X	3,208	62.5	11.6	7	5	2	-
61. ㈜케이피아이씨코포레이션	2013.11	X	3,110	80.1	12.6	2	1	1	-
62. ㈜대웅	2002.10	O	3,098	83.0	5.7	17	12	5	-
63. 아세아㈜	2013.10	O	3,059	52.8	17.2	11	2	8	1
64. 일진홀딩스㈜	2008.7	O	3,051	92.3	12.9	11	6	5	-
65. 타이코화이어앤시큐리티서비시즈코리아㈜	2012.10	X	3,001	96.9	-196.3	6	5	1	-
66. 넥스홀딩스㈜	2012.9	X	2,925	99.6	0.3	3	1	2	-
67. ㈜노루홀딩스	2006.6	O	2,816	67.8	32.5	11	8	3	-
68. JW홀딩스㈜	2008.1	O	2,756	72.4	65.9	9	6	3	-
69. 서울도시개발㈜*	2011.1	X	2,679	99.4	12.1	22	3	19	-
70. ㈜와이엠에스에이	2011.1	X	2,666	68.0	7.9	5	2	3	-
71. ㈜네오위즈홀딩스	2007.4	O	2,627	71.0	0.2	12	4	8	-
72. ㈜한화도시개발*	2009.12	X	2,586	99.4	37.7	6	6	-	-
73. ㈜케이아이지	2012.1	X	2,567	76.7	114.2	10	6	3	1
74. ㈜동성홀딩스	2014.7	O	2,566	59.0	41.4	9	8	1	-
75. ㈜디알비동일	2014.1	X	2,546	53.7	44.1	5	4	1	-
76. ㈜LIG	2011.11	X	2,535	80.3	148.8	8	5	3	-
77. ㈜하림홀딩스	2011.1	O	2,452	59.8	7.9	16	14	2	-

78. 금복홀딩스㈜	2010.11	X	2,395	98.5	4.9	3	3	-	-
79. 한국컴퓨터지주㈜	2002.5	X	2,376	64.8	24.7	9	7	2	-
80. ㈜디와이홀딩스	2008.12	X	2,351	98.6	3.0	7	2	1	4
81. ㈜신라홀딩스	2014.4	X	2,323	97.8	0.0	7	4	3	-
82. ㈜이수	2003.8	X	2,263	87.4	120.2	8	4	4	-
83. 아이에스지주㈜	2012.11	X	2,221	99.9	0.0	6	2	4	-
84. 평화홀딩스㈜	2006.5	O	2,121	60.6	81.9	9	7	2	-
85. ㈜이래엔에스	2012.1	X	2,084	93.9	67.2	1	1	-	-
86. 약진홀딩스㈜	2013.12	X	2,076	99.2	83.5	2	1	1	-
87. ㈜아이디스홀딩스	2012.7	O	2,070	73.8	17.2	4	3	1	-
88. ㈜휴맥스홀딩스	2010.3	O	2,066	90.4	0.7	10	4	6	-
89. ㈜송현홀딩스	2012.12	X	2,019	77.6	139.9	8	5	3	-
90. ㈜한국전자홀딩스	2006.9	O	1,983	67.3	12.1	6	5	1	-
91. 엠에스에스홀딩스㈜	2013.4	X	1,955	100.0	104.2	6	6	-	-
92. ㈜디와이에셋	2008.12	X	1,925	88.5	2.9	5	1	4	-
93. 오리온엔지니어드카본즈코리아(주)	2012.1	X	1,868	94.7	58.7	1	1	-	-
94. ㈜진양홀딩스	2008.1	O	1,819	61.8	0.7	9	9	-	-
95. ㈜시디즈	2012.7	X	1,783	77.1	7.7	3	3	-	-
96. 신송홀딩스㈜	2012.1	X	1,758	87.3	17.4	4	2	2	-
97. 한국콜마홀딩스㈜	2012.12	O	1,726	78.9	12.9	8	7	1	-
98. ㈜에실로코리아	2010.1	X	1,653	82.9	4.9	3	2	1	-
99. 코암시앤시개발㈜	2012.1	X	1,613	95.6	38.6	8	1	7	-
100. 씨에스홀딩스㈜	2010.1	O	1,601	78.2	5.4	3	3	-	-
101. 셔틀코리아홀딩스㈜	2013.7	X	1,588	99.5	68.0	1	1	-	-
102. ㈜베바스토동희홀딩스	2012.1	X	1,470	57.2	12.8	1	1	-	-
103. KC그린홀딩스㈜	2010.1	O	1,419	67.4	27.7	19	12	7	-
104. 자일상용차㈜	2012.1	X	1,412	76.6	161.9	16	2	1	13
105. ㈜유승홀딩스	2010.1	X	1,411	90.3	9.8	1	1	-	-
106. 우양수산㈜	2012.9	X	1,398	96.0	100.8	1	1	-	-
107. 한국멀티플렉스투자㈜	2007.8	X	1,339	97.0	297.9	2	1	1	-
108. 한세예스24홀딩스㈜	2009.6	O	1,326	79.6	10.6	4	2	2	-
109. ㈜고려에이치씨	2012.12	X	1,286	99.5	0.1	7	1	6	-
110. ㈜심팩홀딩스	2012.11	X	1,233	67.1	32.8	5	3	2	-
111. ㈜프랜차이즈서비스아시아리미티드	2013.6	X	1,185	95.4	85.4	1	1	-	-
112. ㈜BSE홀딩스	2006.1	O	1,153	85.7	3.2	5	2	3	-
113. ㈜한유엘엔에스	2013.1	X	1,152	56.8	56.4	6	5	1	-
114. 대한시멘트㈜	2014.1	X	1,116	50.2	61.4	1	1	-	-
115. ㈜제이앤드제이캐미칼	2013.12	X	1,079	59.3	87.7	6	4	2	-
116. ㈜SJM홀딩스	2011.1	O	1,070	67.5	0.1	5	4	1	-
117. ㈜원진	2014.1	X	1,036	63.3	17.7	9	3	6	-

(나) 금융지주회사: 15개

1. ㈜신한금융지주회사	2001.9	O	274,246	92.1	37.3	18	13	5	-
2. 농협금융지주㈜*	2012.3	X	192,131	98.5	10.3	11	7	4	-
3. ㈜KB금융지주	2008.9	O	186,645	98.0	3.4	18	11	6	1
4. ㈜하나금융지주	2005.12	O	182,185	98.2	28.3	19	10	8	1
5. 우리금융지주㈜	2001.3	O	179,819	98.7	30.8	61	14	47	-
6. 산은금융지주㈜	2009.10	X	173,934	99.7	4.5	40	5	30	5
7. 한국스탠다드차타드금융지주㈜	2009.6	X	57,107	77.5	26.3	5	5	-	-
8. 한국씨티금융지주	2010.6	X	56,046	97.3	0.6	4	3	1	-
9. 한국투자금융지주㈜	2003.5	O	35,400	90.2	31.5	10	4	5	1
10. ㈜BS금융지주	2011.3	O	35,077	89.9	28.1	6	6	-	-
11. ㈜DGB금융지주	2011.5	O	26,010	85.4	20.9	5	5	-	-
12. ㈜케이엔비금융지주	2014.5	X	14,559	99.2	7.4	1	1	-	-
13. ㈜케이제이비금융지주	2014.5	X	9,859	100.0	8.9	1	1	-	-
14. ㈜메리츠금융지주	2011.3	O	9,214	96.8	47.2	7	7	-	-
15. ㈜JB금융지주	2013.7	O	9,197	93.6	27.9	4	2	2	-

(다) 합

일반지주회사	1,224	574	578	72
금융지주회사	210	94	108	8
총합	1,434	668	686	80

주: 1) 재무현황 및 계열회사: 2013년 12월 또는 설립・전환일(2014년에 지주회사로 설립・전환된 경우) 현재.
2) * 대규모기업집단 소속.
출처: 공정거래위원회 홈페이지 자료.

〈부록 표 3.15〉 존속 공정거래법상 지주회사 140개, 2015년 9월 (자산총액 순)

(가) 일반지주회사: 130개

지주회사	설립 · 전환 시기 (연월)	상장 여부	자산 총액 (억 원)	지주 비율 (%)	부채 비율 (%)	계열회사(개)			
						합	자	손자	증손
1. SK㈜*	2015.8	O	180,095	74.3	47.1	67	12	45	10
2. SK이노베이션㈜*	2011.1	O	145,086	64.5	11.7	13	9	4	-
3. ㈜LG*	2001.4	O	80,538	85.6	3.7	55	16	36	3
4. ㈜GS*	2004.7	O	58,962	90.0	23.3	37	7	25	5
5. GS에너지㈜*	2012.1	X	53,629	82.9	50.6	18	13	5	-
6. SK E&S㈜*	2000.1	X	33,190	55.1	92.5	11	10	1	-
7. ㈜부영*	2009.12	X	29,916	96.7	30.3	4	1	3	-
8. CJ㈜*	2007.9	O	29,788	89.8	12.5	49	9	32	8
9. 한국타이어월드와이드㈜*	2013.7	O	25,064	76.1	3.8	8	3	5	-
10. 삼성종합화학㈜*	2004.1	X	22,459	57.0	24.2	2	2	-	-
11. ㈜LS*	2008.7	O	21,508	82.8	23.4	24	6	17	1
12. 사이렌인베스트먼츠코리아㈜	2014.10	X	20,512	100.0	181.2	3	1	2	-
13. 하이트진로홀딩스㈜*	2008.7	O	17,773	98.6	86.6	10	3	6	1
14. 농협경제지주㈜*	2012.3	X	17,666	83.6	0.7	15	14	1	-
15. ㈜아모레퍼시픽그룹*	2007.1	O	16,807	73.3	2.8	10	9	1	-
16. ㈜한진칼*	2013.8	O	15,311	84.9	24.9	18	7	9	2
17. 몰트홀딩㈜	2010.1	X	13,581	97.2	2.9	1	1	-	-
18. ㈜삼양홀딩스	2011.11	O	13,097	56.5	27.0	10	8	2	-
19. ㈜한라홀딩스*	2014.9	O	12,476	88.6	48.7	15	4	7	4
20. ㈜한진중공업홀딩스*	2007.8	O	11,243	91.0	6.2	8	4	4	-
21. ㈜코오롱*	2010.1	O	10,665	81.8	106.7	34	8	23	3
22. ㈜세아홀딩스*	2001.7	O	9,699	80.7	20.8	15	11	4	-
23. ㈜동원엔터프라이즈	2001.4	X	9,312	83.3	67.5	20	7	9	4
24. ㈜셀트리온홀딩스	2010.11	X	8,414	95.8	99.1	4	2	1	1
25. 사이렌홀딩스코리아㈜	2014.10	X	8,150	99.7	0.2	4	1	1	2
26. ㈜웅진	2008.1	O	7,985	53.4	146.9	11	8	3	-
27. ㈜스마일게이트홀딩스	2011.1	X	6,829	65.7	4.2	12	6	6	-
28. ㈜파라다이스글로벌	2015.1	X	6,792	52.8	33.3	7	5	2	-
29. 이지스일호㈜*	2014.9	X	6,307	95.2	587.9	2	1	1	-
30. ㈜대교홀딩스	2001.6	X	6,266	88.0	1.2	9	5	4	-
31. 동아쏘시오홀딩스㈜	2014.10	O	6,043	52.3	64.6	14	11	3	-
32. ㈜팔도	2014.1	X	5,917	61.0	70.1	11	2	9	-
33. 제일홀딩스㈜	2011.1	X	5,840	83.9	45.7	44	17	25	2
34. 동원시스템즈㈜	2015.1	O	5,803	65.2	149.4	10	6	4	-
35. ㈜넥센	2013.1	O	5,685	63.8	28.6	8	4	3	1
36. ㈜농심홀딩스	2003.7	O	5,668	99.7	7.7	7	5	2	-

37. SBS미디어홀딩스㈜*	2008.3	O	5,356	89.5	0.9	15	7	8	-
38. ㈜유라	2013.3	X	5,247	68.8	34.8	2	2	-	-
39. 한솔홀딩스㈜*	2015.1	O	5,229	86.9	5.3	10	7	3	-
40. 엠피씨코리아홀딩스㈜	2009.7	X	5,137	86.3	21.3	2	2	-	-
41. 키스코홀딩스㈜	2008.9	O	5,131	90.3	2.0	4	3	1	-
42. 케이엑스홀딩스㈜*	2013.3	X	4,928	92.9	0.0	12	2	10	-
43. 한미사이언스㈜	2011.1	O	4,917	71.0	23.4	4	3	1	-
44. 에이케이홀딩스㈜	2012.9	O	4,909	96.2	8.8	22	7	15	-
45. ㈜동일홀딩스	2008.12	X	4,892	99.3	0.0	2	2	-	-
46. ㈜대명홀딩스	2009.1	X	4,816	71.5	22.2	14	2	11	1
47. ㈜티브로드*	2008.11	X	4,797	86.1	1.3	6	4	2	-
48. ㈜풍산홀딩스	2008.7	O	4,772	66.3	12.0	7	5	2	-
49. ㈜인터파크	2012.1	O	4,559	94.2	8.5	17	6	11	-
50. ㈜와이비엠홀딩스	2009.1	X	4,483	94.0	113.2	7	1	4	2
51. 동광주택산업㈜*	2011.1	X	4,341	98.7	27.3	1	1	-	-
52. ㈜현대HC&*	2006.1	O	4,159	89.9	2.7	11	9	2	-
53. ㈜영원무역홀딩스	2009.7	O	4,095	91.0	4.0	3	3	-	-
54. 대상홀딩스㈜	2005.8	O	4,001	61.0	5.4	17	7	9	1
55. ㈜S&T홀딩스	2008.2	O	3,992	87.5	0.1	6	3	3	-
56. ㈜대명화학	2012.1	X	3,954	65.1	125.6	16	11	4	1
57. 아세아㈜	2013.10	O	3,943	68.1	8.5	11	2	8	1
58. ㈜풀무원	2008.9	O	3,894	68.2	81.4	22	9	13	-
59. ㈜반도홀딩스	2008.3	X	3,842	92.6	10.7	26	2	24	-
60. ㈜나이스홀딩스	2012.8	O	3,745	83.7	15.3	20	13	6	1
61. ㈜동희홀딩스	2008.1	X	3,648	93.4	1.3	5	3	2	-
62. KPX홀딩스㈜	2006.9	O	3,645	66.4	2.3	15	6	9	-
63. ㈜삼표	2013.10	X	3,625	68.4	15.3	7	5	2	-
64. ㈜와이엠에스에이	2011.1	X	3,535	63.2	9.2	4	1	3	-
65. ㈜케이피아이씨코포레이션	2013.11	X	3,220	67.5	28.5	2	1	1	-
66. ㈜대웅	2002.10	O	3,160	81.4	5.6	17	12	5	-
67. 일진홀딩스㈜	2008.7	O	3,123	91.4	1.9	11	6	5	-
68. ㈜서연	2014.12	O	3,094	87.7	0.5	10	6	4	-
69. ㈜노루홀딩스	2006.6	O	2,902	65.7	29.6	15	11	4	-
70. 서울도시개발㈜*	2011.1	X	2,895	99.5	9.8	23	3	20	-
71. 알보젠코리아㈜	2015.1	O	2,886	66.3	55.9	1	1	-	-
72. JW홀딩스㈜	2008.1	O	2,794	71.4	72.1	9	6	3	-
73. ㈜네오위즈홀딩스	2007.4	O	2,724	67.5	0.1	13	3	10	-
74. 금복홀딩스㈜	2010.11	X	2,717	95.1	3.9	3	3	-	-
75. ㈜LIG	2011.11	X	2,698	80.5	130.3	6	3	3	-
76. 코스맥스비티아이㈜	2014.8	O	2,643	96.0	6.1	11	6	5	-
77. ㈜디알비동일	2014.1	X	2,590	52.8	39.9	5	4	1	-

78. 한국컴퓨터지주㈜	2002.5	X	2,517	66.4	20.6	9	7	2	-
79. ㈜동성코퍼레이션	2014.7	O	2,515	63.2	40.6	9	8	1	-
80. 한국멀티플렉스투자㈜	2007.8	X	2,475	99.1	68.7	1	1	-	-
81. ㈜한화도시개발*	2009.12	X	2,471	82.8	25.4	5	5	-	-
82. 아이에스지주㈜	2012.11	X	2,463	99.9	-	13	2	11	-
83. ㈜신라홀딩스	2014.4	X	2,435	98.1	0.0	7	4	3	-
84. ㈜하림홀딩스	2011.1	O	2,397	61.1	7.9	16	14	2	-
85. 대림에너지㈜*	2015.1	X	2,360	79.6	0.4	4	3	1	-
86. ㈜디와이홀딩스	2008.12	X	2,333	98.8	2.4	8	2	2	4
87. ㈜이수	2003.8	X	2,294	86.1	111.3	7	4	3	-
88. ㈜알보젠코리아홀딩스	2015.1	X	2,275	72.9	27.3	2	1	1	-
89. 한국콜마홀딩스㈜	2012.12	O	2,256	66.1	44.7	8	6	2	-
90. 피에이지에이씨와이티코리아홀딩스㈜	2015.5	X	2,237	89.4	120.4	2	1	1	-
91. 디와이㈜	2014.12	O	2,215	51.2	8.7	2	1	1	-
92. ㈜휴맥스홀딩스	2010.3	O	2,107	88.8	2.5	10	4	6	-
93. ㈜송현홀딩스	2012.12	X	2,030	76.4	158.0	9	6	3	-
94. 평화홀딩스㈜	2006.5	O	2,018	63.8	69.7	9	7	2	-
95. 덕산하이메탈㈜	2015.5	O	1,971	57.3	3.4	3	3	-	-
96. ㈜이래엔에스	2012.1	X	1,959	96.4	72.4	2	1	1	-
97. 엠에스에스홀딩스㈜	2013.4	X	1,932	98.1	116.0	6	6	-	-
98. 오리온엔지니어드카본즈코리아㈜	2012.1	X	1,899	89.8	8.8	1	1	-	-
99. ㈜시디즈	2012.7	X	1,868	77.2	10.7	3	3	-	-
100. 약진홀딩스㈜	2013.12	X	1,866	98.3	56.9	2	1	1	-
101. ㈜디앤비컴퍼니	2015.5	X	1,857	95.6	12.2	7	1	5	1
102. ㈜진양홀딩스	2008.1	O	1,848	60.7	0.6	9	9	-	-
103. 알파라발한국홀딩㈜	2008.9	X	1,848	99.7	174.0	3	2	1	-
104. ㈜한국전자홀딩스	2006.9	O	1,813	72.9	2.0	4	4	-	-
105. ㈜옐로모바일	2015.3	X	1,810	81.2	22.2	49	9	35	5
106. ㈜아이디스홀딩스	2012.7	O	1,808	71.2	11.9	4	3	1	-
107. ㈜에실로코리아	2010.1	X	1,806	84.1	4.4	3	2	1	-
108. 신송홀딩스㈜	2012.1	O	1,744	88.0	17.5	4	2	2	-
109. 씨에스홀딩스㈜	2010.1	O	1,701	73.6	6.2	3	3	-	-
110. ㈜에스제이원	2015.2	X	1,665	100.0	0.0	5	1	3	1
111. 셔틀코리아홀딩스㈜	2013.7	X	1,643	99.7	179.1	1	1	-	-
112. ㈜베바스토동희홀딩스	2012.1	X	1,629	59.0	24.0	1	1	-	-
113. ㈜유승홀딩스	2010.1	X	1,594	84.8	8.8	2	1	1	-
114. ㈜심팩홀딩스	2012.11	X	1,530	61.2	40.0	6	3	3	-
115. ㈜고려에이치씨	2012.12	X	1,518	99.7	0.5	8	1	7	-
116. KC그린홀딩스㈜	2010.1	O	1,421	66.9	25.0	20	13	7	-
117. 한세예스24홀딩스㈜	2009.6	O	1,317	80.9	12.2	6	3	3	-
118. 우양수산㈜	2012.9	X	1,282	95.9	87.3	1	1	-	-

회사명	설립·전환일					계열회사			
119. ㈜SJM홀딩스	2011.1	O	1,255	71.8	0.1	5	4	1	-
120. 자일상용차㈜	2012.1	X	1,231	80.4	174.1	15	2	1	12
121. ㈜원진	2014.1	X	1,216	70.0	13.9	9	4	5	-
122. ㈜코아시아홀딩스	2006.1	O	1,206	91.7	2.6	5	2	3	-
123. ㈜한유엘엔에스	2013.1	X	1,183	59.2	46.3	6	5	1	-
124. ㈜씨엠비홀딩스	2015.1	X	1,175	71.8	70.9	9	5	4	-
125. 넥스홀딩스㈜	2012.9	X	1,117	99.7	0.1	3	1	2	-
126. 대한시멘트㈜	2014.1	X	1,075	54.2	57.9	1	1	-	-
127. ㈜한일맨파워	2015.1	X	1,065	68.0	108.5	1	1	-	-
128. ㈜지엔에스	2015.1	X	1,037	70.5	39.6	6	5	1	-
129. 코암시앤시개발㈜	2012.1	X	1,014	54.6	267.1	10	1	8	1
130. 동진홀딩스㈜	2013.12	X	1,006	62.5	85.3	4	3	1	-

(나) 금융지주회사: 10개

회사명	설립·전환일					계열회사			
1. ㈜신한금융지주회사	2001.9	O	270,945	93.0	33.9	18	13	5	-
2. 농협금융지주㈜*	2012.3	X	203,455	98.9	18.4	18	9	9	-
3. ㈜KB금융지주	2008.9	O	192,105	96.6	5.1	19	11	7	1
4. ㈜하나금융지주	2005.12	O	184,241	97.8	30.2	19	10	8	1
5. 한국스탠다드차타드금융지주㈜	2009.6	X	56,205	78.7	24.7	4	4	-	-
6. ㈜BNK금융지주	2011.3	O	45,395	98.3	27.8	7	7	-	-
7. 한국투자금융지주㈜	2003.5	O	38,312	84.3	40.9	9	4	5	-
8. ㈜DGB금융지주	2011.5	O	26,539	83.7	22.7	5	5	-	-
9. ㈜JB금융지주	2013.7	O	16,209	97.6	28.3	4	4	-	-
10. ㈜메리츠금융지주	2011.3	O	10,891	89.6	35.8	7	6	1	-

(다) 합

구분	계열회사			
일반지주회사	1,352	616	658	78
금융지주회사	110	73	35	2
총합	1,462	689	693	80

주: 1) 재무현황 및 계열회사 – 2014년 12월 또는 설립·전환일(2015년에 지주회사로 설립·전환된 경우) 현재.
2) * 대규모기업집단 소속.

출처: 공정거래위원회 홈페이지 자료.

참고문헌

*** 공정거래위원회 홈페이지(http://www.ftc.go.kr) 자료**

'지주회사 설립동향' (2000.3.10).
'지주회사 설립동향' (2000.5.31).
'지주회사 전환, 설립 신고현황' (2001.5.11).
'지주회사 설립, 전환 신고동향' (2001.7.31 현재; 2001.8.9).
'지주회사 설립, 전환 신고현황 (2003년1월 현재)'.
'지주회사 설립, 전환 신고현황 (2003.7.31 현재)'.
'2003년 지주회사 현황' (2003.7.31 현재; 2003.8.15).
'지주회사 설립, 전환 신고현황 (2003.12.31 현재)'.
'2004년 지주회사 현황' (2004.5.31 현재; 2004.7.1).
'2005년 8월말 현재 지주회사 현황' (2005.9.30).
'2006년 공정거래법상 지주회사 현황 분석 (06.8 현재)' (2006.11.1).
'2007년 공정거래법상 지주회사 현황 분석 (07.8.31 현재)' (2007.10.4).
'2008년 공정거래법상 지주회사 현황 분석 결과 발표' (2008.9.30 현재; 2008.10.30).
'2009년 공정거래법상 지주회사 현황 분석 결과' (2009.9.30 현재; 2009.10.28).
'지주회사 증가 추세 지속' (2010.5.30 현재; 2010.5.25).
'지주회사 증가 추세 계속' (2010.9.30 현재; 2010.11.8).
'2011년 공정거래법상 지주회사 현황 분석 결과 발표' (2011.9.30 현재; 2011.10.27).
'2012년 공정거래법상 지주회사 현황 분석 결과 발표' (2012.9.30 현재; 2012.10.25).
'2013년 공정거래법상 지주회사 현황 분석 결과 발표' (2013.9.30 현재; 2013.11.6).
'2014년 공정거래법상 지주회사 현황 분석 결과 발표' (2014.9.30 현재; 2014.10.29).
'2015년 공정거래법상 지주회사 현황 분석 결과 발표' (2015.9.30 현재; 2015.10.29).
'공정위, 2016년 공정거래법상 지주회사 현황 분석 결과 발표' (2016.9.30 현재; 2016.11.2).

'99년도 대규모기업집단 지정' (1999.4.6).
'2000년도 대규모기업집단 지정' (2000.4.17).
'2001년도 대규모기업집단 지정' (2001.4.2).
'2002년도 출자총액제한대상 기업집단 지정' (2002.4.3).
'2003년도 상호출자제한기업집단 등 지정' (2003.4.2).
'2004년도 상호출자제한기업집단 등 지정' (2004.4.2).
'2005년도 상호출자제한기업집단 등 지정' (2005.4).
'2006년도 상호출자제한기업집단 등 지정' (2006.4.14).
'2007년도 상호출자제한기업집단 등 지정' (2007.4.13).
'2008년도 상호출자제한기업집단 등 지정' (2008.4.4).

'공정위, 자산 5조 원 이상 48개 상호출자제한기업집단 지정' (2009.4.1).
'공정위, 자산 5조 원 이상 53개 상호출자제한기업집단 지정' (2010.4.1).
'공정위, 자산 5조 원 이상 상호출자제한기업집단으로 55개 지정' (2011.4.5).
'공정위, 자산 5조 원 이상 상호출자제한기업집단으로 63개 지정' (2012.4.12).
'공정위, 자산 5조 원 이상 상호출자제한기업집단 62개 지정' (2013.4.1).
'공정위, 자산 5조 원 이상 상호출자제한기업집단 63개 지정' (2014.4.1).
'공정위, 자산 5조 원 이상 상호출자제한기업집단 61개 지정' (2015.4.1).
'공정위, 65개 상호출자제한기업집단 지정' (2016.4.1).
'대규모기업집단 소속 회사 수 현황' (1987-1999).
'대규모기업집단 자산총액 현황' (1987-1999).

'대기업집단의 소유지분구조 공개' (2004.12.28).
'2005년 대기업집단의 소유지배구조에 관한 정보공개' (2005.7.13).
'2006년 대규모기업집단 소유지배구조에 대한 정보공개' (2006.7.31).
'2007년 대규모기업집단 소유지분구조에 대한 정보공개' (2007.9.3).
'2008년 대규모기업집단 소유지분구조에 대한 정보공개' (2008.11.6).
'2009년 대기업집단 주식소유 현황 등 정보공개' (2009.10.23).
'2010년 대기업집단 주식소유 현황 등 정보공개' (2010.10.11).
'2011년 대기업집단 지배구조 현황에 대한 정보 공개' (2011.11.4).
'2012년 대기업집단 주식소유 현황 및 소유지분도에 대한 정보 공개' (2012.6.29).
'2012년 대기업집단 지배구조 현황에 대한 정보 공개' (2012.9.27).
'2013년 대기업집단 주식소유 현황 정보 공개' (2013.5.30).
'2014년 대기업집단 주식소유 현황 공개' (2014.7.10).
'2015년 대기업집단 주식소유 현황 공개' (2015.6.30).
'공정위, 2016년 상호출자제한기업집단 주식소유 현황 공개' (2016.7.7).

'독점규제 및 공정거래에 관한 법률'.
'독점규제 및 공정거래에 관한 법률시행령'.
'지주회사 관련 법령' (2006.6).
'지주회사제도 안내' (2006.7).
'지주회사제도 해설' (2008.4).
<공정거래백서> (1999, 2001-2016).
권오승, '지주회사에 대한 정책 방향' (한국이사협회 강연 원고, 2007.6.13, 연세대).
'공정거래법 시행령 개정안 국무회의 통과' (2016.9.27).

*** 대규모기업집단 공개시스템(OPNI; http://groupopni.ftc.go.kr) 자료**

'지정 현황' (2000-2016).
'계열회사 수 및 자산총액' (2000-2016).

김동운

동의대학교 경제학과 교수
이메일: dongwoon@deu.ac.kr

한국경영사학회 부회장, 『경영사학』 편집위원
경제사학회, 한국질서경제학회 이사
한국기업경영학회 부회장, 『기업경영연구』 편집위원 역임
한국경제학회 『경제학연구』, 『경제학문헌연보』 편집위원 역임

『한국재벌과 지주회사체제: GS와 LS』 (2015)
『한국재벌과 지주회사체제: CJ와 두산』 (2013)
『한국재벌과 지주회사체제: LG와 SK』 (2011)
『대한민국기업사 2』 (공저, 2010)
『Encyclopedia of Business in Today's World』 (공저, 2009)
『한국재벌과 개인적 경영자본주의』 (2008)
『대한민국기업사 1』 (공저, 2008)
『재벌의 경영지배구조와 인맥 혼맥』 (공저, 2005)
『A Study of British Business History』 (2004)
『The Oxford Encyclopedia of Economic History』 (공저, 2003)
『박승직상점, 1882-1951년』 (2001)
『한국 5대 재벌 백서, 1995-1997』 (공저, 1999)
『한국재벌개혁론』 (공저, 1999)

한국재벌과
지주회사체제:
34개 재벌의 현황과 자료

초판인쇄 2016년 12월 30일
초판발행 2016년 12월 30일

지은이 김동운
펴낸이 채종준
펴낸곳 한국학술정보㈜
주소 경기도 파주시 회동길 230(문발동)
전화 031) 908-3181(대표)
팩스 031) 908-3189
홈페이지 http://ebook.kstudy.com
전자우편 출판사업부 publish@kstudy.com
등록 제일산-115호(2000. 6. 19)

ISBN 978-89-268-7844-6 93320

책에 대한 더 나은 생각, 끊임없는 고민, 독자를 생각하는 마음으로 보다 좋은 책을 만들어갑니다.